ハプスブルク家かく戦えり

―ヨーロッパ軍事史の一断面―

久保田正志

錦正社

はじめに

ハプスブルク家についての書物は多数出版されているが、軍事面から取り上げたものは余りない。その最大の理由はハプスブルク家に文弱なイメージがあり、実際、軍事的に弱かったことがある。

ハプスブルク家の軍事的な事跡を羅列していけば、スイス独立運動の抑圧に失敗し、ルター派弾圧の中心であり、イギリスに無敵艦隊を送って敗れ、三十年戦争でグスタフ・アドルフに敗れ、オスマン＝トルコには二回もウィーンを包囲され、ルイ十四世とフリードリヒ大王にも惨々な目に遭い、ナポレオンにも敗れて皇女を後妻に差し出すという醜態まで演じ、ウィーン体制の下では、七月革命・三月革命で国内を混乱状態にし、イタリアとドイツの統一戦争では敵役となり、最後には第一次世界大戦で、セルビア相手にその口火を切ったにも拘わらず、ロシア軍に叩かれてドイツ軍のお荷物と化し、国内混乱から一九一八年には総崩れとなるというオチで、全く良いところがない。

こうして見れば、ハプスブルク家の軍事史などを書こうとする人間がいなくても寧ろ当然であろう。

しかし、ハプスブルク家は欧州の中心にその地を定めて約八〇〇年、兎にも角にも存在し続けたことはやはり偉大である。しかもヨーロッパの戦争の殆ど全てに関与してきたため、ハプスブルク家の視点から見ていけば、ヨーロッパの戦史が一瞥できるという利点もある。

本書は、このようなハプスブルク家の動きを歴史の縦糸に、軍事技術の変革と伝播の問題を横糸にして、ハプスブルク家という定点から見たヨーロッパの軍事史を叙述していこうとするものである。

目次

はじめに …… i
凡例 …… xiv
第一編　ハプスブルク家の伸長 …… 3
第一章　ルドルフ一世のキャンペーン（一二七三〜一二九一年） …… 3
第二章　アルブレヒト一世のキャンペーン（一二九一〜一三〇八年） …… 7
第三章　スイスでの戦い …… 9
第四章　ハプスブルク家の分裂とスイスの喪失（一三六五〜一四四〇年） …… 13
第五章　フリードリヒ五世の諸政策（一四四〇〜一四九三年） …… 15
第六章　マクシミリアン一世のキャンペーン（一四九三〜一五一九年） …… 20
第一節　神聖同盟の成立と対仏戦争（一四九五年） …… 20
第二節　ブルゴーニュ公国での戦い（一四九八〜一四九九年） …… 23
第三節　スイスでの戦い（一四九九年） …… 24
第四節　バイエルン継承戦争・ハンガリー継承戦争（一五〇三〜一五〇六年） …… 26
第五節　対ヴェネチア戦争（一五〇七〜一五一六年） …… 28

第二編　ハプスブルク世界帝国 …… 35
第一章　カール五世のキャンペーン（一五一九～一五五六年） …… 35
第一節　カール五世の即位と欧州情勢 …… 35
第二節　対仏戦争　第一次（一五二一～一五二六年）・第二次（一五二七～一五二九年） …… 38
第三節　トルコの伸長 …… 44
第四節　バルバリア海賊との戦い …… 49
第五節　第三次対仏戦争（一五三六～一五三八年） …… 51
第六節　地中海制海権を巡って …… 52
第七節　第四次対仏戦争（一五四二～一五四四年） …… 55
第八節　ハンガリーを巡る戦い（一五四〇～一五四五年） …… 57
第九節　シュマルカルデン戦争（一五四六～一五四七年） …… 59
第十節　アンリ二世との戦い（一五五二～一五五六年） …… 61
第二章　フェリペ二世とスペイン王国（一五五六～一五九八年） …… 64
第一節　フェリペ二世の即位とヨーロッパ情勢 …… 64
第二節　フランスとの戦い（一五五七～一五五九年） …… 65
第三節　レパント海戦（一五七一年） …… 67
第四節　ネーデルラントの叛乱（一五六六～一六〇九年） …… 73
第五節　ポルトガル併合（一五八〇年） …… 79

第六節　アルマダの敗北（一五八八年）…… 80
第七節　イギリス艦隊との戦い（一五八九～一五九八年）…… 92
第八節　フランス宗教戦争への介入…… 95
第三章　落日のスペイン王国（一五九八～一七一三年）…… 97
第一節　フェリペ三世のキャンペーン（一五九八～一六二一年）…… 97
第一款　最後のアルマダ派遣（一五九八～一五九九年）…… 97
第二款　衰退するスペイン王国…… 102
第二節　フェリペ四世のキャンペーン（一六二一～一六六五年）…… 104
第一款　オリバーレス公爵の改革…… 104
第二款　再度の対オランダ戦争（一六二一～一六四八年）…… 106
第三款　対仏戦争（一六三五～一六五九年）…… 109
第四款　ポルトガル独立戦争（一六四〇～一六六八年）…… 117
第五款　フェリペ四世晩年の対フランス関係…… 118
第三節　カルロス二世のキャンペーン（一六六五～一七一二年）…… 119
第一款　フランドル戦争（一六六七～一六六八年）…… 119
第二款　フランスのオランダ侵略戦争（一六七二～一六七八年）…… 121
第三款　アウクスブルク同盟戦争（一六八八～一六九七年）…… 123
第四款　カルロス二世の崩御・スペイン継承戦争（一六九七～一七一三年）…… 125

第五款　ユトレヒト条約とハプスブルク家によるスペイン支配の終焉……128

第三編　オーストリア家の伸長……133

第一章　三十年戦争までのオーストリア家の動向（一五五六～一六一八年）……133
第一節　フェルディナント一世のキャンペーン（一五五六～一五六四年）……133
第二節　マクシミリアン二世のキャンペーン（一五六四～一五七六年）……135
第三節　ルドルフ二世のキャンペーン（一五七六～一六一二年）……137
第一款　ルドルフの即位とポーランド継承問題……137
第二款　対トルコ十五年戦争（一五九二～一六〇六年）……138
第三款　ハプスブルク一族の内紛・ルドルフ二世の崩御……140
第四節　マティアスのキャンペーン（一六一二～一六一九年）……141
第二章　三十年戦争（一六一八～一六四八年）……143
第一節　フェルディナント二世の即位とボヘミアの叛乱……143
第二節　デンマークの戦争介入（一六二四～一六二九年）……148
第三節　グスタフ・アドルフの戦争介入（一六三〇～一六三四年）……154
第四節　ヴァレンシュタインの横死とスペイン、フランスの参戦（一六三二～一六三七年）……168
第五節　フェルディナント三世のキャンペーン（一六三七～一六四八年）……172
第六節　ウェストファリア条約（一六四八年）……175

第三章　レオポルト一世のキャンペーン（一六五八～一七〇五年）……178
第一節　レオポルト一世の即位と対トルコ戦争（一六五八～一六六四年）……178
第二節　スペイン家の動揺とフランスの勢力拡大（一六五八～一六七八年）……181
第三節　トルコ軍の第二次ウィーン包囲（一六八三年）……187
第四節　ベオグラード攻略まで（一六八三～一六八八年）……195
第五節　アウクスブルク同盟戦争（一六八八～一六九九年）……197
第一款　アウクスブルク同盟の結成まで……197
第二款　ファルツ伯領方面での戦闘……199
第三款　サヴォア公国方面での戦闘……200
第四款　ライスワイク講和会議……202
第六節　対トルコ戦の勝利（一六八八～一六九九年）……203
第七節　スペイン継承戦争（一七〇一～一七一三年）……207
第一款　スペイン継承問題……207
第二款　イタリア方面での戦闘……208
第三款　ドイツ方面での戦闘……212
第四款　ネーデルラント方面での戦闘……216
第五款　レオポルト一世崩御後のハプスブルク家の情勢とラシュタット条約（一七〇五～一七一四年）……219
第四章　カール六世のキャンペーン（一七一一～一七四〇年）……225

第一節　対トルコ戦争（一七一六〜一七一八年）……225
第二節　ハンガリー叛乱・四国同盟戦争……229
第三節　ポーランド王位継承戦争（一七三三〜一七三八年）……230
第四節　第二次トルコ戦争（一七三七〜一七三九年）……233

第四編　啓蒙専制時代のハプスブルク家

……235
第一章　マリア・テレジアのキャンペーン（一七四〇〜一七八〇年）……235
第一節　ハプスブルク家継承問題……235
第二節　オーストリア継承戦争（一七四〇〜一七四八年）……237
第一款　第一次シュレジエン戦争（一七四〇〜一七四二年）……237
第二款　フランス・バイエルン・スペインへの反撃（一七四二〜一七四四年）……246
第三款　第二次シュレジエン戦争（一七四四〜一七四五年）……249
第四款　フランス・スペインとの戦い（一七四四〜一七四八年）……252
第五款　アーヘンの和約（一七四八年）……254
第三節　七年戦争……255
第一款　オーストリア継承戦争から七年戦争まで（一七四八〜一七五六年）……255
第二款　七年戦争〔または第三次シュレジエン戦争〕（一七五六〜一七六三年）……257
第一項　一七五六年……257

第二項　一七五七年……260
第三項　一七五八年……265
第四項　一七五九年……267
第五項　一七六〇年……270
第六項　一七六一年……273
第七項　一七六二年……274
第四節　ハプスブルク家領の制度改革……277
第五節　バイエルン継承戦争（一七七七〜一七七九年）……280
第二章　ヨゼフ二世のキャンペーン（一七八〇〜一七九〇年）……282
第一節　ヨゼフ二世の内政・外交……282
第二節　ハンガリーの不穏……284
第三節　対トルコ戦争（一七八七〜一七九〇年）……285
第四節　フランドルの叛乱……287
第三章　レオポルト二世のキャンペーン（一七九〇〜一七九二年）……288
第五編　フランツ二世とナポレオン戦争……291
第一章　フランツ二世の即位とフランス革命の状況（一七八九〜一七九二年）……291
第二章　第一次対仏大同盟（一七九三〜一七九七年）……295

第一節　一七九三年……295
第二節　一七九四年……298
第三節　一七九五年……300
第四節　一七九六年……302
第一款　ドイツ方面の戦闘……302
第二款　イタリア方面の戦闘（ナポレオン・ボナパルトのキャンペーン）……305
第五節　一七九七年……311
第六節　カンポ＝フォルミオ条約……314
第三章　第二次対仏大同盟（一七九八～一七九九年）……316
第一節　第二次対仏大同盟の成立……316
第二節　一七九九年……317
第三節　一八〇〇年……320
第四章　第三次対仏大同盟（一八〇五年）……324
第一節　ナポレオンの即位……324
第二節　一八〇五年……325
第三節　神聖ローマ帝国の終焉とナポレオンの大陸制覇……332
第五章　一八〇九年戦役……334
第六章　ナポレオン体制の崩壊（一八一〇～一八一四年）……342

第一節　ナポレオンのロシア遠征（一八〇九～一八一二年）……342
第二節　諸国民戦争（一八一三～一八一四年）……348
第一款　ライプチヒの戦いまで……348
第二款　フランス本土の戦い（一八一四年）……353
第七章　ウィーン会議と百日天下（一八一四～一八一五年）……359
第一節　ウィーン会議……359
第二節　ナポレオンの百日天下（一八一五年）……360
第三節　ウィーン体制の成立……361
第六編　オーストリア帝国……365
第一章　フランツの内政・外交（一八一五～一八三五年）……365
第一節　ウィーン体制直後の対外政策……365
第二節　メッテルニヒの内政政策……367
第三節　反革命としてのオーストリアの対外政策……368
第二章　フェルディナントの内政・外交（一八三五～一八四八年）……371
第一節　内政の停滞……371
第二節　東方問題……372
第三節　三月革命……373

第三章　フランツ・ヨゼフのキャンペーン（一八四八〜一八六七年）……375
第一節　三月革命の処理……375
第二節　対サルジニア戦争（一八四八〜一八四九年）……376
第三節　クリミア戦争とバルカン問題……381
第四節　イタリア統一戦争（一八五九〜一八六〇年）……383
第五節　デンマーク戦争（一八六四年）……393
第六節　普墺戦争［七週間戦争］（一八六六年）……398
第一款　普墺戦争まで……398
第二款　プロイセンとの戦い……400
第三款　イタリアとの戦い……414
第四款　リッサ海戦……418
第五款　プラハ条約とドイツの統一……421
第七節　二重帝国の成立（一八六七年）……423

第七編　メキシコ・ハプスブルク帝国（一八六四〜一八六七年）……425
第一章　メキシコ・ハプスブルク帝国の成立まで……425
第二章　メキシコ・ハプスブルク帝国の成立と終焉（一八六四〜一八六七年）……428

第八編　オーストリア・ハンガリー二重帝国……433
第一章　二重帝国の外交政策（一八六七〜一九〇五年）……433
第二章　不安定化するバルカン（一九〇五〜一九一四年）……439
第三章　第一次世界大戦（一九一四〜一九一八年）……444
第一節　戦争前のオーストリアの作戦計画……444
第二節　一九一四年の戦況……446
第一款　ロシア方面……446
第二款　バルカン半島方面……450
第三款　海軍の戦況……451
第三節　一九一五年の戦況……452
第一款　ロシア方面……452
第二款　バルカン半島方面……454
第三款　イタリア方面……455
第四款　海軍の戦況……457
第四節　一九一六年の戦況……458
第一款　ロシア方面……458
第二款　バルカン半島方面……460
第三款　イタリア方面……461

第四款　海軍の戦況……462
第五節　一九一七年の戦況……463
第一款　ロシア方面……463
第二款　バルカン半島方面……464
第三款　イタリア方面……464
第四款　海軍の戦況……465
第六節　一九一八年の戦況……467
第一款　イタリア方面……467
第二款　海軍の戦況……468
第四章　戦争の終結・カール皇帝の退位・ハプスブルク帝国の終焉（一九一八年）……470

おわりに……473

参考文献一覧……475
図目録・写真目録・家系図……481
地名索引（戦場、条約関係）……485
人名索引……490
あとがき……491

凡例

本書は、一二七三年から一九一八年までのハプスブルク家に関わる軍事関係を中心に記述したものであり、その記載は、次の原則に基づいている。

地名については、現在のドイツ・オーストリア地域を中心とするハプスブルク家領及びその周辺の地名については、原則ドイツ語読みで表記している（例　スロヴァキアのブラチスラヴァはプレスブルク、ポーランドのシロンスクはシュレジエン）。なお、オーストリア、ボヘミアなど日本で慣例化している表記はそのままとした。

イタリア、イベリア半島、メキシコ関係は概ね現地語の表記に依っている。

人名についても、ドイツ・オーストリア地域を中心とするハプスブルク家領及びその周辺の関係者については概ねドイツ語読みで表記した。また、ハンガリー人についても名・姓の順で表記している。

当時としては正統な支配に対する挑戦については、原則「叛乱」と表記し、政権交代など変革に結びついたものは「革命」とした。

ハプスブルク家かく戦えり——ヨーロッパ軍事史の一断面——

ハプスブルク家系図

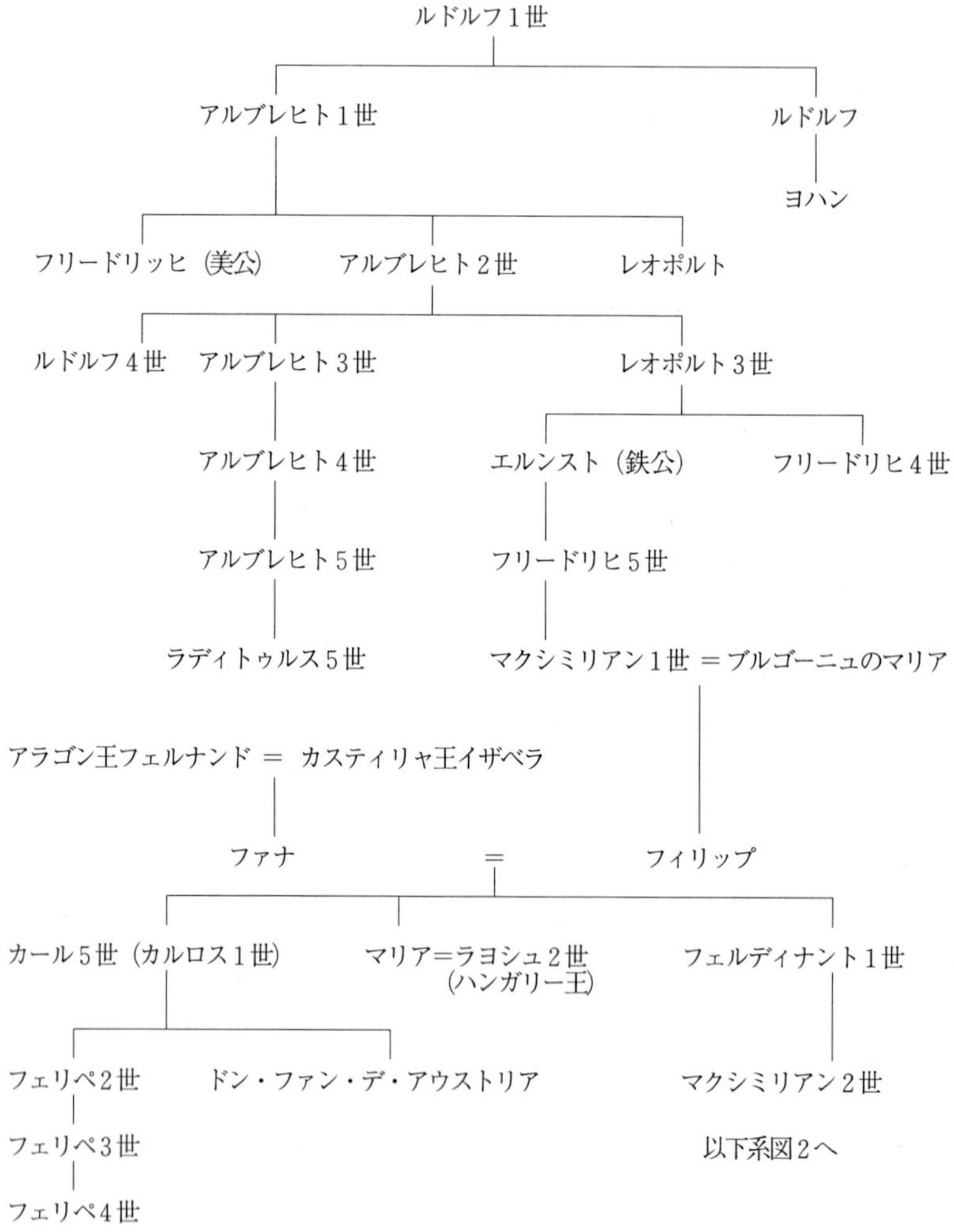
ルドルフ1世
アルブレヒト1世
ルドルフ
ヨハン
フリードリッヒ（美公）
アルブレヒト2世
レオポルト
ルドルフ4世
アルブレヒト3世
レオポルト3世
アルブレヒト4世
エルンスト（鉄公）
フリードリヒ4世
アルブレヒト5世
フリードリヒ5世
ラディトゥルス5世
マクシミリアン1世 ＝ブルゴーニュのマリア
アラゴン王フェルナンド ＝ カスティリャ王イザベラ
ファナ
＝
フィリップ
カール5世（カルロス1世）
マリア＝ラヨシュ2世
（ハンガリー王）
フェルディナント1世
フェリペ2世
ドン・ファン・デ・アウストリア
マクシミリアン2世
フェリペ3世
以下系図2へ
フェリペ4世

第一編　ハプスブルク家の伸長

第一章　ルドルフ一世のキャンペーン（一二七三〜一二九一年）

ハプスブルク家の勃興は、神聖ローマ皇帝即位の前提となるローマ王位にハプスブルク家の人間として初めて就いたルドルフ一世に拠るところが大きい。そこで、本書はルドルフ一世の治世から筆を起こすこととする。

ハプスブルク家はもともとはエルザス地方の領主だった。これが時代が下るにつれてその領土を拡張し、ルドルフ一世が登場する頃にはエルザスのほか、上ライン、北スイス、上シュヴァーベンをその家領に加えていた。

ルドルフは一二四〇年にハプスブルク家の家領を継ぐが、一二五七年から神聖ローマ帝国は「大空位時代」となり皇帝が不在であった。しかし、大空位時代に領地を獲得した諸侯たちは新規獲得領の正統性を認めてくれる権威を必

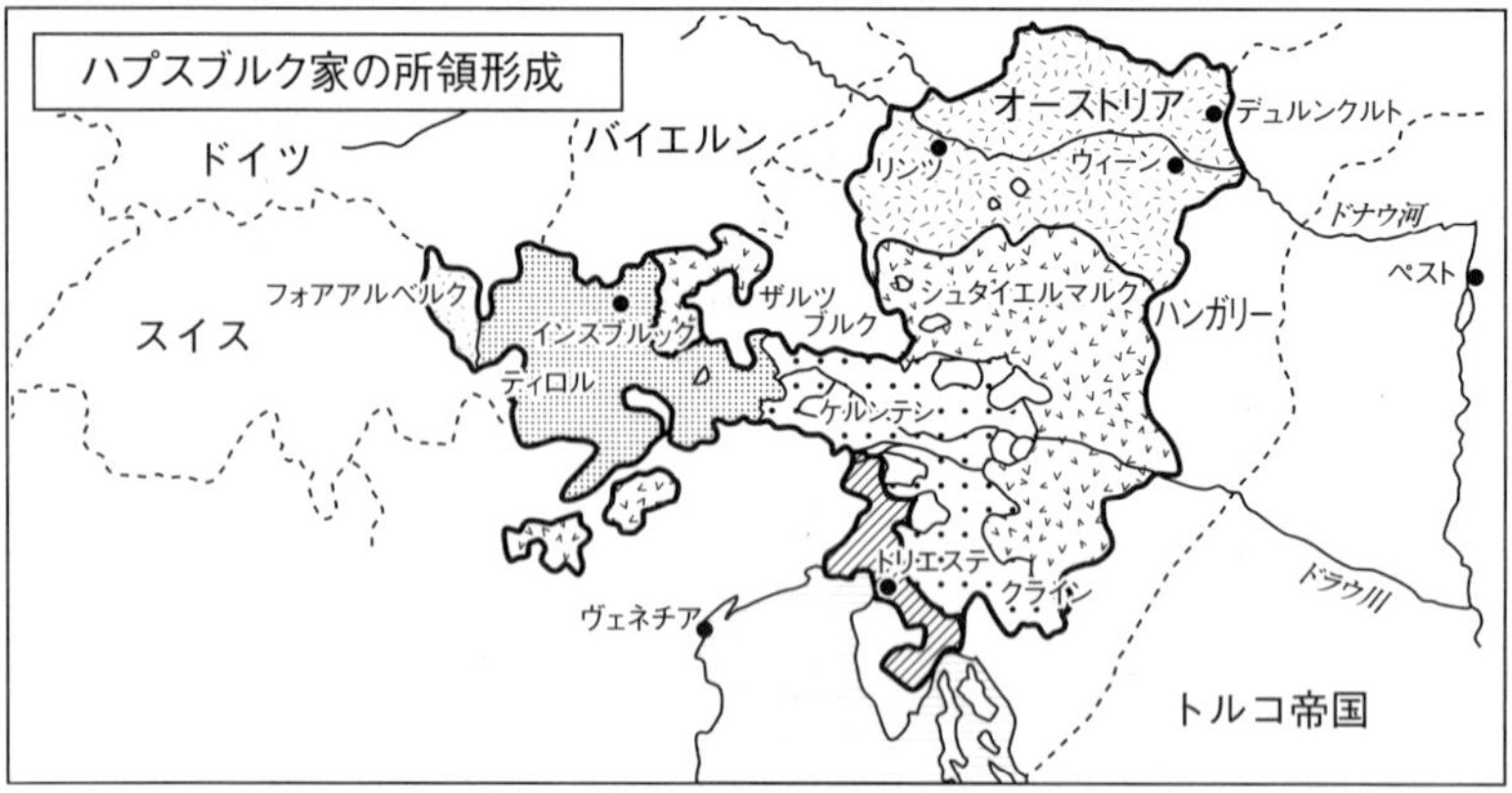

図1

要とし、教皇グレゴリウス十世もローマ王選出に動いた。

ローマ王の選出に当たってはボヘミア（ベーメン）王であるプルシェミスル家のオットカル二世が名乗りを挙げたが、この強力な人物がローマ王に就位することを諸侯は好まず、このためエルザスの領主として比較的力の弱かったルドルフにお鉢が回ってきた。ルドルフは一二七三年にローマ王に選出された。

王位に就いたルドルフはその勢力の拡大に乗り出し、まず、エルザスで蚕食されていた帝国領を回復し、シュヴァーベンでもその領土を拡げ、ニュルンベルクの城伯（城と裁判権を持つ自由貴族）であるホーエンツォレルン家（後にブランデンブルク辺境伯となる家）と協力してフランケンでも勢力を拡大した。このような勢力拡大活動のなかでハプスブルク家の将来に最も大きな影響を及ぼしたものはオーストリアへの進出であった。

当時のオーストリアの支配者はオットカル二世だった。そして、オットカル二世は先にローマ王位を巡ってルドルフ一世と争い、そのローマ王としての戴冠を認めていなかったので、対立は不可避であった。

両者は一二七六年秋より戦闘に入ったが、同年一一月に和平が成立してオットカル二世がルドルフに臣従し、支配していたオーストリア、ケルンテン、クライン、ヴィンディッシェ・マルク、エーガー及びポルテナウを帝国に返還することにした。しかし、一二七八年に和平は破れ、同年八月二六日、ルドルフ一世は幼王ラディスラフ四世を戴くハンガリー貴族の協力を得て、ウィーンからボヘミアに伸びる平地のマルヒフェルトにある小村デュルンクルトでオットカル二世軍と激突する。

デュルンクルトの戦いで、ルドルフは予備軍を置いてこれに敵を横合いから攻撃させるという戦術を用いた。当時のヨーロッパでは重装騎兵が主力兵種だったが、彼らは一〇〇キログラム近い鎧を着用し更に馬にも鎧を着せていたため軍の機動性は著しく低く、事前に編成した予備軍を控置して機を見て投入することで機動性の低さを補ったのである。この戦術は、一二六四年五月一四日のイギリスのシモン・ド・モンフォールの乱におけるリューイズの戦い、あるいは一二六八年八月二五日のホーエンシュタウフェン家とアンジュー家の間でのイタリアのタリアコッツォの戦いでも用いられた。

ルドルフが予備軍を側面に投入したことでオットカル軍は敗れ、オットカル二世は敗走中に甥のヨハンに殺された。戦いの後、選定侯たちの同意を得てルドルフ一世は一二八二年一二月に二人の息子であるアルブレヒトとルドルフにオーストリア、シュタイエルマルク、クライン、ヴィンディッシェ・マルク及びケルンテンを与え（ケルンテンは一二八六年にティロル伯に譲渡）、プルシェミスル家領のモラヴィアを占領した。なお、一二八三年六月一日、家内法でオーストリア領はアルブレヒトが単独で統治し、ルドルフは他の方法で代償を得ることとなった。こうした東方への拡大が後年のハプスブルク家領の原形を創ったのである。

ハプスブルク家領の拡大の一方、ルドルフ一世は即位以来、蚕食されていた帝国領の回収活動も行なった。そして個人的にもスイス西部を巡って対立していたサヴォア伯家を膺懲する必要が生じ、一二八三年に遠征を行なって年末の和約でサヴォア伯フィリップより三ケ所の所領を帝国に回収した。また、一二八九年にはブルグント自由伯への帝国としての制裁（アハト）を行なうためにブルグント自由伯領の主都ブザンソンを帝国として攻撃している。

なお、ここでローマ王と神聖ローマ皇帝の関係と、本書での「選定侯」の表記について解説しておく。

神聖ローマ皇帝は、選挙権がある諸侯である選定侯がまず「ローマ王」を選び、このローマ王がローマ教皇に承認され、ローマで戴冠されることで「皇帝」となる。だから、諸侯が関与する段階で選ばれるのは「王」であっても「皇帝」ではないから、「選帝」よりも「選定」の方が語義には忠実である。

もっとも、ドイツにおいても早い時期から実質的な皇帝の決定権利が選定侯会議にあるという考えは強く、一三三八年のレンス選定侯会議では、「選挙された皇帝は最早教皇の支持を必要としない」ことが明示され、これを受けた同年の帝国法では「選定侯の選挙はそれだけで当選者を『真の正当な皇帝』たらしめるもの」とし、ローマでの戴冠式はドイツ法上は形式的なものに転化している。そして、後のマクシミリアン一世以降の神聖ローマ皇帝は正式に「選挙されたローマ皇帝」の称号を用いており、実質的にも形式的にも選定侯は「選帝侯」なのである。

本書で「選定侯」の用語を使っているのは原意に忠実にするためと、本書が一二七三年から記述していて「選定侯」で一貫させた方が体裁の上からも良いからである。

第二章　アルブレヒト一世のキャンペーン（一二九一～一三〇八年）

ルドルフ一世は一二九一年に崩御し、ローマ王位にはナッサウ家のアドルフが選挙された。これは選定侯たちがハプスブルク家の強大化をおそれ、弱小なナッサウ家から王を出してコントロールしようとしたためである。

王位に就けなかったアルブレヒト一世は新王アドルフと戦う一方、父親が拡大した領地での反対勢力の鎮圧に忙しかった。一二九一年にはシュタイエルマルクの暴動を鎮め、翌年にはスイスの三つのカントン（自治州）であるウリ、シュヴィーツ及びウンターヴァルトの連合軍を破った。今日のスイスの大部分は当時ハプスブルク家領で、その代官が統治していた。それに対して自治を望む三カントンは一二三一年、当時の皇帝に認められてハプスブルク家の司法権から脱し、その自治を拡大する方向にあった。そして一二九一年七月一五日にはこの三カントンは相互支持の条約を結んでいたのである。アルブレヒトは、一二九五年から九六年にかけてはオーストリア貴族の叛乱を討伐している。

アルブレヒトは、一二九八年のゲルハイムの戦いで対立する皇帝アドルフを敗死させ、他に対立候補がいなかったため、ローマ王に選出された。アルブレヒト一世はその卓越した政治力をもって諸侯に大いに恐れられた。ボヘミアに対してはクトナー・ホラ銀山の利権を要求し、一三〇四年はボヘミア王国との戦争に明け暮れた。一三〇六年にプルシェミスル家が断絶するとアルブレヒト一世はボヘミア王国の継承権を狙い、同年一〇月一六日には子のルドルフをボヘミア王に選出させことに成功している。しかし、一三〇七年七月三日にルドルフは急死してしまい、ボヘミア王位はハプスブルク家の手を離れてしまう。

アルブレヒト一世は、国外ではフランスと同盟し、またオランダの獲得を狙うなど、その所領を東北、西北へと拡大して最終的には神聖ローマ帝国内の領土を包含して選定侯の力をそぐことを目していたとされるが、一三〇八年に弟ルドルフの子のヨハンに暗殺されて、雄図空しく終わった。

アルブレヒトの突然の死はハプスブルク家の家領の形成に重大な影響を与えた。ハプスブルク家は、この後もアルプス地方の一円支配を目指してスイスでの勢力拡大を企てたのに対し、スイスの自治を求める勢力は一貫してスイスを神聖ローマ帝国の直轄領とすることで自治を確保しようとしていた。そのため、ハプスブルク家はこれ以降もスイスで断続的に戦い続けなければならなくなる。

第三章　スイスでの戦い

一三〇八年のアルブレヒト一世の崩御の後、ローマ王位に選出されたのはルクセンブルク家のハインリヒ七世であり、ハプスブルク家の家領はアルブレヒトの次男のフリードリヒ美公が継いだ。ハインリヒ七世は一三〇九年に前述のスイス三カントンを帝国の直轄領とした。ただ、ハインリヒ七世にはボヘミアの継承問題があったためハプスブルク家とは協調に転じ、ハプスブルク家はハインリヒ七世のイタリア遠征を支援するという条件でモラヴィアを抵当として委ねられた。

一三一三年、ローマ王ハインリヒ七世が崩御すると、王位を巡ってフリードリヒ美公とバイエルン公ルートヴィヒが争った。バイエルン公はその領土の三方をハプスブルク家領に囲まれており、フリードリヒのローマ王就任を断固阻止する構えであった。

選挙は一三一四年一〇月にフランクフルト（フランクフルトという名の都市としては、マイン川沿いのフランクフルト・アム・マインとオーデル川沿いのフランクフルト・アン・デア・オーデルがあるが、本書で単に「フランクフルト」と記述する場合はフランクフルト・アム・マインの方を指す。）で両者を支持する勢力によって別々に行なわれ、双方ともにローマ王に選出された。

フリードリヒは、ルートヴィヒを支持するボヘミア王ヨハンへの牽制として前ボヘミア王のケルンテン公と結び、

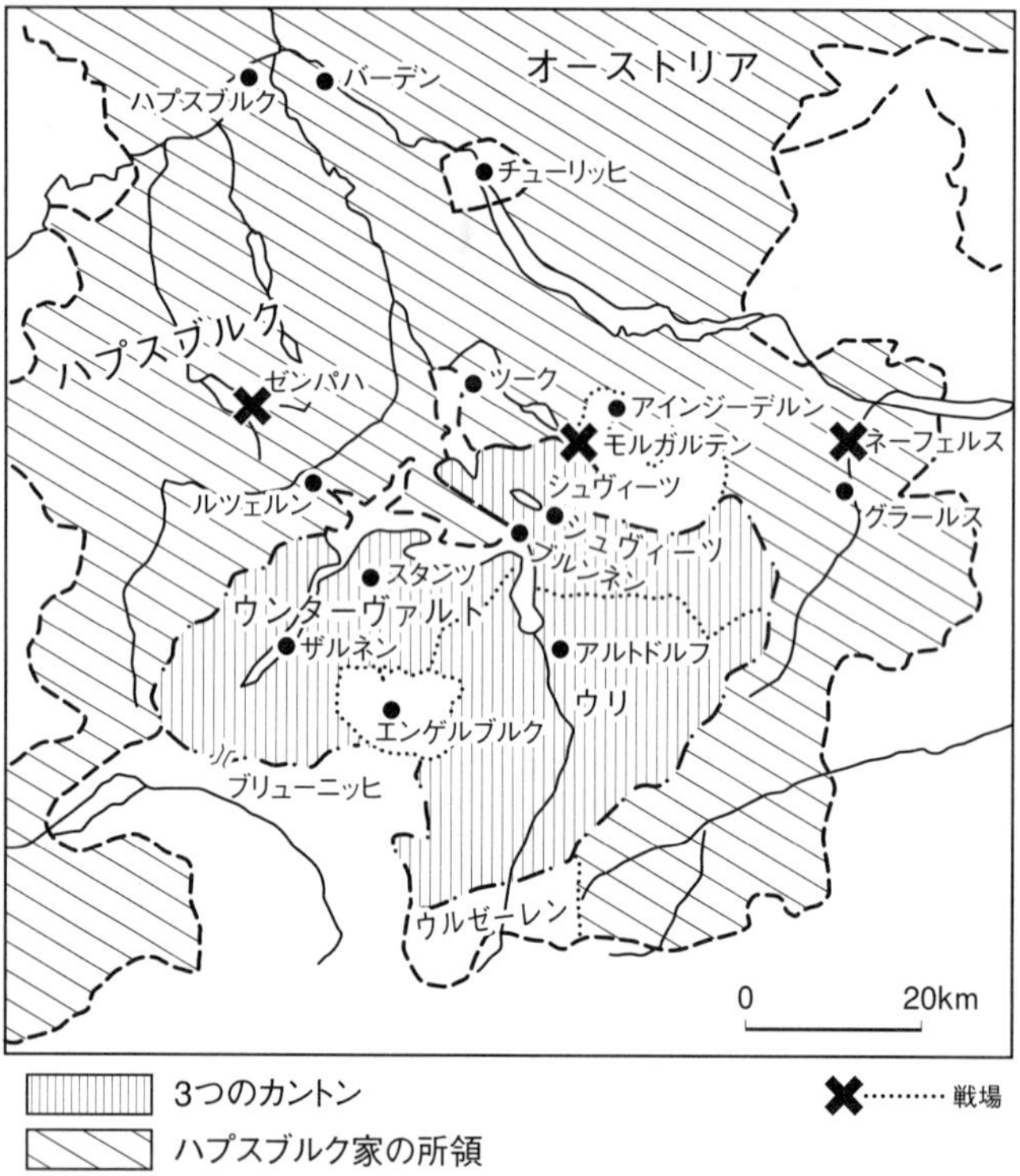

図2　スイス要図

北ボヘミアの反ヨハン王勢力を一三一七年から援助した。

フリードリヒとルートヴィヒの抗争は、一三二二年九月二八日のイン河畔のミュールドルフの戦いで、フリードリヒ美公が敗れて捕虜となるまで続いた。この後、フリードリヒは釈放されたが、ルートヴィヒとの約束を守ってローマ王位は称さず、一族内の徹底抗戦派を抑えて対外活動を控え、専ら自領を固めることに力を注いだ。

この間、スイスの三カントンは、バイエルン公ルートヴィヒと結んで自立しようとしたため、フリードリヒの弟レオポルト公は、シュヴィーツとウンターヴァルトの支配権を復活させようと出陣し、一三一五年一一月一五日にモルガルテンでスイス軍と戦った。

この戦いでは、兵力八千のうち少なくとも三分の一以上が重装騎兵だったハプスブルク軍に対し、スイス軍は長槍隊とハルバードという新兵器で対抗した、ハルバードは、斧と槍と鶴嘴を兼ねたような槍の一種で、スイス軍は山腹の隘路という地形を巧みに利用し、密集した長槍隊でハプスブルク家の騎士を圧迫し、そこにハルバードを持った部隊を投入した。スイス兵はハルバードでまず馬を突き立て、騎士を引っ掛けて落馬させ、落ちた騎士の頭を殴ってとどめを刺した。

　こうした戦法は身代金を目的とした騎士同士の戦いのルールになく、ハプスブルクの騎士たちは為す術もなく敗れ去り、ハプスブルク家のスイス回復は挫折した。また、スイス人傭兵による長槍部隊の密集方陣は、一五世紀にはイタリア戦争に輸出されていくことになる。

　フリードリヒ美公は一三三〇年に死去し、ハプスブルク家領は弟のアルブレヒト二世が継いだ。アルブレヒト二世は平和的な人物で、戦争を避けつつ領土の拡大を図った。一三三五年、ティロル伯家の領土であったケルンテンとクライン（形式上はケルンテンに属していた）をその断絶に伴い入手している。

　一方、スイスでは三カントンに加えて、ルツェルン、チューリッヒ、グラールス、ツーク、ベルンの五カントンが加わり、一三五三年までに八カントンによる同盟が成立し

写真１　ハルバード
グラーツの武器庫に残るハルバード（左）と斧槍（中央）

ていた。これに対してアルブレヒト二世は一三五五年七月一三日、ローマ王カール四世の調停でスイスの自治勢力のこれ以上の伸長を抑えるのに成功している。

一三五八年アルブレヒト二世が死ぬと、ルドルフ四世が家領を継いだ。ルドルフは一三六三年にティロルを、一三七五年にフォアアルベルクを獲得して西方領土と東方領土の連絡線を確保したほか、一三六八年にはライン河近傍のフライブルクを入手している。また、フリアウル、トリエステ（一三三八年）、フェルトレ、ベルルーノ、グラウビュンデンといった地方も入手して北イタリアへも勢力圏を拡大した。

こうした拡張過程のなかでハプスブルク家に大きな意味を持ったのは、一三六四年にハンガリー王国及びボヘミア王国と結んだ相互相続条約（ブリュン条約）である。条約締結当時は、ハプスブルク家がボヘミア王家のルクセンブルク家に従属することを意味する不利な条約と見なされたが、後年、これによってハプスブルク家はハンガリーとボヘミアを獲得し、後顧の憂いなくイタリアに南進できる態勢ともなったので、その意義は大きかった。

第四章　ハプスブルク家の分裂とスイスの喪失（一三六五〜一四四〇年）

ハプスブルク家は、ローマ王位からは締め出されていたが家領は順調に拡大していた。しかし、一三六五年に死んだルドルフ四世には子供が無かったので弟のアルブレヒト三世とレオポルト三世が相続人となり、ハプスブルク家領は二分された。この分割相続はハプスブルク家の家訓に反していたが、二人とも幼少でそれを取り巻く家臣達も二つに対立したため、兄のアルブレヒト三世はオーストリアを、弟のレオポルト三世はシュタイエルマルク、ケルンテン、クライン、ティロル、上ラインをそれぞれ取得した。

両統に分かれたハプスブルク家は、一三八六年に更に分裂した。これは、スイスの独立運動を鎮圧するために出陣したレオポルト三世が七月九日のゼンパハの戦いで敗死したことによる。この戦いでは、先のモルガルテンの敗戦の教訓からレオポルト三世の軍（六千）中の重装騎兵は下馬し、歩兵として戦列を組んで戦った。重装騎兵が下馬して戦う例は一三二二年より見られ、下馬した騎兵は弓兵と共同して敵を圧迫していたのである。ハプスブルク側は当初はスイス歩兵を圧倒していたが、下馬した騎兵は重装だったため疲れてしまい、戦列が乱れたところを軽装のスイス歩兵が逆襲してきた。これによりハプスブルク軍は敗れ、レオポルト三世も敗死した。

ゼンパハの敗北はハプスブルク家のスイスからの退潮を意味したのみならず、レオポルト三世の二人の息子、エルンスト鉄公（力が強かったのでこう仇名された）がシュタイエルマルク、ケルンテン、クラインを、フリードリヒ四世がティロルとフォアアルベルクを分割相続したため、ハプスブルク家が三系統になって鼎立する事態を呼び起こした。

この後、一四五七年までハプスブルク家は分裂するが、その間の動向を見ておこう。まず、スイスでは一三八八年四月九日のネーフェルスの戦いでグラールスを回復しようとしたフリードリヒ四世軍がまたも敗れ、一三八九年四月一日に休戦となってハプスブルク家のスイス回復の不可能が決定的になった。続いて一四一五年、フリードリヒ四世は皇帝ジギスムント（ルクセンブルク家出身）により帝国から追放された。ジギスムントはフリードリヒ四世の領地アールガウなどの侵略をスイス諸州に勧めたため、スイス軍は奮起して進出し、北スイスのフリードリヒ四世所有のハプスブルク領は全て失われ、上ラインと東方のハプスブルク領とを結ぶ線も途切れた。なお、エルンスト鉄公は一四一八年にハプスブルク家の人間としては初めてオスマン＝トルコ軍とラートケルスブルクで戦っている。

この後、一四三七年、皇帝ジギスムントが崩御するとルクセンブルク家は断絶し、その女婿だったアルブレヒト三世の孫のアルブレヒト五世がボヘミア王となり、皇帝に選出され、ハンガリー王としても承認された（皇帝としてはアルブレヒト二世）が、一四三九年に在位二年で崩御した。皇帝アルブレヒト二世の子で幼いラディスラフは、ボヘミア王となりハンガリー王位も要求したが、ハンガリー貴族の大半が反対したため王位に就けず、ラディスラフを支持する派はその後見人であるフリードリヒ五世（エルンスト鉄公の息子）の方に従った。

このようにハプスブルク家は三系統に分かれて勢力拡大も止まっていた。しかし、一四五七年のラディスラフの死によりその領地がフリードリヒ五世の手に入り、一四九〇年にフリードリヒ四世の息子ジギスムントの領土がマクシミリアン（フリードリヒ五世の長男）に継承されることで、約一〇〇年ぶりにハプスブルク家は一本化した。

第五章　フリードリヒ五世の諸政策（一四四〇～一四九三年）

一四四〇年二月、フリードリヒ五世は七人の選定侯（一三五六年に皇帝カール四世が金印勅書によって定めた七人。トリーア、マインツ、ケルンの各大司教とボヘミア王、ブランデンブルク辺境伯、ザクセン公、ファルツ伯である）によってローマ王に選出された（皇帝としてはフリードリヒ三世）。これは、ボヘミア王家であったルクセンブルク朝の衰退とオスマン＝トルコ帝国（以下「トルコ」という）の西方への進出に伴い、ハプスブルク家に再び東方の防波堤の役割を担わせようという諸侯の意図があったからである。

しかし、フリードリヒ五世の軍事的手腕は低かった。一四四五年にハンガリー議会はフリードリヒがラディスラフの後見をやめてハンガリー王冠を差し出せばという条件でラディスラフの王位継承権を認めたが、彼はこれに同意しなかった。この後、ハンガリー貴族とオーストリア・ボヘミア等族が協調したためフリードリヒ五世も折れ、ラディスラフは一四五三年にハンガリー王に即位した（ラディスラフ五世）。後にラディスラフ五世はハンガリーでの内乱を逃れて一四五七年にウィーンに入り同年に客死したため、その相続権はフリードリヒ五世に帰した。

一四五八年一月、ハンガリーでは新王にマチャーシュ・フニャディが選出されたが、翌年にハンガリー貴族の一部はマチャーシュ・フニャディに叛旗を翻し、フリードリヒ五世を王位に就ける旨を宣言した。しかし、叛乱の首謀者ラヨシュ・ガライが間もなく死去したため、一四六三年にフリードリヒはマチャーシュ・フニャディに和平を提案し、ハンガリー王冠を返還した。

中欧での覇権の確立（ブレスラウ・ウィーンを中心とする経済圏の一元的掌握）を狙うマチャーシュ・フニャディは、一四六九年にボヘミア王位を入手したが、ボヘミア貴族はフス派への寛容を標榜するヤゲロ家のウラディスラフを一四七一年に王として擁立し、フリードリヒ五世もこれに荷担した。これに対してマチャーシュ・フニャディはトルコの支援を受けて一四七六年にウィーンを占領したため、フリードリヒは国内を逃げ回る始末となり、一四七八年にマチャーシュ・フニャディはウラディスラフとオルミュッツで和約してボヘミア王位を分け合った。

この間、フリードリヒ五世は、ハプスブルク家得意の婚姻政策を大いに発揮して（ハプスブルク家の標語として流布されているものに「諸君らは戦争せよ。しかし、わが幸運なるハプスブルク汝は結婚せよ」というものがある）、一四七七年には長子マクシミリアンをブルゴーニュ公シャルル突進公の遺子マリアと結婚させてブルゴーニュ公国をハプスブルク家の領土に加えるのに成功した。しかし、この政策により、かねてからブルゴーニュ公国を狙っていたフランス王ルイ十一世とは敵対することとなった。

マクシミリアンはブルゴーニュ公領フランドルに入るや早速フランスと戦うことになった。マクシミリアンは一四七八年にヘンネガウで、一四七九年八月七日にはカレー近郊のギヌガートでそれぞれフランス軍と戦っている。

ギヌガートの戦いでマクシミリアンは、一五世紀初頭より確立したスイスの槍兵密集戦術に倣い、長さ五メートルの槍で武装した歩兵を重装騎兵の代わりに軍の主力として用いて勝利を得た。マクシミリアンは後に西南ドイツの農村の二、三男を月四グルデン（グルデンは約三・五グラムの金貨）で雇って槍兵部隊を創る。これらの兵士はランツクネヒトの名で人口に膾炙《かいしゃ》され、マクシミリアンは「ランツクネヒトの父」と目されることとなる。また、マクシミリアンは大砲もこの戦いで使っており、大砲好きな軍人としての素質も見せている。マクシミリアンは後に「中世最後の騎士」と呼ばれるが、戦争では重装騎兵から歩兵に主力を転換し、一五〇七年には弩を全廃しているから近世軍制の先駆者と評価できる。

こうしたマクシミリアンのフランドルでの活躍に対し、フリードリヒ五世はハンガリー王マチャーシュ・フニャディに押されっ放しだった。マチャーシュ・フニャディは外交政策によりフリードリヒ五世を孤立させる一方、全て傭兵であるところの騎兵二万、歩兵八千、馬車五千台、砲兵隊からなる「黒軍」を組織し、これにハンガリー貴族による「旗軍」を併せて攻撃してきた。

この五千台の馬車は輜重《しちょう》用とともに「車陣戦術」に用いられたものと考えられる。車陣戦術は前漢の将軍衛青が対匈奴戦で用い、カエサルもブリタニアで用いたが、ヨーロッパで盛んに使われたのは一五世紀前半のボヘミアのフス戦争においてである。車陣戦術は、平原での敵襲に対し馬車で急造陣地を作って敵の騎兵の突撃を阻むというもので、火砲が未発達の時代には対騎兵防御策として極めて有効だった。

ハンガリー軍により、一四八五年五月にはウィーンが再び占領され、クライン、オーストリア、ケルンテン、シュタイエルマルクの大部分が制圧された。マチャーシュ・フニャディは、一時王都をブダからウィーンに移した。

この状況下、老皇帝フリードリヒでは対応し切れないという声が高まり、一四八六年二月にマクシミリアンはローマ王に選出され皇帝を補佐することとなった。こうしているうちに、ハプスブルク家にとって不利な状況は次第に改善された。皇帝に対して反抗的であったバイエルン公国に対しては、一四八八年二月に西南ドイツの諸侯・都市を中心にしてシュヴァーベン同盟が結成され、これが有力なハプスブルク家の支持基盤となった。また、一四九〇年には前述のようにハプスブルク家のレオポルト三世系統のひとつでティロルとフォアアルベルクを保っていたジギスムントが自己の負債の支払いを条件に所領をマクシミリアンに譲った。これによりハプスブルク家領は再統一され、岩塩、銅、銀を産出し、アルプス越えの通商ルートであるティロルの入手はマクシミリアンの財政基盤を強化した。また、ティロルの主都インスブルックはハプスブルク家の武器廠として、後に重要な役目を果たすに至る。

こうしたなか、一四九〇年四月、マチャーシュ・フニャディが嗣子無くして死に、ハンガリー王国は混乱状態となった。これを見て取ったマクシミリアンは軍を率いてハンガリー軍が撤退したウィーンを八月に奪還した。また、一四六三年のエーデンブルク条約でハンガリー王家断絶の際はハプスブルク家が王位を相続すると定まっていたことから、この条約の履行を迫って一一月にはハンガリー本土まで攻め込んだ。しかし、傭兵の逃亡、周辺勢力の反対及び残存していた黒軍の反撃によりマクシミリアンはハンガリー王位を入手できず、王位はボヘミア王ウラディスラフに渡った。

マクシミリアンは反撃してハンガリーに取られていた領土を残らず奪還し、一四九一年にはウラディスラフ王とプレスブルクの和を結び、附帯条件としてウラディスラフの家系が断絶した場合はハプスブルク家にハンガリー王位が来ることを確認させ、一連の戦いはハプスブルク家にとってはまずまずの成果を上げた。そして、同年一〇月にはバイエルン公がシュヴァーベン同盟に降《くだ》ったため、西南ドイツにおけるハプスブルク家の覇も確立した。

一四九二年になるとフランスとの戦争が本格化した。これは、妻と死別していたマクシミリアンにブルターニュ公の娘マリアとの縁談が起こったのに対し、フランス王シャルル八世がこれを阻止しようと争ったものである。フランスはスペイン、イギリスと和してブルグント自由伯領を攻めた。これに対しマクシミリアンは、ランツクネヒト四千とスイス傭兵二千の寡軍をもって戦い抜き、同年末までに被占領地をあらかた奪還し、一二月下旬にはブザンソンに入城した。

シャルル八世は一四九三年五月にサンリスの和を結びマクシミリアンとの戦いに終止符を打った。この和約でフランスの後援によるブルゴーニュ公領内での一五年に及ぶ内戦が終息したが、ブルターニュ公女マリアとはシャルル八世が結婚したため、ブルターニュへのハプスブルク家の進出はならなかった。

なお、この戦争でマクシミリアンが戦場に投入したランツクネヒトは、とねりこの木で作った長さ五メートルの槍か長さ二メートルで先端に斧と鉄の穂が付き反対側には騎士を引き落とす鉤が付いたものを用い、密集して敵陣に突撃していた。ランツクネヒトなどの槍兵は、火縄銃兵と組み合わせられて相互に補完し合い、軍の主力となった。

一四九三年八月一九日、フリードリヒ五世（神聖ローマ皇帝としては三世）は七八歳で崩御した。フリードリヒはその消極性、影の薄さ、優柔不断といった性格から史家に余り評価されていないが、敵の誰よりも長く生き、忍耐強く動き回ってハプスブルク家を一本化し、次代のハプスブルク世界帝国の礎を築いた人物として相応に評価されなければなるまい。

第六章　マクシミリアン一世のキャンペーン（一四九三〜一五一九年）

フリードリヒ五世の崩御により長子マクシミリアンがハプスブルク家の家督を継いだ。マクシミリアンは既にローマ王だったので、皇帝位に就くことなくして帝国諸侯に君臨し得た。

マクシミリアンの家督継承後の軍事活動の第一は対トルコ戦であった。一四九三年春よりトルコ軍は騎兵を主体にクロアチア方面に出没していたが、マクシミリアンはこれに対処するため国境の要塞を強化し、また父フリードリヒの創設した聖ゲオルク騎士団を拡充してトルコ国境での平和を保った。マクシミリアンは生涯を通じて対トルコ十字軍構想を抱いていたが、その志はこの一連の対処にも見られる。

第一節　神聖同盟の成立と対仏戦争（一四九五年）

一四九三年一一月二〇日にマクシミリアンはミラノ公女マリアと結婚した。この結婚は、多額の持参金をマクシミリアンが受け取る代わりに、ミラノ公国を神聖ローマ帝国の封土として改めてミラノ公ロドヴィコ・スフォルツァに授与し、その正当性を高めるという目論見があり、また、マクシミリアンの以降のイタリア政策を決定付けた。

一四九四年九月にフランス王シャルル八世がナポリ王国の継承権を主張するため陸路イタリアに侵入すると、ミラ

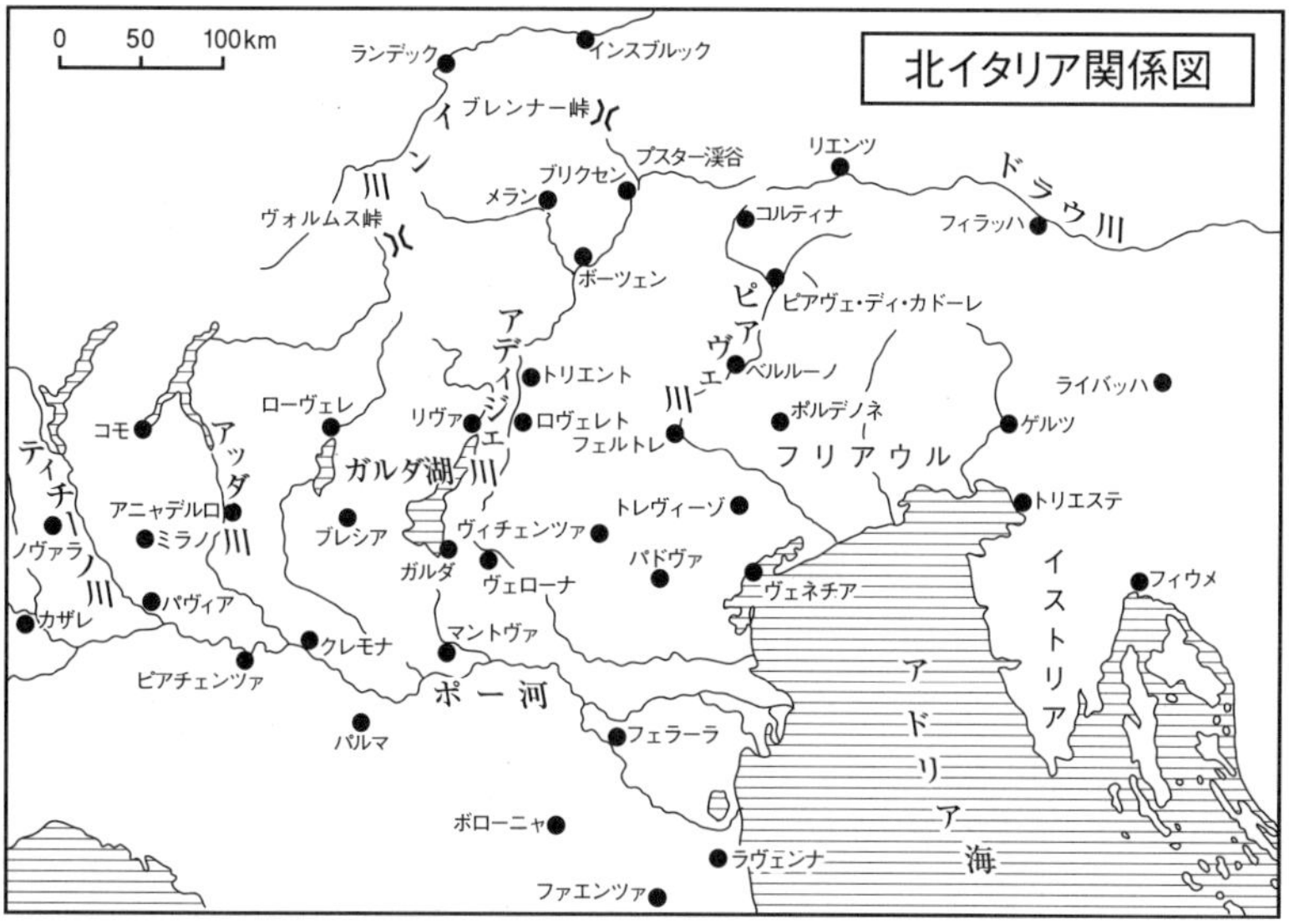

図3

ノ公はフランス軍の自領通過を認め、シャルル八世の軍六万は年末にはローマに入った。

フランス軍が速やかにイタリア半島を南下できた背景には、フランス軍の砲力の強化がある。すなわち、シャルル八世は、鋳造砲の普及で軽量化と運動性の向上が進んだ大砲を更に改良し、薬室と砲身の一体化、砲耳の鋳造、装輪砲架の採用を行なって砲の移動を簡単にした。また、石弾に代わる鉄弾の採用は砲火の威力を増し、砲の口径の規格化により砲は使用し易くなり、戦場への携行も楽になった。当時のフランス軍の大型砲は三五頭で引く四輪砲架に載せられ、その他の砲は二輪砲架に載せられて二頭から二四頭で牽引されていた。小口径砲は戦闘開始後も移動可能で、騎兵部隊と共同行動できる機動力を有した。

フランスの砲兵の威力はイタリアの城砦都市の攻略に遺憾なく発揮され、各都市は「バターを針で刺すように」城壁を破られた（砲撃に対応して城壁の裏に土塁を築く築城方式が採られると、砲力による城壁の破壊・突破も簡単にはいかなくなったが）。この他にも、フランス軍もスイス歩兵に倣って

(というよりスイス傭兵を集めて) 槍兵の一六人縦列方陣による突撃戦法を採用し、騎兵においては、重騎兵一騎に弓騎兵二騎、落馬した敵と格闘する騎兵一騎、重騎兵二騎を付けた計六騎をチームとする集団を作って敵と戦うという戦術の改革を行なっている。

このように改革されたフランス軍はイタリア各都市の軍を圧倒した。しかし、フランスのイタリア半島での膨張は列国の承認するところではなく、一四九五年四月には教皇アレクサンドル六世、ミラノ公、アラゴン連合王国 (アラゴン、バレンシア及びカタロニアの三国からなるが、以下単に「アラゴン」という) の王フェルナンド、ヴェネチア及びローマ王マクシミリアンが参加する神聖同盟が結成され (イギリスは九月に参加)、フランスに対抗することとなった。そして対仏戦争の総指揮はマクシミリアンがとることとなった。

この状況を見て取ったフランス王シャルル八世は、ナポリに滞在して袋の鼠になることを恐れて急遽撤退行動を起こした。撤退の理由の一つには陣中で流行っていた梅毒の問題もあった。当時、梅毒は欧州に伝わったばかりで、奇病の蔓延はフランス軍の士気をいたく鈍らせていた。

フランス軍が陸路北上して母国に戻ろうとしたのに対し、マクシミリアン指揮の同盟軍はロンバルディア平原の西北地点に布陣して迎撃するのが当然であった。しかし、当時ヴォルムスで帝国議会が開かれており、マクシミリアンは議会を抜けられなかった。このため主将を欠く同盟軍はフランス軍の行軍を阻止できず、七月一五日にフランス軍はアスティに引き揚げてしまった。ちなみにマクシミリアンが帝国議会から解放されたのは八月のことである。

議会から解放されたマクシミリアンはやっと行動を起こしたが、このイタリア出兵には帝国諸侯の協賛が得られず、付き従った騎士は僅か三〇〇であった。マクシミリアンは八月半ばにヴォルムス峠を越えてコモ湖畔に着いた。そして神聖同盟としてはまず親仏派のフィレンツェを討伐することに決したので、その外港であるリヴォルノを攻略するため、マクシミリアンはジェノヴァから海路リヴォルノに向かった。

同盟軍は一〇月二二日からリヴォルノを包囲し、海陸からリヴォルノを封鎖しようとしたが、シロッコ（南風）による時化《しけ》のため海上封鎖は困難となり、リヴォルノへの海からの補給線の切断は不可能となった。包囲の実効が上がらないため同盟軍は包囲を解き、マクシミリアンも年末にはティロルへ引き揚げた。この包囲戦の不首尾とその前のマクシミリアンのイタリア入りの遅れによるフランス軍を取り逃したことはイタリアでのマクシミリアンの声価を大いに貶《おとし》めた。

この後、マクシミリアンはティロルで行政などの改革を行ない領内体制の強化に専念した。一方、フランスでは一四九八年四月七日にシャルル八世が崩御し、遠縁のオルレアン公がルイ十二世として即位した。しかし、フランスのイタリア政策・対ハプスブルク政策は変わらず、フランスはアラゴン、イギリス、ヴェネチア、ローマ教皇と次々講和してハプスブルク家とミラノ公国を孤立させる一方、ブルゴーニュ公国への進出を画策した。

第二節　ブルゴーニュ公国での戦い（一四九八～一四九九年）

ブルゴーニュ公領はマクシミリアンの長子のフィリップが相続して統治していた。フィリップは父に似ぬ優柔不断な人物で、フランスとの戦いを恐れて親仏政策をとり、マクシミリアンの対外政策にそぐわぬ行動をすることも多かった。このため、フランス王ルイ十二世は与《くみ》し易しと見て一四九八年にブルグント自由伯領に侵入してきた。これに対してマクシミリアンは一万以上の兵を集め、それを二手に分け、七月に一つをフライブルクからラングル、シャンパーニュ方面に、もう一つをブザンソンからディジョン方面に進撃させた。

しかし、父親の作戦行動に拘わらずブルゴーニュ公フィリップは単独でルイ十二世と講和し（パリ条約）、それを受けてマクシミリアンもルイ十二世と一ケ月休戦した。ところが、休戦期間中にルイ十二世は劣勢を立て直そうと画策したので、マクシミリアンは再戦に踏み切った。フランスのライン河方面への拡張を喜ばない帝国自由都市やシュヴァーベン同盟がマクシミリアンを支持したため、マクシミリアンは戦いを有利に進めた。

マクシミリアンは専らサオーヌ川とミューズ（マース）川の周辺で戦う一方、一一月には北ネーデルラントで反旗を翻していたヘルデルラント公国に進攻して叛乱分子を一掃した。こうした戦い振りにも拘わらず一四九九年に入るとスイスで戦争が起こったため、同年三月、マクシミリアンはブルゴーニュ公国を出てスイスに向かった。

第三節　スイスでの戦い（一四九九年）

前述のように、スイスの諸勢力は一貫して神聖ローマ帝国からの離脱と独立を目指しており、これは、ハプスブルク家だけでなく、経済的に競合する南ドイツの諸勢力の反感も買っていた。このため、南ドイツのシュヴァーベン同盟とスイスとの小競合いは絶えず、ミュンスター渓谷の修道院の帰属を巡って遂にハプスブルク家を含むドイツの勢力とスイスとの間で一四九九年二月上旬から戦争が始まった。

戦争はスイスに有利に進んだ。ボーデン湖畔の戦いでスイス軍一万二千はシュヴァーベン同盟軍を撃破し、三月一六日にはスイスはミラノ公国に傭兵を送らないことを条件にフランスと同盟した。四月末にマクシミリアンはボーデン湖畔に着陣した。ここでマクシミリアンは軍を三つに分け、自らはスイス軍の主力がいるエンガーディーンに向かった。しかし、別動隊がスイス軍に完敗したため、マクシミリアンは五月末までに作戦を中止せざるを得なかった。

七月になるとマクシミリアンは再びコンスタンツに大軍を集結させ、スイスに攻め込む構えを見せた。しかし、シュヴァーベン同盟は既に気力を失っており、七月二二日にバーゼル近郊にいたフュルステンベルク伯の率いる軍一万六千がスイス軍の奇襲を受けて壊滅状態となったため、帝国側の対スイス作戦の続行は極めて困難となった。

こうしているうちに八月には、かねてからミラノ公国の継承権を主張していたルイ十二世の指示でフランス軍がミラノに侵入したため、マクシミリアンも対スイス戦の継続を断念せざるを得なくなった。このため九月二二日にバーゼル条約が結ばれ（これら一連の戦闘を「スーアーブの戦い」と称する）、スイスは形式的には帝国に留まるものとされたものの、実質的にはその独立が確定した。スイスが形式的にも帝国から完全に独立するのは一六四八年のウェストファリア条約による。

一方、ルイ十二世による八月末からのミラノへ侵入に対し、ミラノ公ロドヴィコ・スフォルツァはマクシミリアンに救援を求めた。しかし、マクシミリアンはスイスで釘付になっていたため、フランス軍は一気にミラノを包囲して九月一七日に陥落させ、ロドヴィコはアルプスを越えてインスブルックに逃げ込んだ。

ロドヴィコはこの後、ミラノ領内でのフランス軍の横暴さに怒った反フランス派から帰国要請を受け、ティロルでランツクネヒトを集め、翌一五〇〇年初頭にミラノ領に戻ってフランス軍と戦ったが、四月一〇日にスイス人傭兵の裏切りによってフランスの捕虜となった。

マクシミリアンは岳父の苦境を救おうとしたものの、先立つ金と兵力がなく、帝国諸侯の救援を得るためにアウクスブルクに帝国議会を召集した。しかし、四月から一〇月までの議会でマクシミリアンは、統治院（レギメント）を設置して、皇帝大権に大幅な縛りをかけるという譲歩をしたものの、懸案の金と兵力を諸侯から集めるという目的は果たせず、イタリア出兵は不可能となった。こうして、マクシミリアンは一五〇〇年から一五〇二年にかけてはドイツ本国で逼塞せざるを得なかった。

第四節　バイエルン継承戦争・ハンガリー継承戦争（一五〇三〜一五〇六年）

フランスの巧みな外交政策に振り回されていたマクシミリアンも、一五〇二年夏に始まったイタリア半島でのフランスとアラゴンの戦争に乗じて地歩を回復しつつあった。元来、フランスとアラゴンは共同してナポリ王国を占領し、その北部をフランスが、南部をアラゴンが支配していたが、フランスが隣接する諸地域にも勢力を拡大しようとしたため、アラゴンと教皇がフランスと対立し、この両者にマクシミリアンも協力することで、戦争となった。戦争は一五〇三年、アラゴンがフランス軍をナポリから駆逐するまで続いた。アラゴンのコルドバ将軍が専ら戦争を取り仕切り、マクシミリアン自身は直接戦争にタッチしなかったが、トリエントの兵器廠から海路大砲をコルドバ将軍に送ったほか、ランツクネヒトも送って援助した。一方、アラゴン王フェルナンドはマクシミリアンに多額の金銭援助をし、マクシミリアンも財政的に一息ついた。

こうしたなか、再びドイツ内でマクシミリアンが威勢を回復するきっかけとなったのがバイエルン継承戦争である。この戦争は、一五〇三年一二月一日バイエルン＝ランツフートの領主ゲオルク侯が嫡子なく死亡し、その相続を巡って一族のバイエルン＝ミュンヘン公アルブレヒトと、ゲオルクの女婿でファルツ伯の公子ルプレヒトが争ったことによる。マクシミリアンは、アルブレヒトが妹婿であること、ファルツ伯がかねてから親仏的でマクシミリアンの意に添わぬ行動をとっていたこと、ルプレヒトの相続を認めることは帝国法に反することなどからアルブレヒトを支援し、帝国諸侯も概ねこれに倣った。そして、イタリア半島での政策遂行のためにはマクシミリアンを敵に回したくなかったルイ十二世も、戦争への干渉を避け、マクシミリアンは邪魔されることなく国内戦に没頭できた。

この戦争でマクシミリアンは一貫して主将として采配を振るい、親征してファルツ伯領の主都ハイデルベルクを突こうとしたが、バイエルン＝ミュンヘンの軍が劣勢となったので、それを救うべく南転した。そして、一五〇四年八月二〇日、一方の後継予定者ルプレヒトが病死するに及んで、ファルツ側は継承戦争の理由を失い、マクシミリアンはヴェンツェンベルクの戦いでファルツ軍を大破し、奪われていたクーフシュタイン要塞も大砲の大量使用によって一〇月一六日に陥落させた。

この後も戦争は続いたが、最終的には、一五〇五年のケルンの和で決着し、バイエルン＝ランツフート領の大部分がバイエルン＝ミュンヘンに組み入れられた。

バイエルン継承戦争でマクシミリアンは帝国内の有力諸侯であるバイエルンとファルツを疲弊させ、自らも一三六九年以来バイエルンに取られていたクーフシュタイン（後にマクシミリアンが大幅に要塞を強化する）、キッツビューエル、ラッテンベルクの領土を取り戻し、帝国内での威勢を大いに回復した。

なお、当時のヨーロッパの戦争について付言すると、勝った軍は敗軍の追撃を直ちに行なわず、略奪に走ったり、傭兵たちがそのまま逃げ散ったりしたため敵に徹底的な打撃を与えられず、戦争が長引く原因となった。ちなみに当時の日本では、軍功の基準は敵の首の獲得だったので、首を取りやすい追撃戦は熱心に行なわれ、これが戦国時代の争乱を比較的早く終わらせる一つの決め手となったと考えられる。

帝国内での威信を取り戻したマクシミリアンは、ハンガリーの継承問題に再度関心を示し、一五〇六年三月、ハンガリー王ウラディスラフにハプスブルク家との二重結婚の予約に同意させた。そして、これに反対するハンガリー貴族のヤーノシュ・サポヤイが叛乱を起こすと、六月にマクシミリアンは軍を三手に分けてハンガリー平原に侵入した。

しかし、この直後ウラディスラフに男子が出生したため継承戦争としての意義が薄れ、大した戦いもなく七月一六日にウィーンで和平となった。この条約では、ハンガリー王家が断絶した場合にハプスブルク家が後継となることを定めた一四九一年のプレスブルク条約が確認されたほか、ハンガリーからマクシミリアンに二〇万グルデンの償金が支払われ、マクシミリアンの威信と財政にとってはまずまずの結果となった。

同年九月二五日にマクシミリアンの息子のブルゴーニュ公フィリップが病死し、その後継にマクシミリアンの嫡孫であるカールが就いた。カールは幼少だったので、マクシミリアンの娘（カールには叔母）のマルガレーテが後見することとなった。

第五節　対ヴェネチア戦争（一五〇七〜一五一六年）

マクシミリアンは念願の登極と戴冠のためにローマに行くことを望み、一五〇七年のコンスタンツの帝国議会でローマ遠征を発表した。帝国諸侯も異を唱えなかったので、マクシミリアンは動員令を発し、大挙南下することを決意した。しかし、フランス王ルイ十二世、教皇ユリウス二世、ヴェネチアはこのマクシミリアンの動きに反発し、マクシミリアンは軍七千をトリエントに結集させて南進する構えを示すと、トリエント南方のヴェローナ渓谷の出口にフランス、ヴェネチアは二万近くの軍を結集した。戦闘の不可能を悟ったマクシミリアンは、翌一五〇八年二月四日、トリエントで皇帝宣言をして帝位に就いたこととし、北ネーデルラントのヘルデルラント公国が不安定な状態になったこともあって二月一二日にはティロルに引き揚げた。

マクシミリアンがティロルに引き揚げた後も帝国軍は残り、アディジェ川添いのヴェローナ渓谷と山一つ隔てたガルダ湖周辺でヴェネチア、フランス軍と散発的に戦った。しかし、ヴェネチアの本当の目的はここに帝国軍を集結させておいて、その隙にヴェネチアの東隣にあるハプスブルク領フリアウル地方を奪取することだった。これを察知したマクシミリアンは先手を取り、トラウトゾン将軍の軍をティロルから南下させ、カドーレ渓谷を通ってペルルーノ、フェルトレを突かせようとした。

しかし、ヴェネチア軍は直ちに反撃して三月二日に一旦奪われたピアーヴェ・ディ・カドーレ要塞を急襲してハプスブルク軍千五百を屠った。この戦いでは、ヴェネチアが傭兵に対し敵の首一つにつき一グルデン払うと約束したため大いに追撃が行なわれ、ハプスブルク軍は壊滅した。ヴェネチアはこの勝利を利用して四月一四日にポルデノネ、四月一七日にゲルッ、五月初旬にトリエステと次々攻略し、フリアウルからイストリアにかけて領土を拡大した。

ヴェネチアの勢力拡大は教皇にとっては脅威であったところ、ヴェネチアが六月六日にハプスブルク家と休戦条約を結び、フリアウル地方、ゲルッ、トリエステなどを割譲させたことは、教皇の不安を決定的にしただけでなく、フランスに無断の単独講和ということでルイ十二世も怒った。このためフランスとマクシミリアンとの間で和平締結の機運が盛り上がり、教皇ユリウス二世、アラゴン王、ブルゴーニュ公カール、イギリス王ヘンリー七世、フィレンツェ、フェラーラ、マントヴァなどが加わって一五〇八年一二月一〇日に対ヴェネチアのカンブレー同盟が成立した。この同盟では、フランスのミラノ公領の領有が認められた代わりに、フランスがマクシミリアンに一〇万クローネを提供することとなった。こうして対ヴェネチア包囲網が出来上がり、列強は孤立したヴェネチアを共同して叩くこととなった。

ヴェネチアへの攻撃は一五〇九年四月に始まった。フランス軍は騎兵二千、歩兵二万で四月一七日に宣戦布告してアルプスを越えてヴェローナ渓谷を南下し、続いて教皇ユリウス二世は四月二七日ヴェネチアを破門した。ヴェネチアは兵二万でフランス軍を迎え撃とうとしたが、五月一四日にミラノ西方のアニャデッロで兵六千を失う大敗を喫した。そして、フランス軍は前進を続け、二週間でブレシア、クレモナ、ペスキエーラを落し、ヴェネチア本土に迫ろうとした。一方、アラゴン王フェルナンドもこれに呼応し、その海軍でアドリア海沿いの諸都市を奪い、教皇軍も北進してラヴェンナとファエンツァを占領した。こうしてヴェネチア領は列強に蚕食された。

マクシミリアンも行動しようとしたが、帝国内部の不統一にあって出兵は延び延びになっていた。そこで、ヴェネチアはマクシミリアンの攻撃をかわそうと先に奪ったヴェローナ、ヴィチェンツァ、ゲルツ、トリエステといった重要拠点をマクシミリアンに返還した。しかし、マクシミリアンは条約を尊重し、六月にやっと集めた小勢をカドーレ渓谷などに発して前回の戦争の失地を回復した。

しかし、帝国諸侯の援助がないマクシミリアン軍の寡勢は如何ともしがたかった。マクシミリアンはフランスから旧領のヴェローナ、ヴィチェンツァ、パドヴァなどを還付されたが、ヴェネチア軍の反撃を受けてパドヴァを再び奪還された。

マクシミリアンはヴェネチアの死命を制するパドヴァを重視し、夏からフランス軍、教皇軍、スイス傭兵などの混成軍一万六千でパドヴァを包囲した。マクシミリアンは九月一六日からはトリエントから運んできた重砲の一斉射撃で城壁を崩し軍を突入させようとしたが、籠城兵の反撃と混成軍ゆえの統率の拙さから戦闘は進捗せず、そうこうするうちに包囲軍の糧秣・弾丸が欠乏したため一〇月一日解囲した。

こうしたなか、フランスのイタリア半島での勢力拡大を恐れる教皇ユリウス二世は一五一〇年二月にヴェネチアの破門を解除し、フランスを破門に処すなど、同盟軍内部での亀裂が広がった。このため、マクシミリアンも断続的にヴェネチアとの休戦・再戦を繰り返し戦争は膠着状態となった。この間にフランスとその他のカンブレー同盟諸国との亀裂は決定的となり、一五一二年六月、マクシミリアンも教皇、アラゴン、スイスを中心とした新同盟に参加し、フランスは孤立した。このため、新同盟軍の攻撃を受けて八月までにフランス軍はイタリアから駆逐されるに至った。なお、教皇ユリウス二世は一五一三年二月二一日に死亡し、後継にはメディチ家出身のレオ十世が就いた。

この後、フランスはヴェネチアと一五一三年三月に同盟を結び、相互に失地回復に協力することで合意した。この間、アラゴン王フェルナンドはフランス孤立化の見地からマクシミリアンとヴェネチアの和平を画策したが、マクシミリアンがヴェローナとヴィチェンツァの放棄に不同意だったので果たせなかった。フランス・ヴェネチア同盟に対しては、マクシミリアンは逆にイギリス、アラゴン、スイスと同盟を結び、同盟軍は六月六日にミラノを奪回に来たフランス軍をノヴァラで撃破した。そして、同月末にはイギリス軍が北フランスに上陸したのに呼応してマクシミリアンも進撃し、八月一三日にギヌガートでフランス軍を大破し、更に共同して八月二二日にテルアンヌ要塞を攻略し、九月二三日には重砲の一斉射撃によってトゥルネーを攻略した。

しかし、九月一三日にスイスがフランスと単独講和したため、イギリス王ヘンリー八世もこれ以上の戦闘には消極的となり戦争は停滞した。なお、スペイン方面からも軍がギュエンヌ地方に入ったが、これは撃退されている。

一方、ヴェネチア方面ではハプスブルク軍とアラゴン、教皇の連合軍一万五千がパドヴァを包囲していた。しかし、パドヴァの要塞が堅固だったため連合軍はこれを迂回し、直接ヴェネチア島の対岸に出て重砲で攻撃を加えた。これに対してはパドヴァの守備隊が出てきて連合軍の側面を脅かしたため、連合軍はヴィチェンツァの西方に退却した。連合軍はパドヴァ守備隊に追撃されたがスペイン兵とランツクネヒトを主体とした部隊が猛反撃してこれを大破し、ヴェネチア軍は壊滅状態となった。しかし、連合軍にも最早逆襲して再度ヴェネチアの対岸まで押し寄せる気力はなく、一五一三年冬から一五一四年にかけて戦局は止まった。

こうした膠着状態を打開すべく、アラゴン王フェルナンド、フランス王ルイ十二世、マクシミリアンの間で、一五一四年三月にオルレアンの和約が結ばれた。しかし、これはルイ十二世のトリックで、この勝手な講和でイギリス王ヘンリー八世を怒らせて同盟から離脱させることに狙いがあった。案の定、不信感を持ったヘンリー八世はフランスに傾き、八月に英仏両国はロンドン条約で和した。これに先立って、ルイ十二世はオルレアンの和を破棄しており、マクシミリアンの無思慮な行動は対仏包囲網を自ら壊す結果になった。ただ、このルイ十二世も若い娘との再婚が命取りとなったのか、翌一五一五年一月一日にポックリと崩御し、後継には従弟の子で女婿のフランソワ一世が即位した。

西方ではこのような状況だったが、東方のハンガリーでは一五一四年七月二二日にハンガリー王ウラディスラフとその弟のポーランド王ジギスムントそして皇帝マクシミリアンの三者間で友好条約が結ばれ、かねてからの懸案であった、マクシミリアンの孫（カールの弟）フェルディナントとハンガリー王女アンナ、ハンガリー王子ラヨシュ（ルートヴィヒ）とマクシミリアンの孫娘マリアの二重結婚が実現した。この縁組みは、マクシミリアンにとっては東からの脅威を減じたほか、将来におけるハプスブルク家のハンガリー、ボヘミア進出への布石となるものであった。

フランスの新王フランソワ一世は、義父の遺志を受け継ぎ、イタリア進出に向けて着々と準備し、まず、一五歳になって後見人の支配を脱したブルゴーニュ公カール（後のカール五世）と友好関係を樹立した。カールは母ファナがカスティリャ女王イザベラとアラゴン王フェルナンドの一人娘だったため、その相続についてフランスの支持を取り付けようとし、フランソワとの友好関係をプラスと判断した。続いて六月にフランソワ一世はヴェネチアと友好条約を結び、ナポリに進出する布石とした。

こうして準備を整えた後、フランソワ一世は歩兵三万、槍兵三千、弓兵二千、砲六〇門をもってイタリアに侵入し、ミラノへと向かった。これに対し、スイス軍はミラノ近郊のマリニャーノでフランス軍を迎え撃ち、九月一三日これを奇襲攻撃で撃破したが、翌一四日早朝、フランス軍はヴェネチア軍と連合してスイス軍の油断に乗じて攻撃し、今度はスイス軍が大敗した。この結果、フランス重はミラノに入城するとともに、スイスのイタリアへの干渉は頓挫し、これ以降スイスはイタリアから手を引くこととなった。

このようなフランス軍のイタリア進出を見て取ったマクシミリアンは、翌一五一六年三月に軍を率いてミラノ城門まで押し寄せたが、フランス軍の守りが堅かったので為す術もなく引き揚げた、そして、フランス、ヴェネチア軍が攻勢に出るとハプスブルク軍はこれを支え切れず、五月二六日にはブレシアを陥され、一二月には財政窮乏による支援活動不能からヴェローナも開城するに至った。ここに及んでマクシミリアンは対ヴェネチア戦争を断念せざるを得ず、八年にわたる戦争は一二月四日のブリュッセル条約で講和に持ち込まれたが、ハプスブルク家にはリヴァ、ロヴェレート、アラといったティロル近辺の小村が還付されただけで、ロンバルディアの諸都市は取り戻せなかった。

対ヴェネチア戦争に一区切り付けたマクシミリアンは、体の衰えを自覚して一五一八年七月にアウクスブルクの帝国議会で孫のカールをローマ王に選出させた。しかし、これに対して教皇レオ十世は、「マクシミリアンは未だ神聖ローマ皇帝として戴冠していないから、依然ローマ王のままである。従ってカールのローマ王の就任は二人の国王を創ることとなって無効である」と裁定したため、マクシミリアンの死後、カールはローマ王に選出されるよう奔走せねばならなくなる。マクシミリアンは一五一九年一月一二日に崩御した。

マクシミリアンの一連の軍事活動は、イタリア、スイス、ブルゴーニュにおいて結局成功しなかった。ただ、これはマクシミリアンの不手際というよりは、帝国諸侯の非協力と多正面作戦を強いられたことが大きい。マクシミリアン自身は軍人としては一流だったし、新兵器や新戦法の導入にも積極的であった。にも関わらず、最終的な成功を収められなかったことは、神聖ローマ帝国の統治の難しさ、均衡に敏感な欧州諸国内での勢力維持・拡大の難しさ、そして、それ故にハプスブルク家の結婚政策の必然性を改めて考えさせるものである。

第二編　ハプスブルク世界帝国

第一章　カール五世のキャンペーン（一五一九〜一五五六年）

第一節　カール五世の即位と欧州情勢

一五一九年一月一二日の皇帝マクシミリアンの崩御とともにその遺産は全て嫡孫のカールに承継された。一五〇〇年二月二四日生まれのカールはやっと一九歳になるところであったが、これにより彼は一躍欧州随一の大君主となった。すなわち、これ以前にカールは父フィリップの死によってブルゴーニュ公国を継承し、一五一六年一月二三日に

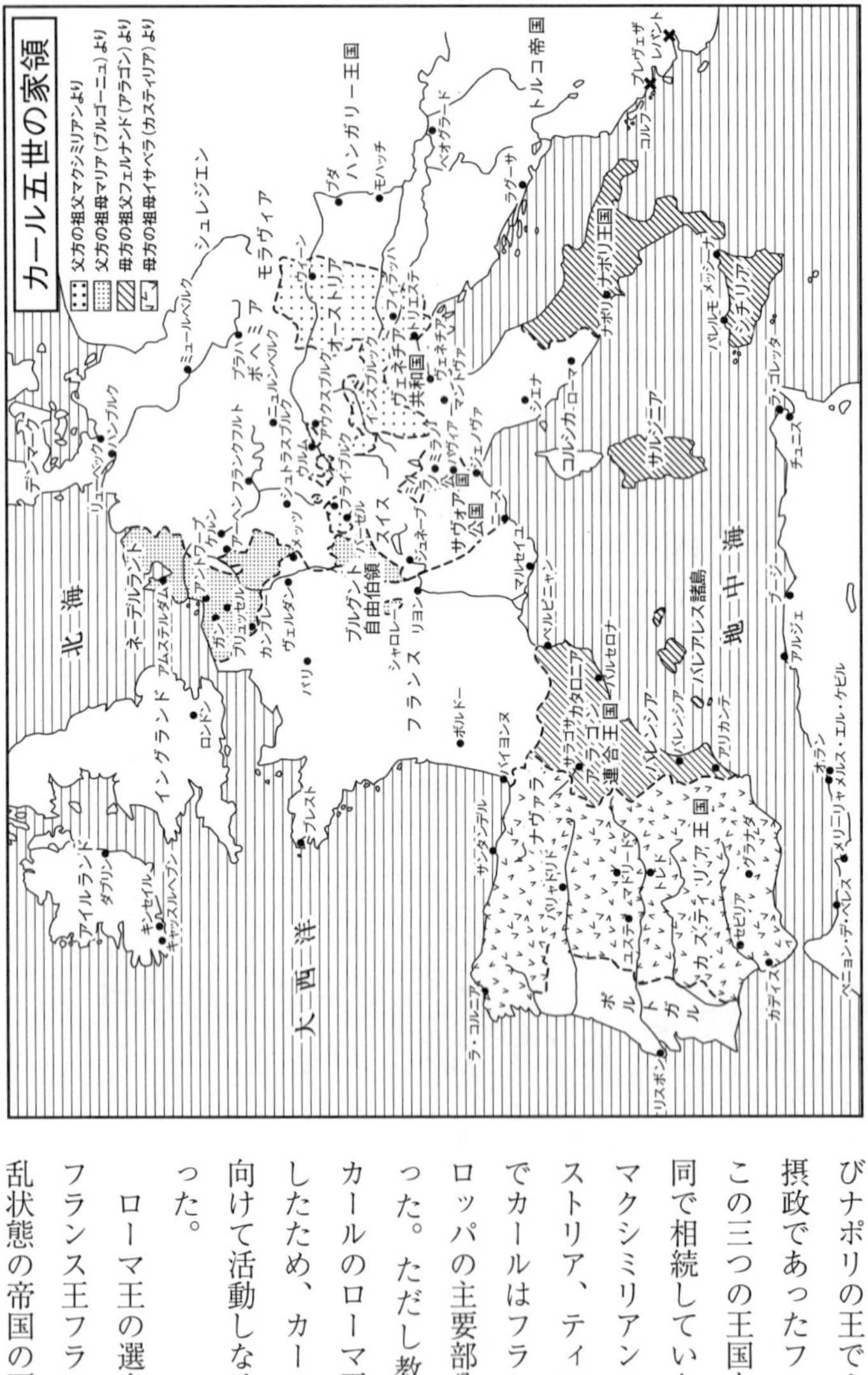

図4

は母方の祖父であるアラゴン及びナポリの王でカスティリアの摂政であったフェルナンドからこの三つの王国を母ファナと共同で相続していた。このため、マクシミリアンの死によるオーストリア、ティロルなどの入手でカールはフランスを除くヨーロッパの主要部分の支配者となった。ただし教皇レオ十世はカールのローマ王選出を無効としたため、カールは再び選出に向けて活動しなければならなかった。

　ローマ王の選出は紛糾した。フランス王フランソワ一世は混乱状態の帝国の再建と対トルコ戦において自己の力量を生かせると信じていたし、ハプスブルク家の圧倒的な勢力の拡大を防ぐためにも王位をカールに渡すわけにはいかなかった。選挙を巡っては両陣営から多額の現金が選定侯にバラ撒かれたが、カールはアウクスブルクの富商フッガー家などから八五万一千フローリン（フィレンツェの金貨でグルデンと等価）の融資を受け、シュヴァーベン同盟からは約二万五千の兵力をフランクフルト近傍で集結させるという軍事的支援を取り付け、また、最後にはフランソワが所詮はよそ者に過ぎないという意識も働いて、カールは全諸侯一致で一五一九年六月二八日ローマ王に選ばれ、アーヘンでマインツ、ケルン、トリーアの三選定大司教からカール大帝の剣を受領した。カールは神聖ローマ皇帝（ローマ王）カール五世となり、また、スペイン王（厳密にはカスティリアとアラゴンそれぞれの王であるが、本書ではまとめてスペイン王とする）としてはカルロス一世として君臨した。

なお、カールはフッガー家から借りた資金をスペインで徴収しようとし、一五二〇年にサンティアゴで開いたコルテス（等族議会）で、四〇万ドゥカート（ヴェネチアの金貨でグルデンと等価）の献金を要求したが拒否された。そこでカールは次のラ・コルニアのコルテスでは議員を買収して要求を通したが、四月にトレド市はこれを不満として叛乱自治組織を結成し、コルテスの献金協賛を拒否した。この動きはセゴビア、サモラ、グァダラハラにも伝わり、七月に軍が叛乱を起こしていたメディナ＝デル＝カンポを焼き払うと、バリャドリド、コルドバ、セビリアも自治組織を確立した。ここに主要一五都市はアビラにサンタ＝フンタ（評議会）を結成し、カールのスペインでの王位否認、税の不払いなどを決議した。しかし、この叛乱も次第に先鋭化するに及んで都市貴族は手を引き、専ら中小手工業者が労働者主体となって階級分裂が起きた。

分裂した叛乱軍に対し政府軍は攻撃を加え、一五二一年四月のビリヤラールの戦いで叛乱軍が敗れるに及んで事態は急速に終息した。この一連の叛乱を「コムネロスの叛乱」という。

第二節　対仏戦争　第一次（一五二一〜一五二六年）・第二次（一五二七〜一五二九年）

カールはブルゴーニュ公でしかなかった頃は、スペインの王位を確保するためにはフランスの横槍を防がねばならなかったことから親仏政策をとっていた。こうした背景もあって、一五一六年八月一三日、カールとフランソワ一世の間でノワイヨン条約が結ばれ、カールはフランソワに対し大幅に譲歩して関係の安定を望んだ。

しかし、カールがマクシミリアンを相続し、ローマ王となると、フランスはハプスブルク家にとって許し難い存在となっていた。当時、ハプスブルクとフランスとの間で係争事項となっていたのは三点である。

まず、第一はフランスとスペインの国境にあるナヴァラ王国の帰属である。この国は、カールの祖父であるアラゴン王フェルナンドが一五一二年に自国に併合してしまったのだが、旧国王はフランスに逃げて支援を求めた。先のノワイヨン条約では調停に訴えることが約束されたが、カールは当然これを手放すつもりはなかった。

第二はネーデルラント等を含むブルゴーニュ公国の中核であるブルゴーニュ公領の帰属問題であった。ブルゴーニュ公国は一三六一年にフランスに併合されたが、ブルゴーニュ公フィリップが一三八四年にネーデルラントの領地を入手して、その独自性を強めていた。ブルゴーニュ公領はパリに近かったため、ブルゴーニュ公が強大な独立勢力になることはフランスとしては何としても防がねばならず、フランソワ一世の三代前のルイ十一世は一四七七年にマクシミリアンからこの地を奪った。カールは何としても公領を奪回したかったので「死後は可能であればブルゴーニュ公領の中心であるディジョンに埋葬せよ」と言っている。

第三はイタリア半島での権益である。かねてよりハプスブルク家はイタリア、とりわけミラノでその権益を保持・

拡大してきたが、一四九四年のシャルル八世の南下以来ミラノはフランスに占領されていた。カールはこれを回復したかったが、イタリア北部の重要拠点ミラノをフランスが簡単に手放すはずもなく、またイタリアの都市国家も内心ハプスブルク家の北イタリアの制覇は望んでいなかったので、この回復も困難を極めた。

以上のような対立点があった上でのフランソワのローマ王選挙への立候補であったから、選挙後のカールとフランソワの対決は必至と見られた。両者の戦闘は一五二一年春にセダン伯のロベール・ド・ラ・マルクがフランスの援助の下、ルクセンブルクを攻めたのに始まった。続いて五月にナヴァラ王国でフランスの支援を受けた前王がその全土を制圧したが、これは六月三〇日にスペイン軍がパンプローナの南方ノアインでフランス軍を破って直ちに回復した。続いてカールの軍はメジェールを包囲したが、これはフランス軍の抵抗にあって失敗した。ただ、一一月二三日にフランチェスコ・スフォルツァ二世（一四九九年までミラノを支配していたロドヴィコ・スフォルツァの息子）がミラノ公に返り咲いたことで、ハプスブルク側は失地回復にまず成功した。

こうしたなかフランスは外交的にも次第に孤立し始めた。かつてフランソワ一世にパルマとピアチェンツァを奪われていた教皇レオ十世はカールに味方したし、以前よりフランスとハプスブルクの双方から働きかけられてきたイギリスのヘンリー八世はこの動きを見て一一月二四日、カールとの間に秘密同盟を結んだ。そして一二月一日、フランドルのトゥルネーをカールの軍が陥し、同日にレオ十世が死んで後任に元カールの家庭教師であったハドリアヌス六世が立ったためフランソワ一世は文字通り四面楚歌となった。

一五二二年になるとフランソワは一層劣勢になった。フランス軍はスペイン国境においてこそフェンテラピーアを占領したが、ミラノ奪還のために出撃した前ミラノ総督ロートレックの軍三万五千（ヴェネチアからの援軍一万を含む）は、賃金不払いによりスイス傭兵の要求に屈せざるを得なくなり、一五二二年四月二九日にラ・ビコッカで防御を固めていたミラノ側に無理な戦いを仕掛け、火縄銃の猛射にあって惨敗した。

一五二三年八月には従来のイギリスとハプスブルクの同盟にローマ教皇、ミラノ公、フィレンツェが加わりフランスは一層孤立した。そしてフランソワと所領問題で対立して亡命中のブルボン公がこの同盟に加担し、追手を逃れてブルグント自由伯領に入るに及び、フランソワは内憂外患の体となった。

フランソワ一世は体勢挽回の糸口をミラノに求め、ボニヴェ率いる軍を夏に南下させ、ミラノ公国の一部を占拠した。しかし一五二四年四月末のセジア川沿いの戦いでスペインの火縄銃兵の反撃にあってボニヴェも戦死し、フランス軍は撤退せざるを得なくなった。先にブルグント自由伯領に入ったブルボン公は皇帝軍の将として六月三〇日にプロヴァンスに入ってエクスを占領し、兵二万で八月二一日からマルセイユを包囲した。ただ、マルセイユにはジェノヴァの海将アンドレア・ドーリアが食糧補給などの救援を行なったため、ブルボン公は九月二八日に解囲した。

追い詰められたフランソワ一世は、雌雄を決すべく自ら軍を率いてイタリア遠征に乗り出し、一〇月二六日にミラノを攻略し、続いて一〇月二八日にスペインの将アントニオ・デ・レイバが兵六千で守るパヴィアを兵二万五千で包囲した。当時、カールの軍は給料支払が遅延していたため、士気が著しく低かったが、ナポリ副王ライノとペスカーラ侯の援軍二万がパヴィア郊外に着いたため戦況は持ち直された。フランソワはカール側の援軍を見てパヴィア包囲の陣を固め、郊外にあるミラベロ牧場の一部を占領して持久戦の構えをとり越年した。

戦いは翌一五二五年になっても続いた。同盟軍はフランス軍の包囲陣を破ろうと二月二四日から二五日にかけて夜襲を敢行し、ミラベロ牧場の陣地に突破口を開いた。これに対し、フランス軍は砲兵で対抗し成果を挙げていたが、フランソワが突如単騎出撃し、これに続いて騎兵・歩兵部隊も陣地から出てしまった。このためフランス砲兵は霧もあったため、同士討を恐れて砲撃を止めた。フランソワ自らの突撃にはナポリ副王とペスカーラ侯以下のパヴィア救援部隊が火縄銃部隊で応戦し、総数六千のフランスの重騎兵とスイスの槍兵を食い止めた。そこにパヴィアの守備部隊が打って出てきたので、フランス軍は包囲されて六千〜八千の戦死者を出し、重装騎兵の多くと更にフランソワ一世まで捕虜になるという大敗北を喫した。なお、フランスはこの戦訓により重装騎兵を廃止する（以上「パヴィアの戦い」）。

こうしてフランソワ一世のイタリア遠征は失敗し、フランソワ自身はピッツゲトーネの要塞に軟禁された後、カールがいたマドリードにバレンシア経由で身柄を移された（七月一八日到着）。カールはこの勝利をもって一連の懸案事項は全て解決できると喜び、フランソワ一世釈放と引き替えに過大な要求をフランソワ本人とフランス政府に突き付けた。フランソワ一世もこれを呑まざるを得ず、一五二六年一月一四日のマドリード条約で以下の内容が決まった。

① フランス王はイタリアを放棄する。
② フランス王はブルゴーニュ公領をカールに返還する。
③ フランス王はフランドルとアルトワの支配権を放棄する。
④ ブルボン公とその同盟者に財産を返還する。
⑤ フランソワ一世はカールの姉でありポルトガル王妃であったレオノールと結婚する。
⑥ フランソワ一世の釈放と引き替えに王子二名を人質として出す。

この条約にフランソワ一世は署名したので、三月六日にビアソア川中央で長子フランソワと次子アンリとの交換で身柄を釈放された。これによってカールは懸案事項を大旨解決した上、一五二三年にヘルデルラント公エフモントのカールとの戦いで得たフリースラントを併せてネーデルラントにおける一円的な地域支配に乗り出した。

フランソワ一世は帰国したが、条約は遵守されなかった。ブルゴーニュ公領の代表は早速パリにやって来て「国王は戴冠時に領土の一部譲渡を禁ぜられている」として条約の無効を申し出たし、ハプスブルクの勢力伸長を喜ばないメディチ家出身の新教皇クレメンテ七世（一五二三年九月一四日にハドリアヌス六世が死亡してその後継）とイタリア諸都市はおおむねフランソワ一世に同調したからである。イタリアの諸都市（ミラノ、ヴェネチア、フィレンツェ）はコニャック同盟を結び、クレメンテ七世も五月にはこれに加わった。その上、フランソワ一世が捕虜となっている間に、母后のルイーズ・ド・サヴォアはトルコのスレイマン一世と外交交渉までしていた。

フランソワ一世の違約を見て取ったカールの怒りはイタリア諸都市、更に教皇に向けられた。カールのイタリア侵攻に対しフランスが何の援助もしてくれなかったため、クレメンテ七世は二度にわたりカールと講和を結んだが、二度目のカールの軍の進攻に際しては、ドイツの傭兵たちに給与が払われていなかったため、隊長フルンツベルク率いる新教徒主体の傭兵隊は、一気にローマに突き進み一五二七年五月八日ローマを大略奪した。当然カールはこれを叱責したが、文無しの王の文句には当然馬耳東風であった。

一五二八年になるとフランスはイギリスとともに対ハプスブルク戦争を開始し、カール五世にとっては二度目の対仏戦争となった。仏将ロートレックの軍は再びミラノ、更にナポリに進んだ。スペイン軍は首都ナポリで懸命に防御するのみであったが、フランソワ一世の下にいた海将アンドレア・ドーリアが故郷ジェノヴァをフランスの軛から抜き出させる約束をカールから取り付けて寝返ったため、フランス軍はナポリ方面での海軍の支援が欠け、また、七月にナポリ近郊で疫病により多くの兵士が斃れたこともあって撤退した。

なお、この年カールはネーデルラントにおいてユトレヒトとオーフェルアイセルをフランスの同盟者たるヘルデルラント公エフモントのカールより奪っている。

一五二九年、ロンバルディアのランドリアーノでもフランス軍は敗れ、その攻勢は鈍った。カールは六月二九日にクレメンテ七世とバルセロナ条約を結び、ヴェネチアの占領地エミリアの諸都市の返還とフィレンツェでの教皇の生家たるメディチ家支配の復活を約束した（翌一五三〇年、皇帝軍の力でフィレンツェのメディチ家支配は復活する）。

こうして、カールは先に行った「ローマの荒掠」についての赦免を事実上得た。そして、八月三日にカンブレーでフランスとハプスブルク家は和議を結び、マドリード条約が再確認された。ただしブルゴーニュ公領の権利のみはカールが放棄した。また、抑留中の二人の王子の身代金として二〇〇万エキューがフランスより支払われることも決まった。一年後、身代金と引き替えに二人の王子は釈放され、これと伴ってフランソワ一世に嫁ぐためにレオノールもフランス入りする。また、この条約をもってフランスのイタリアからの後退が決定的となった。

なお、同年一二月にはヴェネチアとボローニャで協定を結び、前年ヴェネチアがロマーニャとプリアで押さえた土地を放棄させている。

こうして、イタリアで満足すべき成果を挙げたカールは、一五三〇年二月二四日にボローニャでクレメンテ七世により神聖ローマ皇帝として戴冠された。祖父マクシミリアンが正式な戴冠ができなかったことを考えれば、ローマでの戴冠でなかったとはいえ、カールは大いに面目を施したと言ってよい。ヨーロッパの君主で次に教皇から直接戴冠されたのは一八〇四年のナポレオンであり、この戴冠の重要性が分かろうというものである。

なお、この一連のハプスブルクの勝利の背景には、スペインを初めとするハプスブルク系の軍隊で一六世紀初頭に改良された火縄銃を大幅に取り入れたことがある。従前の銃は照準発射が未発達で使用しにくかったが、火皿と発火装置の発明により火縄の火を受けての瞬時の発射が可能となり、照準が画期的に正確になり火縄銃は信頼できる武器となった。当時の火縄銃は一〇〇メートル以内が有効射程距離で、重装騎兵にも効果的だった。ただし、一発の発射に二分かかったので、敵の突撃から銃兵を守り、また、敵陣に突撃するためにも依然密集した槍兵が最重要兵種であった。一五一〇年当時のスペイン軍では槍兵が全体の半分、短剣と投槍で武装した兵が三分の一、銃兵は六分の一だった。この後、前に槍兵が六列、後に銃兵が三列並ぶ陣形がヨーロッパでは一般的になる。また、騎兵はピストルを使い、発砲後は一旦後退して再装填して再び前進して発砲する戦法をとった（カラコール）。騎兵がピストルを使うことで騎兵間の戦いでの重騎兵の装甲は無力となりこの兵種は駆逐された。また、スペイン軍は火縄銃の銃身を長くし、銃架を付けた貫徹力の大きい重小銃も創り、これをマスケットと称している。以上のような銃砲の導入がスペイン軍を当時のヨーロッパ最強とし、新大陸での版図拡大にも結びついたのである。

第三節　トルコの伸長

カール五世は、前節で述べたようにその西方領域においては赫々たる成果を挙げたが、東方ではトルコが巨大な勢力を形成し、ハプスブルク家の存立を大いに脅かすに至った。トルコは一四五三年に東ローマ帝国を滅ぼした後、着々と西方への拡大を続け、スレイマン一世（一五二〇年即位）は一五二一年八月二九日にベオグラードを占領してハンガリーを窺った。更に一五二二年七月には軍をロードス島に上陸させ、六ケ月の包囲戦の末、翌一五二三年に聖ヨハネ騎士団をマルタに退去させ、トルコは東地中海の制海権をも手中に収めた。そしてスレイマンはフランソワ一世が捕虜になった際のフランスからの使節の申入れを受け、一五二六年七月三〇日、ペーターヴァルダインを占領していよいよハンガリー征服に乗り出そうとしたのである。当時トルコ人は西方の沃野を「黄金の林檎」と称し、スレイマン一世とその親衛兵たるイェニチェリの合言葉は「黄金の林檎の国で会おう」であったから、いかにトルコの西方進出欲が強かったかが分かる。

地中海にはイスラム教徒の勢力として、現在のリビアからアルジェリア、チュニスの沿岸にかけてバルバリア海賊が存在した。彼らはトルコに臣従しつつ、南地中海を中心にキリスト教徒の船団に攻撃を加えていたのでヴェネチアやジェノヴァにとっては不倶戴天の仇敵だった。イタリアの諸都市はカールに対して海賊討伐に率先して参加する十字軍活動を要望していた。

カール五世にはこのほかにも、一四九二年のレコンキスタ終了後もスペイン内に残存するイスラム教徒対策が必要であった。彼らはキリスト教に帰依してモレスコと呼ばれていたが、依然イスラム教は捨て難く北アフリカのイスラム勢力としばしば気脈を通じていた。カールは、執拗に改宗を拒む者については一五二二年にその追放を決定するなどの強硬な措置をとったが、それに対してはエスバータン山脈を中心に叛乱が勃発した。

こうしたイスラムの脅威の存在する東方への対処は、カール五世の弟オーストリア大公フェルディナントが取り仕切っていた。フェルディナントは、一五二二年二月二七日のブリュッセル条約でカールよりオーストリア世襲領を中心とするハプスブルク家の東方領を分与され、また、皇帝不在時の皇帝代理権及び神聖ローマ帝国の帝位継承権を約束されていた。フェルディナントは自らが得たオーストリア地域の領地の安定の為にハンガリー王国との協調体勢の維持・強化を必要とし、一五一五年ハンガリーのヤゲロ王朝と二重婚姻・王位継承協定を締結した。これに従ってフェルディナントはラヨシュ二世の姉のアンと結婚し、ハンガリー及びボヘミアの王ラヨシュ二世はカールとフェルディナントの妹マリアと結婚する。

しかし、この同盟には同じヤゲロ王家でラヨシュ二世の叔父に当たるポーランド王ジギスムント一世が加わらず、ジギスムントは却ってトルコと中立条約を一五二五年に結び、対トルコ大同盟は成立しなかった。そのため一五二六年にトルコ軍がハンガリーに大規模侵攻した際もポーランドはこれを支援せず、かつての「黒軍」も解体されていたため八月二八日モハッチの戦いでハンガリー軍は大敗してラヨシュ二世も敗走中に戦死し、ハンガリーとボヘミアの王位は空位となった。

フェルディナント大公はこの二つの王位を入手しようと行動を起こし、ボヘミアについては同国の議会であっさりと王に選出された。しかしハンガリーについては、クロアチアの議会は一五二七年にフェルディナントの即位を承認したものの、肝心のハンガリー本土では大多数の貴族がトランシルヴァニアの軍政長官ヤーノシュ・サポヤイを王に推し、一五二六年一一月のトカイの国会で国王に選出した。サポヤイはモハッチの戦いの時トルコ側に味方したためスレイマン一世の覚えも目出度く、早速トルコ軍が九月一〇日に攻略していた首都ブダに入った。

フェルディナントはこれに屈せず、ラヨシュ二世の未亡人マリアやハンガリー副王イシュトヴァーン・バートリがプレスブルク（現在のブラチスラヴァ、ハンガリー名ポジョニュ）に別にハンガリー国会を開くと、そこで自らの王位を認めさせてサポヤイをブダから追い出した。サポヤイはフランスの支援が得られなかったためトルコに援助を求め、これ応じてスレイマン一世は一五二九年五月にハンガリーに入り、サポヤイは八月にモハッチにスレイマンを訪れて忠誠を誓った。トルコ軍が進出したためブダとハンガリー中央部は再度サポヤイのものとなり、フェルディナントは僅かにスロヴァキアの山岳地帯とバラトン湖西方の平野部そしてクロアチアを保持したのみに留まった。

ハンガリー中央部を押さえたスレイマン一世は、その支配領域を安定させるためハプスブルク家の本拠ウィーンの覆滅に乗り出し、これにフランスも資金援助した。以前より、フェルディナント大公は再三にわたり帝国議会において対トルコ防衛のための献金を要求したのが、旧教の諸侯もシュマルカルデン同盟を結成していた新教の諸侯も献金の協賛と引き換えに宗教問題の調整を要求したため、防衛力の強化ができなかった。

一五二九年にスレイマン一世直率のトルコ軍一二万はオーストリアに入り、九月二七日にウィーン包囲を開始した。

この期に及んでやっと新教諸侯から資金援助への同意があったが、時既に遅かった。

ここでトルコの軍制について見ておこう。当時既にトルコ軍は領域拡張期の主力であった騎士（シュパイヒー）層主体の軍隊から、常備兵的な性格を持つ歩兵・砲兵主体の軍隊に変貌を遂げていた。皇帝直属のイェニチェリ（非イスラム教徒の臣民の子弟を徴発し、イスラム教とトルコ的習俗を再教育して育てた皇帝直属の近衛軍）だけでも一五二七年時点で一万二千人いたし、その他砲兵、歩兵、騎士などを合わせたトルコの親衛軍団（カプクル）は一五一四年時点で二万七一九人になっていた。常備軍化して装備に優れ、人数も多いトルコ軍に対し、ハプスブルク家以下西欧の諸勢力の軍事主体は依然不安定な傭兵であり、兵員の質の点ではトルコが優越していた。

ウィーンを包囲するトルコ軍は砲三〇〇門、輜重用ラクダ二万二千頭、ラバ一万頭を従えていたが、悪路を行軍したため得意の巨砲は途中に残置した。対するウィーン守備隊は、カール五世とフェルディナント大公が避難して不在のためニコラス・サルム伯に率いられていた。兵力は歩兵二万、騎兵二千、義勇民兵一千、砲七〇門である。守備側は防衛に当たって事前にトルコ軍に利用されそうな郊外の建築物は破壊し、砲撃に備えて要所に土塁を造り、板葺屋根を撤去し、城門裏にレンガを積むなど準備に努めたが、城壁自体が老朽化して多数の箇所で破損していたため、防御戦は相当の困難が予想された。

トルコ軍は巨砲を欠いたため火力は小口径の野砲と小銃のみであり、城壁を破壊するには威力が不足した。そこで地雷を城壁や塔の下に仕掛けて爆破させ、突破口を作ろうとした。しかしこうした攻撃も守備隊によって阻まれ、一〇月九日にトルコ軍はケルンテン門の付近にやっと突破口を作り三次にわたって襲撃したが、ウィーン守備隊は直ちに穴を塞いでトルコ軍の突入を阻止した。一一日にもトルコ軍は地雷によって大きな裂目を城壁に作り、突入しようとしたが、守備隊は三時間の白兵戦の末これを撃退している。一二日にもトルコ軍は再度攻撃したが、これも失敗に終わった。このように攻城戦は進捗せず、しかも秋の長雨と補給線の長大化による食糧不足、慣れぬ寒冷地での戦闘の継続による兵の疲労などが重なり、スレイマン一世は一四日をもって攻撃を終結させ、一五日に撤退を命じた。これを望見したウィーン市では教会が一斉に鐘を鳴らして市民に喜びを伝えたが、守備隊が直ちに突出して追撃を行なうこともなかったので、トルコ軍は悠々と引き揚げた（以上「第一次ウィーン包囲」）。

トルコの攻撃を受けて危うい目にあったカール五世は、トルコの動きを牽制するために、聖ヨハネ騎士団の騎士フランソワ・デ・バルビにペルシャ王と交渉するよう命じたが、フランスのような外交上の成果は挙げられなかった。また、一五三二年にニュルンベルクで宗教会議を開いてシュマルカルデン同盟に対トルコ戦費の支払いとフェルディナントのローマ王選出を承認させ、その代わりに諸宗派の占有状況の現状を追認するという約束を行なったが、旧教派の反対にあっている。

一五三二年にトルコ軍はハンガリーに入ってフェルディナントに味方する城塞の攻略を開始し、再びオーストリアを突く気配を見せた。カール五世は自ら立ち向かおうとドイツ、スペイン、イタリアの兵を集めてウィーンに入り、応戦態勢を整えた。また、アンドレア・ドーリア率いる艦隊はトルコの水域を荒し回ることでトルコ軍の動きを牽制した。しかし、トルコ軍はハンガリーの小都市ギュンスを包囲した後引き揚げたので、大きな戦闘とはならなかった。

カール五世は大きな負担となる対トルコ戦争を避けたかったため和平交渉を続け、スレイマン一世も北メソポタミアを巡ってペルシャ王シャー＝タフマスプと争っており、いつまでもヨーロッパでの戦いを続けている訳にいかなかった。このため一五三三年一月にローマ王フェルディナント（一五三一年一月に選出された）とトルコとの間で休戦条約が調印された、条約の内容は以下のとおりである（三橋『オスマン＝トルコ史論』より）。

①　ボヘミア王兼オーストリア大公であるローマ王フェルディナントはスルタンを父と仰ぎ、トルコの大宰相への

文書では兄弟の名称を使用し、双方対等と見做される。

② フェルディナントはハンガリー国土の継承権を放棄する。ただし、現に占有しているハンガリー西方地域（クロアチアなど）の所有は認められる。

③ フェルディナントはハンガリー西方地域所有の代償として年三万ドゥカートをトルコに支払う。

④ フェルディナントとの協約成立後はカール五世も大使をトルコに派遣する。

⑤ ハンガリー王ヤーノシュ・サポヤイとローマ王フェルディナントとの領土の境はトルコの代表者立ち会いの下に決定し、この国境はトルコの同意を受け双方で尊重する。

⑥ 戦死したラヨシュ二世の王妃マリアの所領は安堵される。

⑦ トルコとカール五世との間で講和不成立の場合、トルコはカールに対する行動の自由を持つ。

条約はハプスブルク家にはかなり屈辱的な内容だったが、これで東方での国境問題はひとまず解決された。他方スレイマン一世もこの休戦を利用して八月に大軍をメソポタミアに派遣し、翌一五三四年バグダードを占領してペルシャ勢力を駆逐し、東方領域の拡大に成功した。

第四節　バルバリア海賊との戦い

第三節にあるとおり、地中海ではトルコとその配下にいるバルバリアの海賊たちが制海権を握っていた。しかし、イスラム海軍の地中海制覇はイタリアの都市にとっては貿易の妨げであり、特にカール五世と盟友関係にあったジェノヴァ海軍の総督アンドレア・ドーリアは、しきりにカールに対トルコの海上作戦を具申した。これを受けてカールも対トルコ海上作戦に乗り出し、一五二九年のカンブレーの和約以降は頻繁に作戦行動を行なった。これはバルバリア海賊の棟梁のバルバロッサ（一五三四年以降はトルコの提督ともなる）が、同年アルジェ湾口のペニョン島要塞を占領してその活動を活発化させたことへの対抗である。

アンドレア・ドーリアは一五三〇年にアフリカ北岸のシェルシェルを、一五三一年にはアドリア海東北部のカステルヌオーヴォを、一五三二年にはコロンをそれぞれ占領した。ただ、これらの都市は最終的にはいずれもトルコ側に奪還された。

一連の戦いの最後を飾ったのがカール五世自身によるチュニス遠征である。一五三三年五月にアンドレア・ドーリア率いる七四隻のガレー船と三〇〇隻の兵員輸送船はスペイン、イタリア、ドイツで集められた軍を乗せてバルセロナを出撃し、六月にチュニス湾口のラ・ゴレッタ要塞を包囲した。七月一四日にカールの軍は重砲によって穿った穴から城砦内に突入し、胸壁上に旗を立てた。この戦いで皇帝軍は船一〇〇隻と砲四〇門を戦利品として得た。この後カールの軍はチュニス市街に引いたバルバロッサ軍一万との戦を開始した。この戦闘中に皇帝の艦隊は八〇隻がトルコ側に拿捕されたが、当時チュニスにいたキリスト教徒の奴隷達が叛乱を起こし、ベルベル兵もバルバロッサに非協力となったため、バルバロッサは配下を率いてチュニスを放棄し、カールはチュニスに入城した。カールはチュニスをバルバロッサに追放されていた前国王アリ・ハッサンに引き渡した後、八月一七日シチリアに帰還した。この後、カールはフランスとの戦争を抱え込んだため、対トルコの海軍戦は中断した。

ここでガレー船の説明をすると、この船は奴隷による（奴隷漕手は戦闘中は常に鞭打たれており、自由人を漕手にすることは憚られたという。）漕船で、補助的に二本のマストを有していた。武装は船首に四ポンド（一・八キログラム）または六ポンド（二・七キログラム）の弾丸を撃つ大型砲を備え、このほか、兵員殺傷用の小型砲を両舷に数門ずつ備えていた。船首には衝角（ラム）を有し、敵船の横腹に衝突させて武装兵を乗り込ませ、白兵戦により勝負を決めていた。後にガレアス船といった砲力の優れた大型帆船の出現により海戦の主役を下りざるを得なくなるが、当時はその最盛期であった。

第五節　第三次対仏戦争（一五三六〜一五三八年）

一五二九年のカンブレーの和約の後、フランスとは七年間は平和が続いたが、一五三五年一一月一日にミラノ公フランチェスコ・スフォルツァ二世が死ぬと、ミラノ問題が再燃した。カール五世は素早くアントニオ・デ・レイバの率いる部隊を派遣してミラノを手中に納めたが、フランソワ一世も再度ミラノの請求権を唱えて一五三六年二月にミラノへの通路であるサヴォア公領を占領した。これにカールも迅速に反撃して七月にプロヴァンスを攻撃し、軍はエクスまで進出したが、そこでフランス軍モンモラシー将軍の焦土戦術にあって食糧補給などが困難になったため九月には退却した。この戦いでの皇帝軍の消耗は大きく、イタリアへの撤退時には兵員数は出発時の半分になっていた。

そこでカール五世は戦略を転じて北方で攻勢を掛けたが、フランス軍にエダンを取られた。しかし、カールもフランスの同盟者ヘルデルラント公カールから一五三六年にフローニンゲンを奪っている。結局、ローマ教皇パウルス三世の調停もあって一五三七年六月末にアルトワ戦線の休戦条約がなされ、続いて一二月に別の休戦条約がルカートで締結されて戦争は終わった。最終的な休戦条約は一五三八年にニースで締結された。また、ヘルデルラント公カールは一五三八年に殺害され、カール五世にとっては邪魔者が一人減った。カールは一五四三年にヘルデルラント公の後継者クレーフェ・ユーリヒ公ウィレムからヘルデルラントの権利を譲られ、ネーデルラントの一円支配を達成する。

第六節　地中海制海権を巡って

フランスとの戦いが終わったため、カール五世は再び地中海に目を向けた。バルバロッサ率いるトルコ艦隊が陸軍と共同してアドリア海、エーゲ海での活動を活発にしていたためである。一五三七年五月にバルバロッサはガレー船一三五隻を率いてイタリアのアプーリア一帯を荒らし回り、捕虜一万人を得た。続いて八月二五日にバルバロッサは艦隊によりルトフィ・パシャ率いる陸兵二万五千と砲三〇門をコルフの要塞から約五キロメートルのところに上陸させ、二九日には追加部隊二万五千を同様に上陸させた。なおトルコ軍は重砲で城壁破壊を行なったがこの時の成績は、五〇ポンド（二二・六キログラム）砲一門を一日に一九発撃ち、命中弾は五発というもので、当時としてはかなりの命中率である。これに対して城砦からも応射し二隻のガレー船を沈めるなどしたため、九月一七日トルコ軍は解囲して引き揚げた。しかしバルバロッサの艦隊はこの後もアドリア海とエーゲ海のヴェネチア領の島々を荒らし回ったため、ヴェネチアはカール以下の諸勢力に援助を求めた。

こうしてカールと教皇、ヴェネチアは神聖同盟を結び、連合艦隊を編成した。連合艦隊の指揮官にはアンドレア・ドーリアが就き、その陣容はスペイン船四五隻、ヴェネチア船八〇隻、ローマ教皇船二六隻であり、このほか、ポルトガル、マルタ騎士団、フィレンツェの船やアンドレア・ドーリア自身の所有船も加わっていた。

一五三八年九月に連合艦隊はイオニア海に面するトルコ艦隊の重要な拠点であるアルタ湾口のプレヴェザに進出した。連合艦隊の目的は、バルバロッサ率いるトルコ艦隊がここからヴェネチア領のコルフ島を襲撃するのを阻止することであった。こうして九月二二日にプレヴェザの沖合で両艦隊は激突した。連合艦隊は全船団数六〇〇隻で戦闘艦はそのうち三〇八隻（一説は二〇〇隻余、その場合の内訳は、ガレー船一四六隻、ガレアス船五〇隻程度）、大砲二千五百門、人員は六万であり、対するトルコ艦隊の陣容は、ガレー船一二二隻、人員二万人であった。

この海戦では、バルバロッサが敵情が不明確だったことから艦隊を北上させて一旦アルタ湾に入れたところ、連合艦隊はアルタ湾の水深の浅さと天候の悪化を嫌ってアルタ湾には入らず反転南下した。これを見て取ったバルバロッサは豪雨と暗闇のなか連合艦隊を追尾しようと突撃し、アルタ湾から四八キロメートル南方のサンタ・マウラ沖に停泊中の連合艦隊を風上から攻撃した。連合艦隊は強風のため帆走船と漕船がバラバラになり指揮が不統一となって各個撃破された。またアンドレア・ドーリアは疲労のためか、本隊のガレアス船の砲力を過信してトルコ艦隊に対し遠距離砲戦に終始してガレー船の突撃を命じず、砲弾で被害を受けたトルコ艦艇に止めを刺せなかった。

結局、トルコ艦隊は連合艦隊のガレー船七隻と帆船数隻を捕らえただけだったが、連合艦隊が退却したため劣勢にも拘わらず勝利をものにした。そして、連合艦隊のアドリア海からの引き揚げはキリスト教海軍全体に深い挫折感を与え、トルコの地中海支配は確定した（以上プレヴェザ海戦）。

なおガレアス船（船形・呼称は国によって異なり「ガリアス船」とも言う）は、帆走を主体としてマストは三本、両舷に砲門を付けて舷側砲射を可能とした（片舷に一〇〜二〇門程度）。漕手もいたが、舷側の砲の上に位置したためオールは長大化し、砲戦時にはオールを引き上げなければならなかった。後のレパント海戦のキリスト教徒連合艦隊勝利の原動力となるが、プレヴェザの海戦では余り活躍しなかった。これは、浅い海域であったため動きにくかったこと、砲の威力の効果が海将達に良く把握されていなかったことなどによろう。レパント海戦では砲撃力でトルコのガレー船を蹴散らしたのであるから、アンドレア・ドーリアがこの船の砲力に頼って遠距離砲戦を続けたことはその意味では正解であったと思われる（追撃しないのがまずかった）。

一五三九年一月にバルバロッサはカステルヌオーヴォを攻めて重砲四八門を揚陸して砲撃を行ない、守備のスペイン兵は頑強に抵抗したが衆寡敵せず八月一一日に降伏した。こうしたなかヴェネチアはトルコとのこれ以上の対決を困難と判断し、一五四〇年にフランスの仲介でダルマチア海のいくつかの島とエーゲ海諸島、ペロポネソスをトルコに差し出して和平条約を結んだ。

一五四一年一〇月にカールはかねてスペイン国内で求められていたアルジェリア遠征に乗り出した。秋にカールはジェノヴァに入り、顧問官の意見を無視して遠征を命じた。陸軍部隊はシチリア副王フェランテ・ゴンツァーガが指揮し、艦隊はアンドレア・ドーリアが率いた。艦隊はアルジェ直前で時化のために行動不能となり、一〇月二三日にアルジェ東方のマッフィ岬に到着して上陸を開始した。

カールはアルジェの無血占領を求め、副大守であったハッサン・アガを調略しようとしたが、拒否されたので力攻めとなった。カール軍はアルジェを見下ろす地帯を占領したものの、トルコ兵八〇〇とムーア兵五千からなる守備隊の守りが固く攻略は困難を極めた。そして一〇月二四日の暴風雨に乗じてアルジェ守備隊が打って出ると、火薬が湿って射撃できないカール軍は押しまくられた。カール軍は一旦はこれを押し戻してアルジェ城壁に迫ったが、ここでトルコ軍の猛射にあって動きが取れなくなり、そこに再度トルコの騎兵部隊が突撃してきたので退却した。なお、この戦いでカール軍が持ち堪えられたのは、勇戦したマルタ騎士団（聖ヨハネ騎士団はマルタ島に本拠を移したためこう呼ばれるようになった）によるところが大きい。

翌二五日、激しい暴風雨が起こって六時間の内にガレー船一五〇隻が失われるという大惨事が生じた。そして船内に残っていた軍需物資も多数失われて陸戦の継続は不可能となった。このためカール五世は包囲軍を撤収して海岸に戻り、乗船しようとしたが、アルジェ守備部隊の追撃を受け更に被害を増した。こうした戦いではドイツ兵は臆病で役に立たず、スペイン兵の奮戦で辛うじて難を免れた。しかも一一月二日の出帆後にまたも暴風雨が襲って艦隊は四散し、一部はバルバリア海賊の餌食になった。カールは辛うじて前進基地のブージーに逃れたが、カールは怒りの余り船の上から帝冠を海に投げ込み「ガラクタめ、行ってしまえ。もっと運の良い君主がお前を取り戻してかぶるが良いわ」と言ったと伝えられる（『バルバリア海賊盛衰記』）。

カールは何とかブージーに着いたものの、ここでも時化にあって動きが取れず一一月二二日までスペインに戻れなかった。

第七節　第四次対仏戦争（一五四二～一五四四年）

一五三八年のニース条約以降ハプスブルク家とフランスの間に平和が保たれたものの、ミラノ公国の所属問題は依然双方の懸案事項として残存していた。こうしたなか一五四〇年一〇月一一日にカール五世は長子フェリペにミラノ公領の封土授受を認めたため、フランス宮廷内では対ハプスブルク強硬論が勝利し、両国の四度目の戦争が始まった。

まずフランスの同盟者であるヘルデルラントの元帥ファン・ロッセムがブラバントの攻撃を行ない、続いてフランス軍も行動を起こしてロセリョン伯領の主都ペルピニャンを包囲したが、これは時間の浪費に終わった。なおカールは一五四三年にヘルデルラントの保持者クレーフェ・ユーリヒ公とフェンロー条約を締結してその権利を譲り受けており、背後からの攻撃は封じておいた。

これに対して以前よりトルコと結んでいたフランスはバルバロッサの艦隊に援護を求め、これに応じてバルバロッサはフランス艦隊と協力して一五四三年六月から九月にかけてニースを包囲するなどし、イタリア海岸でも略奪を行なった。フランソワ一世もこれに便宜を与えるためにツーロン港を開放している。

フランスはイタリアで攻勢を掛けるためアンギャン公率いる一万五千を派遣した。ランツクネヒトやスペイン兵からなるヴァスト公率いる一万九千がこれをサヴォア公領のチェレゾーレで迎え撃ったが、一五四四年四月一一日に死者六千、捕虜三千を出す大敗を喫した（フランス軍の戦死は二千）。この戦いは、歩兵が単独で騎兵の襲撃に対応できることを証明したものとしても有名である。

この敗報を受けたカール五世は、この際一気にフランス中央部を突くのが得策と考え、メッツ（メス）に軍を集結させて進撃を開始し、五月から八月にかけてヴィトリー、アン・ペルトア、サン・ディジエ、エペルネー、シャトー・チェリーと次々攻略し、騎兵部隊はモーまで進出した。また、イギリス軍も協同してブローニュ、カレーを攻めた。このため窮地に立ったフランソワ一世はイタリアにいた部隊を呼び戻す一方、急遽交渉に乗り出して九月一八日にクレピーの和約が結ばれた。

この和約では、これまでに結んだ諸条約を再確認し、フランスはサヴォア公国から手を引くことを約束し、カールもフランソワ一世の息子オルレアン公にミラノの相続権を持参するはずのカールの王女、若しくはネーデルラントの相続権を持つローマ王フェルディナントの娘をめあわせることを約束してミラノ問題で譲歩した。

しかし、和約の一年後にオルレアン公が死んだためカール五世は再びミラノをフェリペに授受し、フランソワ一世もサヴォアの占領を続けた。ただ対仏戦争は再燃しなかったので、一息ついたカールはドイツ内での問題解決に乗り出すことができた。フランソワ一世もこの平和を対英戦争に利用したが、一五四七年三月三一日に崩御した。フランソワはその治世をイタリア問題に費やしたが何ら得るところなく、フランス勢力のイタリアからの退潮は確定的になった。

第八節　ハンガリーを巡る戦い（一五四〇～一五四五年）

ハンガリーでは、一五四〇年八月にヤーノシュ・サポヤイ王が崩御したため再び戦乱が起こった。ヤーノシュ王は一五三八年二月にローマ王フェルディナントとナジヴァラド市の秘密条約を結び、死後は王位をフェルディナントに渡すことを約束していた。しかし、ヤーノシュの王妃は息子のジグモンド・サポヤイに王位を伝えようとし、トルコを頼った。フェルディナントは王位請求のためレッゲンドルフ将軍の部隊をハンガリーに侵入させ、ブダを占領した。

これに対しスレイマン一世は一五四一年春に大臣ソコルル・メフメット・パシャにイェニチェリ四千と多数の騎士からなる大軍団を与えて第三次ハンガリー遠征を行なわせ、ブダはたちまち奪回された。戦後ハンガリーの中央部はトルコが直接支配し、ジグモンド・サポヤイにはトランシルヴァニアが与えられた。

一五四三年にフェルディナントに味方するブランデンブルク選定侯の軍が再度ブダとペストを包囲した。これに対しスレイマン一世は、第四次のハンガリー遠征軍を組織し、グラン（エステルゴム）、セケシュフェヘルヴァルなどの都市を占領し、ハプスブルク軍は撃退された。

この後トルコ軍は数年間にわたって偵察を主体とする軍事行動を行なったが戦争はこれ以上には進展せず、ハプスブルク家とトルコは外交交渉を重ねて一五四五年一一月一〇日に休戦条約を結んだ。二年後の一五四七年六月一九日には五カ年間条約が更新され、その際にフェルディナントはハンガリーでの領土保持の代償として年三万ドゥカートの支払を約している。

第七節で述べたように当時ハプスブルク家はフランスとも戦っており、その同盟としてバルバリア海賊がフランスに味方して活動していたが、そちらも一五四四年九月の対仏クレピー和約により活動を止めていた。しかし、バルバリア海賊の棟梁の一人ドラグトがチュニスに移住するに及んで、スペイン沖での敵対勢力の拡大を座視し得なかったカール五世は、一五五〇年九月にナポリ副王に遠征軍を出させてドラグトを追い払わせてチュニスを占領したため、再び地中海で緊張が生じた。トルコ艦隊は早速活動を始め、シナン・パシャの率いる艦隊はマルタ騎士団を砲四〇門で攻撃し、一五五一年八月一四日にトリポリからスペイン軍を駆逐した。続いて、一五五二年にトルコ艦隊はティレニア海に侵入し、アンドレア・ドーリアの艦隊を撃破している。

一五五三年トルコ艦隊は矛先を転じ、テルム元帥麾下のフランス軍がトスカナからコルシカへ移るのを支援した。そして、フランス軍と亡命コルシカ人達は、コルシカ島のジェノヴァ勢力を駆逐したのでアンドレア・ドーリアにとっては打撃となった。この後、トルコ艦隊は対ペルシャ戦争に備えて移動したが、バルバリア海賊は依然活動を続け、一五五四年にはペニョ・デ・ベレスを、一五五五年にはブージーを占拠している。

これに対してカール五世はスペイン軍の力で、西地中海のアフリカ北岸の都市メリーリャ、オラン、メルス・エル・ケビル、ラ・ゴレッタを辛うじて保持したが他の根拠地は失われ、イタリアとスペイン沿岸は荒掠され続けた。こうしたバルバリア海賊の跳梁に備えるために、これらの海岸では大砲を装備した監視塔が設けられ、シチリア副王フェランテ・ゴンツァーガは一五三五年から一五四三年までの間にシチリアの東と南海岸に監視塔を一三七設置した。また、ナポリ副王ペドロ・デ・トレードは一五六七年までにナポリ国内で三一三の監視塔を設けた。地中海でのバルバリア海賊の跳梁は一五七一年のレパント海戦によるキリスト教海軍の勝利まで続くのである。

なお、ハンガリーではジグモンド・サポヤイが、トルコを排除するだけの軍隊を送るなら東ハンガリーをハプスブルク家に認める旨の提案を行ない、これに応じてローマ王フェルディナントは一五五一年に七千の軍を送ってトランシルヴァニアを占領した。これに対してトルコ軍は一五五二年夏からハンガリーの辺境城塞線（ウィーンとハンガリー中央との間の地帯）に大攻勢を掛け、七月三〇日にはテメシュヴァールを攻略するなどしてトランシルヴァニアの大部分は再びトルコのものとなった。

第九節　シュマルカルデン戦争（一五四六～一五四七年）

一五一七年にルターが宗教改革を始めて以来ドイツの新教徒の数は増し、諸侯のなかにも多くの改宗者を出した。このような状況はローマ教皇とそれを支えるべきカール五世にとって好ましくなかったが、一五二〇年代はトルコの東方進出が著しく、帝国内の団結が必要との観点から宗教問題を大きく取り上げることはできなかった。新教派は一五三〇年末にシュマルカルデン同盟を結成して自分たちの信仰を守ろうとした。この後、一五四五年の対トルコ休戦条約により、東方からの脅威がひとまず去ったため、宗教問題が重要課題としてカール五世の前に浮上してきた。

一五四六年六月五日より始まったレーゲンスブルクの帝国議会の舞台裏で行なわれた秘密交渉でカールとローマ教皇、バイエルン公、ザクセン公モーリッツとの間で話し合いが持たれた。カールは基本的に融和の姿勢を示し、教皇は原則論に固執した。新教側も容易に妥協しなかったため、両者の戦争は不可避とシュマルカルデン同盟側は警戒して軍をドナウヴェルトに集結させたが、カールの本軍とネーデルラントから来たビューレン伯の部隊が合流することは阻止できなかった。カールの軍約五万はヴュルテンベルク、ウルム、アウクスブルクを攻略し、またザクセン公モーリッツも従兄弟のザクセン選定侯ヨハン・フリードリヒを攻撃し、シュマルカルデン同盟側は劣勢となった。

一五四七年四月二日、カール軍とザクセン公モーリッツ軍は合流してエルベ川近くのミュールベルクで同盟軍に対し大勝利を収めた。この戦いでは、同盟軍はエルベ河畔に陣取り、対岸にいた皇帝軍がよもや渡河してくることはあるまいと油断していたところ、皇帝軍のスペイン兵の一隊が幅三〜四〇〇メートルのエルベ川を泳ぎ渡って同盟軍が保有していた浮橋を奪い、それを使って皇帝軍二千が大挙渡河して完全に同盟軍の不意を突いた。同盟軍の損害は僅かであったが、恐慌状態となって兵が四散したため応戦ができず、乱戦中にザクセン選定侯は捕虜となった。そして敗戦の数日後にヘッセン方伯も降伏し、新教側は壊滅状態となった。ザクセン公モーリッツは論功行賞として、ヨハン・フリードリヒの領地の一部と選定侯位をカールより受けた。

カール五世はこの勝利の勢いを駆ってアウクスブルクに帝国議会を召集し、「暫定協定」(インテリム)を一五四八年五月三〇日に可決させた。その内容はカトリックを全帝国内に再建し、新教派に対しては両種聖餐式と司祭の結婚を認めるという妥協がなされた。この協定を幾人かの新教徒諸侯が認めたので、マクデブルクなど一部の都市はこれに従わなかったものの帝国内の宗教紛争は当面鎮静化した。

一五五一年一〇月に新教諸侯がフランス王アンリ二世(フランソワ一世の後継者)とシャンボールで協定を結び、カール五世に叛旗を翻した。叛乱の首謀者のザクセン公モーリッツは自軍を南部ドイツに進撃させたため、当時行なわれていたトリエント公会議は再三にわたって中断を余儀なくされた。カールは手元に金も兵力もなかったのでインスブルックから輿に乗って(カールはこの頃既に痛風を病んでいた)フィラッハに逃亡した。そしてモーリッツとの交渉はローマ王フェルディナントが行ない、その間カールはフッガー家の資金援助を受けてフランスに取られたメッツの回復に乗り出したが、失敗してネーデルラントに移った。

一方、ドイツ国内での戦争は専らローマ王フェルディナントがとり仕切った。一五五三年七月一一日にザクセン公モーリッツが辺境伯アルブレヒト・アルヒビアーデスと戦い、その時受けた傷が元で数日後に死んだため、新教徒とカトリックとの交渉の主導権はフェルディナントに移った。こうして一五五五年九月二五日にアウクスブルクで和議が結ばれ、ドイツ国内ではカトリックとルター派の両立が認められ、各領邦の宗教は君主のそれに従うこととなった。また和議は帝国内の全領主に対トルコ戦費の支払いを義務付けたため、カールにとっても一先ずの成果となった。

第十節　アンリ二世との戦い（一五五二〜一五五六年）

一五四七年に即位したフランス王アンリ二世は、父フランソワ一世が捕虜になった際にその交換としてスペインで俘虜生活を送った経緯があり、カール五世を目の敵にしていた。また教皇パウルス三世は一五四五年にパルマとピアチェンツァに自分の息子ピエルルイジ・ファルネーゼを封じていたところ、カール五世配下で一五四六年からミラノ総督となったフェランテ・ゴンツァーガが一五四七年にピエルルイジを暗殺して実力でピアチェンツァを占領したことでハプスブルク家と不和になった。このためパウルス三世がアンリ二世の援助を求めると、両者間で防衛条約が成立した。ただし一五五〇年パウルスが死んで後継にユリウス三世が立つと、彼はピエルルイジの長子オクタヴィアヌス・ファルネーゼのパルマ支配権をも否定したので、フランスの同盟軍はこれに圧力をかけて撤回させた。

一五五一年一〇月にドイツ国内の新教諸侯が反カール五世の立場からフランスと結んだ協定が翌一五五二年一月一五日にシャンボールで批准された。これによりアンリ二世にはメッツ、ツール、ヴェルダン、カンブレーなどの帝国都市の占有が認められ、時を移さずアンリは兵四万を派遣してツールを占領し、謀略でメッツを取って四月に入城し、更にライン河まで進出した。同時にドイツの諸侯もカールとの戦いを開始したが、アンリはドイツ国内への侵攻は得策でないとし、六月にヴェルダンを占領して引き揚げた。この一連の行動でアンリはロートリンゲンでも拠点を確保している。

この直後の一五五二年七月、シエナの住民がスペイン兵を駆逐してフランスに援助を求めたため、アンリ二世はフィレンツェ人亡命者ピエロ・ストロッツィに兵を与えて進出させた。フランスのシエナ占領はスペインとドイツの連絡路を遮断するためハプスブルク家にとっては脅威であり、一五五四年三月にマリニャーノ公率いるスペイン軍がフィレンツェ公コジモ一世（メディチ家）と協力してシエナを包囲し、一五五五年四月二一日にモンリュークの守るシエナを降伏させてイタリア半島でのフランスの勢力拡大を食い止めた。なお一五五九年にシエナはコジモ一世に与えられたが、海岸地域の島々はハプスブルク家が領有してスペインの地中海支配の拠点とした。

カール五世はメッツなどの帝国都市の失陥を放置できず、ドイツの宗教統一は諦めて対仏戦争を行なおうとし、ブランデンブルク辺境伯アルブレヒト・アルヒビアーデスに救援を求め、カール自らも輿に乗って前線に赴いた。一五五二年一〇月一九日にスペインのアルバ公の部隊はメッツを包囲し砲撃により突破口を作ったが要塞の守備は固かった。総計一五万人を動員した包囲だったが、カールは物資の欠乏などから一二月二六日に撤退を開始させた。すると一五五三年一月六日にメッツの守将ギーズ公が出撃してきて皇帝の陣地を奪い、カール側は兵六万人中、撤退したのは一万二千人という大損害を出した。

この後フランス軍はブリュッセルを窺い、これはスペイン軍の増援で阻んだものの、一五五四年八月のフランス軍のレンテイ包囲は阻止できず、カールはフランドル国境地帯でエダンとテルアンヌをも失った。ハプスブルク軍はエノー地方ではいくつかの要塞を占領したがメッツ以下の都市を奪還できず、ハプスブルク家に不利な戦況のまま一五五六年一月からヴォルセールの僧院で和平交渉が開始された。

このようななか、カール五世は譲位の意志を固め、まず一五五五年一〇月二五日に有名な譲位式をブリュッセルで行なって長子フェリペにブルゴーニュ公国を譲り、続いて一五五六年一月一六日にはスペインとシチリアも同じく譲った。二月六日にヴォルセールで休戦条約が結ばれた後、九月にカールは帝位もローマ王フェルディナントに譲り（帝国議会の正式な譲位の承認は一五五八年三月一二日）、一七日にフェリペをブリュッセルに残してスペインに渡った。カールはエストレマンド地方のエステにある僧院の一隅の別荘に引き込もり、そこで隠遁生活に入った。ただカールは一五五八年九月二一日に崩御するまでハプスブルク帝国の政務に参画し、全く引退するということではなかった。

カール五世は、世界帝国内を巡回しつつ何とか全体をまとめておくことに成功した。自立したがる弟のフェルディナントも在位中は何とかつなぎ止め、ドイツの新教諸侯との問題も教皇からの圧力を受けつつどうにか小康状態とした。地中海ではトルコに痛めつけられたが、カール五世は図体の大きい鈍重な世界帝国を切り回し、トルコやフランスに食い散らかさせなかったという点だけでも賞賛に値する政治家であった。

第二章　フェリペ二世とスペイン王国（一五五六〜一五九八年）

第一節　フェリペ二世の即位とヨーロッパ情勢

一五五六年一月にフェリペ二世はスペインの統治権を父カール五世（スペイン王としてはカルロス一世）から継いだ。カールの所領の内、オーストリア、シュタイエルマルク、ティロルなどの東方領域と、神聖ローマ帝国の帝位はローマ王フェルディナントが継ぐよう既に定められ、フェリペは一五五五年一〇月に譲られていたネーデルラントを中心とするブルゴーニュ公国、ナポリを含むアラゴン領、カスティリア領を相続した。つまりカールの四人の祖父母の内、マクシミリアンを除く三人分の所領を入手したのである。これによりフェリペは新大陸にある植民地と併せて大西洋・地中海沿岸にまとまった領域を得、しかもカールが抱えていた厄介なドイツの新教徒問題とトルコ問題からは解放された。またフェリペは少年時代よりスペインに暮し、一五四四年からは一七歳にしてカールの代理としてスペインを治めていたため、スペインでの地歩は父カールよりもかなり強かった。逆にカールと異なりブルゴーニュ公国とは疎遠だったので、一五四九年からはブリュッセルに滞在したもののスペイン人顧問を専ら用い、ネーデルラントの貴族達とは折り合いが悪く、後にオランダが独立する遠因となる。

カール五世は一五五四年七月二六日にフェリペをイギリス女王マリー・チューダーと結婚させた。このハプスブルク一流の結婚政策は対仏包囲同盟を形成するだけでなく、フェリペとマリーの息子の代にはイギリスをも版図に収めた大西洋・地中海国家を出現するところであった。しかしこれはマリー・チューダーが一五五八年九月二一日に子を儲けずに崩御したため（マリーは無月経症だった）画餅に帰した。フェリペは一五五九年九月以降はイベリア半島を離れず、父カールとは異なりその領土を巡回することもなく、いよいよイベリア半島以外の領土とは疎遠となった。

第二節　フランスとの戦い（一五五七～一五五九年）

一五五六年二月六日のヴォルセールの休戦条約でフランスとの戦いは停止したが、アンリ二世の宮廷と一五五六年ナポリ副王アルバ公に領土を侵略された教皇パウルス四世には反フェリペ感情が強く、一五五七年一月一三日フランスは宣戦し、これに応じてフェリペも六月七日に宣戦した。フェリペには当然妻のイギリス女王マリーが加担してイギリスもフランスを攻撃し、一五三六年以来領土をフランスに占領されていたサヴォア公エマヌエル・フィリベルトも失地回復の好機としてフェリペに付いて戦いに加わった。

サヴォア公は、スペインから提供された六万の軍をフランドルに集めた後、八月八日にサン・カンタン前面まで進出した。そしてサン・カンタンを救援に来たフランス軍二万三千の展開は散漫であったため、八月一〇日にサヴォア公は火縄銃兵とピストル騎兵を主力とする部隊を素早く旋回させてフランス軍を包囲し、司令官のモンモラシー大元帥以下六千を捕虜にし、三千を殺した。この後サヴォア公はサン・カンタンを包囲して八月二七日に開城させた。

この敗戦はアンリ二世に衝撃を与え、パリでは住民が逃げ出すなどの混乱が生じた。しかし、サヴォア公軍と後続のフェリペ二世直率の部隊は補給線の維持の困難性と中小拠点の制圧に時間を取られたため、パリ進撃はできなかった。なお、ギーズ公率いるフランス軍の一隊はナポリに侵入していたが、アルバ公に打ち破られ、その直後フランドルでの敗報を受けたため、一〇月六日帰国し、ギーズ公はフランドルに部隊を展開した。

フランス軍四万は一二月三一日から冬場は守備兵の減少するイギリス領のカレーを攻めて翌一五五八年一月に攻略し、続いて一月八日ギーヌを攻めてこれも取るなどの反撃に出た。しかし七月一三日の砂丘地帯のグラヴェリネの戦いでエグモント伯率いるスペイン軍はイギリス艦隊と共同してフランス軍を撃破し、フランス側は打撃を受けた。

こうしたなかスペイン・フランス間で和平交渉が進み、一五五九年四月二・三日にカトー・カンブレジの和約が成立した。この背景には、マリー・チューダーに死別したフェリペ二世とアンリ二世の娘エリザベト、及びサヴォア公エマヌエル・フィリベルトとアンリの姉マルグリットという二組の結婚が決まったことがある。条約の内容は、アンリはサヴォアを初めとするイタリアの全面的な放棄を約し、カレーについては八年後にイギリスが金貨五〇万スクードを支払えばその時点で返還することになった。なお、メッツ、ヴェルダンなど帝国都市の帰属問題は皇帝フェルディナントが条約に加わっていなかったため盛り込まれなかった。

一五五九年六月、フェリペ二世の婚約とサヴォア公の結婚に伴う一連の行事として二八日に行なわれた馬上槍試合にアンリ二世が自ら出場したところ相手の折れた槍が頭に刺さるという事故があり、この傷が原因でアンリは七月一〇日に崩御した。アンリの後継には長子フランソワ二世が立ったが一四歳と若く、病弱でもあり王主導の対外戦争は行ない得なくなった。しかもフランスでも新教の普及により宗教問題は拡大してついには宗教戦争に至り、フランスは一六世紀一杯は内向きの政策をとらざるを得なくなる。

第三節　レパント海戦（一五七一年）

プレヴェザ海戦以降バルバリア海賊の優位は続き、一五五九年一二月から一五六〇年五月にかけてスペインは、軍艦五四隻、貨物船三六隻、乗員一万人程度の兵力でトリポリ回復の一環として対岸のジェルバ島の攻略に乗り出したが失敗した。バルバリア海賊は却って一五六一年にはマジョルカ諸島の方面まで進出し、一五六三年四月から六月にかけてオランを攻撃してきたが、これはスペイン軍が撃退した。

一五六四年九月にスペイン艦隊は北アフリカのベニョン・デ・ベレスの要塞を取ったのに対し、一五六五年五月一八日にトルコ艦隊はマルタ島攻略に乗り出してきた。当時トルコはオーストリア・ハプスブルク家のレオポルト一世と戦っており（フェルディナント一世は一五六四年に崩御）、戦役の側面援護のために地中海のキリスト教徒の拠点を潰すことが必要と判断したためである。トルコ軍は二万三千を上陸させてマルタ島の大部分を占領したが、スペイン軍の支援を受けたマルタ騎士団（ヨハネ騎士団）の抵抗にあい結局撤退した。

この一連の戦いを通じてキリスト教世界はトルコの脅威を一体として受け止め、後のトルコのキプロス侵略に際しての連合艦隊結成の契機となった。ただ、連合艦隊の結成はスペイン沿岸の防御力を弱め、バルバリア海賊がしばしば跳梁することとなる。

九月七日にトルコ皇帝スレイマン一世は崩御し、長子セリム二世が襲位した。この人物は呑んだくれであったが先帝の残した軍隊は依然強力であり、トルコの西方への膨張は止まらなかった。トルコ艦隊は一五六六年七月にも南イタリアを襲ったほか、一五六八年にも大規模な艦隊活動を行なっている。

一五六九年九月一三日にヴェネチアの火薬工場の一つが爆発して大火災を生じたが、このニュースは「ヴェネチア艦隊の全滅」と誤って伝えられてトルコ海軍は優位を確信した。また同年スペインのグラナダ地方で起きたモリスコの叛乱はバルバリア海賊を元気づけ、アルジェ総督ウルチ・アリは一五七〇年一月一九日にチュニスを占領した。

一五七〇年四月にトルコは使者をヴェネチアに送ってキプロスの割譲を要求し、拒否されるとイスタンブールのトルコ艦隊は行動を起こして四月よりキプロスの攻略に乗り出した。当初ヴェネチアを支持する勢力は教皇ピウス五世以外なかったが、ピウス五世が全欧州に呼び掛けて連合艦隊の結成に努力し、これにフェリペ二世も参加した。この間、トルコはフランスの新教派（ユグノー）に連絡を取るなどして欧州連合の成立を阻もうとし、ヴェネチアもトルコとの単独講和で地中海の覇権をスペインに渡すのを避けようとしたがトルコの拒否にあって失敗し、そのうちにトルコ軍の活動でキプロス全土の失陥間近の状態になったことからヨーロッパの各国は結束を固め、一五七一年五月に連合艦隊が結成された。

反トルコ神聖同盟の連合艦隊にはヴェネチア、ジェノヴァ、スペイン、マルタ、教皇の艦艇が参加し、総指揮官にはフェリペの異母弟（カール五世の庶子）ドン・ファン・デ・アウストリアが就いた。連合艦隊は七月頃にはシチリア島のメッシーナに集結したが、当時の陣容は次のとおりである。

スペイン艦隊（ジェノヴァ艦隊も含むらしい）　ガレー船九〇隻、ガレオン船及び大型船二四隻、指揮官ジョヴァンニ・アンドレア・ドーリア（一五六〇年一一月に死んだアンドレア・ドーリアの甥）

ヴェネチア艦隊　ガレー船一〇六隻、ガレアス船六隻、ガレオン船二隻、フリゲート二〇隻、指揮官セバスチャン・ベニエロ

教皇艦隊　ガレー船一二隻、フリゲート六隻、指揮官マルコ・アントニオ・コロンナ

以上合計で、ガレー船二〇八隻（後に一七隻増援）、ガレアス船六隻、ガレオン船二六隻、フリゲート及びブリガンティン船七六隻、総計三一六隻であった。また、この時点での兵力は水兵と漕手が五万人で陸兵は三万人の合計八万人、砲の総数は一、八一五門だった。

連合艦隊は九月一五日以降逐次メッシーナを出港して二五日までにコルフ島に入った。ここでトルコのアルジェ総督ウルチ・アリの艦隊が連合艦隊の入港直前までコルフを攻撃しながら、目標を果たさず反転してコリント湾に引き揚げたことが判明し、総司令官ドン・ファンはこの敵を攻撃することを決定した。そして九月二九日にアルバニア海岸のゴメニッサに向けて航行中、ドン・ファンは、ウルチ・アリ艦隊だけでなくトルコ艦隊の主力もレパントに集結していることを知って決戦を決意し、一〇月三日までに艦隊をゴメニッザに集め、一〇月四日にデュカト岬まで進出して投錨した。

一〇月七日に連合艦隊は出撃してクルトソラリ諸島に沿って南下し、スクロファ岬の間の水道へと出た。対するトルコ艦隊はアリ・パシャの総指揮の下、九月二七日までにレパントに集結していた。その陣容は、ハッサン・パシャ（バルバロッサの息子）艦隊、シロッコ・パシャ（アレキサンドリア総督）艦隊、ハメット・ベイ（ネグロポント総督）艦隊、ウルチ・アリ（アルジェ総督）艦隊の四艦隊とペウタル・パシャ率いる陸軍部隊であり、艦隊と陸軍部隊の保有する砲の総数は七五〇門であった。

アリ・パシャは一〇月三日の軍議で連合艦隊の迎撃を決定し、一〇月六日にレパント泊地を出てその西方二八キロメートルのガラタ沖に投錨した。そして、一〇月七日早朝トルコ艦隊は抜錨して更に西に向かい連合艦隊を視認して戦闘準備を整えた。戦闘開始は午前一〇時半頃となる。

両艦隊は九時半頃から相互に視認して徐々に接近していった。トルコ艦隊司令官アリ・パシャは連合艦隊に大型船が含まれていたことから不利を感じて決戦をためらったが、「見敵必戦」のスルタンの教義が念頭にあったため前進を続けた。両艦隊の陣形を見ると、連合艦隊は右翼（沖側）にジョヴァンニ・アンドレア・ドーリア率いるガレー船五四隻、中央にドン・ファン率いるガレー船六四隻、左翼（岸側）にバルバリゴ率いるガレー船五三隻を配し、中央前衛としてコルドナ率いるシチリア艦隊のガレー船八隻、中央後衛にはサンタ・クルーズ侯率いるガレー船三〇隻がいた。連合艦隊では各国の船を固まりにせず混成し、また各艦隊にはガレアス船などの大型船が二隻ずつ配され、それらは各艦隊の一・三キロメートル前方に位置して接近戦になる前にトルコのガレー船を砲撃することとしていた。

対するトルコ艦隊は、右翼（岸側）にシロッコ・パシャ率いるガレー船五四隻、中央にアリ・パシャ直率のガレー船九五隻、左翼（沖側）にウルチ・アリ率いるガレー船九三隻があり、中央後衛には連合艦隊と同様に予備艦隊を置いた。

戦闘は岸側から開始され、トルコのシロッコ艦隊の進撃に対し、バルバリゴ艦隊はガレアス船の大砲で応じてシロッコ艦隊を岸の方に追いやりトルコ艦隊中央と離した。しかし、この海域を熟知していたシロッコは艦隊を岸側に寄せてバルバリゴ艦隊の側面を擦り抜け、バルバリゴ艦隊の左翼から包囲する動きを示した。バルバリゴもシロッコ艦隊の意図を見抜いて自艦隊の右翼をシロッコ艦隊の左翼に当てたため、シロッコ艦隊は混乱状態になった。この乱戦中に司令官バルバリゴ、次席指揮官マルコ・コンタリニが相次いで戦死したが、トルコ艦隊でもシロッコ・パシャが戦死したため右翼トルコ艦隊は統制がとれなくなり、連合艦隊左翼はこの機を逃さずトルコ艦隊右翼を追い詰め、一隻残らず撃破または捕獲した。

中央艦隊同士が戦闘に入ったのは岸側に三〇分遅れた一一時頃であった。ここでも連合艦隊のガレオン船二隻の大砲の威力が大きく、アリ・パシャは一旦はためらったものの「見敵必戦」の教義から突撃を敢行した。両艦隊は肉迫状態で混戦となったが、中央にいた教皇艦隊の司令官コロンナの船がアリ・パシャの旗艦に横付けして小銃で甲板を掃射し、更に切込隊で強襲した。このためアリ・パシャは銃弾を額に受けて戦死し、トルコ艦隊中央部隊も指揮系統を失って潰走した。

連合艦隊右翼（沖側）の司令官ジョヴァンニ・アンドレア・ドーリアはトルコ艦隊による包囲を妨げるため艦隊を南下させ、より沖合に進路をとった。対するトルコ艦隊左翼のウルチ・アリ艦隊は包囲を目論でいたことから結局、連合艦隊右翼と平行移動のような形で南下し、両艦隊とも中央艦隊から離れて間隙を生じた。この間隙に先に気付いたのはウルチ・アリの方で、彼は艦隊の進路を西に転じさせて中央のドン・ファン直率部隊の右翼に食らい付き、そこにいたマルタの提督ギウスティニアン率いる戦隊を殲滅した。しかし、サンタ・クルーズ侯率いる後衛艦隊が救援に駆け付け、更にドン・ファンも艦隊の主攻をウルチ・アリ艦隊に向けたため、不利を悟ったウルチ・アリは捕獲した船を放棄してサンタ・マウラに向けて脱出し、日没までにはプレヴェザ泊地に戻った。遅れて反転したジョヴァンニ・アンドレア・ドーリアの連合艦隊右翼は、ウルチ・アリ艦隊が去ってからやっと中央艦隊の下に現われた。

こうしてレパント海戦はキリスト教連合艦隊の勝利に終わった。双方の損害を比較すると、連合艦隊の死傷者は全戦闘員八万四千人中一万五千人、沈没したガレー船一二隻、捕獲されたもの一隻だったのに対し、トルコ艦隊は戦闘員八万八千人中、戦死三万人、捕虜八千人で溺死者は多数、沈没したガレー船一一三隻、捕獲されたガレー船一一七隻で遁走に成功したのはウルチ・アリ艦隊を中心とする一〇隻余りに過ぎなかった。なお、これに伴いトルコ艦隊のガレー船漕手となっていたキリスト教徒奴隷一万五千人が救出された。連合艦隊はトルコ艦隊を追撃せず、ドン・ファンは連合艦隊をメッシーナに引き揚げさせた。

この勝利がキリスト教世界に与えた感銘は大きく、教皇は一〇月七日を永久祝日に定めて今日に至っている程である。これに対してイスタンブールでは艦隊全滅の衝撃が走り、連合艦隊が五〇隻程度で来襲したらとても守り切れないとまで懸念されたが、幸いそうした動きはなかった。

連合艦隊の勝因としてはやはり艦隊前方に占位していたガレアス船の砲（一隻一五門程度の砲を備えていた）の威力が挙げられよう。ガレアス船を当初補給船と見て大挙襲撃したトルコ船は猛射されて損害を増やし、ガレー船同士の決戦までに相当のダメージを被った。また先のプレヴェザ海戦と異なり連合艦隊は突撃したことでガレアス船の砲撃による成果を手中に収めることができた。そして右翼、左翼、中央にそれぞれ各国の船を混ぜたため、かえって艦隊の団結が保たれたこと、後衛艦隊が適切に置かれて使用されたため、トルコ艦隊に付け入る隙を与えなかったことも大きい。これらの作戦を終局的に決定したドン・ファンの指揮には大いに敬意が払われるべきである。

トルコ艦隊の敗因としては、①プレヴェザ海戦時点でキリスト教艦隊の砲の威力を知っていたにも拘わらず艦船の大型化・砲力の強化を怠り旧態依然としたガレー船を主戦力に据え続けたこと、②「見敵必戦」の教義に縛られて優勢な連合艦隊に無理に戦いを挑んだこと、③指揮官が戦死すると指揮権が継承されず瞬時にして艦隊は無統制になってしまったこと、④ウルチ・アリ艦隊の南下が結局中央にいたアリ・パシャ艦隊を孤立させてしまったこと（逆に見れば連合艦隊右翼の南下はウルチ・アリ艦隊への牽制としては正しかったわけで、後にウルチ・アリ艦隊が反転してドン・ファン艦隊に突入し、その救援にジョヴァンニ・アンドレア・ドーリアが間に合わなかったのも致し方なかったということになろう）が挙げられる。

こうして連合艦隊は大勝利を収めたが、直ちにトルコ海軍が衰退した訳ではない。キプロス島は結局トルコの手に落ちたし（ちなみに、これ以来キプロスにはトルコ人が住み着き、今日のキプロス紛争の遠因となっている）、セリム二世は、スレイマン一世の死後一五〇隻のガレー船の新規建造を命じていたから新戦力も続々と追加されていた（船員の補充には難渋していたが）。

一方、キリスト教国間での協調関係は長続きしなかった。ヴェネチアはスペイン艦隊と共同して一五七二年にモレアの回復に乗り出そうとしたが、ギリシャ人の呼応がなかったため作戦を取り止め、その後キプロス奪還の不可能性と対トルコ貿易の途絶の経済的痛手から、一五七三年四月にヴェネチアは三〇万ドゥカートの貢納とダルマチアでの自国勢力の現状維持を条件にトルコと講和した。結局、レパントの敗北はセリム二世に言わせれば「異教徒共が髭を焼いたに過ぎない」という程度のダメージでしかなかったが、スペインがヨーロッパ最強のシーパワーとして自他ともに認める存在となったことは大きな影響であった。

トルコとヴェネチアとの講和で東地中海に入れなくなったドン・ファンは、アフリカ沿岸に転じて一五七三年一〇月一一日にチュニスを奪還したが補給が続かず、一五七四年九月一三日にウルチ・アリによりチュニスは再占領された。この後もサンタ・クルーズ侯率いる艦隊はチュニジア沿岸を攻撃するが、結局フェリペ二世にはポルトガル継承問題が、トルコには対ペルシャ戦争があったため一五八〇年三月二一日に休戦協定が結ばれ、更に一五八一年から一五八三年まで休戦が更新されて地中海での戦闘は終息した。

第四節　ネーデルラントの叛乱（一五六六〜一六〇九年）

一五六六年にカルヴァン派新教徒に対して施行された異端審問令の撤回と駐留スペイン軍の撤退を求めてネーデルラントで叛乱が勃発した。叛乱の根底にはカール五世時代と異なりフェリペ二世は旧来からのブルゴーニュ公国の自治的特権を認めず、スペインで確立しつつあるような絶対主義的で画一的な統治方針を導入しようとしていることへの反感があった。フェリペとネーデルラント人との間にカール時代のような一体感が最早存在しなくなっていたことも叛乱を大きくした。

フェリペは叛乱鎮圧のために一五六七年八月にアルバ公に兵一万を付けて（一説には二万とも言う）総督としてブリュッセルに送った。アルバ公は一五六八年二月に全ネーデルラント人を異端として死刑に処すると布告し、同年秋には新造のアントワープ要塞に入った。

叛乱軍の指導者はナッサウ・オラニエ家のウィレム公であった。ウィレムは、弟のルドウィック・ファン・ナッサウに兵を集めさせ、夏にフランスから北ネーデルラントに軍を入れさせたがこれはアルバ公の軍が簡単に撃破した。続いてルドウィックは、北方よりフリースラントに入って五月二三日にハイリゲルレスでアンベルク伯率いるスペイン軍五千を撃破した。しかしアルバ公の軍一万二千は、七月二一日のイェミンゲンの戦いでルドウィックが反撃のために防御陣地を捨てたところを突いて叛徒七千人を殺し、叛乱軍は弱体化した。秋になるとウィレム公はドイツで三万の兵を集めてミューズ川を渡って北ネーデルラントに入ったが、アルバ公は決戦を避けてひたすらウィレム公の軍を追尾して叛乱軍の疲弊を待ち、結局ウィレムは兵の給与が払えなくなって軍を解散させた。しかしアルバ公は勝利の一方で一五六七年から一五七二年までに六～八千人の叛徒を処刑したため、ネーデルラント人の反発は強まった。

ウィレム公はフェリペ二世の支配に正面から反対することは避けつつ、宗教の自由と等族特権の擁護を主張して戦

図５

った。ウィレム公は一時ドイツに逃れたものの、フランス王シャルル九世とイギリスのエリザベス女王に援助を求めながらネーデルラントの北部七州で根強く戦った。そして海岸地域ではウィレム公を支持する海賊「海乞食（ゼー・ゴイセン）」による叛乱が拡大し、一五七二年四月一日のミューズ河口のデン・ブリル（ブリーレ）の陥落を皮切りに、海岸地域でのスペイン支配は次第に困難になって行なった。しかし五月二四日にフランスの新教徒ラ・ヌーがルドウィックと共に南フランドルのモンスとヴァランシエンヌを攻略したのに対しては、この直後フランスで聖バルテルミーの虐殺が起きてフランス軍が撤退したことに乗じて、スペイン軍は直ちにこれを奪還している。

モンス奪還後アルバ公は軍を北上させてアムステルダムを根拠地とし、北ネーデルラントのうち当面はホラント州の奪還に乗り出した。しかし兵三万を投入したホラント州ハーレムの包囲戦は一二月から一五七三年七月までかかる有様で、アルバ公は、スペイン宮廷で反対派がフェリペ二世に進言したこともあって、ハーレム攻略後にスペインに召還された。

アルバ公の後任として総督となった前ミラノ総督のレケセンスは、一〇月からライデン市を包囲した。しかしライデンの防衛隊は低地オランダの特性を生かし、海岸の堤防を切るという洪水戦術を用いてスペイン軍を悩まし、スペイン軍は翌一五七四年一〇月に包囲を解いた。

一方、フリースラントを根拠地とする海乞食は、一五七三年一〇月一一日にエンクホイゼン沖でボッスウ伯ヘニン率いるスペイン艦隊三〇隻を撃破した（ゾイデル海海戦）。また、一五七四年一月には、ワルヘレン島の要塞で包囲されていたスペイン軍を救出に来たスペイン艦隊を「海乞食」が同様に撃破し要塞を奪っている。このようにネーデルラント近海の制海権は次第に「海乞食」の手に帰したため、スペイン軍が陸上で勝利しても叛乱軍はイギリスなどからの補給を受けてすぐ立ち直ったのに対し、スペイン軍は補給を妨害されて攻勢を拡大できなかった。

総督レケセンスは宮廷の意向を受けて叛乱軍との間に和議を策し、自由権の尊重などの条件で講和を模索したが不調に終わった。そこでレケセンスは一五七五年にスペイン本国より増援を得て叛乱側諸都市を攻略して攻勢を掛けた。当時の国際情勢からこの時は叛乱軍には外国の援助が無かったためウィレム公は苦戦したが、一五七六年三月五日に総督レケセンスが急死し、この際スペイン兵が給与未払を理由に暴動を起こし（ちなみに在ネーデルラントのスペイン軍は一五七二年から一六〇九年までに四五回も暴動を起こしている）、一〇月四五日にアントワープを略奪するなど混乱状態となったため、叛乱軍は態勢を建て直すことができた。またアントワープでのスペイン兵の略奪・暴行への恐怖感と怒りは南ネーデルラントの諸州をも叛乱軍に走らせ、一一月八日のガン（ゲント）の和解によってネーデルラントの全州がウィレム公の下に結束した。

レケセンスの後継の総督となったドン・ファン（レパント海戦の総指揮官）は、叛徒の資金源がエリザベス女王であると知ってイギリス侵攻をフェリペに進言したが、当時はフェリペも手元不如意であり一五七二年以降閉鎖していたロンドンのスペイン大使館を再開するなど懐柔策に転じた。ドン・ファンは一五七七年五月、ネーデルラントの全国議会と交渉して前年のガンの和解の条項を承認した上でブリュッセルに入るが、七月には態度を変えてナミュールを攻略した。これに対してウィレム公は、叛乱側の正統性を担保するためにオーストリア大公マティアス（後に神聖ローマ皇帝）を執政に担ぐことを画策し、マティアスを一五七八年一月より執政とした。ドン・ファンは一月三一日にはナミュール西北のゾンブールで叛乱軍を破って死者六千を出させたが、秋にイギリス軍にリメナンテで破られてアントワープ奪回を果たせぬまま一〇月一日ナミュールで没した。

ドン・ファンの後任総督となったパルマ公世子アレッサンドロ・ファルネーゼは、一五七九年一月アラス条約で南部諸州の自治権を認めて再びスペイン国王に忠誠を誓わせたため、新教徒主体の北方三州などは一月二九日にユトレヒト同盟を結び（一五九四年までに逐次加入した結果北方七州となる。現在のオランダの原形）、一五八〇年九月には君主としてフランスのアンジュー公フランソワ（仏王アンリ三世の弟）を迎える協定を締結した。一五八一年三月にマティアスは執政を辞任し、ユトレヒト同盟は七月二六日にフェリペ二世の統治からの離脱を宣言した。ただ、君主に推戴する予定のアンジュー公は一旦はネーデルラントに来たものの議会との折り合いが悪くて帰国した直後に病死したため、ユトレヒト同盟は結局君主を戴かず、フェリペからの離脱宣言がそのまま独立宣言となった。

離脱宣言の後もスペイン軍は再三北部ネーデルラントに進軍した。一五八四年七月一〇日にウィレム公が暗殺され死亡した後は、その長子モーリッツが叛乱軍の指導者となった。アレッサンドロ・ファルネーゼは、兵力八万で南ネーデルラントの諸都市を制圧し、一五八四年冬に最後に残ったアントワープを兵力二万で包囲した。この戦いでアレッサンドロ・ファルネーゼはアントワープへの補給路であるシェルト川に架橋して封鎖し、これが一旦は火船で焼払われても再度架橋して封鎖を続行した。そして叛乱軍側が洪水戦術のために堤防を破ろうとしたのも阻止して一五八五年八月一七日ついに攻略した。ただし攻略直後に八千人の市民が虐殺され、ネーデルラントでの反スペイン感情は更に強まった。

こうした情勢に危機感を持ったエリザベス女王は、八月一〇日ネーデルラントの新教徒を自己の保護下に置くことを決定し、九月にレスター伯率いる歩兵六千と騎兵一千をフリッシンゲンに上陸させた。フランスやドイツの新教諸侯は一時は叛乱軍への救援を行なったが、フランスは聖バルテルミーの虐殺により国内の宗教戦争が激化したことからネーデルラントの叛乱支援から手を引き、叛乱軍を救援できたのはイギリスだけだった。

イギリスからの救援軍に対しては、アレッサンドロ・ファルネーゼ（一五八六年よりパルマ公となる）はその優れた手腕と戦闘能力の高いスペイン兵で対応し、殆ど連戦連勝であった。スペイン軍は僅かに一五八六年九月二二日のザットファンの戦いでイギリス軍六千に敗れたに過ぎず、イギリス側もこの戦いで司令官レスター伯の甥フィリップ・シドニーを討ち取られている。ただ「海乞食」などのおかげでイギリス軍の敗北は致命的にはならず、イギリス軍は依然ネーデルラントでの活動を続けられた。このためフェリペ二世はイギリス打倒を不可欠と考え、ここに一五八八年のアルマダの出撃となる（第六節参照）。

しかし、アルマダが敗走したことからイギリスの打倒は失敗し、以降もネーデルラントでの戦いは泥沼化して続いた。そして、一五八九年からフランス宗教戦争に介入するためにパルマ公の軍をフランスに回してからはネーデルラントでの戦いは下火となり、一五九二年一二月にパルマ公が死んだ後はモーリッツが優位に戦いを進めた。モーリッツは一五九四年にフローニンゲンを攻略して北部七州をほぼ保持し、同年中にイギリスとフランスにオランダ共和国を独立国として認めさせ（以降「オランダ」という）、これらの国と対スペイン同盟を結ぶに至る。

ただ、オランダ軍も南ネーデルラントには進めず、一六〇〇年六月のオランダ軍・イギリス連合軍一万二千余（歩兵一万二千、騎兵六〇〇）によるニューポールト侵攻作戦は、七月二日に総督アルベルト公率いるスペイン軍一万二千（歩兵一万、騎兵二千）に戦死三千、捕虜六〇〇という損害を出させたものの失敗に終わった。一方、アルベルト公も一六〇一年七月からオステンドを包囲して一六〇四年九月二〇日に攻略したもののそれまでに戦死者六万を出してしまい（オランダ側は三万）、戦いは膠着状態となった。

また、一六〇七年にスペイン艦隊はジブラルタル沖でオランダ艦隊三〇隻と戦い、二一隻を撃沈・拿捕されたが、それ以上の進展もなかった。結局、財政難を抱えたスペインは一六〇九年四月九日にオランダとハーグで一二年間の休戦条約を結び、オランダは事実上の独立を勝ち取った。

スペイン軍の最大の敗因は、ネーデルラント沖の制海権を取れなかったことである。このためスペイン軍は補給が続かず、戦闘に勝利してもこれを拡大することができなかった。確かにミラノからフランドルへの「スペイン街道」で兵員は陸路より補充できたが、食糧や武器の輸送は低地で河川も多いネーデルラントでは船舶に頼らざるを得ず、水上戦力の不振はそのまま敗北につながった。また叛乱軍は築城面では稜壁と水濠を多用したイタリア式築城を推進し、この攻略には時間と物資を大いに要したため、補給難のスペイン軍は余計苦戦を強いられた。

なおオランダ軍は一五九四年以来一斉射撃戦術を取り入れ、また軍の教練も進歩させて一五九九年以降は兵器の規格化も図るなどしており、スペインに先んじた軍事改革を進めていたことも指摘しておく。

第五節　ポルトガル併合（一五八〇年）

一五七八年八月四日にポルトガル王セバスチャンはモロッコに進軍してアルカセル・キビールの戦いで落命した。この後二年間は枢機卿親王エンリケが国務を代行しつつ時期王位継承者の選定に当たった。その候補には血統から公爵夫人ドーナ・カタリーナ、フェリペ二世、タラートの行政長官でマヌエル王の親王の庶子アントニオの三人が挙げられたが、ドーナ・カタリーナは女性ということから落ち、フェリペとアントニオの二人に候補は絞られた。選定に当たっていたエンリケ親王はポルトガルの独立維持のためアントニオを推す意向であったが、そのためにとった手段は却ってフェリペに有利となり、一五八〇年二月にエンリケが死ぬと継承者の決定は軍部の手に委ねられた。そして、アントニオがリスボンとサンタレンで王の承認を受けるとフェリペは行動を起こし、六月一二日にアルバ公率いる部隊がポルトガルに入り、スペイン艦隊もテージョ川を遡上してリスボンを目指した。

アントニオは軍勢を率いて迎え撃とうとしたが、多くのポルトガル部隊はフェリペ側に帰順した。八月二五日にアルバ公の軍は無勢のアントニオの軍をリスボン城門近くのアルカンタラの戦いで一蹴して入城し、フェリペの王位が決まった。一五八一年にトマールで行なわれた議会でフェリペは正式に王位を承認されポルトガル王としてはD・フィリッペ一世と名乗った。フェリペはポルトガルに従来どおり特権と自由を認めたためポルトガルの体制そのものがスペインに併呑されることにはなく、両国は単なる王位での結合に留まった。もっともスペインもアラゴン、カスティリア、カタロニアがそれぞれ独自の体制を有し王冠のみの結合であったことには変わりない。

アルカンタラの敗戦の後アントニオはイギリスを経てフランスに逃亡し、フランス艦隊を率いて一五八二年にアゾレス諸島を攻めたがサンタ・クルーズ侯率いるスペイン艦隊の反撃にあって失敗した。アントニオは翌一五八三年にもフランス提督アイマール・ド・ジャスト率いる艦隊とともにアゾレス諸島にやって来たが、サンタ・クルーズ侯の艦隊はこれを徹底的に打ち破って四散させ、これらの海戦でスペイン海軍の声望は一層上がった。

アントニオは度重なる敗北に屈せずフランスからイギリスに移り、一五八八年のアルマダのイギリス侵攻に一矢報いようとポルトガル・スペインの沿岸を荒らしてベニッシェとカスカイスに上陸したり、一五八九年のドレークの遠征（後述）に加わったりしてその存在を誇示した。しかしスペインとの結合には経済的メリットが大きいことからポルトガル人民はアントニオのために蜂起せず、アントニオはアゾレス諸島のテルセイラ島をひとまず占拠して自称国王となり一五九三年まで君臨した。こうしてポルトガルはほぼ平穏のままフェリペ二世の治世中は保たれた。

第六節　アルマダの敗北（一五八八年）

ポルトガルへのアントニオの侵攻を二度にわたり撃破したサンタ・クルーズ侯はスペイン艦隊の実力に自信を持ち、

懸案のオランダ独立戦争に対するイギリスの援助を封じるための英本土侵攻計画をフェリペ二世に提出した。この案は先にネーデルラント総督だったアルバ公及びドン・ファンも献言していたが、財政問題などからフェリペ二世は採用しなかった。しかしフェリペは再三の奏上を受けて遂に侵攻計画の立案をサンタ・クルーズ侯に命じ、一五八六年三月にサンタ・クルーズ侯は計画書を提出した。その原案は次のとおりである。

① 使用艦艇は五一〇隻
② 総兵力（陸軍兵を含む）は九万四千人
③ 遠征費用は三八〇万ドゥカート

フェリペはこの計画を余りに野心的に過ぎるとし、侵攻軍は当初より乗船するのではなくネーデルラントで寄港してパルマ公の部隊を乗船させ、艦隊の任務を英仏海峡の制海権の保持に限定することを申し渡した。この計画にネーデルラント総督のパルマ公は無謀として反対したが、一五八七年にフェリペ二世と気脈を通じていた前スコットランド女王マリー・スチュワートがエリザベスによって処刑されたため、フェリペは艦隊の派遣をサンタ・クルーズ侯に下命し、その準備を進めた。

なお、この時のスペイン艦隊は「アルマダ（スペイン語で艦隊の意味）」と呼ばれる。スペイン人は自国艦隊を称して「フェリシッシマ・アルマダ（幸運な艦隊）」としていたが、イギリス人は恐怖の念から「無敵艦隊」と呼んでいた。本書ではスペインのイギリス派遣艦隊を「アルマダ」と呼ぶことにする。

アルマダの侵攻作戦は極秘にされていたにも拘わらずイギリスに伝わり、イギリスの海将ドレークは二三隻の軍艦を率いて四月二日プリマスを出撃した。スペインとの全面戦争を恐れるエリザベス女王は作戦変更命令を出したがドレークには届かず、ドレークはカディス、リスボンなどを襲撃して六月二六日帰投した。この作戦行動によりポルトガル沿岸で樽の用材が多量に焼き払われたため、後のアルマダ出撃に際しては飲料水などの樽の資材の不足が艦隊行動に支障を来すこととなる。

ドレークの襲撃でアルマダの出撃は一五八八年に延期され、サンタ・クルーズ侯は二月末の作戦発起を目標に準備を進めた。しかし一月三〇日サンタ・クルーズ侯は急逝し、この作戦計画の大部分が故人の力量に掛かっていただけにフェリペは大打撃を受けた。しかし作戦発動を中止するわけにもいかず、フェリペは後任指揮官にメディナ・シドニア公を任命した。この人物は位が高く人望はあるが軍隊経験が皆無だったので、フェリペは補佐役として海軍軍人ドン・ディエゴ・デ・ヴァルデスを顧問に付けた。そして、アルマダがイギリス海峡を通ってネーデルラントに着いたらそこからの総指揮はパルマ公がとることと定めた。フェリペのメディナ・シドニア公に与えた最終命令書は「命令受領後は全艦隊を率いて直接イギリス海峡からマーゲイト岬まで行き、それからパルマ公と連絡を取ってその部隊を渡峡させる」というものだった。またフェリペは駐英大使の報告からイギリス艦隊を過小評価し、イギリス本土上陸作戦までは本格的なイギリス艦隊の反撃はないと判断して海峡横断作戦まではアルマダは攻撃をかわしてネーデルラントに行くよう命じている。

メディナ・シドニア公は命令に基づき五月三〇日に準備地のテージョ川を下ってリスボン港から大西洋に出た。こうしてアルマダ（総戦力一三〇隻）は出撃したが、海が大時化だったので被害が続出し、フィニステルに向かう予定を変更して六月一九日にラ・コルニア港に入った。この時点で既にガレオン二隻、ガレアス二隻を含む三〇隻が行方不明となり、赤痢などの病人も続出した。しかも前年のドレークの焼打ちで食糧、飲料樽用の木材が焼き払われたため粗悪な樽を代用にしたところ、これに詰めていた飲食料品が腐ってしまうという由々しき事態も発生していた。

こうした状況からメディナ・シドニア公は作戦の続行を不可能と判断し、作戦の翌年への延期またはイギリスとの平和条約締結をフェリペに上申したが却下された。このためメディナ・シドニア公は一ケ月かけて食糧などの集積・積載、病人の治療、船体の修理などをし、七月二二日にラ・コルニアを出港してビスケー湾を横断し、七月二九日に大ブリテン島コーンウォール半島南端のリザード岬沖で全艦隊の集結を確認して進撃を開始した。この時の戦力は次のとおりである。

ポルトガル戦隊　ガレオン船一〇隻、ピンネース船（偵察・上陸用の小型帆船）二隻、メディナ・シドニア公直率
カスティリア戦隊　ガレオン船一〇隻、武装商船四隻、ピンネース船二隻、指揮官ディエゴ・フロレス・デ・ヴァルデス
アンダルシア戦隊　武装商船一〇隻、ピンネース船一隻、指揮官ペドロ・デ・ヴァルデス
ビスケー戦隊　武装商船一〇隻、ピンネース船四隻、指揮官ファン・マルティネス・デ・リカルデ
キッパスコアン戦隊　武装商船一〇隻、ピンネース船二隻、指揮官ミゲル・デ・オケンド
イタリア戦隊　武装商船一〇隻、ピンネース船二隻、指揮官マルティン・デ・ベルテンドーナ
ウルカ戦隊　ウルカ船（大型補給艦）二三隻、指揮官ファン・ゴメス・デ・メディナ
バクチ戦隊　バクチ船（通報艦）二二隻、指揮官アントニオ・フラタド・デ・メンドーサ
ガレアス戦隊　ガレアス船四隻、指揮官ウゴ・デ・モンカーダ
ガレー戦隊　ガレー船四隻、指揮官ディエゴ・デ・メドラド

以上を合計すると、ガレオン船二〇隻、武装商船四四隻、ウルカ船二三隻、バクチ船二二隻、ザブラ船（二本マストの小型船）一三隻、ガレアス船四隻、ガレー船四隻となる。砲数はトータル二、四三一門、水兵八、五〇〇人、陸兵一万八、九七三人、ここにガレー船漕手を加えると約三万人となる。一見すると武装商船の多さが目立ち、スペイン

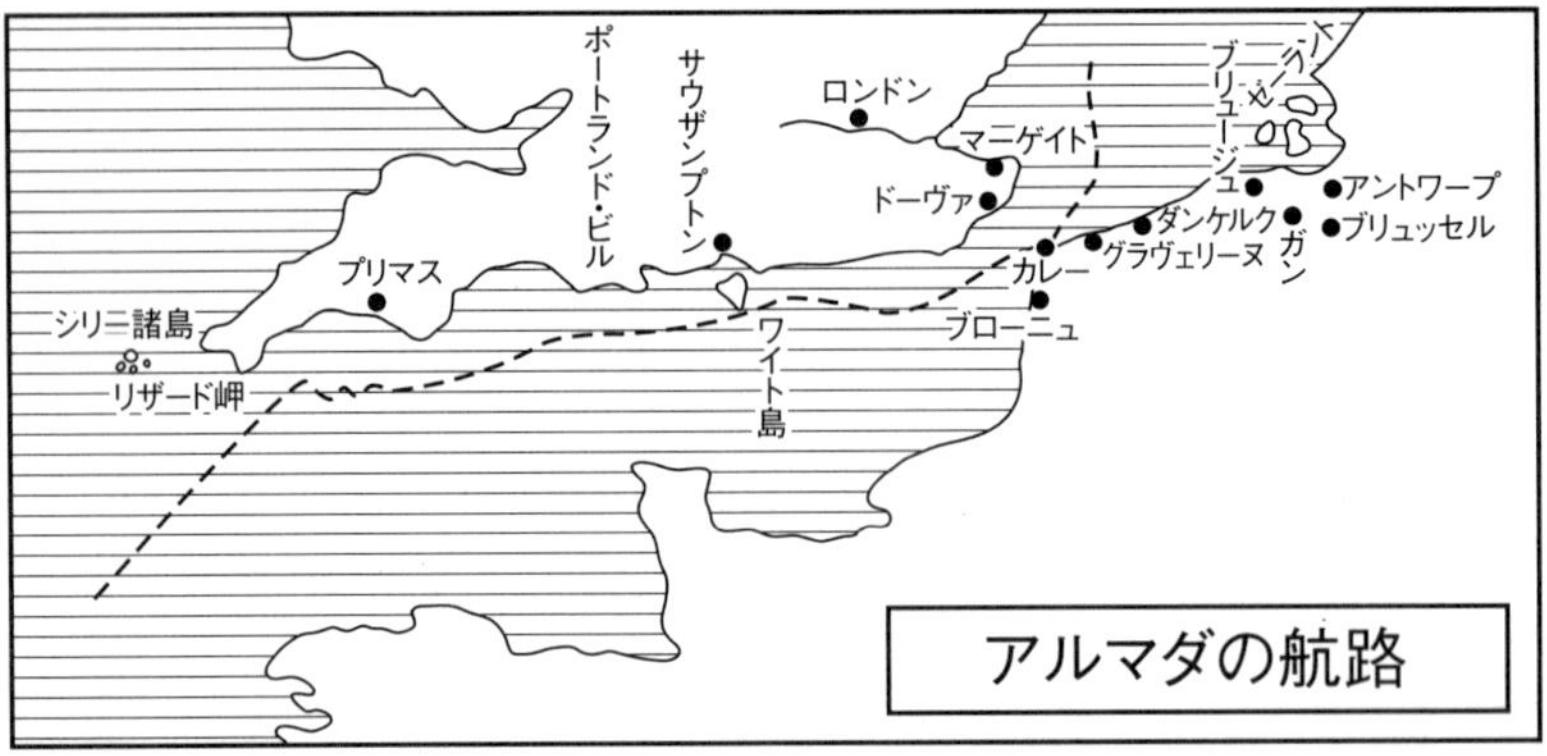

図6

艦隊が元来外洋航海向けの軍艦を余り保有してこなかったことが窺われる。また小型船の中には老朽化が進んで漏水するものも少なくなく、後の退却時に多くの船が失われる原因ともなった。もっとも迎え討つ方のドレーク以下の艦隊も私掠船などが主力で正規の軍艦だけで充足していた訳ではなく、その内容は似たり寄ったりだが、外洋航海向けに整備された艦が多かった。またアルマダ側の兵力で陸兵が水兵の二倍以上であり地中海と同様この海戦でも近接戦闘による兵士の敵艦切り込みで戦闘の決着を図ろうとしていたと見られる。

ここでガレオン船について説明すると、従来外洋航海に用いられていたキャラック船の改良型であり、キャラック船が船長と船幅の比率が三対一程度だったのに対し、ガレオン船は四対一以上で全体的に長大化している。また船首と船尾に大型の楼を設けていたが、イギリス海軍のガレオン船はより航行性を良くするためにこれを縮小している。船の規模は六〇〇トンから八〇〇トンクラスで、四〇門程度の砲を装備した。

集結したアルマダは東進を開始したが、この時の艦隊の陣形は前方にメディナ・シドニア公直率の主力戦闘部隊が進み、後方を各部隊が進む三日月型陣型であった。イギリス艦隊は三〇日にプリマスを出港し、翌三一日の午前一時にプリマス沖でアルマダを捕捉してこれに砲撃を加えた。イギリス艦隊の陣容は次のとおりである。
女王海軍　大型ガレオン船一九隻、小型ガレオン船七隻、ピンネース船八隻、指揮官ハワード
ロンドン戦隊　三〇隻
ドレーク戦隊　三四隻、指揮官ドレーク
トーマス・ホワード戦隊　商船及び沿岸船三八隻、糧食船一五隻、義勇船二三隻、指揮官トーマス・ホワード
ヘンリー・セイモア戦隊　二三隻、指揮官ヘンリー・セイモア
イギリス艦の特徴は、スペイン艦の高い艦首と艦尾塔の存在に対し、低い艦首と塔の廃止、長い竜骨という外洋航海向けに特化していたことである。また女王海軍の大型ガレオン船一九隻はいずれも新鋭艦であった。こうした大型船については、フェリペ二世がマリー女王の生前の一五五五年九月にイギリス枢密院に出席してその建造を提案したという皮肉ないきさつがある。なおヘンリー・セイモア戦隊はネーデルラント沖でパルマ公軍の移動阻止のために「海乞食」と協力して行動中で、プリマスにはいなかった。

三一日午前一時にイギリス艦隊は攻撃を開始し、アルマダ後方部隊の右翼を単縦陣で航過して猛射撃を浴びせ、反転して詰め開き（強い風を横に受けて船を走らせること）で攻め立てた。これに対してビスケー戦隊のリカルデ司令は旗艦サン・ファン号とエル・ブラン・グリン号の二隻のガレオン船で反転しイギリス艦隊に向かったが、ドレーク、ホーキンズ、フロビッシャーの各戦隊によって包囲されて三〇〇メートルの距離で猛射を浴びせられた。これを救うため残余のビスケー戦隊、アンダルシア戦隊、ポルトガル戦隊が駆け付けたが、既にリカルデの二隻は無力化されていた。この戦いの直後アンダルシア戦隊の旗艦デル・ロザリオ号が僚艦との衝突のために、スペインの主計官と金庫の乗っていたサンサルバドル号が火薬庫の爆発炎上のためにそれぞれ落後し、これにイギリス艦隊のハワードは、一

二隻のガレオン船を投入して攻撃しようとしたがこれはアルマダが阻んだ（以上「エディ岩礁沖海戦」）。

　この海戦でのアルマダの敗因は、イギリスのカルヴァリン砲（一八ポンド砲弾）がスペインのカノン砲（五〇ポンド砲弾）よりも射程が長く（射程一キロメートル）、しかも速射が利いたこと（スペイン・カノン砲の約三倍）、アルマダはネーデルラント入りを急いで応戦の気力に乏しかったこと、イギリス艦隊の襲撃に対し戦隊を逐次投入して一層の不利を招いたことがある。ただ当時の砲は専ら兵員殺傷用で艦を撃沈させるだけの効果はなく、しかもカルヴァリン砲弾は小さくて破壊力に乏しかったためスペインの船体自体は健在であった。

　アルマダは砲弾を多量に消費したため（一門当たり五〇発の準備であった）補給を必要とした。一部の船長からはワイト島を占領して補給基地にすべきという意見も出たが、メディナ・シドニア公は国王の当初命令を遵守してネーデルラントへの寄港を急いだ。

　アルマダは東進を続け、イギリス艦隊はアルマダがワイト島占領を目論でいると見てこれを追った。しかし八月一日深夜、アンダルシア戦隊の旗艦デル・ロザリオ号とニューストラ・セニョーラ号が戦闘能力を失って漂流しているのを発見してこれを捕獲する際、ドレーク坐乗のリヴェンジ号が船尾灯を消したため後続の多くの船が停止してしまい、この二隻が捕獲され戦隊指揮官ペドロ・デ・ヴァルデスが捕虜になったものの、イギリス艦隊は混乱して一日中は集結できず、アルマダは追尾を免れた。こうしたドレークの私掠優先の行為は、当時のイギリス海軍も組織が整っていなかったことを窺わせる。なお、この時ハワードの旗艦アーク号は間違ってアルマダの陣型の深く入り込み、これをガレアス戦隊（四隻）は攻撃しようとしたが、メディナ・シドニア公は進撃を優先させる立場からこれを攻撃させずハワードは難を免れた。

　二日夜明、アルマダは追撃してきたイギリス艦隊に対して風上に位置していたため、メディナ・シドニア公はこれを好機として全艦突撃命令を下した。メディナ・シドニア公はフロビッシャー戦隊の旗艦トライアンフ号が武装商船五隻と共に他船から離れて航行しているのを発見し、ガレアス戦隊に攻撃を命じた。ガレアス船は一隻五〇門の大口径の青銅砲を有し、近接戦闘では切込隊の投入にも極めて有利であった。しかしハワード麾下のガレオンが直ちに救援に駆け付け、メディナ・シドニア公も一六隻を率いて反撃に出たが、途中でビスケー戦隊の旗艦サン・ファン号がイギリス艦に包囲されているのを発見して一五隻がこの救援に回り、メディナ・シドニア公坐上のサン・マルティン号がハワードの旗艦アーク号と戦った。これらの戦闘ではイギリス艦は船足が速いために簡単に風上に回り込んで遠距離砲戦に持ち込み、速射の利くカルヴァリン砲で攻め立てた。アルマダは得意の近接戦闘での切り込みや鈎で引っ掛けるという戦法がとれず、メディナ・シドニア公は戦いを断念して陣型を固めてから一路ネーデルラント目指して東進を続けた。アルマダはイギリス艦隊の追撃に備えて後衛に四〇隻程を充てた（以上「ポートランド沖海戦」）。

アルマダが堅陣を崩さずにゆっくりと進撃したため、イギリス艦隊は突撃するのは不可能と見て総司令官ハワードの女王海軍とロンドン戦隊、ドレーク、ホーキンズ、フロビッシャーの三戦隊の四つに分かれ、それぞれ単縦陣でアルマダに追尾して砲撃し、一隻ずつ落後させては討ち取っていく方針に転換した。そして各戦隊から抽出した武装商船六隻にアルマダを常時監視させて攻撃の機会を窺った。当時この海域はベタ凪で両艦隊とも時速二ノットでノロノロ航行した。

四日、ビスケー戦隊の旗艦サンタ・アナ号が損害を受けて難航しているのが発見され、ハワードはホーキンズに捕獲命令を出した。ホーキンズはアーク・ロイヤル号とゴールデン・ライオン号をこれに指し向け、アルマダはガレアス船三隻を分派してこれに充てた。この戦闘では、イギリス艦の砲撃にも拘わらず、サンタ・アナ号はガレアス船に保護されてイギリス艦からの砲撃を逃れ、アルマダとしては面目を保った。カルヴァリン砲は威力が小さく、遠距離砲撃で受けた損傷をガレアス船は三〇分程度で修復してしまった。同日メディナ・シドニア公はパルマ公に対して到着を知らせる通報艦をカレーに派遣し、武器・弾薬・物資の補給も併せて要請した。また戦闘に余り参加しない船からガレオン船に弾薬を回す作業も行なわせた。イギリス艦隊も同様に弾薬が欠乏したためハワードは追撃を中止し、沿岸部に使いを立てて弾薬の送付を要請した。

六日夜半、アルマダはカレーに入り仮泊した。計画ではメディナ・シドニア公はここでパルマ公の軍と合同し、砲弾、糧食などの補給を受け、陸兵三万五千をテームズ河口のタネット島に護送することになっていた。そして、パルマ公もその準備としてアントワープとガンからブリュージュに艦船用運河を開窄し、フッテン川で七〇隻の上陸用舟艇を、ニューポールトで二〇〇隻の平底船を建造し、ダンケルクに軍艦二八隻を集めていた。そして、ハンブルク、ブレーメンなどで二万個の樽を作っていた。

しかし、メディナ・シドニア公からの速やかな合流要請にも拘わらず、パルマ公は二週間以内の軍隊の乗船は不可能と報じた。パルマ公は「海乞食」の妨害にあって策源のブリュージュに一兵も集められなかったのである。なおこれより先、パルマ公はフェリペに宛てて病人続出で陸兵三万の確保は困難で一万七千が限度であると報じており、スペイン側の準備の立ち遅れは明白となる。このためアルマダは動けずにカレーに留まり、一方イギリス艦隊も遅れてカレー沖に現われてアルマダを監視するため投錨した。この際、ネーデルラント沖にいたヘンリー・セイモアの戦隊三五隻が合流し、イギリス艦隊とアルマダはほぼ同数となった。

七日早朝、イギリス側は旗艦アーク・ロイヤル号上で軍議を開き、カレー港のアルマダを早期に駆逐するため火船攻撃することを決定した。この構想は既に数日前から持ち上がっていて準備もされていたので、八隻の一〇〇トン前後の船に可燃物を載せ、同日深夜に作戦が決行された。比較的大型の船で行なわれた火船戦術のため火勢は強く、メディナ・シドニア公は錨索を切って出撃し、各艦もこれに倣った。こうして火船は回避したが、旗艦サン・マルティン号以下数隻以外は予備錨まで失って北東方向へ漂流した。このためメディナ・シドニア公は艦隊集結のために出港せざるを得ず、数隻の船を率いて艦隊主力後を追った。このように火船攻撃は直接的にはアルマダに損害を与えなかったが、艦隊をカレーから追い出すというイギリス側の目的は達成された。

メディナ・シドニア公にとっての痛手は、フランス領カレーの総督クォルタンがカトリック同盟としてスペインに協力する立場にありながら、アルマダの弾薬補給要請に応えず食糧のみを寄越したことである。

砲弾の補給を受けずに出港したアルマダは、ダンケルク沖をバラバラに進撃し三日月型の堅陣も崩れた。八日、イギリス艦隊は直ちに攻撃を開始し、まずカレー付近で単艦さまよっていたスペイン艦隊最強のガレアス船サン・ロレンソ号が攻撃され、ガレアス戦隊司令官ヒューゴ・デ・モンガータは戦死し船は追い詰められて座礁した。イギリス艦隊は風上に回り込んでアルマダを風下のジーラードの砂洲に追いやって座礁させる作戦をとった。これに対してアルマダはメディナ・シドニア公が自ら後衛となったが、既に弾は撃ち尽くされ反撃できず、イギリス艦隊は近距離から射撃したためアルマダの損害は増した。しかしイギリス艦隊も弾丸の消耗が大きく、また夕方六時より突風が吹いたためイギリス艦隊は攻撃を断念し、結局この日一日のアルマダの損害は沈没三隻、行動不能二隻に留まった（以上「グラヴェリーヌ沖海戦」）。

翌九日早朝、イギリス艦隊は再度アルマダに接近してきた。砲弾の尽きたアルマダは満足に反撃できず、イギリス艦艇は前日と同様に接近して砲撃した。アルマダは折からの北西風でネーデルラント海岸の砂洲に押しやられて座礁の危機に瀕し、メディナ・シドニア公は船を捨ててイギリス船に乗り移って戦うべく白兵戦の準備を下命した。しかし急に風が南西に変わったためアルマダは海岸を離れることができ、全滅を逃れた。

海岸から離れた後メディナ・シドニア公は軍議を開き、今後の行動について協議した。ドーヴァー海峡に引き返す案は南西の風向きとイギリス艦隊の攻撃を恐れて断念され、北上してスコットランドを回る航路をとることとなった。スコットランドに上陸し、この地のカトリックと合同して戦うという方策もあったが、受けた損害が大きかったのでメディナ・シドニア公はスペインへの帰還しか考えなかった。アルマダは、スコットランド沖を回って大西洋に出、そこから本国に戻ることとした。八日夕刻から九日朝にかけての強い風雨で更に四隻が失われた。

イギリス艦隊も八日夕刻に軍議を開いており、アルマダがスコットランドに入ってカトリックと合同することを防ぐためアルマダが北上すれば直ぐに追撃することに決していたため、セイモア戦隊を再びネーデルラント沖に戻して主力は一〇七隻はアルマダの後を追った。しかしイギリス艦隊はアルマダと接触できず、北緯五六度付近まで進んだところでハワードはアルマダのスコットランド上陸はないと判断し、八月一二日に変針してフォース湾に入港した。

北上したアルマダはスコットランドの北を回り、大西洋に出た。この時点でアルマダは一〇〇隻以上の艦艇を擁していたが、スペインに戻る途中で嵐などにより艦艇は次々と沈没・放棄された。メディナ・シドニア公は食糧をやりくりしつつ九月一二日にサンタンデルに帰投し、他の艦艇も追々ラ・コルニア港に入った。

結局スペインに戻れた船は六七隻（一説には六六隻）で、戻れなかった六三隻の内訳は、捕獲されたもの二隻、フランス沖で座礁または抑留されたもの二隻、オランダ沖で座礁または抑留されたもの二隻、スコットランド及びアイルランド沖で座礁などにより失われたもの一九隻、行方不明三五隻となっている。つまりイギリス艦隊との戦闘が終わってから五〇隻以上が失われた勘定であるが、行方不明のうち小型艦で逃げ延びたものが把握されていないとされ、最終的な喪失数を最大五九隻、推定で五一隻程度とする説もある。

フェリペ二世の許にアルマダ敗北の報がもたらされたのは九月中旬だった。フェリペは艦隊の将兵を温かく迎え特段の非難もせず、メディナ・シドニア公も以前同様に総督の職に復帰した。フェリペは「神が許してくれれば、再び艦隊を送れるだろう」と第二次の派遣を考えており、これは後に実行される。なお、当時イギリスでグレゴリウス暦より古いユリウス暦が使われていたため、イギリス側の記録はスペイン側の記録より一〇日日付が遅い。

失敗に終わったイギリス侵攻作戦について総括すると、アルマダの最大の敗因は結局のところはネーデルラントの叛乱軍が制海権を握っていたため兵員にせよ戦略物資にせよ輸送ができず、パルマ公の部隊をイギリスに渡す作戦の前提がそもそも破綻していたことがある。これではどんな優れた艦隊でも作戦目的の実行は不可能でメディナ・シドニア公の責任は問い難い。また補給ができなかったため、砲弾・食糧・飲料水などが尽きてしまえば艦隊としての作戦行動もできないわけで、ネーデルラントでの制海権の喪失が敗因の全てであった。

この他にアルマダの艦船が地中海仕様だったので大洋での嵐による損害も大きかったし、前年のドレークの作戦行動による樽などの用材の不足による飲食料保存の不如意、イギリス側の長射程のカルヴァリン砲によるアウトレンジ戦法と、砲を四輪砲架に乗せて射撃後速やかに船内に引き込んで装填することによる速射も指摘できるが（アルマダの砲架は二輪だったので砲を船に引き込んでの弾込めができなかった）、これらは副次的要因である。

なお堅陣を組んで進撃したアルマダに対しイギリス艦隊は単縦陣で舷側砲火を浴びせた戦法は、この海戦では特に決定的な効果をもたらさなかったものの以降イギリス海軍の定石となる。

スペインのイギリス侵攻計画は失敗してアルマダも大損害を受けたが、依然スペインの海軍力は地中海を制しており、スペイン海軍の凋落が明白となるのは一七世紀になってのことである。

第七節　イギリス艦隊との戦い（一五八九～一五九八年）

アルマダの撃退はイギリスの朝野を高揚させ、スペイン遠征の機運すら生じた。また、当時イギリスに亡命していたポルトガルの王位請求者アントニオがポルトガルの回復の代償として貿易特権のイギリスへの全面譲渡、三〇万ドゥカートの償金の支払などをエリザベス一世に申し入れたため、女王も心を動かした。そして軍事的見地から見てもカディスなどに残存していた四〇隻程度のスペインの戦闘艦をこの際撃破しておくことは望ましく、ドレークを指揮官とするポルトガル遠征艦隊が編成された。その陣容は女王のガレオン船六隻、武装商船六〇隻、平底船六〇隻、小型船二〇隻でアルマダより遥かに貧弱だった。また、オランダの輸送船も数隻参加した。兵力は二万程度だったがその殆どがアルマダ撃退の報に高揚した志願兵で、古参兵は一、八〇〇人に過ぎなかった。

南風を待って四月にプリマスを出たドレークはまずラ・コルニアの攻撃を考え、ここでスペインのガレオン船一隻、ガレアス船二隻、輸送船一隻を撃破して町を占領した。そして救援に来たスペイン軍に一千の死者を出させて撃退し、二週間にわたり当地を占領した。しかし占領に大した利益はなかったので、ドレークはアントニオがポルトガルで王位に就くことを助けるためにリスボン攻略に乗り出した。リスボンはスペイン海軍の最大の要港であったから、今回のアルマダ覆滅の目的にも合致していたのである。

ドレークの艦隊は南下し、テージョ川の防衛施設を避けて、河口の北方九〇キロメートルのペニシェにジョン・ノリス率いる部隊をアントニオとともに上陸させた。アントニオは各地に蜂起を呼び掛けつつ、ジョン・ノリスの部隊はリスボンへと向かった。一方ドレークの艦隊は南下してリスボン沖に向かい、リスボンから二六キロメートルの地点にあるカスカイスの町を占領しここの城を包囲した。ジョン・ノリスの部隊はリスボンを目指して進撃したが、猛暑のために病人が続出し、しかもアントニオは人気がなく蜂起の呼び掛けに応じて集まった兵は二〇〇人に過ぎなかった。イギリス軍はスペイン軍を追ってリスボンまで来たものの、包囲戦は攻城砲の欠如から困難を極め、しかもイギリス兵九千人中三千人が病人であるという状況であった。ドレークの艦隊もジョン・ノリスに呼応してリスボンに向かおうとしたが、テージョ河口の要塞砲は艦隊の遡上を妨げた。このためジョン・ノリスの部隊は五月三〇日リスボンの包囲を解いてカスカイスに撤退してドレーク艦隊と合流し、カスカイス城を攻略した。

この後ドレークの艦隊はハンザ同盟の輸送船六〇隻がリスボンに向かっているとの情報を得、待ち伏せてこれを捕らえた。そしてイギリスから来たロバート・クロス率いる艦隊とカディス沖で合流し、アゾレス諸島に向かおうとしたが、悪天候からアゾレス行きは不可能となり、ドレーク艦隊はスペイン北部のヴィゴに上陸して略奪を行なった。ここまでの間に多くの船が嵐で損傷したためドレークは二〇隻を残して他は帰国させ、再度アゾレス諸島を目指したが、また嵐にあって艦隊はプリマスに引き揚げた。

この作戦行動の成果は、スペインのネーデルラント派遣軍を足止めし、財宝船団の入港を遅らせることでスペインの財政を悪化させて兵士への給与未払いから叛乱が起きるという効果があったが、イギリスにとって割の合わないものであった。ただしスペインの国内防御が極めて弱かったことは注目されよう。

ドレークの遠征は失敗だったが、ネーデルラントとフランスで両国は依然戦っており、一五九〇年にフロビッシャー率いる艦隊が再度アゾレス諸島封鎖に乗り出したが、これはアルマダの反撃にあって失敗した。当時既にアルマダはガレオン船を強化し、カルヴァリンやデミ・カルヴァリン砲（九～一〇ポンド砲弾）も備えていたので、イギリス艦の遠距離砲戦での優位は失われ、個々の戦闘でイギリス艦が優位を占めても、結局地元の利のあるスペイン艦隊を崩せなかった。

一五九六年六月にエセックス伯とウォルター・ローリー率いる艦隊がカディスを襲った。艦隊は直ちに陸兵を揚陸して町を占拠する一方、湾内の大型船二一隻を沈め、財宝船団の一二万ドゥカートを奪った。イギリス軍は二週間カディスを占領した後、ここを焼き払い、ついでにポルトガル南端の都市ファロも略奪して本国に帰還した。

このようなイギリスの活動に対してフェリペ二世は報復を決意し、第二次のアルマダ派遣を下命した。この作戦の指揮はパディラ公がとり、その目標はアイルランドに上陸してこの地のカトリックの叛乱を助け、イギリスの動きを封じることにあった。兵力はガレオン船三〇隻を含む一〇〇隻で砲弾三万発を準備し、一〇月中旬にリスボンより出港した。しかし北上中にフィニステル岬とサンタンデルの港の間で暴風雨にあい、艦隊は四散して七五隻が難破したため、パディラ公は作戦を中止して本国に帰還した。

フェリペはこの失敗にめげず一九五七年五月に再度アルマダの編成、出撃を命じた。今回の策源はフェロール（ラ・コルニアより二〇キロメートル東）と定められた。当然この動きはイギリスにも伝わり、エセックス伯率いる艦隊がこの妨害のために七月にプリマスを出撃した。しかしこの艦隊は出港後すぐ暴風でバラバラになり、一部艦艇のみがフェロール沖に着いたが、パディラ公の隠蔽工作が巧みだったのでアルマダは未集結と報告された。このためエセックスは艦隊を集めてアゾレス諸島方面で財宝船団を襲おうとしたが、目的は達せられず空しく帰還した。

一方、第三次アルマダの準備は着々と進み、一〇月九日にアルマダはフェロールの西にあるベタンゾス湾を出た。兵力はガレオン船六〇隻、輸送船五二隻、陸兵八、六〇〇人で、沖合に出てパディラ公が開いた封緘命令はコーンウォール半島のファルマス港を攻撃目標と指定していた。アルマダはビスケー湾を横断し、ロリアンでガレー七隻、兵二千を加えてイギリス艦隊に気付かれぬままリザード岬沖に着いた。しかし、岬の約三五キロメートル手前で嵐に遭遇して艦隊は四散してパディラ公は引き揚げを命じた。こうしてイギリスは奇襲の難を免れた。

第八節　フランス宗教戦争への介入

第二節で述べたようにフランスでは新教、旧教間の争いが拡大し、母后カトリーヌ・ド・メディシスらの調停も空しく一五六二年から宗教戦争が始まった。フェリペ二世はカトリックの守護者として、フランス内の旧教派を支援していた。国王アンリ三世が後継者として新教徒であったナヴァラ王アンリを指名すると、一五八四年一二月にフェリペは旧教派と神聖同盟を結んでこれを妨げようとし、パリなどは同盟の手に陥ちた。そして一五八九年にナヴァラ王アンリがフランス王として即位しアンリ四世になると、フェリペはフランスでの新教支配を妨げようと宗教戦争への介入を決意した。ネーデルラント総督のパルマ公は命令によりフランスに進出し、一五九〇年五月から八月にかけてのパリ包囲に参加したが一五九二年にアンリ四世に対し叛乱を起こしていたルーアンを救援する戦いでの戦傷により陣没した。フェリペは後任の総督ポルトガルのフュエンテス伯にフランスへの進軍を命じ、ドーヴンとカンブレーを占領した。このためアンリ四世はパリ、オルレアンなどでの包囲活動を中断せざるを得なくなった。フェリペはフランスの王位に娘のイサベル・クラーラを就けて飽くまでもフランスの新教化を阻止する動きを示し、ブルターニュなどの諸侯もこれに同調する構えを示した。

こうした動きに対しアンリ四世は国内の混乱を防ぐために一五九三年七月二五日にカトリックに改宗した。改宗はフランス国内では極めて好意的に受け取られ、宗教戦争は終息に向かった。スペイン軍は一五九四年にブルターニュ半島に上陸して飽くまでも介入を続ける姿勢を示したが、この軍はジョン・ノリスとフロビッシャー率いるイギリスからの救援軍に駆逐された。同年、アンリ四世はスペイン軍を追ってパリに入城している。

こうした状況を受けてアンリ四世は一五九五年一月一七日に対スペイン宣戦布告を行ない、ブルグント自由伯領を占領した。これに対してネーデルラントの新総督アルベルト公率いるスペイン軍は行動を起こし、一五九六年四月九日にカレーを、九月一七日アミアンをそれぞれ攻略してブローニュを脅した。しかしフランス軍三万は一五九七年九月二五日にアミアンを奪回し、フランドルでの戦争は膠着状態となった。一方スペインが支援したマルセイユの叛乱も一五九六年二月には終息し、同年にはスペインの財政が遂に破綻して戦費の補充が困難となったため講和の機運が生じた。結局一五九八年五月二日にヴェルヴァンの和約がなされ、スペインはこの戦争で奪った全ての都市をフランスに返還して戦争を終えた。

一五九八年九月一三日にフェリペ二世は七一歳で崩御した。その最期は侍医に下剤をかけられ続けたため「糞尿まみれ」でベッドに横たわり、長子で後継者のフェリペ（三世）に対し「私の世界が今こんなふうに終わろうとしているのだよ」と話したという。彼は余りに真面目にその政策を遂行しようとしたが情勢を巨視的に見ることができなかった。そして、アルマダとネーデルラント派遣軍の維持費は新大陸からの財宝をもってしても賄い切れず（ネーデルラントに派遣されるスペイン兵一人の費用はフランス兵一人のそれの一〇倍だったという）。フェリペ二世はカトリックの栄光を守るという政策を墨守したがために、不評と空の国庫を残して終わった。

第三章　落日のスペイン王国（一五九八～一七一三年）

第一節　フェリペ三世のキャンペーン（一五九八～一六二一年）

第一款　最後のアルマダ派遣（一五九八～一五九九年）

フェリペ二世の崩御後、長子のフェリペ三世が二〇歳で即位した。フェリペ三世も父の遺志を継いで対英戦争を遂行する気は充分であったが、喪に服す必要もあり一五九八年中は軍事行動は起こさなかった。

第四次のアルマダのイギリス遠征は翌一五九九年に企画され、指揮官はパディラ公が第二次、第三次に引き続いて務めた。七月、パディラ公はガレオン船と大型武装商船三八隻、輸送船五〇隻、ガレー船二三隻、兵八千をラ・コルニア港に集結させた。

この情報に接したイギリス本国では艦隊を編成して、ドーヴァー沖に出動させた、またオランダ艦隊七〇隻は独自にラ・コルニア攻撃に向かっていた。しかしオランダ艦隊はラ・コルニア攻撃には失敗し、針路を変更してカナリア諸島に向かい、ラス・パルマスを占領した後アゾレス諸島に向かった。

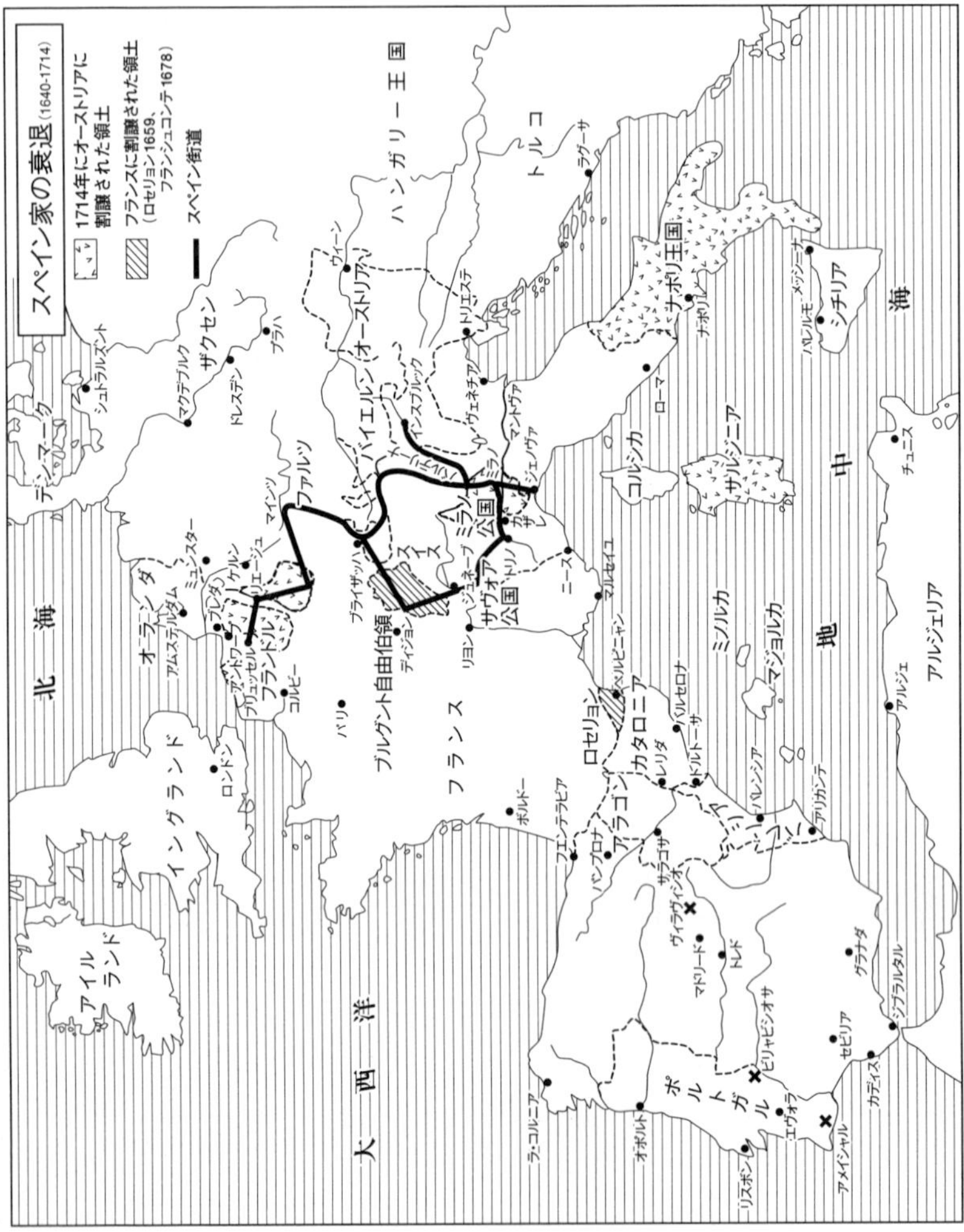
スペイン家の衰退(1640-1714)
1714年にオーストリアに割譲された領土
フランスに割譲された領土(ロセリョン1659、フランシュコンテ1678)
スペイン街道
北海
大西洋
地中海
アイルランド
イングランド
ロンドン
オランダ
アムステルダム
フランドル
ブリュッセル
アントワープ
コルビー
パリ
フランス
ブルグント自由伯領
ディジョン
リヨン
ボルドー
ザクセン
ドレスデン
マクデブルク
プラハ
デンマーク
シュトラルズント
ファルツ
マインツ
ケルン
ミュンスター
リエージュ
ブライザッハ
スイス
バイエルン
オーストリア
ウィーン
インスブルック
ハンガリー王国
トルコ
ラグーサ
トリエステ
ヴェネチア
マントヴァ
ミラノ公国
ジェノヴァ
トリノ
サヴォア公国
ジュネーブ
ニース
マルセイユ
コルシカ
サルジニア
ローマ
ナポリ王国
ナポリ
シチリア
パレルモ
メッシーナ
チュニス
アルジェ
アルジェリア
ミノルカ
マジョルカ
ロセリョン
ペルピニャン
カタロニア
バルセロナ
トルトーサ
レリダ
アラゴン
サラゴサ
パンプロナ
フエンテラビア
バレンシア
アリカンテ
マドリード
トレド
グラナダ
セビリア
カディス
ジブラルタル
ポルトガル
リスボン
オポルト
ラ・コルニア
エヴォラ
アメイシャル

図7

この報告を受けたパディラ公は、イギリス攻撃作戦を変更してアルマダをこの海域に向けたが大した戦果もないまま帰投し、イギリスへの攻撃は行なわれないまま第四次アルマダ派遣計画は終了した。

イギリスでは一五九八年頃からアイルランドでの叛乱が激化し、イギリスからは再三の討伐軍が送られていた。アイルランド叛乱はカトリック教徒が主であり、宗教的立場からスペインのテコ入れは大いにあり得たが、スペインが叛乱への援助に本腰を入れようとしたのは一六〇一年であり、同年の春には既に叛乱は下火になっていた。

アイルランドの旧教徒支援のための第五次アルマダ遠征部隊はポルトガルのリスボンで編成された。これまでの策源はビスケー湾の諸港であるが、当時この地域で疫病が発生していたためリスボンが発進地とされた。指揮官はブロチェロとヅビアウルの両提督であり、陣容はガレオン船二〇隻、その他二〇隻、兵四、五〇〇人と今までに比べて小ぶりである。策源地での疫病の影響もあろうが、一五九六年の支払停止令に見られるスペイン王国の疲弊がこういう形で現われてきているとも言えよう。

作戦は、軍隊をアイルランドに揚陸してティロン伯その他のアイルランド叛乱軍（以下この款で「叛乱軍」という）と合流させ、兵員を下ろしたアルマダは本国に戻って以後はスペイン・アイルランド間で軍需物資の輸送に当たるというものであった。

今回の作戦行動でも、アルマダがアイルランド沖に着いたときに暴風雨が発生して艦隊は四散し、ヅビアウル提督率いる九隻の船は八〇〇人の兵を乗せたままラ・コルニアに吹き戻され多くの輸送船がイギリスの私掠船に捕獲された。しかし三隻がアイルランド南西のバルチモアに着いたのを始め、ブロチェロ提督率いるアルマダ主力は暴風のため当初目的のコーク港には入れなかったものの、キンセイルに入港して現地のアイルランド人から「解放者」として熱烈な歓迎を受けた。ここでブロチェロ提督はアギデイラ率いる兵三千を上陸させ、自らは、風向きの変化で港内に閉じ込められたところをイギリス艦隊に襲撃されるのを恐れ、直ちに出港した。そしてアギデイラは叛乱軍がキンセイルに到着して共にコークへ進撃する状態になるのを待つ間、キンセイル港に注ぐバンドン川に沿って守備隊を置いて防御を固めた。また、スペインからダブリン大司教として派遣されたマシュウ・デ・オビエドオはコーク市民に対して対英蜂起を呼び掛けたが、これは奏効しなかった。

イギリス軍は一〇月末にマウントジョイ率いる歩兵六千、騎兵六〇〇がアイルランド南西部に到着し、キンセイル目指して進撃しバンドン川上流に布陣していたスペイン兵一五〇を降伏させ、キンセイルを包囲した。

一方、先にスペイン本国に吹き戻されていたヅビアウルは再度艦隊を建て直したのち、一〇隻の輸送船に兵九〇〇を乗せてアイルランドに向かい、またも暴風にあったものの輸送船七隻をキンセイルから五〇キロメートル西のキャッスルヘブンに入港させて兵と物資を揚陸した。この部隊はキャッスルヘブンとその近傍のダンボーイの砦に入り、北アイルランドで行動していたタイヤコンネル伯の部隊と合流することとなっていた。この朗報はキンセイルで包囲されていたスペイン軍にも伝わっている。

これに対してイギリス軍はキンセイル包囲陣強化のために兵二、七〇〇人を増派する一方、まだキャッスルヘブンにいたヅビアウル艦隊を撃滅しようとレヴィンス提督率いるガレオン四隻、輸送船三隻がキャッスルヘブンに向かった。レヴィンス提督はキャッスルヘブンに着くと直ぐに港内に突入してスペイン船（ガレオン船二隻と数隻の輸送船）と戦闘を行ない、四隻を撃沈して一隻を炎上させた。これに対して陸上のスペイン兵は逆風で湾内に三日間止まっていたイギリス船に砲火を浴びせたが大した効果もなく、レヴィンス提督は順風になると悠々と引き揚げた。他方ヅビアウル提督もイギリス船が去った後で残存艦隊を率いて本国に帰投し、以後の陸兵の指揮はペテロ・デ・ソトーがとった。

スペイン軍はキャッスルヘブンに滞在し、叛乱軍の雄ティロン伯の率いる軍六千が到着するとその指揮下に入った。また本来キャッスルヘブンのスペイン軍と合流する筈であったタイヤコンネル伯の部隊も到着し、両軍は合同してキンセイルに向かい、マウントジョイ率いる包囲軍を撃破してアギデイラ率いるスペイン軍を救出することとした。マウントジョイは麾下の兵力が六千とスペイン軍と叛乱軍の兵力約九千に対して劣勢だった上、補給にも苦しんでいたが、敢然とこれを迎え撃つ姿勢を示した。キンセイル城内にいたアギデイラも糧食の欠乏に悩み、救援軍に対して速やかなる解囲を求めたため、ティロン伯はキンセイル到着後すぐさま戦闘に入ることとし、一六〇一年一二月二四日夜明けに戦闘を開始した。

しかし叛乱軍の作戦行動は事前に裏切り者の通報によってイギリス陣営に伝わっていたため、イギリス軍は払暁の攻撃にも混乱せず、叛乱軍の重点攻撃地点に主力を置いていたため陣形の崩れもなかった。それに対して叛乱軍は陣形運動に不慣れだったので戦闘途中で混乱を起こし、それを見て取ったマウントジョイに反撃されて潰走した。このため叛乱軍左翼で踏み止まって戦っていたスペイン兵二〇〇人は包囲され、頑強に抵抗したものの遂に五〇人になったところで降伏した。なおキンセイルにいたスペイン軍三千は解囲作戦失敗の後も依然持ち堪えたが、指揮官アギデイラは叛乱軍壊滅後の抗戦は無意味と見て一二月三一日にマウントジョイに停戦を申し入れ、既に食糧が尽きかけていたイギリス側もこれに応じて休戦となった。この後キンセイル守備隊と先に捕虜となっていたスペイン兵の計三、三〇〇人は協定に従って本国に送還され、第五次アルマダ派遣に関わる一連の軍事行動は終わった。

第五次のアルマダ派遣は前四回と比較して最も軍事的に意味あるものとなった。しかしアイルランドの叛乱支援という着眼点は良かったものの、それが下火になった時期に叛乱軍の優勢な北部でなく南部アイルランドに兵を揚陸したため叛乱軍との共同が充分に行なわれず、また終始イギリス軍の補給の方が勝っていたこともあって、スペイン軍の活動は徒労に終わった。なおキンセイルを巡る戦いの休戦交渉のなかで、イギリス・スペイン間にある種の相互理解が醸成され、後の両国の講和につながったことも見落としてはなるまい。

この後もジェノヴァ人アンブローシオ・スピノーラ公率いるガレー船隊がダンケルク近海で英・蘭艦隊と戦ったり、イギリスのレヴィンス率いる艦隊がリスボン沖に来航したりという小競り合いは続いた。しかしイギリス・スペインともに戦争による疲弊が著しく、講和への要求が強くなった。そして、一六〇三年三月二四日エリザベス一世が崩御してスコットランド王ジェームズ六世が英国王ジェームズ一世として即位すると和平交渉は急速に進み、一六〇四年八月二八日に講和が成立した。

講和にはイギリス商人がスペイン本国及びヨーロッパのスペイン領で自由貿易を行なうこと、スペインの港での異端審問の緩和が盛り込まれたが、イギリス商人が新大陸のスペイン領にアクセスすることは認めなかった。しかしオランダ独立に手を貸して戦争を始めたイギリスにとっては、オランダの実質的独立が達成されれば戦争の必要はなく、またイギリス海軍を支える私掠船もスペイン側の防備の強化で割に合わなくなってきたため戦争から手を引くことが賢明と考えられた。スペインとしてはオランダの独立以外の損失は取り敢えずなかったが、この戦争による国内の疲弊は大きな借金として残った。

第二款　衰退するスペイン王国

スペインの対外発展は輝かしかったが、貴族などの既得権から来る財政需要の際限ない拡大、人口の海外流出、農村労働人口の都市流出による農業生産の低下、社会資本整備の立遅れによる商業活動の停滞が生じ、そこから国土の荒廃、疫病の流行などが起きたため、その雄大な版図とは裏腹にその国力・軍事力は極めて低下していった。また鉱山での枯渇による新大陸からの銀の流入の減少は財政を更に悪化させ、その穴埋めは専らカスティリア王国領に対する税負担の形で転嫁され、アラゴン連合王国（アラゴン・バレンシア・カタロニア）は負担に非協力的だったことからスペイン内での歪みも拡大していった。このためスペインは一五九六年の支払停止令から一〇年後の一六〇七年にも再度支払停止令を出さざるを得なくなったが、これはカスティリアの商工業に大打撃を与え、ハプスブルク世界帝国の拡大・維持は極めて困難な情勢となった。一六〇九年四月九日にスペインがオランダと一二年間の休戦条約を結んで取り敢えず戦いを止めざるを得なかったのも、軍事上の勝利が困難になったことともに財政の逼迫で軍事行動自体の継続が難しくなったためである。

そしてオランダ・イギリスとの戦争継続は国力回復のための重要な鍵である新大陸からの富の流入の阻害要因である以上（両国の私掠船の活躍は甚だしかった）、宗教問題を棚上げしてソロバン勘定すれば戦争継続が割に合わないことは自明で、相次いで平和・休戦に入らざるを得なかった。また一六一〇年五月一四日にフランス王アンリ四世が暗殺されたことで対仏戦争の危機も消え、スペイン政府は当面国内問題に没頭すれば良くなった。

もっとも一六一〇年にフェリペ三世は旧イスラム教徒であるムーア人（モレスコ）一〇〇万人の追放に乗り出したため、スペインの農業生産は停滞を引き起こし、ユダヤ人の追放問題とも相まって異端審問に象徴される偏狭なカトリック至上主義がスペインの癌であったことには変わりはない。王国の停滞を打開するために、フェリペ二世の晩年から評議会のシステムが用いられレルマ公を首班とする政府が事態の挽回に努めたが、唯一の功績はオランダとの休戦程度で、スペインの衰勢を食い止めるべくもなかった。続いて首班となったウセダ公爵も凡庸で、一六一九年二月一日にカスティリア議会が出した減税と財政改革を求める上申書も放置され、スペインの改革は全く動かないままだった。

一方、軍事行動は一六二一年の対オランダ戦争の休戦期限切れを睨んで着々と行なわれた。一六二〇年七月にミラノとオーストリアを結ぶ要衝ヴァルテリーナでカトリック教徒の叛乱が起こった際、ミラノ総督フェリア公はこれに支援の軍を送って連絡路の確保に努めた。また一六一八年にボヘミアの叛乱にファルツ伯フリードリヒ五世が加担すると、ネーデルラントの軍司令官スピノーラ公は一六二〇年春にバイエルン公、オーストリア家と呼応してファルツ伯領を攻めてライン左岸のラインファルツ領を占領し、一六二三年にはこの地を正式にスペイン領として皇帝フェルディナント二世に認めさせた。

こうして、スペインはミラノからフランドルに至る軍事物資の補給路「スペイン街道」を維持していたが、軍事的成功は直ちに財政負担として跳ね返り、支出予算は大幅に膨れ上がった。こうしたなか一六二一年三月三一日にフェリペ三世は崩御し、長子のフェリペ四世が一五歳で即位した。

第二節　フェリペ四世のキャンペーン（一六二一〜一六六五年）

第一款　オリバーレス公爵の改革

国内の疲弊を何とかしなければ王国の機能が麻痺し兼ねないことは自明で、このための改革は不可欠であり、この改革を行なおうとしたのが、フェリペ四世の寵臣でその即位と共に権力を握ったオリバーレス公である。オリバーレスは、スペイン領保有のための艦隊維持に必要な金額を確保するため大西洋艦隊四六隻の予算一〇〇万ドゥカートを一六二一年一一月に計上し、また同時にネーデルラント駐留軍支出を年一五〇万ドゥカートから三五〇万ドゥカートに引き上げたが、これにより王室の年間支出は八〇〇万ドゥカートを超え、赤字は四〇〇万ドゥカートに達した。このため財政改革は不可避となり、オリバーレスは財政負担がカスティリアに重く、アラゴン連合王国に軽い現状を改め、これらの地域にも等しく負担を求めることを主眼とする財政改革に着手した。

そしてカトリック両王の結婚から一五〇年近く経ちながら未だ各地域の協力が円滑に行なわれていない状況を打破するため軍隊の統合を第一に考え、スペインの各地域ごとの予備軍のための兵力数を決め、その軍隊を王国各地に緊急時には派遣しあう制度を一六二五年末に示した。具体的は予備軍の兵力はカタロニア一万六千、アラゴン一万、バレンシア六千、カスティリア及び新大陸四万四千、ポルトガル一万六千、ナポリ一万六千、シチリア六千、ミラノ八千、フランドル一万二千、地中海及び大西洋諸島六千で計一四万というものである。ただし、この方策の達成にはアラゴン連合王国に見られる、兵の徴募、国外へ移動についての厳しい国内法を変えねばならなかった。つまり、これまではスペイン軍と称しつつも実質はカスティリアの軍隊が専ら海外派遣されていた訳で、同地域の疲弊が推測されるものである。

この提案は連合三王国、なかんずくカタロニアの反対にあって挫折し、フェリペ四世自らこの地域の議会に赴いたにも拘わらず、アラゴンとバレンシアの議会から上納金の約束を取り付けただけの成果しかなかった。オリバーレスはこれに屈せずに一六二六年七月二四日に軍隊統合を開始する法律をカスティリアで布告し、またその前の五月八日にインフレ防止のためベリョン貨幣のカスティリアでの鋳造を停止して本格的な財政・軍事の再建に乗り出した。だがオリバーレス改革は国内のインフレに晒されて財政危機は続き、一六二七年には王室債務の支払停止措置がとられ、翌一六二八年八月七日にはベリョン貨幣の五〇パーセント切り下げを断行するなど、オリバーレスは事態の収拾に必死だった。

しかし既に一六二一年の対オランダ休戦期限切れの後は再度ネーデルラントで戦いが行なわれていた上、ドイツの三十年戦争、フランスの宗教戦争とヨーロッパでの戦乱は拡大の兆しを見せていた。自領のネーデルラントの確保以外にもカトリックの保護者として、またオーストリア家の同族としてスペイン・ハプスブルク家もこの動きに無関係ではいられず、結局戦争に介入したため、スペイン財政はいよいよ悪化していく。

第二款　再度の対オランダ戦争（一六二一〜一六四八年）

一六二一年春の休戦協定の期限切れに伴い、スペイン軍はネーデルラントで再びオランダ軍と戦った。スペインは海上封鎖と経済封鎖を併わせて行なうことでオランダを締め上げようとしたが、これは財政の不如意からより金のかからない方策をとった結果でもあった。ネーデルラントの多くの都市が既に濠と堡塁で囲むイタリア式築城術で要塞化されており、その攻撃には莫大な費用と長い時間が必要だった。

それでも重要都市は放置できないのでスピノーラ公率いるスペイン軍はベルヘン・オプ・ゾームの攻略に乗り出した。これに対しては、ドイツ三十年戦争で新教派として戦っていたマンスフェルト伯とアンハルト・ベルンブルク公の軍が救援に出てきた。そしてこれを阻止しようとするコルドバ率いるスペイン軍と一六二二年八月二九日にフリュリスで戦った。戦闘自体の勝敗は不明だったが、結局スピノーラ公はベルヘン・オプ・ゾームを解囲したため、戦略的には新教側の得点となった。

この後、スピノーラ公は一六二四年三月からブレダの包囲を開始し、一六二五年六月五日に攻略した。この際スペイン軍はブレダの周囲に二重の包囲陣を張り巡らしたが、町自体には砲撃を加えずに兵糧攻めに徹しており、要塞都市を力攻できないという事情が浮かび上がって来る。

一方オランダ軍では同年四月二三日にオラニエ公モーリッツが死亡して弟のフレデリックが指揮をとることとなった。オランダ軍は、一六二九年四月から九月まで包囲してスヘルトヘンボスを攻略し、続いてヴェーゼル川やミューズ川沿岸の多くの地を奪った。スペインは一六三一年夏に北イタリアから部隊を「スペイン街道」経由で送り込んでひと息ついたが、更に一六三四年七月に北イタリアからネーデルラントに向かった王弟フェルナンド枢機卿率いる軍は、途中のドイツで三十年戦争を遂行中の皇帝フェルディナント二世に協力し、九月七日のネルトリンゲンの戦いなどに参加するなどした。これを受けて一〇月三一日にはスペイン家とオーストリア家の攻守同盟ができて皇帝軍も共同でオランダ軍に当たることとなり、スペインはネーデルラントでの失地回復に乗り出した。

海上では一六二八年九月八日にピート・ハイン率いるオランダの小艦隊がスペインの財宝船団をキューバで襲って捕獲したため、スペイン財政は多大の損害を被った。なおスピノーラ公は一六二九年にミラノ総督に転任し、後任にはバンデル・ベルクが任命されている。また、一六三〇年三月にオランダ艦隊がブラジルを襲ってレシフェを占領し、同年のフランスと同盟を更新したことは、スペインに対する海洋上及び国際関係上の優位を確保するのに充分だった。一六三一年には、スペイン艦隊はスラーク（ゼーラント州とブラバント州の境界の水路）でオランダ艦隊に撃破されている。

オランダ側は重要都市の防御に多くの兵を割きつつも、オラニエ公フレデリックが一六三二年にマーストリヒトを攻略した。一六三五年七月二六日に総督フェルナンド枢機卿率いるスペイン軍はスベンゲスハウス要塞を攻略して反撃するが、オランダは、五月一五日にスペインに宣戦布告したフランスと同盟を結び、フランス軍三万は南ネーデルラントに攻め入った。ただスペイン軍は却ってフランスに攻め込んでおり、年末から一六三六年にかけてオランダ側が密かにスペインに和平交渉をもちかけている。

スペインとフランスの戦争については後述するが、一六三六年はスペインの優位に推移したが、一六三七年にはフランスが巻き返し、これを受けて一〇月一〇日にオランダ軍はブレダを奪い返した。そして一六三八年一二月一七日にドイツの新教徒軍がブライザッハを攻略したため、「スペイン街道」は切断された。スペイン街道は道路沿いに軍用の補給倉庫が設けられ、兵を五〜七週間で移動させることができるという当時としては画期的なシステムであったが、この切断によりフランドル駐留スペイン軍への兵員の補充は海路によるほかなくなった。

このためスペインは一六三九年にデ・オケンド率いる一〇〇隻からなる艦隊を派遣し、フランドルに一万三千の兵員を送り、併せて制海権も回復しようとした。しかしオランダのトロンプ提督率いる艦隊一八隻が、スペイン艦隊が英仏海峡の西端に入った九月二〇日から接触して砲撃を加えたため、スペイン艦隊は被害を受けたのと風向きが不利だったことからイギリスの港に逃げ込んだ。そしてスペイン艦隊が停泊している間にトロンプ提督は封鎖をしつつオランダ艦艇を掻き集めて九六隻とし、英国領域内では戦闘を行なわないようにとのイギリス国王チャールズ一世の警告を無視して一〇月二一日に攻撃を掛けた。これによりスペイン艦隊は五三隻中四〇隻を失うという大敗北を喫し、海路での兵員輸送の企ては挫折した（以上「ダウンズ海戦」）。

この戦いでトロンプ提督は艦隊を縦列隊形にして勝利を収め、以降各国海軍もこれを模倣する。この敗戦でフェルナンド枢機卿率いる駐留軍へのスペイン本国からの補給は不可能となってしまった。またブラジルでも一六四〇年一月一二日のイダマラカ島沖の海戦でスペイン・ポルトガル連合艦隊はオランダ艦隊に撃破されて半数を失い、新大陸での制海権もままならなくなった。

軍事的劣勢を跳ね返すためにもオリバーレスは国内の軍隊統合に必死だったが成果を見ず、一六三九年初には支援に来ていたオーストリア家の部隊も半分が撤退してしまい、更に一六四〇年に対仏戦争の戦場となっているカタロニアでは叛乱が起きるに至ってネーデルラント駐留軍への支援は困難になった。しかもスペイン側は兵力七万七千のうち三万三千を要塞防備に充てており、スペイン・オランダ双方ともに要塞を巡っての積極的な軍事活動は困難になっていた。

このためオリバーレスの後継宰相であるドン・ルイス・デ・アロは、一六四八年一〇月のウェストファリア条約でオランダの独立と主権を遂に認めてネーデルラントでの戦いを終息させた。

第三款　対仏戦争（一六三五～一六五九年）

第一款で述べたようにスペインの財政危機は深刻で、しかもオランダとの戦争が再燃したため、他の地域での軍事活動には余り乗気ではなかった。一六一八年から始まった三十年戦争にも当初は介入せず、専らこの間を利用して国内改革に全力を傾ける構えであった。一六二五年のイギリス艦隊のカディス港攻撃を撃退したのが戦いらしい戦いで、この後はイギリスも対スペイン戦争をやる気がなくスペインの大西洋航路も平穏に保たれた。

フランスはナントの勅令発布後も国内の宗教戦争に忙殺されたため同様に対スペイン戦争は望まず、ドイツのハプスブルク家も当初戦争では優勢であったから、スペインとしては何の邪魔もなく国内改革に専念できる筈であったがそうは問屋が卸さなかった。

一六二七年一二月二六日にイタリアのマントヴァ公兼モンフェラート公のビンチェンツォ二世が死亡し、その相続人はフランス人のヌヴェール公となる雲行きとなった。しかし、マントヴァでのフランス勢力の確立は、ミラノと北イタリアにおけるスペインの利権を揺るがすものと見られたので、現地の責任者のミラノ総督ドン・ゴンサーロ・デ・コルドバはサヴォア公カルロ・エマヌエルとモンフェラートの分割を約した。そして一六二八年三月末にサヴォ

ルイ十四世との戦争関係図
1661年の
フランス東境
フランスが
1715年までに
獲得した地域
オランダ
テクセル
アムステルダム
ハーグ
ユトレヒト
ライスワイク
ナイメーヘン
ダンケルク
オウデナルデ
リール
ブリュッセル
トゥルネー
モンス
ヴァランシエンヌ
マルプラケ
ロクロア
アーヘン
ケルン
ボン
クレーフェ
ライン河
コブレンツ
トリーア
リュクサンブール
マインツ
ヴォルムス
マンハイム
ハイデルベルク
シュパイアー
フィリップスブルク
ラシュタット
メッツ
ロートリンゲン
ツール
ヴェルダン
サンジェルマン
パリ
ヴェルサイユ
フォンテンブロー
フランス王国
エルザス
シュトラスブルク
ヴュルテンベルク
ブライザッハ
フライブルク
ズンドガウ
バーゼル
バーデン
チューリヒ
ブルグント自由伯領
ブザンソン
イエンブルク
ベルン
スイス
ジュネーヴ
サヴォイ
リヨン
ローヌ川
スーザ
ピエモンテ
トリノ
カザレ
スタッフォルダ
オランジュ
アヴィニョン
アルル
マルセイユ
ツーロン
ニース
地　中　海
0　100　200km
ハンブルク
メクレンブルク
エルベ川
ブレーメン
フェールベリン
ブランデンブルク
ベルリン
オスナブリュック
ハノーファー
ウェストファリア
ミュンスター
マクデブルク
ザクセン
ライプチヒ
ドレスデン
神聖ローマ帝国
ドイツ
ボヘミア
フランクフルト
ヴュルツブルク
ニュルンベルク
レーゲンスブルク
ドナウヴェルト
インゴルシュタット
ドナウ河
ウルム
パッサウ
アウクスブルク
ブリントハイム
バイエルン
ミュンヘン
ザルツブルク
インスブルック
ティロル
ヴェネチア共和国
ミラノ
ヴェローナ
ヴェネチア
クレモナ
マントヴァ
パルマ
モデナ
ジェノヴァ
ジェノヴァ共和国
ボローニャ
フィレンツェ
教皇領
トスカナ
大公国

図8

ア公軍とコルドバの軍はそれぞれモンフェラートに侵入し、コルドバは四月からポー河沿いのカザレ要塞を包囲した。しかしカザレはイタリア式築城が施されたヨーロッパ有数の要塞で簡単には攻略できず、コルドバはミラノやジェノヴァから支援を受けて包囲を続けた。

オリバーレス公はコルドバの独断に対し食糧を送るという形で暗黙の承認をし、戦争への歯止めは外れた。オリバーレスは、イタリアとネーデルラントの二重戦線の維持は財政的には極めて困難と気付いたが、既に戦争は止められなくなっていた。八月には早くもその年の軍需を満たすためには二〇〇万ドゥカートが不足するという報告がなされ、九月にはキューバで財宝船団がオランダの小艦隊に捕獲されたためスペインの財政は急速に悪化した。マントヴァ公の死去は予期されていて、一六二三年には早くもスペインの大臣達がこの問題への対応を協議していたが、その成果を生かせぬまま事前措置も講ぜず戦争に突入したことはオリバーレスの失敗と言ってよい。

相続人のヌヴェール公はマントヴァに入ってカザレの解囲に乗り出そうとしたものの、自力でフランスで集めた軍隊はサヴォア通過時に撃破されてしまい、ヌヴェール公はフランス国王ルイ十三世に支援を要請した。国内のユグノー叛乱鎮圧に忙殺されていたルイ十三世も自国の権益を守るために出兵を決意し、包囲していたラ・ロッシェルが一〇月に陥落したことを受けて、翌一六二九年二月末に宰相リシュリューと共に歩兵一万二千、騎兵二千を率いてアルプスを越えた。フランス軍は三月五日にサヴォア公軍をスザの渡河点で撃破し、サヴォア公はフランスに味方して自領の通行を認める方針に転換したため、コルドバは一九日に解囲して撤退せざるを得なくなった。

コルドバに代わって五月からミラノ総督となったスピノーラ公は、ネーデルラントで包囲戦を数多く手掛けておりその手腕が期待された。一方スペイン軍の救援に来た皇帝フェルディナント二世の長子フェルディナント（後の皇帝フェルディナント三世）率いる軍は一一月第一週からマントヴァを包囲した（マントヴァは帝国領内なので皇帝もこれを放置できない)。マントヴァは水濠で囲まれた要塞で抗堪力があり、皇帝軍の包囲は進捗しなかったが、周辺から多数の避難民が流入したため守備側は飢えた。皇帝軍でも疫病が流行したため、クリスマス前に包囲陣を後退させたが、包囲は続き、守備側にも疫病が流行したため一六三〇年七月一八日にマントヴァは陥落した。

一方、カザレについてはリシュリューが再度アルプスを越えて出兵し、四月一三日にフランス軍はピネローロ要塞を奪取してカザレへの補給線を固めた。これに対しスピノーラ公は五月第一週から再度カザレを包囲し、九月の攻略を目指した。しかしカザレを包囲するスペイン軍にも疫病が蔓延して包囲戦は休戦状態となり、九月二五日にスピノーラ公が病死したためスペイン軍はガタガタになった。一〇月にカザレでの講和の交渉が破れるとフランス軍はカザレに進撃して包囲中のスペイン軍と戦い、二六日に停戦が成立してスペイン軍は再度カザレから撤退した。

戦争の結末は一六三一年四月六日及び六月一九日のケラスコ条約によるが、スペインはヌヴェール公のマントヴァ相続を認めたため当初の目的を達せず、またもフランスを敵に回して財政危機を深刻化させたので、オリバーレス公の威信は揺らいだ(以上「マントヴァ戦争」)。

マントヴァ戦争終了後もスペイン・フランス間では冷戦状態が続き、特に両ハプスブルク家によるフランス包囲網の形勢を恐れるリシュリューの主張により、三十年戦争でフランスが新教派を支援し、その過程で先にスペインが獲得したラインファルツ領が脅かされたことは両国の対立を深刻化させた。一六三二年のフランス軍のフィリップスブルクの占領はそうした脅威の一つである。

こうしたフランスの動きに対しスペインは結局オーストリア家と共同せざるを得ず一六三三年頃よりオーストリア家に援軍を派遣し、一六三四年七月のレーゲンスブルク奪還戦、ドナウヴェルト奪還戦、九月六日のネルトリンゲンの戦いでは皇帝軍にスペイン軍も加わって戦い、勝利を収めた。このためこれ以上ドイツで反ハプスブルク家の代理戦争を継続させることは限界と見たフランスが一六三五年五月二一日にスペインに宣戦布告し、正式に対仏戦争が始まった（もっとも同時期に行なわれていたフランス国内のユグノー叛乱に対しスペインも金銭的な援助を与えており、フランスのみをカトリックでありながらプロテスタントに与した国という訳にはいかない）。

I　フランドル・ラインファルツ方面の戦闘

一六三六年初夏に枢機卿フェルナンド率いる軍がバイエルン軍と共同して北フランスに侵入し、八月にはソンム川を渡って一五日にコルビーを攻略して一気にパリ前面まで進んだ。また九月にはスペイン艦隊がカンヌ沖のレラン諸島を占領し、ピッコロミニ率いる皇帝軍もディジョン付近まで進んだ。しかしスペイン軍は補給線が延びるのを嫌って作戦を中止し、パリは難を免れた。年末にフランス軍は反撃を開始して一一月一四日にコルビーを奪還される。一六三七年五月にはレラン諸島も奪還され、フランス軍に呼応してオランダ軍の動きも活発化し、またカタロニア方面の戦いが激しくなったためフランドルでの戦いは一時下火になった。

一六四三年になるとスペイン軍は再度行動を起こし、ドン・フランシス・ダ・メルロ率いる二万六千の軍がエノーで国境を突破し、シャンパーニュを荒らしてロクロアを攻撃し又もパリ前面に迫ろうとした。しかしスペイン軍は五月一九日にコンデ公率いるフランス軍とロクロアの会戦で敗れ、侵攻作戦は頓挫した。

この戦いでは、スペイン軍が一六世紀以来の歩兵の密集陣地を組み、重砲一八門によりフランス軍に打撃を与えようとしたのに対し、コンデ公はスウェーデン王グスタフ・アドルフの編み出した戦法を用い、火打石銃による速射（火縄銃より三倍の速射が利く）、新式の軽い野砲を前面で使用することにより火力でスペイン軍を圧倒した上（重砲と異なり戦闘中にも移動できるので効果的に火力を集中できる）、サーベルを持った騎兵に突撃を三度敢行させることでスペイン軍の堅陣を崩して勝利を収めた（スペイン騎兵はピストルを持ち敵陣の前で撃っては退いて弾丸を装塡し、また前進して撃つという車懸かりの戦法〈カラコール〉をとったが、これは打撃力に欠けるものがあった）。

このようにスペイン軍は財政不如意による装備不足だけでなく、新戦法の導入にも遅れをとり一六世紀のような決定的な威力を野戦でも失いつつあった。ただしスペインの歩兵指揮官フェエンテス伯は散々に射抜かれて戦死し、コンデ公に「勝てなかったら、こういう最後を遂げたいものだ」と言わしめたから（『ルイ十四世の世紀』）、スペイン軍の士気のみは依然健在と言ってもよかろう。

戦後フランス軍は東に進んで「スペイン街道」を脅かし、スペイン軍は皇帝軍と共同して反撃に出たものの結果は思わしくなかった。フランス軍は、この後ティオンヴィルを攻め、続いて一六四六年一〇月七日にダンケルクを包囲攻略している。

一六四八年になると、スペイン軍は皇帝軍と共同してアルトワのランスを包囲したが、またもコンデ公率いるフランス軍に攻められ、八月一〇日に戦死三千、捕虜五千、砲の遺棄三八門という大敗北を喫して退却し、以降スペイン軍は全くの受身となった。フランス軍はランダウやトリーアを攻略し、スペインが占拠していたラインファルツ領も次第にもがれていった。また海上においても、スペイン艦隊は一六四六年イタリア沖でフランス艦隊に敗れてその勢威を失い、オランダとの戦いもあってスペインは防戦一方となった。

しかし一六四八年一月にフロンドの乱が勃発してフランスの攻勢が止み、同年のウェストファリア条約の締結によりスペインは三十年戦争と対オランダ戦争から解放されたため、スペイン軍は再度攻勢に出た。一六五一年にはダンケルクを奪回し、続いて先のマントヴァ戦争で争奪の的となったカザレ要塞も占領した。この後フロンドの乱に伴いコンデ公がスペインに亡命して来ると、フランドルのスペイン軍の副将にコンデ公が起用され、一六五四年八月二五日のアラスの戦いではスペイン軍の敗北をコンデ公が一人で食い止めた。一六五六年六月にチュレンヌとラ・フェルテ元帥率いるフランス軍二万がヴァランシエンヌの包囲に乗り出したが、これはコンデ公とドン・ファン・デ・アウストリア（フェリペ四世の庶子）率いるスペイン軍が七月一六日に撃退し、ラ・フェルテ元帥を捕虜とした。この戦いで敗れたチュレンヌは帰りがけの駄賃にラ・カペルを落とし、続いてカンブレーを攻めたが、ここでもコンデ公の軍が前進して包囲陣を突破したためフランス側の目論見を潰すことができた。

しかしフランスは一六五五年にイギリスと和親条約を締結し、これを受けてイギリスも対スペイン宣戦を行ない、一六五七年にはこの条約は同盟条約に拡大された。このためイギリス艦隊もカナリア諸島でスペイン艦を襲撃するなど、同盟側は海上での優位を確保し、両国軍は再度ダンケルクの攻略に乗り出して海陸から包囲した。これに対してドン・ファン・デ・アウストリア率いるスペイン軍が出動し、一六五八年六月一四日にダンケルクを包囲しているチュレンヌ率いるフランス軍二万一千とダンケルク郊外の砂丘で戦ったが（デュヌ［砂丘］の戦い）、チュレンヌが干潮を利用して騎兵を回り込ませて包囲して来たためスペイン軍は死者一千、捕虜五千を出して敗北し、またもダンケルクはフランスの手に渡った。コンデ公はスペイン軍の陣中に居たものの指揮権がなかったため、その手腕を発揮できず如何ともし難かった。

この勝利によりフランスは有利に停戦交渉を進め、一六五九年一一月七日のピレネー条約ではスペインはアルトワを割譲させられた。

Ⅱ　カタロニア方面の戦闘

スペイン軍は当初カタロニア国境のルカート要塞を攻撃したが、一ケ月の攻撃の末、一六三七年九月二七日にフランスの援軍のために撃退されてしまい、以降フランス側が主導権をとった。同年中にフランス軍は国境を越えたが、カタロニア人民の非協力的態度からスペイン軍は苦戦した。また一六三八年七月にはフランス軍はバスク地方のフェンテラビア要塞も攻撃し、八月二二日のゲタリア沖海戦でスペイン艦隊はフランス艦隊に全滅に近い打撃を受けて危機に瀕したが、要塞指揮官の反撃が効を奏して包囲していたフランス軍は壊滅し、スペイン側は難を逃れた。

しかし、カタロニア方面でのフランス軍の攻撃は続き、一六三九年七月一九日にロセリョン伯領のサルセス要塞を奪取した。これに対してはサンタ・コロマ伯率いる軍が一六四〇年一月六日に同要塞を奪還したものの、この際カタロニアからの徴募兵の命を軽んずるような無理な攻撃をさせたためカタロニアは反政府状態となった。カタロニアの叛徒は一〇月にはフランスと協定を結び、これを受けてフランス軍は国境地帯で優位に戦闘を進めてカタロニア奥深くレリダに拠点を築くまでに至った。

これに対してスペイン軍は、一二月末にタラゴナをフランスから取り返したものの、一六四一年一月二六日のモンジュイクの戦いでフランス・カタロニア連合軍に撃破されて作戦行動は鈍り、八月にフランスのタラゴナ包囲を解除させたのが精一杯であった。一六四二年四月にフェリペ四世とオリバーレス公がサラゴサに入って督戦したものの成果は挙がらず、六月二八日にスペイン艦隊は撃破され、九月一〇日にはロセリョン伯領の主都ペルピニャンが陥落した。レリダの奪還に向かったスペイン軍も一〇月七日のレリダ近郊での会戦で大敗し、スペイン軍は青息吐息であった。なお五月にリシュリユーは病死したが、フランスの戦争継続の態度は変わらなかった。

この後一六四三年一月オリバーレス公が失脚し、政権はその甥のドン・ルイス・デ・アロの手に渡ったが、彼もカタロニアの叛乱鎮圧を第一とせざるを得ず、フランスに取られた失地の回復には手が回らなかった。レリダは後にスペイン軍が奪還し、一六四七年四月にフランス軍はレリダを包囲したが、スペイン軍は六月にこれを撃退した。

スペイン軍はフロンドの乱の勃発によりフランスからの支援がなくなったことから一六五二年にやっとカタロニア叛乱を鎮圧し、フランスに対し攻勢を掛けられるようになった。しかしスペイン軍は幾つかの勝利を収めたものの、一六五六年にフランスから持ち出された有利な講和条件を蹴った後に再び劣勢に立ち、結局一六五九年にピレネー条約を締結した。この条約では東方国境地帯でスペインはロセリョン伯領（カタロニア領の五分の一を占めていた）とセルダーニャの一部を失った。

第四款　ポルトガル独立戦争（一六四〇〜一六六八年）

一六三〇年にオランダ軍がポルトガル領であるブラジルのレシフェを占領したのは第二款で述べたが、これは新大陸貿易（とりわけ砂糖貿易）での利権獲得の意味もあった。オランダに対するスペインの反撃は遅く、一六三四〜五年に救援軍派遣の準備をしたが、この軍事費用の負担をしたのはカスティリアだけで、肝心のポルトガルすら負担をしようとしなかった。オリバーレス公はポルトガルに年五〇万ドゥカートを負担させようとしたが、これは増税という形で市民に跳ね返ったため、かねてより反スペイン的であった民衆は一六三七年からエヴォラをはじめとする各地で叛乱を起こした。そして一六四〇年一月のブラジルのイダマラカ島沖でのスペイン・ポルトガル連合艦隊の敗戦は、スペインがブラジルでのポルトガル権益を保護する能力を失ったことを意味し、スペインの威信は一層低下した。またカタロニアにポルトガル軍も派遣するという決定はポルトガル貴族の反感を招き、しかもカタロニア叛乱の鎮圧のためにスペイン軍がポルトガルから出たため、ここに軍事力の空白も生じた。

こうした状況を見て取った、ブラガンサ公ジョアン（かつて王位継承権者の一人でありながら女性だったため排除されたカタリーナの孫）は、一六四〇年一二月一日にリスボンでスペインからの副王補佐官のミゲル・デ・ヴァスコンセーロスがジョアン・ピント・リベイロにより暗殺されたことに乗じてリスボンに入って即位し（国王ジョアン四世）、ポルトガルは実質的に独立を回復した。

対仏戦争とカタロニアの叛乱に苦しんでいたスペインは直ちにこれを妨害することはできず、一六四一年四月にバダホス付近でポルトガル軍と戦ったものの華々しい成果は挙がらず、一六四四年五月二六日にスペイン軍はモンティジョに侵攻してきたポルトガル軍に撃破された。一六五九年の対仏ピレネー条約の締結後にスペイン軍はやっとポルトガル奪還に本格的に乗り出し、同年にエルヴァスを包囲したが三ケ月後にポルトガル軍に撃退された。一六六一年から、ドン・ファン率いるスペイン軍二万がポルトガルに侵攻し、アレンテジョ地方を転戦したが、一六六三年六月八日のアメイシャルの戦いにも敗れてエヴォラを放棄し、一七日にエストレーモス近傍のモンテス・クラーロスの戦いでも大敗して本国に退却した。この後も戦いは続いたが、一六六四年のカステーロ・ロドリーゴの戦いでもスペイン軍は敗れ、一六六五年六月一七日にスペイン軍はポルトガル軍とフランスの援軍四千との連合に国境のビーリャ＝ビシオーサでも敗れてしまい、遂に一六六八年二月一三日にスペインはポルトガルの独立を認めて平和条約に調印せざるを得なくなった。

第五款　フェリペ四世晩年の対フランス関係

対仏ピレネー条約の条件として、フェリペ四世は娘をルイ十四世に嫁がせることとなった。この婚資としてスペインはブルグント自由伯領とフランドルを持参するのではないかとすら見られていたのだが、結局スペインからの領土の割譲はないばかりか、却ってフランスは占領している幾つかの都市をスペインに返還した。スペインとしては外交上の勝利とも言うべきところだが、戦いを優位に進めていたフランスには面白くない話で、以後ルイ十四世の行なう戦争でスペインが悉く目標にされたのも理由がない訳ではない。しかも王女マリー・テレーズは持参金二五〇万リーヴルを約束しながら一〇万リーブルしか実際には支払わなかったからなおさら不満は募った。

一六六一年三月九日にフランス宰相マザランが死ぬと、ルイ十四世は二二歳で親政に入った（宰相を置かず直接各大臣を監督するということ）。そして、一六六一年にスウェーデンでスペイン大使とフランス大使が席次を争った際、ルイ十四世は「戦争も辞さず」としてスペインの譲歩を勝ち取るなど、対スペイン強硬政策が目立つようになる。こうした強硬策の裏にはフェリペ四世が病弱でその男子も幼少であり、スペイン・ハプスブルク家の断絶の可能性が高く、少しでもフランスに有利なように地歩を固めておこうという思惑も見逃せない。一六世紀にはヨーロッパ最強の勢力だったスペインが一七世紀後半には殆ど死に体となって、禿鷹の如き諸国からその肉を啄《ついば》む機会を虎視眈々と狙われていたのだから、麒麟も老いては駑馬《どば》にも劣り、強弩《きょうど》の末は魯縞《ろこう》も穿たずというやつである。

こうしたなか、一六六五年九月一七日にフェリペ四世が崩御して息子のカルロス二世が三歳で即位すると、いよいよルイ十四世はその領土的野望を露にしてくる。

第三節　カルロス二世のキャンペーン（一六六五～一七一二年）

第一款　フランドル戦争（一六六七～一六六八年）

即位したカルロス二世は病弱でしかも兄弟が無く、崩御となれば王位継承問題が出てくるのは確実であった。そこでオーストリア家の皇帝レオポルト一世はスペイン王家断絶後はスペイン王位をオーストリア家にもたらすことを画策し、母・妻が共にスペイン・ハプスブルク家から来ているもう一人のスペイン継承問題の主役ルイ十四世と交渉に入った。そしてレオポルト一世はスペイン王位をオーストリア家の親族に継がせることを承認するなら、フランドル、ブラバント、ブルグント自由伯領をスペイン家から分離してフランスに割譲することをルイ十四世に提案した。

ルイ十四世は早速当該領域を確保するために戦争準備を開始し、当時戦争中だったイギリス・オランダの了解も取り付け、一六六七年二月にチュレンヌ元帥率いる三万七千をスペイン領フランドルに侵攻させ、ルイ十四世自身も親しく前線で指揮をとった。スペイン側は六千の兵が籠もる要衝リールが僅か九日の包囲戦の後八月二七日に攻略されるという戦意のなさで、続いて八月三一日にはスペイン野戦軍の主力八千が粉砕されたためフランドルでのスペイン軍の効果的抵抗の継続は困難になった。しかし、こうしたフランスの目覚ましい軍事的成功に不安を覚えたイギリス、オランダ及びスウェーデンの三国がフランス軍のブリュッセル総攻撃を前に干渉を行なったため、フランス軍の前進はそこで止まり事実上の停戦となった。

停戦中フランス軍は今度はブルグント自由伯領を狙った。一六六八年二月にコンデ公(既に許されてスペインから戻っていた)率いる二万の兵がブルグント自由伯領に侵攻し、ルイ十四世も親征して三週間足らずで全土は制圧された。なにしろブルグント自由伯領総督のディエンヌ侯までが年金とフランス軍中将の資格を餌に買収されてしまった程だからスペイン側の気力の低下はおびただしかった。

しかし一六六八年五月二日に纏まったアーヘンの講和では前記の三国の干渉もあってスペインの失地は最小限で済み、フランドル一二都市をフランスに渡しただけでブルグント自由伯領も返還された。もっともこの外交上の勝利は欧州でフランスが勢力均衡を崩すのを警戒する各国の思惑によるもので、スペインの力によるものではないことが情け無い。また講和での不利益の原因はオランダにあると思い定めたルイ十四世は、次の敵をオランダとしてその侵攻戦を行ない、スペインはまたも戦争に巻き込まれる。

第二款　フランスのオランダ侵略戦争（一六七二〜一六七八年）

次の敵をオランダと定めたルイ十四世は、一六七二年六月に一二万の大軍を動員してオランダ侵攻を開始した。フランスと同盟していたイギリスも海からこれを援助した。フランス軍の作戦は当初は成功し、オランダの国土の半分近くを制圧して六月二〇日にはユトレヒトを陥してアムステルダム目前まで迫った。しかし戦争開始後に全権を握ったオラニエ公ウィレム（三世、フレデリックの孫）は洪水戦術を採用し、アムステルダム周辺の堤防を切って海水を引き入れ、そこに艦隊を浮かべることでフランス軍の前進を阻止した。またウィレムは戦線を縮小してホラント州だけは確保する構えをとったためフランス軍の進撃は止まり戦争は膠着状態となった。そしてフランスの戦果に恐れをなした皇帝レオポルト一世が各国にオランダ救援を呼び掛けたため、この戦争は欧州全体に拡大することとなった。

当時スペイン領フランドルの総督であったモンテレーは、本国の優柔不断に業を煮やして独断で兵一万をオラニエ公ウィレムの陣営に送った。これもあってウィレムは一六七二年冬まで対仏戦争を戦い、同年から翌一六七三年初頭のフランス軍の氷上を渡ってハーグを突く作戦が予想より早く氷が溶け出したことより失敗した後、陸戦は膠着状態となった。海上でも六月に三回、八月に一回と英仏連合艦隊はオランダ艦隊に敗れたため制海権も取れず、戦争は手詰まりとなった。

この間レオポルト一世の派遣した軍はオランダ軍と合流してボンでフランス軍に対抗し、ルイ十四世に与したミュンスター大司教、ケルン大司教も相次いで矛を収めた。そして戦費の多さと戦局の悪さにうんざりしたイギリス議会が国王チャールズ二世に和平を迫った結果、一六七四年二月一九日第二次ウェストミンスター条約が結ばれてイギリスも戦線を離脱した。このためフランス軍は孤立することを恐れて直ちにオランダより撤退し、戦場はオランダ国内からフランスの国境へと移った。こうして既にオランダに援軍を送ったことで反フランスとなっていたスペインはフランドル、ブルグント自由伯領、ピレネー国境、シチリアの四ケ所でフランス軍と戦う羽目に陥った。

スペインは前回の戦争にも拘わらずブルグント自由伯領の防御を強化していなかったため、一六七四年五月一五日にブザンソンは落とされて大略六週間で全土を制圧された。またフランドルでは総督モンテレーがオラニエ公と共にフランス軍と戦ったが、一六七六年から一六七七年にかけてコンデ、ブーシャン、ヴァランシエンヌ、カンブレー、ガン、イープルといった要衝を落とされ、その領域は次第に蚕食されていった。

ピレネー国境でもスペイン軍はル・ランプールダンでフランス軍に撃破されたが、フランスも余りに多正面での戦いを嫌ってか、スペイン本土奥深くまでは侵攻されなかった。シチリアでは、主都メッシーナで起きた叛乱にフランスが援助のための艦隊を派遣し、これが警戒していたスペイン艦隊を突破してメッシーナに食糧を運んだ。続いてフランス軍自体が一六七四年九月二七日にシチリア島に上陸し、一六七五年二月九日にメッシーナを攻略した。これに対してオランダはデ・ロイテル率いる艦隊二三隻を派遣し、スペイン艦隊二〇隻を加えた連合艦隊が編成されてメッシーナ奪還に乗り出した。しかしフランス艦隊の副提督デュケーヌは一六七六年一月八日と三月一二日の二回の海戦で連合艦隊を撃破し、あまつさえ二回目のアウグスタ海戦では名将デ・ロイテルは戦傷を負い、これがもとで死亡した。この後も連合艦隊は一ケ月半の間に三回メッシーナを襲撃したが、いずれも撃退され最後のパレルモ沖海戦でオランダ艦隊は全滅した。オランダ艦隊の不振の原因は、オランダ船が自国沖の浅い海での戦いを想定して建造されていたため小型で喫水が浅くトップヘビー気味で、しかも搭載の砲数は他国の船より少なかったことによる。

フランス艦隊はオランダ・スペイン艦隊を破ってシチリアでの制海権を確保していたが、この頃からシチリア島ではフランスの総督モンテマル公の失政への反感から反フランス蜂起が相次ぎ、結局この島を保持し切れないと見たフランス軍は一六七八年四月八日に全軍を撤収し、シチリアは再びスペインの手に戻った。

以上のようにスペインは他国の戦争に巻き込まれた上、いつのまにかその矢面に立っているという余りに不本意な戦争を強いられ、各戦線では殆ど勝てないという情け無い役割を演じた。このため一六七八年八月六日締結のナイメーヘン講和条約ではスペインはブルグント自由伯領と南フランドルのブーシャン、コンデ、イープル、ヴァランシエンヌ、カンブレー、モーブージュ、エール、サントメール、カッセル、シャルルモン、ポプラン、バイユールなどを取られるという惨めな結果に終わった。

第三款　アウクスブルク同盟戦争（一六八八～一六九七年）

前二回の戦争で赫々たる武名を挙げたルイ十四世は、その軍事力を恃《たの》んで一層その膨張政策に拍車を掛けた。ナイメーヘンの講和以降も各地で以前からの係争地の帰属問題の処理のために一六八〇年にメッツとブライザッハに法廷を設けて、国内に錯綜する他国領を片端から没収にかかった。ヨーロッパでは相続などにより領主は一円的にはなかなか所領を形成しにくく、あちこちに飛び地で領地を持つのが普通であった。しかしこのように入り組んだ領地は近世国家の成立期となると、統治が厄介なため整理・統合される方向にあった。ルイ十四世の施策もこうした流れに乗ったものだが、強引だったため他国の恨みを買い、かつての同盟国であったスウェーデンなどはこの恨みから神聖ローマ皇帝に歩み寄った。またライン河方向への所領の拡張は帝国の権益をもろに侵し皇帝も座視し得なかった筈だが、そこは対トルコ戦を抱える悲しさから二正面作戦はとれなかったため、一六八四年に改めてスペイン・皇帝共に二〇年間の休戦条約をフランスと結んでその暴挙を追認せざるを得なかった。

しかし、こうしたフランスの優位も長くは続かなかった。一六八四年に教皇が提唱した対トルコ大同盟により神聖ローマ帝国はトルコからの圧力を減じて西方への転換が可能となり、前述のようにスウェーデンは領土を盗られた恨みから反フランスとなった。オランダも前回の戦争で恨みは骨髄であり、ドイツ内の諸侯もフランスの拡張を嫌って皇帝に味方する者が多かった。こうしたなかライン河畔のファルツ伯領の継承問題を巡ってルイ十四世が強引に継承権を主張したため、一六八六年に皇帝レオポルト一世の音頭で対仏アウクスブルク同盟が結成された。これには、オランダ、サヴォア公国、バイエルン公国、ザクセン公国が参加し、前回の戦争で最も煮え湯を飲まされたスペインもこれに加わった。

こうした対仏包囲網に機先を制すべく、ルイ十四世は一六八八年一一月二六日に軍をエルザスからファルツ伯領に向けて出撃させ、ここにアウクスブルク同盟戦争の口火が切られた。ルイ十四世にとって誤算だったのは同年一二月にイギリスで名誉革命が起こり、国王ジェームズ二世が追放されてオランダの統領オラニエ公ウィレムがイギリス国王として招聘されウィリアム三世として即位してしまったことである。過去の三回の英蘭戦争を考えればイギリスは最悪でも中立と予想されたが、ウィリアム三世の即位で英蘭は同君連合となり、共にフランスと戦うこととなって対仏包囲網が完成し、ルイ十四世は文字通り孤立無援となった。このためフランスはフランドル、アイルランド、ファルツ、サヴォア、スペインの各地に軍を派遣して戦うこととなるが、以下スペイン関係の戦闘状況を述べていく。

フランドル方面では一六八九年から戦いが始まり、フランス軍、同盟軍ともに八万程度が展開した。この方面の同盟軍の主将はオラニエ公ウィレム（英王ウィリアム三世）であり、スペインのフランドル駐留軍もその指揮下で戦った。この駐留軍はほんの四〇年前までは対オランダ戦争用に整備されていたのだから、この間の情勢の変化が判ろう。戦争は当初フランスが優勢でフランドル奥深くまで侵攻したが、多正面戦争の悲しさから次第に息切れして同盟軍に押し返され、一六九五年五月、同盟軍のナミュール奪回作戦の成功をもってこの地域での戦闘はほぼ終結した。

スペイン本土へは当初フランスが兵力を直ちに展開できなかったため、戦争に入ってもすぐには戦火が広がらず、一六九四年五月二七日にノワイユ元帥率いるフランス軍がテール河畔でスペイン軍を破ってジロンヌ以下数個の町を攻略した。この後フランス軍は兵力が少ないため戦線を維持できずバルセロナ前面へと撤退したが、地中海に進出していたイギリス艦隊が一六九七年五月に撤退するとフランス艦隊が陸軍に協力して活動を強化し、八月一〇日にヴァンドーム公率いるフランス軍三万はバルセロナを攻略した。この後カルロス二世の病もあってスペイン軍の士気は揚がらず、大した戦闘もないまま一六九七年のライスワイク講和会議へと進んだ。

講和条約では、スペインはヨーロッパ地域ではナイメーヘン講和会議以降フランスに取られた地域を全て還付されたので、首尾は上々だった。しかし植民地では、フランスがかねて占拠していた西インドのイスパニオラ島の西三分の一を正式にフランス領として追認させられてしまった（現在のハイチ）。そしてこの講和の後もカルロス二世は既に余命幾ばくもなく、スペイン・ハプスブルク家は断絶の危機に瀕し、講和条約締結の過程でのフランスの譲歩はスペイン継承問題での優位を目したとも見られ、スペインの前途は多難であった。

第四款　カルロス二世の崩御・スペイン継承戦争（一六九七～一七一三年）

カルロス二世は病弱で世子もなかったことからその後継問題は早くから取り沙汰され、後継候補としてバイエルン公子ヨゼフ・フェルディナント、神聖ローマ皇帝レオポルト一世の次子カール大公、フランス王太子の次男アンジュー公の三人が挙がっていた。三人の内、カール大公、アンジュー公フィリップのいずれが後継に選ばれてもヨーロッパの勢力均衡が崩れるのは必至だったので、カルロスの生前にこの問題の決着を付けることとし、一六九八年にハーグで各国が勝手に取極めを行なった。その内容は、①バイエルン公子ヨゼフ・フェルディナントがスペイン王位を継ぎ、併せて西インド・フランドルも譲られる、②カール大公はミラノ公国を譲られる、③アンジュー公はナポリ・シチリアを譲られる、というもので、スペインの分割を避けたかったカルロス二世も同年一一月に遂に後継にヨゼフ・フェルディナントを指名したため、この問題は平和裡に解決される筈であった。

しかし一六九九年二月六日にヨゼフ・フェルディナントが死亡したためこの分割協定は水泡に帰し、カール大公とアンジュー公が改めて後継の地位を争った。

ルイ十四世はイギリス・オランダに対し、①カール大公がスペイン王位を継ぎ西インド・フランドルも領有する、②フランス王太子がシチリア・ナポリ、ロートリンゲンを領有して、ロートリンゲン公にはミラノを与える、という案を提示した。だが、これはオーストリア・ハプスブルク家が拒否し、カルロス二世自身も否定したため一七〇〇年に潰れた。

こうしたなか病状の悪化していたカルロス二世は遂に断を下し一七〇〇年一〇月に領士分割の不可を条件にアンジュー公フィリップを後継に指名し、フィリップが辞退した場合はオーストリアのカール大公を後継とするように遺言した。そしてカルロス二世は一一月一日に崩御、スペイン・ハプスブルク家は断絶した。

以上の経緯を踏まえてスペインの継承をフランス側としては受けざるを得ないと決断したルイ十四世は、アンジュー公フィリップのスペイン王即位を一一月一七日に承諾し、フィリップは一七〇一年四月に即位してスペイン国王フェリペ五世となった。

この継承について、欧州諸国は当初はブルボン家、オーストリア・ハプスブルク家のいずれがスペインを領有してもヨーロッパの均衡が崩れることには変わりないので静観する構えであった。しかしルイ十四世が調子に乗ってスペイン領フランドルに駐留していたオランダ軍を追い出してフランス軍に代え、スペイン植民地との交易から英・蘭の商人を閉め出し、前英国王ジェームズ二世が死ぬとその長子ウェールズ公に王位を約束するといった具合に諸国の感情を逆撫でしたため、一七〇一年九月にレオポルト一世、イギリス、オランダの間でハーグ条約が結ばれ、スペインはカール大公が継承し、その植民地は英・蘭で分割するとの合意がなされた。ここにヨーロッパではまたも戦雲が漂うこととなる。

スペイン国内では、カスティリアの諸勢力が一致してフェリペ五世を支持したのに対し、アラゴン連合王国はカール大公を支持した。これを受けてカールは英・蘭の援助を受けて輸送船二〇〇隻、イギリス兵九千をもってスペインに入り、カタロニア、バレンシアを占領した。そしてイギリスのルーク提督率いる艦隊が一七〇四年八月四日にジブラルタルを攻略したため、同盟側のスペインへの補給などが容易になった。

フランスはテッセ元帥率いる陸軍と艦隊にジブラルタルを包囲させたが、一七〇五年三月一〇日にイギリス艦隊がフランス艦隊を破ったためフランス軍は解囲し、莫大な軍需品を残してナヴァラに退却した。このためフェリペ五世もマドリードを捨ててナヴァラの首都パンプロナに逃れ、これを受けて同盟軍は一七〇六年六月二六日にマドリードに入城してカール大公を国王に推戴した。トレドも同盟軍が奪還した。

しかしカスティリアの諸勢力は一貫してフェリペ五世支持に回ったため同盟軍もマドリードを守り切れずに撤退し、同年九月二二日にはフェリペ五世はマドリードに戻った。なおオーストリア家ではレオポルト一世が一七〇五年五月五日に崩御し、その長子でカール大公の兄のヨゼフ一世が即位した。

この後、英将キャロウェイ率いる同盟軍は一七〇七年四月二五日にバレンシア国境のアルマンサでベルヴィク元帥率いるフランス軍に敗れ（死傷者五千、捕虜一万を出す）、五月二二日にはフランス軍にレリダも落とされてカール大公側は苦境に立った。これに対してスタンホープ将軍とドイツから派遣されてきたシュターレンベルク元帥率いる同盟軍は一七一〇年八月二〇日のサラゴサの戦いでフェリペ五世軍を破ってマドリードを占領し（サラゴサの戦いの絵はウィーンの軍事博物館に誇らしげに飾ってある）、再度その地歩を回復するかに見えた。

しかしフランスは再度ヴァンドーム公を派遣し、ヴァンドーム公は敗兵を集めた二万五千の軍でマドリードの奪還に乗り出した。同盟軍は兵力一万六千でしかなかったのでバレンシアに撤退しようとしたが、その途中一二月一〇日にブリウエガで敗れてスタンホープは捕虜となった。そして残兵を率いていたシュターレンベルク元帥もヴィラヴィシオオで撃破されてしまい、同盟側は四ケ月間に二回の打撃を受けた。このためカール大公は圧倒的に不利になり、フェリペ五世の優位が確定した。そして一七一三年の講和でイギリス、オランダ共に兵を引き、後述するように一七一一年の兄ヨゼフ一世の死に伴い神聖ローマ皇帝位を継承したカール大公も既にオーストリアに戻っていたので、スペインでの戦いはフェリペ五世対カタロニア・アラゴンなどの反対勢力という内戦に転化した。

内戦は一七一四年九月一二日のバルセロナの陥落を頂点に急激に反対勢力側が不利になり、フェリペ五世はこれを機会にアラゴン連合王国の自治権を大幅に制約し、ハプスブルク時代より遥かに中央集権化されたスペインを得るという余禄を得た。

第五款　ユトレヒト条約とハプスブルク家によるスペイン支配の終焉

スペイン継承戦争で形勢不利であったルイ十四世は一七〇九年初頭から講和を画策し、これに対して同盟国側は次の条件をフランスに提示した。

① フェリペ五世の退位とカール大公のスペイン王位継承。

②　フランドル一〇都市のオランダへの引き渡し。
③　シュトラスブルク、ブライザッハの神聖ローマ帝国への返還。
④　フランスのエルザスの宗主権の放棄。

この四条件は余りに酷だったのでルイ十四世は戦争を継続したが、一七〇九年九月一一日にフランドルのマルプラケでの敗北とモンスの失陥、更にこの年にフランスを襲った飢饉からにっちもさっちもいかなくなり、今度はルイ十四世から次の講和条件を提示した。

①　フェリペ五世の退位とカール大公のスペイン王即位の承認。
②　シュトラスブルクとブライザッハの神聖ローマ帝国への返還。
③　エルザスについてはフランスは管理権のみ保有。
④　バーゼルからフィリップスブルクまでの全要塞の撤去。
⑤　ダンケルク港の破却。
⑥　フランドル七都市（リール、トゥルネー、イープル、メーヌ、ヴールネ、コンデ、モーブージュ）のオランダへの割譲。

勝ち誇る同盟側はこの条件では満足せず、マルプラケの勝利の余勢をかって一気にパリまで進撃しようとした。しかし一七一一年に英国内ではトーリー党が新たに政権を握って平和を要求した上、皇帝ヨゼフ一世が四月一七日に崩御してスペイン王位継承予定者カール大公が帝位を継いだ（皇帝としてはカール六世）。このためスペイン王位をカールに認めることはハプスブルク大帝国の復活を意味し、この結果はイギリス、オランダ共に望まなかったので対仏講和の機運は一気に高まり、まず一七一二年七月一九日にフランスがダンケルクを担保にすることで英・仏間に停戦が成立した。そしてオランダも七月二四日のドゥナンの敗戦によって講和へと傾き、ユトレヒトでイギリス、オランダ、スペイン、フランスの四ケ国にサヴォア公、ブランデンブルク辺境伯が加わって交渉が行なわれた結果、一七一三年四月に講和条約が成立した。その内容は次のとおりである。

①　スペイン王位はフェリペ五世に認めるが、スペイン・フランスの合邦は永久に禁止。

②　サヴォア公はシチリア島を得てこれが王国となるほか（これによりサヴォア公家は以降シチリア王家となる）、イタリア本土でも若干の領地を得る。

③　オーストリア・ハプスブルク家にはスペイン領フランドルの宗主権、ナポリ、サルジニア及びロンバルディアを与える。

④　イギリスはジブラルタル、ニューファウンドランド及びアカディアを得る。また、年一回五〇〇トン級の奴隷貿易船を一隻スペイン領西インドに派遣する権利を得る（スペインの独占的対アメリカ通商支配の終焉）。

⑤　ブランデンブルク辺境伯のホーエンツォレルン家が一七〇一年以来称しているプロイセンの王としての称号の承認する（ただし、ケーニッヒ・イン・プロイセン〈プロイセンのなかでの王〉でありケーニッヒ・フォン・プロイセン〈プロイセン王〉ではない）。

この条約にオーストリア・ハプスブルク家は満足せずに戦争を継続した。しかし単独でフランスを打ち破ることは不可能であり、却ってランダウ、フライブルクをフランスに奪われたため、遂に一七一四年三月六日にラシュタット条約を締結せざるを得なくなった。この条約でハプスブルク家はシュトラスブルク、エルザスをフランスから取り返すことができず、ユトレヒト条約に加わっていれば得られたものが取れなくなるという結果に終わった。

こうしてスペインは遂にハプスブルク家の支配から離れ、カール五世、フェリペ二世が目した「大西洋国家」は食い荒らされて他家の手に渡った。泉下の二人にはさぞや無念であったろう。そしてスペインのブルボン家は二回の王位からの転落にも拘わらずしぶとく復辟《ふくへき》して今に至っており、フランスのブルボン家が王位から一八四八年に最終的に追われたのと対照的な結果を見せている。

なお、この間のスペインの軍事的不振は財政的不振・制度改革（内政・軍制とも）の遅れといった根元的な問題に起因し、小手先の改革や局地的勝利では挽回できるようなものではなかった。フランスがルイ十四世の下で国力が増進した上、陸相ルーヴォアとヴォーバン元帥が徴兵制度の導入と不要な要塞六〇〇を廃棄してその守備兵を前線に回すことで列国と戦い抜いたことと比べれば彼我の差は一目瞭然であろう。

ハプスブルク家系図２ (オーストリア家)

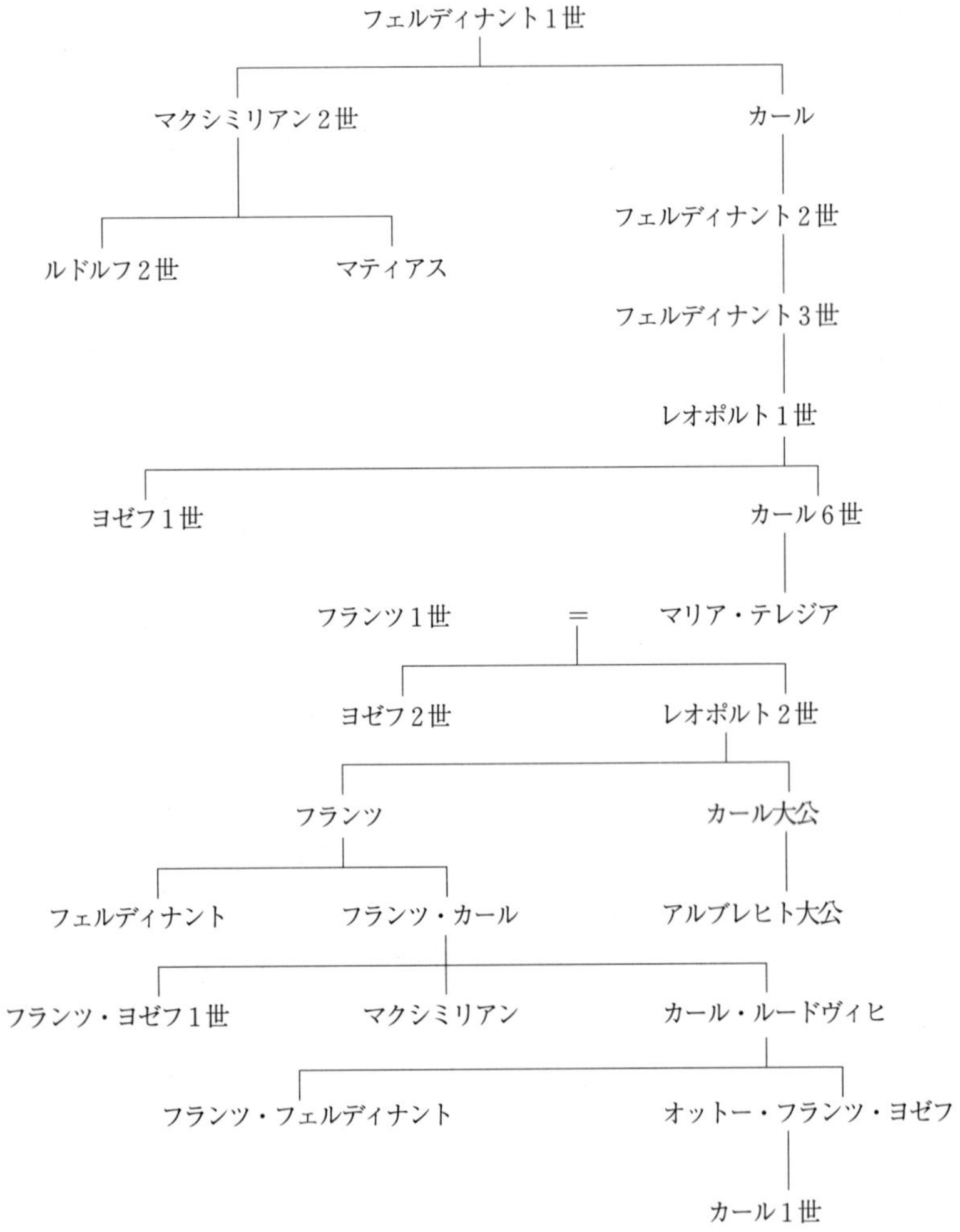

フェルディナント１世
マクシミリアン２世
カール
ルドルフ２世
マティアス
フェルディナント２世
フェルディナント３世
レオポルト１世
ヨゼフ１世
カール６世
フランツ１世
＝
マリア・テレジア
ヨゼフ２世
レオポルト２世
フランツ
カール大公
フェルディナント
フランツ・カール
アルブレヒト大公
フランツ・ヨゼフ１世
マクシミリアン
カール・ルードヴィヒ
フランツ・フェルディナント
オットー・フランツ・ヨゼフ
カール１世

第三編　オーストリア家の伸長

第一章　三十年戦争までの
オーストリア家の動向（一五五六〜一六一八年）

第一節　フェルディナント一世のキャンペーン（一五五六〜一五六四年）

オーストリア一円の諸領（上・下オーストリア、シュタイエルマルク、ケルンテン、クライン）は一五二一年にカール五世から弟のオーストリア公フェルディナントに譲られた。更に一五二二年のブリュッセル条約でその他の領地（エルザス、ティロル、上イタリア、フリアウルなど）も同様に分与された。後にカール五世はこの条約の変更を試みたが失敗し、ハプスブルク家の東西での分割が確定した。そして一五二六年のモハッチの戦いでボヘミア兼ハンガリー王ラヨシュ二世が戦死すると、フェルディナントは両王位を獲得し、一五三一年にはローマ王にも選出されて、その地位は揺るぎないものとなった。

一五五六年九月にフェルディナントは神聖ローマ皇帝位も兄より譲られ、一五五八年三月一四日に就位の承認を帝国議会より受け、即位してフェルディナント一世となった。帝位継承についてフェルディナントは自己が帝位に就いた暁にはカール五世の長子フェリペがローマ王に選出されるよう努力すると約束していたが、この約束は結局果たされず、ドイツでのスペイン・ハプスブルク家の影響力は失われることとなった。

フェルディナント一世が受け継いだハプスブルク家の東方領は、外ではトルコの侵攻に苦しめられ、内では新教徒の鎮圧に追われるという治めにくい地域であり、故に兄のカールが手放したと言えなくもない。しかし第二編で述べたように新大陸の銀とシーパワーをもって豊かな大西洋国家たらんとしたスペイン家が衰退・断絶したのに対し、オーストリア家はトルコを撃退してヨーロッパの一大勢力として二〇世紀まで存続した。

既にカール五世存命中から帝国の内外問題（特に対トルコ戦争）を処理してきたフェルディナント一世は、一五五二年からの対トルコ戦争に引き続き取り組んだ。開戦理由は一五四七年に更新された五年間の休戦条約が切れたことだが、本質的な原因はトランシルヴァニア（ドイツ語ではジーベンビュルゲン）の幼主ジグモンド・サポヤイの母イサベラがトルコと絶ってハプスブルク家に付こうとし、これにフェルディナント一世が応じたためである。サポヤイ家は、本領であるハンガリー中央部をトルコの手から戻すことを念願してこの挙に出、フェルディナントはトランシルヴァニアに兵七千を送って同地を占領した。

これに対し、トルコのスレイマン一世は大臣ソコルル・メフメット・パシャに軍を与えて一五五二年夏にハンガリーに進撃させ、トルコ軍はリボヴァ地方を押さえ、七月三〇日にはテメシュヴァールを占領し、続いてソルノクも占領するなど優位に戦いを進めた。またジグモンド・サポヤイは、一五五九年の母の死後、ハンガリーの安定を保つため、寧ろ分割されているハンガリーの現状維持の方向でフェルディナントと交渉した。

戦争は一〇年続いたがトルコ優位に進み、結局一五六二年六月一日に成立した和平ではフェルディナント一世はトランシルヴァニア公国への宗主権を放棄し、一五五〇年より未払いとなっていたトルコへの貢租も一五四七年七月の講和条約どおり払い続けることとなった。

晩年のフェルディナント一世は、スペイン王フェリペ二世をローマ王にするという約束を反故にして、長子マクシミリアンをローマ王に選出させることに力を入れた。このマクシミリアンは何故か宗教改革に共感を示し、プロテスタントの宮廷説教師すら抱えているという人物だったため、選定侯達はそのローマ王即位に難色を示したが、そこは老練なフェルディナント一世ゆえ巧みに纏め上げ一五六二年にマクシミリアンをローマ王に選ばせた。そして、これで安心したのか二年後の一五六四年七月二五日に崩御した。

第二節　マクシミリアン二世のキャンペーン（一五六四～一五七六年）

マクシミリアン二世は一五六四年に即位した。彼はハプスブルク家の伝統によって上・下オーストリアとボヘミアを所領として相続し、他の地域は兄弟に分与された。そのためマクシミリアン二世は拠点をプラハに移し、そのまま息子ルドルフにも受け継がれる。

マクシミリアン二世は、対トルコ戦争回避のため一五六五年二月四日に未納の貢租を支払って八年間の休戦を約した。一方、トランシルヴァニア公ジグモンド・サポヤイに対しては自分の陣営に入ることを要求し、容れられないと攻撃を加えた。これに対してジグモンド・サポヤイはハプスブルク領のチャトマル、ザドマルを占領したため、ハプスブルク軍もトカイやセレンジを逆に占領した。ハプスブルク家のトランシルヴァニア進出はトルコとの条約違反だったので、一五六六年四月にアスラーン・パシャ率いるトルコ軍がまずハプスブルク領に進撃し、続いてスレイマン一世自から親征に出て南ハンガリーの要衝セゲド（シゲトヴァール）を包囲した。トルコ軍は数ケ月のセゲド包囲の末に九月八日にこれを攻略したが、その前日の七日未明にスレイマン一世は崩御し、トルコ軍はこれ以上の作戦行動をせずに帰国し、ウィーンは危機を免れた。

この後も戦争は続いたがマクシミリアン二世はトルコの攻撃を支え切れず、一五六八年二月にアドリアノープルでスレイマン一世の後継者セリム二世と和約を結んだ。和約は一五六二年の条約と同じ原則に基づき、ハプスブルク家はトランシルヴァニア公国の宗主権を放棄した。この条約は一五七四年に更新されている。

ドイツではマクシミリアン二世は新旧両教派の融和を目したが失敗し、選定侯からカルヴァン派のファルツ伯（ライン宮中伯）を排除する企ても挫折した。また、一五七二年にヤゲロ朝が断絶して選挙王制となったポーランドの王位に息子のオーストリア大公エルンストを就けようとしたが、これは仏ヴァロア家のアンリにさらわれてしまった。しかしアンリはポーランドに来てから数ケ月でフランスの王位を狙って帰国し、ポーランド王位は再び空位となった。そこでマクシミリアンはまた王位を狙ったが、今度も結局フランスの支援を得たトランシルヴァニア公イシュトヴァーン・バートリが即位してしまい失敗した。

マクシミリアン二世は長子ルドルフを一五七五年にローマ王に選出させた後、翌一五七六年一〇月一二日に崩御した。

第三節　ルドルフ二世のキャンペーン（一五七六～一六一二年）

第一款　ルドルフの即位とポーランド継承問題

マクシミリアン二世が崩御するとローマ王ルドルフが即位してルドルフ二世となった。ルドルフは祖父のようにその子供達の全てになにがしかの所領を分割して相続させる方式を排し、その弟達には領地の代わりに年金や地方の総督のポストを与えて相続による領域の細分化を防いだ。これは当時ドイツ諸侯間で導入されつつあった長子単独相続制に近づいたもので、一六二一年にはオーストリア家でも長子単独相続制となる。

ルドルフ二世の対外活動としては、一五八六年にポーランド王イシュトヴァーン・バートリが崩御したことに伴い、皇弟マクシミリアン大公に王位を継承させようとしたことがある。しかしマクシミリアン大公を擁してハプスブルク軍がポーランドに入ったときには、もう一人の王位立候補者スウェーデン王子ジギスムントと彼を支援するポーランドの大宰相ザモイスキが戴冠都市クラコフを占拠していた。マクシミリアンの軍はビィーチナで彼らと戦ったが、撃破されてマクシミリアン自身が捕虜となり、ルドルフ二世とオーストリアの等族がマクシミリアンのポーランド王位請求を放棄する旨を宣言・誓約して、やっと釈放された。これによりポーランドの王位にはジギスムントが就いてジギスムント三世となった。

また、当時スペイン・ハプスブルク家に対して叛乱を起こしていたオラニエ公ウィレムの党派は一五七八年に皇弟マティアスを奉戴して執政とした。ルドルフ二世はマティアスが自己の力を誇示するのを快くは思わなかったが、敢えて妨げもしなかった。ハプスブルク家領をつなぎ止めるための苦肉の策というところであろうか。しかし、マティアスは、一五八〇年九月にネーデルラント全国議会がフランスの王子アンジュー公フランソワと君主として迎える協定をしたため、一五八一年三月に執政を辞任し、オーストリア家のネーデルラント浸透は果たされなかった。

第二款　対トルコ十五年戦争（一五九二〜一六〇六年）

ルドルフ二世は、目を西側に注いでいたので対トルコ戦には消極的で、一五八七〜八年には国境地帯で小競り合いがあったものの、一五八三年と一五九〇年に休戦条約を更新して静謐を保持した。ただ、この一方では「神聖同盟」を結成してトルコに備えていた。

しかしハンガリー問題と一五九一〜二年にハプスブルク領クロアチアに対してトルコ軍が繰り返して侵犯を行なったことから、ルドルフ二世は一五九二年にトルコとの戦争に入った。トルコは一五七八年から続けていた対ペルシャ戦争を一五九〇年に終わらせており、東欧に出てくる余裕があった。

一五九三年六月、トルコのボスニア総督ハッサン・パシャは兵三万をもってクルパ川を渡りハプスブルク領を侵したが、ハプスブルク側はこれをシセク付近で撃破し、トルコ軍はハッサン・パシャ以下八千人が戦死した。これに対しトルコ皇帝ムラト三世の宰相シナン・パシャは七月四日にハプスブルク家に対して宣戦布告し、軍を発してヴェスプレームを陥れその付近を荒掠し、また従来はハプスブルク家に与していたトランシルヴァニア公ジグモンド・バートリ（一五八六年就位）と結んで一気に攻勢を掛けようとした。しかし一五九五年二月にムラト三世が崩御して後継メフメット三世の即位まで混乱が生じ、トルコの攻勢は一時止まった。

ハプスブルク家はトルコに対抗するため、同じく反トルコであるワラキア公ミハーイと結んだ。ミハーイは一五九〇年から神聖同盟に加わっていたが、ジグモンド・バートリの配下であるイシュトヴァーン・ボチカイと共同して一五九五年にジュルジュでトルコ軍を撃破してドナウ南岸に追いやった。これに対し新皇帝メフメット三世率いるトルコ軍は北トランシルヴァニアに入り、一五九六年九月にグラン（エステルゴム）、一〇月にはエゲルを取って、一〇月二三日から二六日にかけてケレシュ平野でハプスブルク軍に決戦を挑んだ。この戦いはトルコ軍が勝ち、トルコ側は「敵を切ること五万、砲の鹵獲一〇〇門」の大勝利を収めたと称したが、それ以上前進することはなく引き揚げた。

トルコ軍とハプスブルク・トランシルヴァニア軍はこの後も小競合いを続けた。また、ワラキア公ミハーイがトランシルヴァニアに侵入すると、トルコ軍もワラキアを攻撃している。

トランシルヴァニア公ジグモンド・バートリは、トルコとハプスブルク家とに挟まれたトランシルヴァニアのこれ以上の荒廃を防ぐため、公国をハプスブルク家に譲渡する旨を申し入れて一五九八年に退位した。しかし、これにはトランシルヴァニア貴族が反対し、またポーランドもこの地域への進出を画策するなか、かねてトランシルヴァニアを狙っていたワラキア公ミハーイは一五九九年一一月一日に自らトランシルヴァニア公となり、続いて一六〇〇年にはモルダヴィアも制圧した。ミハーイは三公国を押さえて急速に勢力を拡大した。

これに対してハプスブルク家の将軍バスタは、一六〇一年にワラキア公ミハーイを暗殺させてトランシルヴァニアを支配したが、バスタは恐怖政治を展開したため、イシュトヴァーン・ボチカイが不平貴族に担がれて一六〇四年にハプスブルク家に叛旗を翻し、一六〇五年五月にモラヴィアに侵入してきた。これに応じてトルコは、同年夏にイシュトヴァーン・ボチカイにトランシルヴァニアとハンガリーの王位を約束するとともに、トルコ軍自体は一〇月にハプスブルク側が奪還していたグランを攻略した。トルコは一六〇〇年から反撃に出て、同年にカニジャを、一六〇四年にペストをそれぞれ攻略しており、イシュトヴァーン・ボチカイと提携して一気に失地回復に乗り出した。

しかし、イシュトヴァーン・ボチカイは後に皇弟マティアスと結んだため形勢はまたもハプスブルク側に傾いた。一六〇六年夏にルドルフ二世はボチカイと、トランシルヴァニア公国の独立と宗教の自由を認める和約をウィーンで締結した。続いてボチカイの仲裁によりハプスブルク家はトルコとの間で一一月一一日にシトヴァ・トロクで和約を成立させ、対トルコ十五年戦争（トルコ側は宣戦布告から数えて十三年戦争とする）は終わった。ハプスブルク軍では一種のチフスが発生して兵士が多数死亡していたが、他方トルコでも小アジア、シリアで叛乱が相次ぎ、そこに一六〇三年からペルシャ（サファヴィー朝）の英主シャー・アッバース一世によるペルシャ軍のメソポタミアへの侵攻が重なったため、皇帝アフメット一世（一六〇四年即位）も和平を急がざるを得なかった。

この条約でハプスブルク家からトルコへの貢租は廃止され（一時金二〇万フローリンは支払う）、トルコが占拠したエゲルとカニジャを正式に割譲したが、条約締結上の立場では、ハプスブルク家は従来よりもトルコと対等に近づいた（条約の細部については諸説あり）。

第三款　ハプスブルク一族の内紛・ルドルフ二世の崩御

ルドルフ二世は錬金術や占星術に興味が深かったものの（精神異常とも評される）、政治的イニシアティブをとれず、トルコの圧力に対してもなす術なかった。そしてトランシルヴァニアに対する宗教的譲歩がなされるに至って、ハプスブルク一族は反発して一六〇六年に皇弟マティアスをハプスブルク家長と宣言し、同年にマティアスはハンガリーの等族とも結んだ。マティアスは一六〇八年にルドルフに対してハンガリー、オーストリア及びモラヴィアを放棄することを強要した。ルドルフ二世はオーストリアの支配を放棄したが、一六〇九年七月には勅許状をもってボヘミアやモラヴィアに対しても宗教の自由などを承認して自己への支持の拡大を図った。これに対してマティアスは一六一一年にルドルフのいたプラハを占領し、四〇万グルデンの年金と引き換えにボヘミア王位の放棄を強制した（帝位はそのままとした）。こうして追い詰められたルドルフ二世は翌一六一二年一月二〇日に崩御した。

第四節　マティアスのキャンペーン（一六一二〜一六一九年）

ルドルフ二世の没後、弟のマティアスが帝位に就いた。マティアスは歴代皇帝が反宗教改革運動とは一定の距離を置いていたのと異なり、旧教側に付くことを明白とした。ただマティアスも今までの行き掛かり上、新教派等族には譲歩を余儀無くされていたが、彼はこれを全て呑み込もうとは考えていなかった。

宗教改革後、一時期押されていた旧教側もこの頃までには勢力を挽回し、新教側が寧ろ押され気味となっていた。これに対し新教諸侯は危機感を持ち、一六〇八年には既に南ドイツの新教諸侯が「同盟（ウニオン）」を結成し、次いでザクセン公を除く北ドイツの諸侯もこれに加わった。ウニオンの指導者ファルツ伯（選定侯）フリードリヒ五世はイギリス王ジェームズ一世の女婿である上、オランダのオラニエ家とも親戚関係にあり国外からの支援も期待できた。他方、旧教側はバイエルン公マクシミリアンの下に集まり一六〇九年「連合（リーガ）」を結成し、これをマティアスと教皇が公然と支援した。

マティアスは一六〇六年のシトヴァ・トロク和約を確認する条約を一六一五年、一六一六年にそれぞれウィーンで結び、トルコとの戦争から解放された。この平和条約は五〇年近く効力が続き、ハプスブルク家が西方で積極的な活動ができる背景となった。また、シュタイエルマルクのフェルディナント大公（父マクシミリアン二世の弟カールの子）は、ヴェネチアと国境のグラディスカ要塞を巡って争い、一六一五年にこれを占領し、一六一七年のパリ条約でこれを正式に割譲させた。

嗣子のないマティアスは後継にフェルディナント大公を指名し、彼はスペインから援助の約束も受けた。当初オーストリア家傍流のフェルディナントによる相続についてはスペイン家のフェリペ三世が異を唱えたが、一六一七年の秘密協定でオーストリア家からエルザスをスペイン家に譲ることで決着した。スペイン側もイエズス会の学校で学んだフェルディナントの反宗教改革政策の実行を期待した。なお実際にはフェルディナントの相続時にエルザスは譲与されず、その代わりにイタリアにおいて若干の所領がスペイン家に引き渡された。

こうして新教・旧教間の争いが懸念されるなか、ルドルフ二世が出した「勅許状」を、一六一七年六月六日に等族の承認を受けてボヘミア王となっていたフェルディナントが廃止しようとしたため、これに新教派が反発し、一六一八年五月二三日に皇帝の顧問官二人がプラハの宮廷でツルン伯を首領とする新教派の議員によって窓から突き落とされるという事件が起きた（これは「国内で行なわれる普通の習慣」とされ、フス戦争勃発時も同様なことが行なわれた）。続いて七月二〇日にフェルディナントが新教・旧教間の調停に奔走していたクレース枢機卿を逮捕したため、双方の衝突は不可避になった。皇帝マティアスは妥協による事態の解決を望んだが、新教派が編成した軍がボヘミア各地を占拠し、これを駆逐しようとしたブコイ（スペイン家から支援のため派遣された）率いる皇帝軍は撃退された。新教派の傭兵隊長マンスフェルト伯は兵四千（一説には二万）で一一月二一日にピルゼンを占領し、更にブコイが入った南ボヘミアのブトヴァイスを包囲するなど対立姿勢を強めた。

こうしたなか一六一九年三月二〇日にマティアスは崩御した。

第二章　三十年戦争（一六一八〜一六四八年）

第一節　フェルディナント二世の即位とボヘミアの叛乱

マティアスの崩御の後、ボヘミア王兼ハンガリー王（一六一八年にハンガリーの等族が同意）フェルディナントがハプスブルク家の家督を継いだ。

旧教の強硬派フェルディナントとの間に妥協の余地なしと考え、一六一九年五月にツルン伯率いる叛乱軍では南下してウィーンに迫った。しかし、ブトヴァイスのブコイ軍によるボヘミアへの連絡路の遮断を懸念し、叛乱軍は引き揚げた。ボヘミアの叛徒はシュレジエン、モラヴィア、上オーストリアの等族にも広く協力を呼び掛け、モラヴィアでは後にこれに与する者が多く出た。

叛乱軍が撤退したため、フェルディナントはウィーンからフランクフルトに向かい、新教派の妨害をかわして八月二八日に選挙されて二九日に即位し、皇帝フェルディナント二世となった。三〇日にはボヘミア等族は彼をボヘミア王位から廃位したため、彼の登極は間一髪の状態だった。

九月、皇帝軍がボヘミアに出動して手薄になっていたハンガリーに、ハンガリー王位を狙うカルヴァン派のトラン

図9

シルヴァニア公（一六一三年より）ガボール・ベトレンが入った。彼はボヘミア新教派と連合し、一〇月にはツルン伯率いる叛乱軍とガボール・ベトレン軍は合流してウィーンを突く気配を示した。しかしヴァレンシュタインがラブラットの戦いでボヘミア叛乱軍の守る砦を奪取し、ラルバットの戦いでマンスフェルト伯率いる叛乱軍を同じく撃破して更にプラハに進出をする気配を示したため一一月には撤退し、単独でウィーンに迫ろうとしたガボール・ベトレン軍も、ヴァレンシュタインが進路にあるドナウ河の橋を落としたことや、土地の荒廃により兵の給養が不可能になったこととから撤退した。

　この間フェルディナント二世は、一〇月八日にミュンヘンでバイエルン公マクシミリアンと同盟を結んでリーガの支持を取り付け（ここでは戦費の補償とファルツ伯から剥奪する予定の選定侯位の譲渡を約束した）、ボヘミア叛乱の鎮圧の準備をした。一方ボヘミアの等族は、イギリスやサヴォアから支援を得ようとしたが不調に終わり、一一月にファルツ伯フリードリヒ五世をボヘミア新国王に推戴し、フェルディナント二世と断固争う構えを示した。

一六二〇年二月四日、フェルディナント二世はガボール・ベトレンと休戦条約を結び、東方からの脅威を取り除いた。そして、ドイツでは七月にウニオンとリーガがウルムで協定を結び、相互の不可侵とボヘミア問題への中立を決めた。これは、カルヴァン派のボヘミア叛徒の動きに刺激されて自国内のカルヴァン派（ユグノー）の動きが活発になるのを警戒したフランスが裏でお膳立したもので、またフェルディナント二世もザクセン公ヨハン・ゲオルクに下シュレジエンでの領土の分与をちらつかせるなど新教諸侯に手を回していたためである。またルター派の諸侯はカルヴァン派のボヘミア叛徒の支援にそもそも乗り気ではなかった。

写真２　ティリー将軍像（ミュンヘン王宮広場）
バイエルンでは未だに彼の人気は高い。

こうしてボヘミア叛徒を孤立化させることに成功し、フェルディナント二世はバイエルン公マクシミリアンと連合して兵五万（スペイン家の資金によるフランドルやナポリ出身の兵士も多数加わっていた）でボヘミアに入った。またブコイ軍はハンガリーの叛徒を牽制し、スピノーラ公率いるネーデルラントのスペイン軍はライン左岸のファルツ伯領（ラインファルツ領）を攻めた。なおフェルディナント二世は、リーガの指導者バイエルン公マクシミリアンの勢威の増大に対抗するために自己の手元部隊の強化を図り、何人かの将軍を起用して徴募した軍隊を率いらせたが、そうした将の一人がボヘミア貴族のヴァレンシュタインである。

皇帝とバイエルン公の連合軍（バイエルン公マクシミリアンとリーガの傭兵隊長ティリー伯が軍を率いていた）は南西からプラハに迫った。ティリー伯は当初はスペイン軍に参加してその頭角を現わし、後に皇帝軍に移って最高司令官を務め元帥に叙せられていたが、一六一〇年にリーガの軍司令官になっていた。

ボヘミア叛乱軍、ガボール・ベトレンの援軍など計四万はプラハ西のヴァイサーベルク（チェコ語でビーラ・ホーラ＝白山）付近に陣取って連合軍を迎え撃った。戦いは一一月八日に行なわれ、ボヘミア騎兵は奮戦したものの打ち破られ、連合軍の砲撃と騎兵の攻撃に押されてハンガリー兵が退却するに及んで叛乱軍は崩れ出し、次いでボヘミア兵、最後に主将アンハルト公率いるドイツ兵も逃げ出して叛乱軍は敗北した。叛乱軍は死者四千を出し砲一〇門を鹵獲された。これに対し連合軍の死者は数百に過ぎなかった（以上「ヴァイサーベルクの戦い」）。

ボヘミア王に擁立されていたファルツ伯フリードリヒ五世は、教会で説教を聞いていて戦闘に間に合わず（宴会中だったともいうが）、これで士気が下がったとされ、時宜に応じぬ信仰心ゆえに王冠を手放す羽目になった。フリードリヒ五世は、この戦闘の後休戦を申し入れ、その隙にベルリンからオランダに逃げ込んだ（ファルツ領は既にスペイン軍が押さえていた）。皇帝・バイエルン軍は翌九日にプラハに入城した。

この後フェルディナント二世は叛乱首謀者二七人を斬首し、旧教をボヘミアの国教とした。翌一六二一年初頭にはモラヴィアの叛徒も鎮圧された。この後ボヘミアでは、一六二四年に旧教徒以外は国内に住めないという法令が出て三万世帯が追放された。また叛乱に関与した者の財産は没収した上で功臣や教会に付与し、残りは売却した。この結果、ボヘミア全土の四分の三で土地所有者が交代したが、ヴァレンシュタインも自分の領地を取り戻した上に多くの土地を買い集め、彼の権勢の源泉の一つとしている。そして一六二七年にフェルディナントは「更新された領邦規制」を出して古来からのボヘミアの等族的憲法を無効とし、ボヘミアでの絶対主義的支配を推進した。

ボヘミアでの叛乱を鎮圧した後、ティリー伯は軍を率いて上ファルツ（ファルツ伯の領地はライン河沿いのラインファルツとバイエルンの北に隣接する上ファルツの二つからなる）に攻め入ろうとした。一六二一年五月一四日にウニオンは解散し、ドイツ新教諸侯が協力してリーガ側に当たれなかったこともティリーの作戦を容易にした。これに対して、既にピルゼンから撤退していたマンスフェルト伯は上ファルツに兵二万を集め、兵を養う為に略奪をしつつラインファルツに入った。

ティリー軍はこれを追尾したが、マンスフェルト伯は一六二二年四月のヴェスロックの戦いでリーガ軍を破り、これに応じて他の二つの新教派の部隊がこれに合流しようとしたため、ティリー伯は苦境に立つかに見えた。しかしティリー軍は、新教派のバーデン辺境伯軍一万五千を五月六日にネッカー川下流のヴィンプフェンで、続いてブラウンシュヴァイク公軍一万六千も六月二〇日にマイン川沿いのヘヒストで撃破して危機を乗り切った。援軍を失ったマンスフェルト軍は、兵の給与を確保するためエルザスに転進した。その間にティリー軍にはバイエルン公マクシミリアン率いる援軍が合流し、両軍で連合してライン右岸のラインファルツを大方平定した。マンスフェルト伯は結局軍を維持できなくなり、フランスを経てイギリスに逃げ込んだ。この一連の戦いではティリー伯の見事な機動戦術による各個撃破が光った。

こうして、フェルディナント二世はバイエルン公と連合してボヘミア叛乱に加担した新教派の軍を撃滅し、ボヘミア叛乱の張本人ファルツ伯領のうち上ファルツとライン河右岸のラインファルツをバイエルン公が、ライン河左岸のラインファルツをスペインがそれぞれ占領した。そして、一六二三年二月二三日のレーゲンスブルクの選定侯会議では、剝奪したファルツ伯の選定侯位をバイエルン公マクシミリアン個人に与えた上で、バイエルン、スペインにそれぞれの占領地の領有を正式に認めた。しかしこうした新教派の弾圧は各国の介入を招き、ボヘミアに端を発したドイツの国内戦争は国際化することとなる。

なお東方ではボヘミアでの叛乱鎮圧の後、ガボール・ベトレンがトルコの支援を受けて休戦協定を破り、一六二一年七月にノイホイゼン要塞を陥してブコイを駆逐し、九月にはプレスブルクを包囲してモラヴィアの東半分を占拠した。しかしボヘミアの叛乱貴族やドイツの新教派はこれに呼応できず、ガボール・ベトレン軍はヴァレンシュタイン軍により二回敗北を喫し、一六二二年一月六日にハンガリー王の呼称を返上することを条件に講和した（ニコルスブルクの和約）。ガボール・ベトレンは、一六二三年三月に休戦を破って兵二万でまたも侵攻して九月にプレスブルクを囲み、モラヴィアの東半分を占拠したが、一〇月にヴァレンシュタインがこれを撃退した。こうした功績からヴァレンシュタインが買い集めて形成したボヘミアのフリートラントの領地は一六二三年には侯爵領になり、一六二五年には公爵領に昇格している。

第二節　デンマークの戦争介入（一六二四〜一六二九年）

新教徒が抑圧されている状況を見た各国は、オーストリア家の伸長とスペイン家との協調による欧州制圧の可能性に危機感を抱き、一六二四年にイギリス、オランダが資金援助を約束し、これを受けてデンマーク国王クリスティアン四世が一六二五年春に軍をザクセンに派遣して新教派を支援した。クリスティアン四世は、かねてよりブレーメンとフェールデンの両司教領を狙っていたほか、バルト海での船舶への通行税課税問題を巡って皇帝と対立しており、戦争に介入する動機は充分にあった。クリスティアン四世は兵六万で五月にドイツに入ってザクセン国境に向かい、これに逃げていた新教派の傭兵隊長ブラウンシュヴァイク公とマンスフェルト伯が呼応した。

これに対してティリー伯率いる軍がデンマーク軍の攻撃に向かい、ザクセンに入ってブラウンシュヴァイク公とマンスフェルト伯の軍をまず撃破した。このためクリスティアン四世はエルベ川を南進してザクセンに入るのを諦め、西のヴェーゼル川方向に転じてミンデンを占領した。

一方リーガの軍ばかりでなく自己の軍による軍事的成果を求めた（そうしないとリーガに対する借りが増えすぎてしまう）フェルディナント二世に対し、ヴァレンシュタインが自ら戦費を立て替えて兵五万を徴募して皇帝軍として戦うことを表明した。手元不如意の皇帝はこれを許し、ヴァレンシュタインは初めて将軍の称号を帯びた。もっともヴァレンシュタインも独力でこれだけの兵士を集めた訳ではなく、配下の高級将校に委託して傭兵を集めさせたのであり、皇帝の下請けの傭兵の親方がヴァレンシュタイン、その孫請の親方がヴァレンシュタイン配下の高級将校という図式になる。なお当時の傭兵は皇帝マクシミリアン一世が一五世紀末に雇用していたランツクネヒトとは異なり、武装を自弁せずに体一つで雇われており、放浪無頼の輩も多く兵員としての質も悪かったが、その維持には多額の金銭を要した。

こうしてティリー伯の軍に続いてヴァレンシュタイン軍二万四千とその他の皇帝軍一万二千（一説には一万四千）の合同軍がボヘミアからヘッセン、ハノーファー、ブラウンシュヴァイクを通ってマクデブルクに出てエルベ河畔に進出した。この状況に応じクリスティアン四世は和平の意向を示したが、ヴァレンシュタインの出した条件が高圧的だったため戦争は続行された。ヴァレンシュタインは自己への干渉を避けるために常にティリー伯とは距離をおいて進軍し、単に連絡を取り合うのみに止めた。

ヴァレンシュタインは一六二六年四月二五日にデッサウでマンスフェルト伯軍とデンマーク軍を破った。この戦いではヴァレンシュタインは渡河に際して橋全体に帆布を掛けてカモフラージュし、その影で全兵を渡らせて敵陣を奇襲した。マンスフェルト伯はこの敗北で九千の兵を失ったため、シュレジエンに入って再度義勇兵二万七千を集め、ヴァレンシュタインに追撃されつつもハンガリーに入り、またもハプスブルク家に叛旗を翻したガボール・ベトレン軍と合流してモラヴィア方面を窺った。ヴァレンシュタインも、これに対して軍をハンガリーに入れたが、ここでの長期作戦を恐れて撤退しようとしたところをベトレン軍の騎兵部隊に追撃されて損害を受けた。しかし、ガボール・ベトレンも西方でのハプスブルク家の優位を見てとって休戦に応じた。これに不満のマンスフェルト伯はベトレンの許を去ったが、一一月三〇日にボスニアで客死した。

ヴァレンシュタインは、年内に再度兵を集めて今度は直属の兵力を四万に倍増させて北上した。これに対し、新教諸侯のうちブランデンブルク辺境伯らは依然中立政策をとろうとしたが、ヴァレンシュタイン軍はそれらの領地を蹂躙し、ブランデンブルクからメクレンブルク、ホルシュタインへと進んだ。

一方クリスティアン四世率いるデンマーク軍は、ヴァレンシュタイン軍がティリー軍と合流する前にこれを叩こうと、同年八月にレイテ河畔のルッターまで進み、向かってきたティリー軍と二四日から二七日にかけて戦った。デンマーク軍は戦死者四千を出した上、多数の軍需品を遺棄して退却し、エルベ川とヴェーゼル川の線まで引いたが、これも保持できなくなって一六二七年春にはユトランド半島に引き揚げた。これを迫ってティリー軍はヴァレンシュタイン軍に応じる形でホルシュタインに入った。この後ティリー軍がネーデルラントの守備に回されると、ヴァレンシュタインは単独で軍を北上させてデンマーク軍を撃破してユトランド半島を席巻し、クリスティアン四世以下のデンマーク軍は半島沖の諸島に逃れた。

この後ヴァレンシュタイン軍は南下してシュレスヴィヒに進み、一六二八年二月にはシュトラルズントを包囲した。バルト海での根拠地を拡大してデンマークを海から圧迫し、更にはバルト貿易にも影響を及ぼそうとの狙いがあった。しかし、これに対してはスウェーデン及びデンマークの救援並びに大雨による陣地の浸水があったため、包囲六ケ月で解囲を余儀なくされた。スウェーデンはバルト貿易の要衝であるこの都市を皇帝軍に奪われるのを嫌い、係争相手だったデンマークと同年にコペンハーゲン条約を結んでシュトラルズントで協力した。ヴァレンシュタインも四月に「帝国艦隊の司令官及びバルト・大西洋の支配者」の称号を得、占領したヴィスマルとロストクで船舶を作り、更にはポーランド海軍の支援も得て包囲に万全を期したが攻略できなかった。

しかし九月のヴァルガストの戦いでヴァレンシュタイン軍がデンマーク軍を撃破したため、結局一六二九年六月七日にクリスティアン四世はリューベックの和約を結んだ（先のコペンハーゲン条約では単独講和はしないとスウェーデンに約束していたが、これは反古にした）。この和約でデンマークはドイツへの不干渉を約束し、その代わりに占領された土地を全部返還して貰った（ホルシュタインの保持に成功した）。このように和約が寛大な内容だった理由は、スウェーデンの戦争介入が予想されたため、皇帝側が多正面作戦は避けたかったという事情がある。

ヴァレンシュタインの軍事的成功により自己の地位を脅かされると感じたバイエルン公マクシミリアンと、同様にヴァレンシュタインの権勢を憎んでいた他の選定侯は、一六二七年一〇月のミュールハウゼン会議でヴァレンシュタインを弾劾し、更に一六二八年三月にはヴァレンシュタインが皇帝軍の指揮をとる限り皇帝の長子ハンガリー王（一六二五年即位）兼ボヘミア王（一六二七年即位）フェルディナントがローマ王に即位することの保証がないと脅した。この時は、皇帝はヴァレンシュタイン軍の兵力を二万六千人削減することで反対派を宥めようとしたが、更に一六三〇年六月のレーゲンスブルクの選定侯会議で、バイエルン公マクシミリアンがヴァレンシュタインを罷免しなければ反皇帝の行動をとるとまで宣言したため、八月にフェルディナント二世も遂にその解任を決定した。フェルディナント二世は、三月にヴァレンシュタイン軍三万をマントヴァ戦争に回す提案をし、穏やかな決着を目論んだが、ヴァレンシュタインが拒否したため遂に決断を下さざるを得なくなった。ヴァレンシュタインに対してはスペインとフランスからもその罷免について策動があり、フェルディナント二世はこうした諸国の意向にも配慮せざるを得なかった。

叛乱鎮圧の功労で皇帝より一六二八年一月にメクレンブルク公爵領を下賜されていたヴァレンシュタインは（前のメクレンブルク公は新教派であって帝国追放の刑を受けていた）ボヘミアの所領に引っ込んだ。これに伴いヴァレンシュタインが集めた一〇万にも達する傭兵達も去り、皇帝の軍事力は大幅に減少した。

ヴァレンシュタイン解任の背景には、彼が傲慢な人間であるとして反発を買っていたこともあるが、その軍事活動中の過酷な徴税・徴発の実行に対する不満もあった。ヴァレンシュタインは占領地の住民に通常の租税と同額の税を軍税として課し（つまり住民は通常の二倍の税を払うことになる）、都市や村落が略奪を免れることを願い出るとその免除税を要求し、更に都市には免焼税も課した。こうした損害を地域別に見るとブランデンブルクの損害は二千万ターラー（銀貨で当時はグルデンとおおむね等価）、ポンメルンの損害は一千万ターラー、ヘッセンの損害は七〇〇万ターラーに及んだという。傭兵軍は将来において占領地と関係がなくなること、兵員の給与の支払いが必要なことから、指揮官は占領地で最大限の収奪をしようとし、勢い過酷な徴税・徴発が生じていた。

また当時のドイツの生産力は日本などと比べて著しく低かった。当時のドイツはまだ三圃制農業で年に三分の二の耕地でしか小麦がとれず、しかも小麦は一粒蒔いて一〇粒にしかならなかった。日本などでは二毛作で同じ耕地から毎年米と小麦を収穫し、おまけに米は一粒蒔くと二〇〇粒位になるから、ドイツの（というよりヨーロッパの）農村の生産性の低さが窺える。ドイツの農村は戦争で荒らされるとてきめんに生産力が落ち、更なる略奪を必要とする結果になった。

ヴァレンシュタインが初めて皇帝軍の将軍になるに先立ち、皇帝に対して兵五万を徴募することを表明した際、ある人が「兵二万ならともかく五万をどうやって養うか」と問うたに対し、ヴァレンシュタインは「兵五万なら養えるが二万なら養えない」と答えたという。これも大軍を用いて占領地で軍政を行ない、そこで徴税を徹底するしか傭兵部隊は運用できないことを端的に表わしたもので、この点からも戦禍が拡大して傭兵が増えれば、その維持のために更に占領地拡大のための戦争を要するという結末が見えてくる。三十年戦争はこうして当初から戦争の為の戦争の拡大という問題点を孕むものであった。

ヴァレンシュタインが去った後、フェルディナント二世はデンマークなどへの勝利を背景に帝権強化に乗り出し、ボヘミア以外の地でも新教徒を追放する一方、一六二八年にハンザ同盟の都市の権利を制限した。そして一六二九年三月六日に「回復勅令」を出して、一五五二年以来新教徒が作り上げてきた監督制度、教会及び教会財産を旧教徒らの手に返還するという措置を打ち出した。しかし急激に新教弾圧措置を推進したことは、新教諸国を憤激させてその軍事介入を招き、ハプスブルク家は却って苦しい状況に追い込まれることとなる。

なおガボール・ベトレンは一六二九年に没し、ハンガリー副王ミクローシュ・エステルハージは軍を率いてトランシルヴァニアを攻撃したが撃退された。トランシルヴァニア公にはジュルジュ・ラーコーツィが一六三〇年に選挙されて就位した。エステルハージ軍は再度トランシルヴァニアを攻撃したが撃退されて、一六三一年夏の三度目のトランシルヴァニア攻めも農民蜂起にあって失敗した。しかしジュルジュ・ラーコーツィは農民勢力の支援による戦争を望まなかったため、ハプスブルク側が手を引くと追撃することなく国内を固める方向に向かいハンガリーでの戦争は一先ず終わった。

第三節　グスタフ・アドルフの戦争介入（一六三〇〜一六三四年）

ドイツでの新教派弾圧が続くなかスウェーデン国王グスタフ・アドルフが新教派として参戦し、ドイツの戦乱は一層拡大した。グスタフ・アドルフは既に一六二八年にヴァレンシュタインに包囲された新教派の拠点シュトラルズントに兵員と武器を送って支援していたが、デンマークの敗退を見て遂に参戦を決し、先遣隊六千をシュトラルズントとリューゲンに送った後、一六三〇年七月四日（一説には六日）に自ら軍を率いてポンメルンのウゼドム島に上陸した。兵力は騎兵一六中隊（約二千人）、歩兵九二中隊の計一万三千で、それに砲八〇門が加わった。騎兵と砲兵はスウェーデン人で編成し、歩兵の一部にのみスコットランド人とドイツ人の傭兵が混じっていた。なお、これに先立って一六二九年一〇月五日にアルトマルク条約でスウェーデンはかねてより戦っていたポーランドと六年間の休戦を約したが、その仲介に立ったのがフランスであり、その対ハプスブルク政策も如実に表われている。

スウェーデン軍のポンメルン上陸についてフェルディナント二世は「また、ちっぽけな敵がやってきた」と述べ、オーストリア家に与する諸侯は「雪だるまの王様は南に進めば太陽で溶けてしまうだろう」と冷笑したが、彼らはヴァレンシュタイン解任のつけがすぐに回ってくることを思い知らされることになる。

グスタフ・アドルフは上陸後、本国からの補給を確保するためにポンメルン沿岸地域で拠点を得ようと戦った。すなわち、主力はオーデル河口のシュテッティンに進み、先遣隊はシュトラルズントから進んでロストク、コルベルクといったポンメルンの沿岸都市を占領した。この間グスタフ・アドルフは皇帝軍の一部と戦闘を交えてこれを撃破し、この頃には新教派諸侯も戦列に加わりスウェーデン軍は増強された。

スウェーデン軍は年末までにポンメルンの制圧を一応終えてメクレンブルクに侵攻した。当時の慣行では軍はこの時期冬営に入るのだが、グスタフ・アドルフはポンメルンが戦争で荒廃していて食糧調達に不便だったため、根拠地の拡大に迫られたこともあり軍事行動を続けた。

皇帝軍司令官（ヴァレンシュタイン解任後、リーガ軍司令官と併任していた）ティリー伯は、これに当たるための兵員を徴募中で北上が遅れた。しかし新教派も一六三一年二月の秘密会議では帝国軍と戦うための軍隊編成を見送っていて、三月になって単に回復勅令の撤回と諸侯の城塞からの皇帝軍の撤退を求めるという微温的な対応に止まっていた。なお一月二三日にフランスはスウェーデンが歩兵三万、騎兵六千を維持することを条件に毎年四〇万ターラー（フランス貨幣では一〇〇万ルーブル）を補給する内容の支援条約を締結しており、またイギリスも援兵をスウェーデン軍に派遣している。

ティリー伯は兵四万を集めてスウェーデン軍への行動を開始したが（以下、この節で「ティリー軍」という）、既にフランクフルト・アン・デア・オーデルが陥落していたので、オーデル川に沿ってのノイ・ブランデンブルク方面で作戦行動を行なった。しかし、これは大した効果を生み出さないと見て、新教徒が蜂起したマクデブルクの包囲に向かった。グスタフ・アドルフは、ブランデンブルク辺境伯とザクセン公が中立的態度をとっていたためその領土を通ってはマクデブルクの支援に行けず、メクレンブルクから東進してフランクフルト・アン・デア・オーデルを四月三日に制圧し、一六日にランツブルクを落としてシュレジエンを窺う姿勢を示した。しかしティリー伯はこれに構わずマクデブルクを包囲し続けたので（ティリーはシュレジエン方面では戦いたくなかった）、グスタフ・アドルフも五月に自軍をマクデブルクに向けた。

ブランデンブルク辺境伯とザクセン公の向背が依然不明瞭だったので、グスタフ・アドルフは軍の進撃をスムーズに行なえず（砲兵の移動には水路の使用が適していたが、そのルートの確保のためにはブランデンブルク辺境伯との交渉を要した）、その間にマクデブルクは五月一〇日にティリー軍が攻略した。この際ティリー軍は同地で乱暴狼籍を行ない、これにより新教諸侯の態度は硬化した（虐殺された市民の数は三万に上ったという）。マクデブルクの陥落を見て取ったスウェーデン軍は、一旦ポンメルンに引いた後、七月に再びティリー軍と戦うべくエルベ川の線まで進出した。

ここでフェルディナント二世が犯した失策は、ザクセン公にスウェーデン軍の討滅を命じ、これを容れないと見るやティリー軍を九月初旬にザクセン領に入れて略奪をさせたことである。このためザクセン公ヨハン・ゲオルクはグスタフ・アドルフに救援を求め、続いて同盟を締結した。ここにスウェーデン軍は強力な同盟軍を得ることができ、ティリー軍に向かって行動を開始した。グスタフ・アドルフがドゥーベンでザクセン公軍と合流したうえで自軍の方に進んでくるのを知ったティリー伯は、軍をライプチヒに止めて援軍を待ったが、部将パッペンハイム伯の意見に押されてライプチヒから更に北上して、ライプチヒ北方の数キロメートルにわたって広がる平野の南の丘陵地ブライテンフェルトに布陣した。ティリー軍の兵力は約三万五千だったが、砲は三六門しかなかった。

ティリーは当時の慣習通り約二・四キロメートルを正面にとって二列に歩兵の密集方陣を並べ、歩兵陣地中央の後ろの丘陵に砲を、その後ろに予備隊を置いた。歩兵の密集方陣のうち後列の方陣は一三または一七列の槍兵からなり、方陣の四隅には槍兵に守られた火縄銃隊が付いていた。当時のこのスペイン式方陣はその一つが大体一、五〇〇人から三千人程度で構成され、銃兵の比率は二割程度であった。また騎兵が両翼に配置され、その数は一万騎であった（ということは中央の歩兵隊の人数は二万五千程度ということになる）。

これに対して、南下してきたスウェーデン・ザクセン同盟軍三万数千は九月七日早朝に平野の北方を東西に流れる

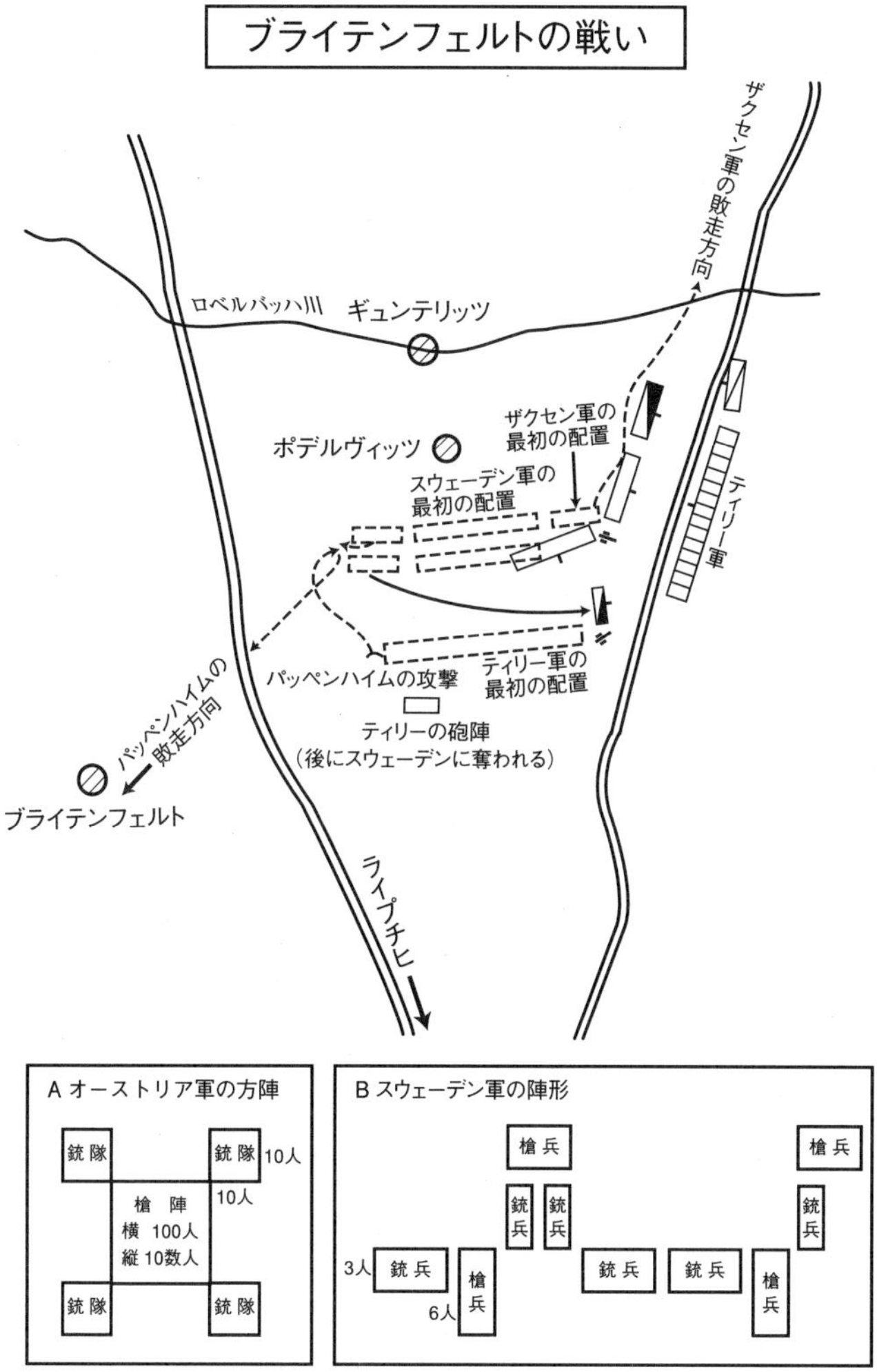
ブライテンフェルトの戦い
ザクセン軍の敗走方向
ロベルバッハ川
ギュンテリッツ
ザクセン軍の最初の配置
ポデルヴィッツ
スウェーデン軍の最初の配置
ティリー軍
パッペンハイムの敗走方向
パッペンハイムの攻撃
ティリー軍の最初の配置
ティリーの砲陣
（後にスウェーデンに奪われる）
ブライテンフェルト
ライプチヒ
A オーストリア軍の方陣
銃隊
銃隊
10人
10人
槍 陣
横 100人
縦 10数人
銃隊
銃隊
B スウェーデン軍の陣形
槍兵
槍兵
銃兵
銃兵
銃兵
3人
銃兵
槍兵
6人
銃兵
銃兵
槍兵
図10

ロベルバッハ川を渡った。この時の行軍序列は右縦隊（西側）がスウェーデン軍、左縦隊（東側）がザクセン軍である。敵の渡河の時の隙を突いて攻めるのは戦争の常道だが、当時の騎士道精神からかティリー伯はこの措置をとらなかった。ただ、パッペンハイム伯指揮する皇帝軍左翼（西側）の騎兵二千は同盟軍の前進を阻もうと前進したが、これは少数の竜騎兵（歩騎の両方の訓練を受け竜銃を持った騎馬歩兵）とそれに支援されたスコットランド兵（イギリスからの支援軍の一部と見られる）によって撃退され、同盟軍はティリー軍の前面（北側）に進んで布陣した。

同盟軍の布陣状況は、右翼（西側）にスウェーデン軍が二線に陣を展開し、左翼（東側）にザクセン軍が戦列を敷いた。ザクセン軍の陣は皇帝軍と同様の当時としては一般的な軍兵の配置であったが、スウェーデン軍はグスタフ・アドルフが行なった軍事改革によりその面目を一新していた。

ここでスウェーデン軍の主な改革点を述べると、一列の陣の縦列には六人の槍兵が並び、銃兵は槍兵の列の間に一列三人で入った。スウェーデン軍では槍兵を銃兵の保護（装填中銃兵は無防備であり、銃兵が白兵戦時に自らを守れるようになるのは一七世紀末の銃剣の発明以降である）のための最小限に止めたので、銃兵は全体の三分の二を占めた。またスウェーデン軍は既に新式の火打石銃を採用しており、この発射速度は火縄銃の三倍ということで銃兵の増加と併せて他国軍より著しく火力は強化されていた。更に銃の軽量化を行なったため、従来のように銃を木叉に乗せる必要がなく歩兵の機動も迅速に行なわれた。歩兵は第一列が一〇歩進んで一斉射撃すると直ちに退いて弾込めを行ない、その間に第二列が進み出て射撃し、これが終わると第三列という具合いに間断なく射撃を行なうようにしていた。こうして増大した火力を発揮するために布陣は逆丁字型となり、突出部の先頭に槍兵の列を置いてその後ろに銃兵の列を配置し、銃兵を白兵戦から守りつつ、火線を増やして正面の敵により多くの銃火を浴びせるようにした。なおスウェーデン軍の歩兵列が他の軍より薄いのは、皇帝軍などが傭兵主体で逃亡防止のためにも密集方陣を組む必要があったのに対し、スウェーデン軍は徴兵による国民軍なので異郷の地での逃亡の虞は余りなかったということもある。

グスタフ・アドルフの改革は砲兵にも及び、馬一頭または兵三人で運べる小型砲を多用したほか、二四ポンド砲、一二ポンド砲及び三ポンド砲の三種類に規格を統一した（この野戦では三ポンド砲が全連隊に配備されていた）。そして、これらの砲の弾丸は薬莢式で常に発射準備を整えていて一時間に二〇回発射できた。野戦時の砲弾には葡萄弾や散弾を用い（従来は攻城にも野戦にも重砲で同じ実体弾を用いていた）、砲による歩兵の殺傷力も大幅に引き上げられていた。ブライテンフェルトの戦いで同盟軍の有した砲は重砲五一門と野戦砲が一連隊四門で計一〇〇門以上と皇帝軍の約三倍に達したが、その背景にはこうした改良の成果がある（スウェーデンは一六世紀後半以来、鋳造砲の一大生産国であった）。

そして騎兵戦法も従来からのスペイン式の車懸かり（カラコール）ではなく、大集団の騎兵を三列に並べて先頭の騎兵のみが射撃を行ない、後列の騎兵はサーベルを持って敵陣に突入するという方式を採用してその打撃力を増した。ただスウェーデン騎兵は他国に比べて訓練不足だったので、一ケ騎兵連隊には独立した銃兵のみの歩兵隊（一八〇人）を随伴させて、その防御に役立てた。

このような新機軸に基づくスウェーデン軍に向かったティリー軍の運命や如何に。戦闘は同盟軍の布陣が終了した正午から始まったが、スウェーデン砲兵はティリー軍が一発撃つ間に三発発射し、砲の数も勘案すれば、ティリー軍は敵に向けて発した砲弾の九倍を撃ち込まれた。二時間続いた砲撃戦の後、パッペンハイム伯率いる騎兵がスウェーデン軍右翼を襲ったが、自軍最右翼で騎兵六ケ連隊を主力にし、その支援としては騎兵一ケ連隊と四ケ大隊を置いて騎兵の列を二重にして布陣していたスウェーデン軍右翼は、後ろの騎兵隊を前の騎兵隊に対して垂直に運動させ、あたかも自軍右翼に対する防波堤のような形をとらせたため、パッペンハイム伯の騎兵隊はこの陣に正面からぶつかって粉砕された。騎兵の七回の突撃はいずれも撃退され、ついには意気消沈して四散した。

一方、同盟軍左翼のザクセン軍はティリー軍右翼のフュルステンベルク率いる騎兵隊に蹴散らされて僅か三〇分で潰走し、取り残されたスウェーデン軍の左翼はがら空きになった。これを見て取ったティリーは右翼の歩兵部隊にスウェーデン軍左翼を突かせようと、フュルステンベルクの騎兵隊に続いて進撃するように指示し、また騎兵部隊を更にスウェーデン軍の後ろに回り込ませて包囲・殲滅に移ろうとした。

通常の戦いならこれでティリー軍の大勝利となるところだが、スウェーデン軍は当時のどの軍よりも機敏であった。スウェーデン軍左翼を指揮していたホルン伯は翼側の敵に対抗できるように、左翼の騎兵隊三ケ連隊と予備の騎兵二ケ連隊を相次いで垂直（南北方向）に折り曲げてティリー軍が回り込めないように側面防御の体制をとり、これに続いてグスタフ・アドルフも中央の後ろに控えていた予備の歩兵三ケ旅団（一ケ旅団は定数三、六〇〇人）と騎兵二ケ連隊から部隊を抽出してホルン伯率いる部隊に更に増援して左側面の防御陣を延伸し、ティリー軍が防御力の弱い歩兵列の側面を襲撃できないようにした。

こうして密集方陣を組んでいて隊形変更に時間のかかるティリー軍がスウェーデン軍左翼に攻撃を加えた時にはその防備はすっかり固まっていたうえ、ティリー軍は戦闘隊形の変更の際に混乱を生じてしまい、その攻撃がバラバラになってしまい、スウェーデン軍にやすやすと対応されてしまった。

こうしてティリー軍の右翼歩兵部隊がスウェーデン軍左翼で苦戦している間、グスタフ・アドルフはパッペンハイム伯の騎兵部隊を駆逐した右翼のスウェーデン騎兵を自ら率いてティリー軍の後方の砲陣を襲って砲を奪い、これでティリー軍左翼を後ろから撃ちまくった。また有力なスウェーデン砲兵もティリー軍の中央・左翼を撃ちまくったのでティリー軍は二方向から砲撃を受けた。そしてスウェーデン軍右翼・中央の騎・歩兵（歩兵四ケ旅団とその支援に歩兵二ケ旅団及び騎兵一ケ連隊がいた）も大きく旋回してティリー軍の左翼歩兵を包囲にかかったため、当初ザクセン軍を駆逐してスウェーデン軍を包囲する勢いであったティリー軍は逆に包囲される形勢となった。

戦闘は夜まで続いたが、ティリー軍の兵は次第に落伍し、遂に七千の戦死者と五千の捕虜と多くの逃亡兵を出して崩壊した。退却したティリー伯が再び兵を把握した時の人数は二千に過ぎなかった。これに対してザクセン軍の戦死は二千、スウェーデン軍の戦死は七百余りでしかなかった。この敗報にウィーンは「驚愕のあまり沈黙した」と言われ、ボヘミアでは木を切り倒して道路の閉塞が行なわれ、多くの都市でその城壁に付く兵員が動員された（以上「ブライテンフェルトの戦い」）。

勝利の後、ザクセン公やホルン伯はオーデル川に沿ってのウィーン進軍を主張したが、グスタフ・アドルフはライン河沿岸の西南ドイツへの進撃を決めた。これは、この方面に撤退したティリー軍を追尾する必要があったのと、兵員を養うための資源をこの地に求めることで（ウィーン方向は戦争で荒廃していて食糧調達が困難と見られた）、北部の新教諸侯の負担を減らしたいという気持ちがあったためとされる。こうしてオーストリア家はしばし立ち直りの猶予を得、グスタフ・アドルフには、戦争の早期終結のチャンスを逸したと批判の出るところでもある。しかし既に冬営の時期も近く、ウィーン攻撃に失敗すればスウェーデン軍の補給の維持は困難となるから、グスタフ・アドルフのこの決断は妥当であろう。なおザクセン軍はボヘミアからオーストリアへと向かい、ライプチヒを回復した後一一月一一日にプラハに抵抗も受けずに入城した。

グスタフ・アドルフはこの勝利の後、ティリー軍を追尾していたが、一一月二八日に同盟から寝返ったマインツ市の包囲を開始し、一二月一三日にこれを陥してここで冬営に入った。この間スウェーデン軍は積極的に徴発を行なって、かなり豊かになった。新教派の各軍も皇帝軍を駆逐してメクレンブルク、プラハ、マクデブルク、エルフルト、ヘッセン、フランケンの各地で同様に冬営に入った。新教派がバラバラに布陣したのは、占領地の確保の必要性とともに、総数一二万にも上る兵員を一ケ所に集めることは、食糧などの調達の上からもできなかったことによる。当時兵三千の部隊の場合、その後ろに付いて来る輜重隊、兵の妻、売春婦（これらの女性は看護婦、洗濯女、酒保なども兼ねていた）、その他軍隊に付いてくる連中は四千を数えたといい、これらを併せれば新教側は約三〇万人分の補給を考えねばならず、指揮官としては切実な問題であった。

一六三二年春にグスタフ・アドルフは西南ドイツへ進撃を開始した。それまではスウェーデン軍以下の新教派の軍はスペインが占拠していたラインファルツの制圧にかかっていたのだが、フランスの宰相リシュリューは新教派のフランス国境隣接地帯への進出はフランス国内のユグノー叛乱を誘発するので好ましくないとの観点からグスタフ・アドルフと旧教諸侯との和平斡旋を勧め、これに基づきグスタフ・アドルフはバイエルン公マクシミリアンと一四日間の休戦を約した。しかしバイエルン公はこの期間を利用してティリー軍をホルン伯率いるスウェーデン軍が駐屯するバンベルク司教領の回復に向かわせたため、グスタフ・アドルフもバイエルンに向かった。

ティリー軍はマイン川上流で作戦行動を行ない、バンベルクでホルン伯の部隊を撃破していたが、グスタフ・アドルフ軍の南進を聞いて、バイエルン防衛のためにドナウ河の線に後退した。これに対してグスタフ・アドルフも三月三一日にニュルンベルクに入り、四月五日にはドナウ河近傍のドナウヴェルトに出て渡河点を確保しようとした。ドナウヴェルトのすぐ東のドナウ河とレッヒ川との合流点はバイエルンにとっては重要な防御点で、インゴルシュタット要塞もあり、ティリー軍はこの地域の森の中に布陣した。レッヒ川は急流で深く、この辺りの橋はティリーによって落とされていたので架橋を要した。グスタフ・アドルフは川の湾曲部の対岸の高台に七二門の砲を準備し、湾曲部の突出している側に布陣しているティリー軍を南、北、西の三方向から砲撃しつつ架橋を開始した。そして、スウエーデン軍は橋を架ける終わるや煙幕を張って敵軍の目を欺き、四月一四日に二本の橋から渡河を強行したので、ティリー軍は防御し切れなくなってインゴルシュタット要塞に退却した。グスタフ・アドルフの布陣した方の岸がティリーの守っていた側よりも高かったのでスウェーデン軍の砲の威力を増し、ティリー軍は砲の威力を減じられてこれも敗北の一因となった。主将のティリー伯自身もこの戦いで戦傷を負い間もなく死亡した。

グスタフ・アドルフの戦史に残る見事な渡河作戦で、バイエルンには彼を遮るものはなくなり、スウェーデン軍はアウクスブルクを四月二〇日に占領するなど、ミュンヘン以下の都市を次々と攻略した。

苦境に立った旧教派からは、ヴァレンシュタインの皇帝軍司令官復帰を求める声が高まり、フェルディナント二世は一六三一年一一月から一二月にかけてヴァレンシュタインに対して三回書状で要請（というより懇願）を行なった。このため、ヴァレンシュタインも遂に一六三二年三月までに兵員を集めることを約したが、司令官就任については承諾しなかった。しかし四月にティリー伯が戦傷死したため、フェルディナント二世としても司令官就任を要請し続け、これを受けてヴァレンシュタインは再び総司令官に返り咲いた。ヴァレンシュタインは、司令官就任の条件として任免・懲罰・赦免・没収のあらゆる権限を持つことを要求し、皇子フェルディナントとの共同指揮権は拒否した。そして、報奨としてはオーストリア家の世襲領一つ（取りはぐれないためであろう）と占領した地域一つを要求し、任期は三ケ月とし、いずれの条件も皇帝は呑んだ。

総司令官となったヴァレンシュタインは、三ケ月の内にボヘミアで「魔法のように」徴募した四万の兵にボヘミアの自領で生産した火薬、甲冑を装備させて再び戦争に戻り（この為にヴァレンシュタインは二〇万ターラーを自前で払ったという）、手始めに五月二五日にプラハからザクセン軍を駆逐した後、スウェーデン軍に向かった。なお、ヴァレンシュタインはそれ以前に皇帝に対してデンマークと結んでその艦隊によりバルト海でのスウェーデンの補給を絶つことを献策し、フェルディナント二世もこれに同意したが、皇帝軍の敗報を聞いたクリスティアン四世が翻意したため、同盟は締結直前に流れた。またザクセン公にもボヘミアでの戦いの後講和を申し入れており、これを知ったグスタフ・アドルフは補給線の遮断を恐れてバイエルンからの撤退を考えざるを得なくなった。

ヴァレンシュタインは、当時ボヘミアで行動中であったバイエルン公マクシミリアンに皇帝軍総司令官として自軍への合流を命じ、この軍を併せた上でバイエルンにいるグスタフ・アドルフと当たることとした。バイエルン公は先のヴァレンシュタイン解任劇の張本人であったが、ヴァレンシュタインは今やその上級指揮官の地位にあり、マクシミリアンは屈辱的にもその下風に立たされることとなった。

バイエルンにいたグスタフ・アドルフは、両軍の合流を妨げようとしたが失敗し、その合計が計六万にも上ったため自軍一万八千を率いて北上して六月二〇日にニュルンベルクに入り、広い壕を掘って陣を築いた。ヴァレンシュタインはこれを追ってニュルンベルク近郊に進み、総勢六万で市から四マイル離れた所に布陣してニュルンベルクを半ば包囲する一方、クロアチアの軽騎兵を使ってスウェーデン軍の兵站線を遮断したためスウェーデン軍は飢えた。

グスタフ・アドルフはドイツ各地からの援軍の到着を待って兵六万とした上で、九月三日から四日にかけてヴァレンシュタインに決戦を挑むべくその陣地を強襲し、その両側面から必死の攻撃を掛けた。しかしヴァレンシュタインの陣地は高低差があり灌木の多い丘陵地だったので、スウェーデン軍得意の騎兵による速攻はできず、ヴァレンシュタインが砲一〇〇門で応戦したため、グスタフ・アドルフは二千の損害を出してニュルンベルクに引き揚げざるを得なかった。

結局、飢餓に悩まされたスウェーデン軍は襲撃から二週間後の九月一八日にニュルンベルクを去って北方に逃れた。ヴァレンシュタインがこれに追撃を掛けたのは九月二一日になってからで、スウェーデン軍はほぼ無傷で退却したがその無敵の神話は崩れ去った。ヴァレンシュタインが敢えて追撃を掛けなかったのも、万一敗れることがあっては折角向上した士気と名声が揺らぎ、政治的に面白くないと考えたためらしい。

この後ヴァレンシュタインはまたもザクセンに入り、ライプチヒ付近を根拠にしてザクセン公を圧迫に掛かった。「弱きを挫く」のは戦争の鉄則である上、ザクセンを破って講和に持ち込むことはスウェーデン軍と本国との連絡を断ち切る点からも重要であった。このため、グスタフ・アドルフが描いていたドナウ河に沿って南進してこの地域に新教派の強固な同盟を作り、更にこの方面にヴァレンシュタイン軍を誘致してザクセンへの圧迫を和らげ、その上でオーストリアでの農民一揆に乗じてウィーン方面にまで進撃しようという目論見は崩れた。

グスタフ・アドルフは途中ザクセン・ヴァイマール公ベルンハルトの軍とアルンシュタットで合流し、ドナウヴェルト・ナウムブルク間三二〇キロメートルを一八日で踏破するという強行軍でヴァレンシュタインの軍（以下この節で「ヴァレンシュタイン軍」という）に追い付いた。この時点でのスウェーデン軍は一万六千余りであった。ヴァレンシュタインはスウェーデン軍の迅速な行動には対応できず一一月一日にナウムブルクに入られてしまい、ただ緩慢にそのザクセン軍への合流を阻んだだけであった。

ヴァレンシュタインは、グスタフ・アドルフが自分のいたライプチヒから西南に九六キロメートル離れたナウムブルクに軍を集結させて陣地を築いたことから、スウェーデン軍は冬営に入り直ちに決戦を挑むことはないと判断し、総勢二万六千（ニュルンベルク包囲戦の時にいた兵六万はその後脱走などによってここまで減っていた）から軍を抽出してパッペンハイム伯にバレル近傍のモリッツベルク要塞包囲を許可し、自らはライプチヒ・ナウムブルク間の街道の途中にあるライプチヒ西南のリュッツェンに移動した。これに対してグスタフ・アドルフ軍は北東のリュッツェンを目指して急ぎ、ヴァレンシュタイン軍を撃滅しようとした。この警報を受けたヴァレンシュタインは、手元のクロアチア

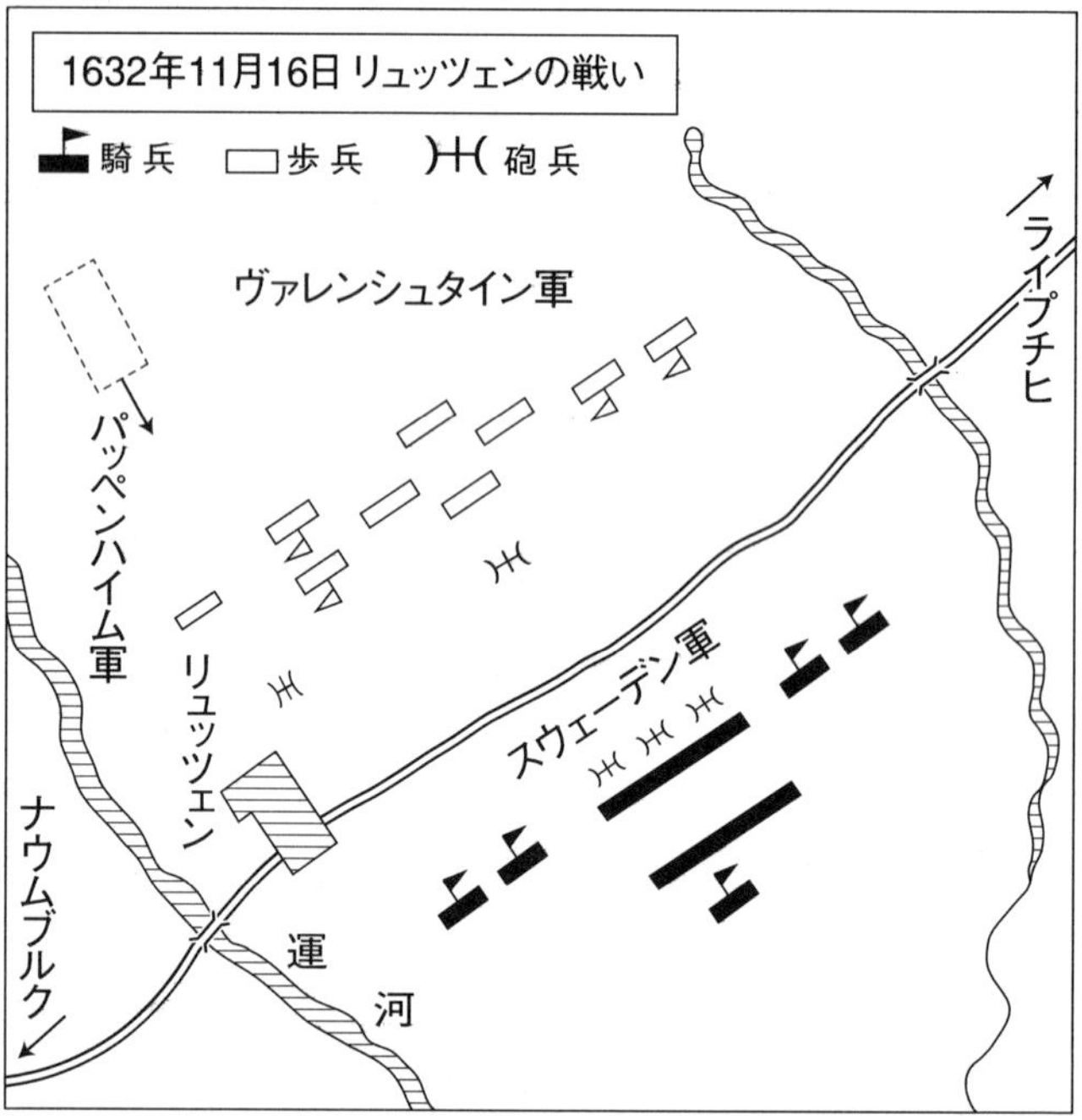

図11

騎兵をスウェーデン軍の進路に派遣してその進軍を遅らせる一方、パッペンハイム伯に直ちモリッツベルクを解囲して自軍と合流することを命じた。そして自らはクロアチア騎兵が稼いでくれた時間を利用してライプチヒ・ナウムブルク街道に並行して陣を布き、スウェーデン軍の来る方向にあるリュッツェン村に最右翼（西南）の部隊を置き、以下、街道に沿ってライプチヒ方向（北東）に戦列を並べた。

一一月一五日夜、スウェーデン軍はリュッツェンに到着した。グスタフ・アドルフはすぐにリュッツェンにいたヴァレンシュタイン軍の右翼を攻撃させず、自軍も街道を右折させてヴァレンシュタイン軍と並行に布陣して夜営し、翌一六日の朝を待った。グスタフ・アドルフが直ちにヴァレンシュタイン軍右翼を襲わずに会戦の形式をとったのは、①ここでヴァレンシュタイン軍を破ったとしても小規模な勝利に止まり、ヴァレンシュタイン軍がライプチヒに逃げ戻ればザクセンからの駆逐は不成功に終わること、②もしパッペンハイム軍が戻ってくればスウェーデン軍は挾撃される虞もあり短兵急に行動することは危険であったこと、③攻撃の際リュッツェンの村落を通過すれば軍は混乱を起こしやすく不測の事態が生じることを恐れたこと、があるとされる。

ここで、リュッツェンでの両軍の布陣を見ると、ヴァレンシュタイン軍は街道の両側に沿って深い塹壕を掘ってそこに銃兵を伏せ、右翼（リュッツェン村付近）の高台には砲一四門と歩兵一ケ連隊を置いてヴァレンシュタインが直率し、中央には歩兵四ケ連隊を菱形に並べてその両翼に騎兵隊を置いた。総勢は歩兵一万二千、騎兵八千、砲三〇門である。

一方スウェーデン軍は例の如く新式軍をもって戦ったので、戦列は皇帝軍よりは薄かった。戦列の前面には砲を並べ、中央に歩兵が二列に並び、両翼は騎兵隊が固め、右翼の騎兵はグスタフ・アドルフが自ら率いた。総勢は歩兵一万九千、騎兵六、五〇〇、砲六〇門であった。

戦闘は一六日一一時にグスタフ・アドルフの砲撃命令で始まり、正午過ぎにスウェーデン軍は前進を開始した。開戦が遅れたのは霧が深かったためで、戦闘開始後も両軍ともに視界が利かず、状況を良く把握できぬまま戦闘は続いた。このためスウェーデン軍は新式軍の利点である機動性を駆使できず、両軍の戦列が互いに自軍の前面の敵を攻撃するという「殴り合い」の形になった。

戦闘では、ヴァレンシュタイン軍左翼の騎兵はスウェーデン軍右翼の騎兵によって覆滅されたが、中央ではスウェーデン歩兵の襲撃をヴァレンシュタインが自ら騎兵を指揮して押し返し、右翼（リュッツェン村の辺り）ではヴァレンシュタイン軍は一四門の砲で同盟軍左翼（ザクセン・ヴァイマール公ベルンハルトの軍）の攻撃を撃退した。こうした膠着状態に業を煮やしたグスタフ・アドルフは中央軍を率いて再度ヴァレンシュタイン軍中央に攻撃を掛けようとしたが、霧と本人の近眼のために状況を掴めぬまま前進したため自身が軍の先頭に立ってしまい、銃弾を浴びて戦死した。この訃報に怒ったスウェーデン軍は死にもの狂いで戦い、ヴァレンシュタイン軍は押されて後退した。しかし夕刻にパッペンハイム伯の騎兵八ケ連隊が到着してスウェーデン軍を攻撃したため、これを好機と見て取ったヴァレンシュタインは中央の歩兵部隊を前進させてスウェーデン軍を押し戻して砲と陣地を奪還した。

しかしパッペンハイム伯の騎兵隊もスウェーデン軍によって撃退されてパッペンハイム伯自身も重傷を負い（翌日これが元で死亡した）、スウェーデン軍の二列目の歩兵列が出てきて再度ヴァレンシュタイン軍中央を攻撃したため、ヴァレンシュタインも遂に耐えられなくなって砲と軍需品を遺棄し、暗夜を利用してライプチヒに引き揚げた。遅れてやってきたパッペンハイム伯麾下の歩兵六ケ連隊は既にヴァレンシュタインの本隊が戦場を離脱していたため、本軍に合流しようとライプチヒに進んだ。スウェーデン軍はグスタフ・アドルフの戦死に哀悼を表して戦場から動かなかったため、ヴァレンシュタインは追撃を免れた（以上「リュッツェンの戦い」）。

この戦いは戦術的にはヴァレンシュタインの敗北であり、ヴァレンシュタインが兵力減少のために結局ライプチヒを捨ててボヘミアに戻らざるを得なくなったことは、戦略的にも敗北であったことを示している。しかし新教派の守護神グスタフ・アドルフの戦死は新教派にとっては大打撃であり、最早自分を妨げる者がなくなったという点でヴァレンシュタインは大戦略の上からは大勝利を博したと言ってよい。

第四節　ヴァレンシュタインの横死とスペイン、フランスの参戦（一六三二〜一六三七年）

ヴァレンシュタインは一六三二年の冬をボヘミアで過ごし、この間、騎兵の装備からカービン銃を取り上げて代わりに重装甲を付けさせるという騎兵の戦術改革を行なった。一六三三年春にヴァレンシュタインは再び徴募した兵四万を率いてボヘミアを出発し、シュレジエンにいたザクセン、スウェーデン両軍を駆逐にかかった。彼は殆ど連戦連勝だったが、ヴァレンシュタインの敵対者が彼が密かにザクセンと和平交渉を行なっているという流言を広めたため、フェルディナント二世は不安を募らせた。また一〇月一〇日のシュタイナウの戦いでザクセン軍を駆逐してスウェーデン軍を包囲・降伏させたヴァレンシュタインがスウェーデン軍司令官ホルン伯を結局釈放したことは、ウィーンの宮廷の態度を悪化させた。ヴァレンシュタインは「このような無能な司令官なら敵軍を率いらせておいた方が有益である」という考えであったが、狭量のウィーン貴族達には理解されなかった。

ヴァレンシュタインはスウェーデン・ザクセン軍をシュレジエンから駆逐し、バルト海に追い落とそうとしたが、スウェーデン軍は依然ドナウ河方面で優勢に活動を進め、一一月中旬にレーゲンスブルクを攻撃するなどバイエルンを圧迫したため、ヴァレンシュタインは召還された。御陰でスウェーデン軍は参戦の代償として獲得しようとしていたポンメルンを保持することができた。ヴァレンシュタインはこの後ピルゼンで冬営に入っている。

こうしてヴァレンシュタインとフェルディナント二世との間では不信感が募った。フェルディナント二世は一六三四年一月二四日に「ヴァレンシュタインの総司令官職を剥奪し、不逞の徒と宣言し、生死に拘わらず逮捕せよ」と密命を下した。ヴァレンシュタインは皇帝への忠誠を宣言し、いつでも総司令官を辞職する旨と併せて皇帝に伝達すべく使者を派遣したが、この使者は反対派の将軍に捕らえられて目的を達しなかった。このためヴァレンシュタインは総司令官を辞して少数の護衛を連れて同盟者の下に逃走しようとし、ピルゼンを出て二月二四日にボヘミア西方国境でザクセンに近いエーガー要塞に到着した。しかし、ここの守備隊長スコットランド人のゴードン大佐とレスリー少佐が、同日夜に訪れた皇帝派の将軍ピッコロミニの使者の言をいれてヴァレンシュタイン殺害を決意し、翌二五日の深夜、ヴァレンシュタインは彼らの配下の兵に襲われて絶命した。

ヴァレンシュタインの殺害は彼について取り沙汰された多くの謀叛容疑に基づく。しかしこれも結局は捏造であり、オーストリア家も後にこのことに気付いた。一八世紀後半フリードリヒ大王が皇帝ヨゼフ二世と会った際ヴァレンシュタイン事件の真相を質したところ、ヨゼフ二世は「先祖のフェルディナント二世の名誉と廉直に疑義を差し挟むことはできない」と答えたとされる。

こうして二人の卓越した軍事指導者が姿を消したため、戦争はその解決の糸口を失い長期化した。皇帝軍はヴァレンシュタインに替わってフェルディナント二世の長子ハンガリー王兼ボヘミア王フェルディナントが指揮をとった。しかし軍勢の徴募をヴァレンシュタイン個人の力量に頼っていた皇帝軍はその戦力の低下を挽回できず、結局スペイン軍の支援を頼むほか無くなった。そして財政難からドイツでの戦争への直接介入を避けていた（ウィーンへの資金援助は相当額行なっていたが）スペインも、オランダの独立叛乱に対処するためにイタリア及びライン河畔を通ってフランドルに至る「スペイン街道」の確保は至上命題で、そのためのオーストリア家の支援をやむなしとしたことから、遂に三十年戦争に参戦した。また、新教側でもスウェーデンがザクセンを除く新教諸侯と五月一八日にハイルブロンで同盟を結び、結束を固めている。

スペイン軍と皇帝軍は一六三三年頃からライン沿岸で協調して行動をとり、一六三四年七月にはミラノから北上してきた王弟フェルナンド枢機卿率いるスペイン軍が皇帝軍に協力してレーゲンスブルク、ドナウヴェルトを新教派から奪還し、八月末からネルトリンゲンを包囲した。これに対して、ホルン伯率いるスウェーデン軍二万五千はネルトリンゲンを救出に向かい、皇帝軍及びスペイン軍の計三万三千がこれを迎え撃った。兵力差からホルン伯は慎重に行動したかったが、部下に突き上げられて九月六日夜からスウェーデン軍は行動して翌日の決戦に臨んだ。しかしスウェーデン軍が市南方の丘陵地を制するのが遅れたため、皇帝軍とスペイン軍が俄然有利となり、結局スウェーデン軍は一五回の突撃の後、戦死八千、捕虜四千を出して壊滅し、ホルン伯も捕虜になった。

この勝利を受けて一〇月三〇日に両ハプスブルク家の間で正式に攻守同盟がエベルスドルフで結ばれた。そして一六三五年五月三〇日にプラハで結ばれた特別条約（諸侯の軍の上に皇帝の最高指揮権を認める代わりに「回復勅令」による新教派の宗教領の返還は一六二七年の状態を基準にするという優遇措置をとることが内容。もしこのとおりになれば皇帝がドイツの全ての軍の頂点に立ち、その中央集権化の可能性を秘めている）にザクセン公以下ブランデンブルク辺境伯、ザクセン・コーブルク公、メクレンブルク公、アンハルト公、ヘッセン・ダルムシュタット公、バーデン辺境伯といった諸侯やリューベック、フランクフルトなどの帝国都市も参加し、皇帝の優位は最早揺るがぬかに見えた。

しかし反ハプスブルクの立場を堅持するフランスは一六三四年一一月一日にはシュレットシュタットその他ライン河左岸の数地点の割譲を条件に一万二千の兵員と五〇万リーブルの軍資金を新教諸侯に提供する約束を結んだ。続いて、一六三五年四月三〇日にはスウェーデンとコンピエーニュ条約を結び、対皇帝単独講和の禁止、フランスのスペインへの宣戦布告、フランスのライン河左岸の所有を約した。これを受けてフランスはスペインに対して五月一二日に宣戦布告し、またフランスはオランダとも同年中に攻守同盟を結び、オランダ軍三万は南ネーデルラントに侵攻している。この条約によりポンメルンに逼塞していたスウェーデン軍はエルベ河に沿って南進してボヘミアからウィーンを窺い、フランス軍はシュトラスブルクからネルトリンゲンを経てアウクスブルクを包囲し、ドナウ河に沿ってウィーンへと進んだ。

この両軍の連携には皇帝軍も対応したが、一六三六年九月二四日に南進してきたバネルス将軍率いるスウェーデン軍を迎え撃ったブランデンブルク辺境伯、ザクセン公軍を主体とする皇帝軍（ガラスやピッコロミニ率いる主力部隊はスペインの要請を受けてロートリンゲンやブルグント自由伯領に進んでいた）は一〇月四日にヴィストックで偽計にひっかかって撃破され、スウェーデン軍はザクセンに先ず侵入した。こうしたなか一六三七年二月八日にフェルディナント二世は崩御し、後継には前年一二月二二日にローマ王に選出されていた長子フェルディナントが立った。

フェルディナント二世はその宗教的な偏狭さから遂に三十年戦争を起こしてしまい、しかもヴァレンシュタインを殺したことで、その早期解決の道も自ら閉ざしてしまった。この時期にこのような狭量な君主を載いてしまったことに、ハプスブルク家のみならずドイツ全体の不運を感じる。

第五節　フェルディナント三世のキャンペーン（一六三七～一六四八年）

即位したフェルディナント三世はヴァレンシュタインの暗殺後は一貫して皇帝軍の指揮をとっており、帝国の統治にも既に深く関わっていた。フェルディナント三世はフランスの参戦により、最早勝利による平和は期待できないと悟っていた。ポンメルンに押し戻されていたスウェーデン軍はバネルスに率いられて一六三八年にメクレンブルクを制圧してザクセンに入り、一六三九年にはボヘミアに入ったものの維持はできず、一六四〇年にはテューリンゲンに入って兵を整えて一六四一年には上ファルツから帝国議会の開かれていたレーゲンスブルクへと進んだ。バネルスは皇帝のいた町目掛けて砲弾をお見舞いした後、北転してマクデブルクへと向かっている。このバネルスの華々しい軍事行動のため、皇帝に付いていたブランデンブルク辺境伯は早くも中立に転換してスウェーデンの鋭鋒《えいほう》を逃れるに至った。ただこのバネルスの動きは、戦略的な勝利にまでは結び付かず、その活動の多くは補給を得るための略奪目的でなされたため、戦争を引っ掻き回して混迷させるという結果しかもたらさなかった。

一六四一年五月二〇日にバネルスが病没するとトルステンソンが後任になったがスウェーデン軍の威力は衰えず、

シュレジエンを回復しつつあった皇帝軍は撃破された。スウェーデン軍は再度南進し、一六四二年一一月二日の第二次ブライテンフェルトの戦いで皇帝軍を破り、ボヘミアとザクセンはスウェーデン側に支配されるに至った。この戦いではスウェーデン軍右翼の騎兵部隊はまだ準備の整わなかった皇帝軍左翼を急襲して撃破し、更にこの部隊がスウェーデン軍左翼を撃破しようとしていた皇帝軍右翼の後ろに回り込んで包囲したため、皇帝軍右翼も崩壊した。皇帝軍の死者・捕虜は合計で一万から一万六千に上ると言われ、砲四六門が奪われた。皇帝軍では後に最初に退却した連隊は「恥知らず」として武装解除され、旗手、曹長と兵の一〇人に一人が絞首刑、騎兵大尉二人が銃殺刑、連隊長はプラハで斬首となっている。

この勝利に基づきスウェーデン軍はライプチヒを占領し、更に六月一四日にオルミュッツを占領してモラヴィアの北半を押さえ、更にボヘミアを窺った。しかしスウェーデンとデンマークの関係が悪化したため、スウェーデン軍は一六四三年初までにザクセンに移っている。スウェーデン軍は夏には再びモラヴィアに入ってガラス率いる皇帝軍と対峙したが、九月には北進してユトランド半島に攻め入ったため皇帝側は難を免れた。フェルディナント三世はデンマークへの援軍をホルシュタインまで派遣したが、この隊は為すことなく引き揚げた。スウェーデン軍は、一六四五年八月の対デンマークのブレンセンブロの和約成立までユトランド半島を主戦場としていた。

一方、戦争に加わったフランスは、逃げてきたザクセン・ヴァイマール公ベルンハルトを支援した。ベルンハルト軍は一六三八年にエルザスの皇帝軍の根拠地ラインフェルデンを包囲し、救援に来た皇帝軍を撃破して二月二一日に攻略し、続いてライン河方向に進んで八月にはブライザッハを攻略した。ベルンハルト軍は、更にスウェーデン軍と呼応してドナウ河方面の中部ドイツにまで進出しようとしたが、一六三九年七月一八日にベルンハルトが急死して作戦は中止された。他方オーストリア家と同盟してパリを目指していたスペイン軍二万六千も、一六四三年五月一九日のロクロワの戦いでフランス軍に手痛い敗北を喫し、フランスへの押さえは効かなくなった。もっともフランス軍も同年一一月二四日のツトリンゲンの戦いで皇帝・バイエルン連合軍に大敗を喫しており、ドナウに沿って東進するフランスの企画も挫折した。

デンマークでの作戦が終わるとトルステンソン率いるスウェーデン軍は南下してボヘミアに入り、一六四五年二月二四日にヤンカウ（ターボル近郊）で皇帝軍を撃破した。トルステンソンは更に進んでウィーン、モラヴィアを窺う勢いであった。そして一六四四年以来スウェーデン及びフランスと同盟を結んでいたトランシルヴァニア公ジュルジュ・ラーコーツィもこれに呼応し、またザクセン公もスウェーデンと講和したため、フェルディナント三世は苦境に立った。しかし一六四七年八月にジュルジュ・ラーコーツィは宗主権を持つトルコの命令で本国に軍を引き揚げ、フェルディナント三世は同月のリンツ和約でジュルジュ・ラーコーツィにハンガリーの七県を割譲して平和を贖った。

トルステンソンが引退したのち、スウェーデン軍はウランゲルに率いられてヘッセン方面で活動していたが、一六四七年にはフランス軍と共にシュヴァーベンに入ってバイエルン軍を屈伏させ、マクシミリアン公は領地の返還を受けるために三月一四日に単独休戦に踏み切った。スウェーデン軍は、この後またもボヘミアに入り、一六四八年七月のターボルの戦いで皇帝軍を撃破してウィーンを窺い、支隊はプラハを占領している。

一方フランス軍は三度の戦いの末に一六四四年八月にフライブルクを攻略し、一六四五年八月三日には第二次ネルトリンゲンの戦いでメルシ率いる皇帝軍を撃破した。フランドルで攻勢を掛けていたフェルディナント三世の弟レオポルト大公率いる両ハプスブルク連合軍はランスを包囲したが、これも一六四八年八月一〇日にフランスのコンデ公の軍に大敗を喫してしまった。そして連合軍に備えてネーデルラント方面に転進していたチュレンヌ率いるフランス軍は再度ライン河を渡って一六四八年七月のツスマルズハウゼンの戦いで皇帝軍・バイエルン軍を撃破し、続いて休戦条約を破っていたバイエルン公領に入り、スウェーデン軍同様にウィーンを窺う形勢とした。

こうしたなかフェルディナント三世は一六四三年から和平交渉を根回しし、一六四四年一二月から講和会議に入った。この会議は参集国六六、参加者一四八人の盛況でスイス、ポルトガル、教皇、ヴェネチア、トルコまで加わった。交渉は専ら戦闘のない冬に行なわれ、春になって軍事活動が再開されると会議は中断し、その勝敗によって講和条件が刻々変化するという有様だったので、会議はなかなか纏まらなかった。またバイエルンは一旦は単独で休戦に踏み切ったが、膨れ上がった傭兵部隊の維持のためには略奪が不可欠だったので戦闘を再開せざるを得なかったというように、戦争がいつしか手段から目的化してしまっていたことも講和が纏まらない要因だった。しかし皇帝・バイエルンとも戦況は極めて不利だったこと（当時皇帝軍は僅か一万二千にまで減少していた）、フランスもフロンドの乱の勃発で国内情勢が思わしくなかったこと、スウェーデンでは人的資源の枯渇が深刻化してきていたこと、戦場となった諸国では疲弊が著しかったことから、遂に講和条約が結ばれることとなった。

第六節　ウェストファリア条約（一六四八年）

こうして、一六四八年一一月二四日にミュンスターで対仏平和条約が、オスナブリュックで対スウェーデン平和条約が結ばれた。スウェーデンとフランスの間もこの頃既に齟齬を来していたことは、両国が講和を受諾する要因となった。バイエルン公マクシミリアンも戦意を喪失していた。この講和では、この三人の君主以外に他の帝国内の諸侯についても取極めがなされ、これら一連の条約をウェストファリア条約と総称する。

一連の条約でフランスはハプスブルク家の古くからの領地たるエルザスを獲得したほか、前世紀からドイツで領有していた地域（メッツ、ヴェルダン、ツールの三司教領）の所有権を確認させた。スウェーデンは前ポンメルン並びにブレーメン及びフェールデンの両司教領を領有し、併せて五〇〇万ターラーの賠償金も得た。ブランデンブルク辺境伯のホーエンツォレルン家は後ポンメルン、カミン司教領、ハルバーシュタット及びミンデンを得、マクデブルクの継承権を保有した。ホーエンツォレルン家は既に一六一四年にクレーフェ地方を獲得し、一六一八年にはプロイセン公国を併合していたから、この成果と併せて相当に大きな所領の集積がなされ、一八世紀に大きく飛躍するきっかけを掴んだ。このほか、バイエルン公はファルツ伯の持っていた選定侯の位と上ファルツを受け取ることを正式に確定させ、ファルツ伯のためには新たな選定侯の冠が創られた。

ドイツ国内では、一五五五年のアウクスブルクの和議の内容が再確認されてドイツでの宗教の統一は放棄された。また帝国議会の構成員たる諸侯の独立性が認められたため、ドイツでの皇帝の権力は、自己の家領内を除いては殆ど精神的な権威の象徴のレベルにまで下がってしまった。オーストリア家にとって唯一の救いはオーストリア地域自体は殆ど戦場にならなかったので荒廃を免れたことであろう（ボヘミア・モラヴィアは随分荒廃したのだが）。他のドイツの地域は戦場となり、徴発・略奪を受け、疫病・飢饉による荒廃も著しく、ドイツ全体では戦前一、八〇〇万人いた人口が戦後は八〇〇万人にまで減ったと言われる。当時猖獗《しょうけつ》を極めた伝染病はペストで、一六二六年、一六三一〜一六三四年にそれぞれ中欧で流行したほか、一六三五年には南ドイツで、一六三六には北・中部ドイツでも流行した。地域別に見ると、ファルツ領の人口は一〇分の一にまで激減したのをはじめ、マクデブルク司教領の人口は三分の一に減り、メクレンブルク、ブランデンブルク、ヴュルテンブルクでは半分以上が減り、シュレジエンでも五分の一が減った。また、工業も大打撃を受け、ヘッセンでは戦前一六あったガラス工場が戦後には二に減り、アウクスブルクの紡績業における織機の数も六千から三〇〇に激減している。以上から「ドイツの発展は一世紀遅れた」と評する向きもあるが、戦争の被害は意外と小さいという指摘や戦争需要による産業の発展も考慮すべきとの見方もある。ただ、人口減など経済活動の基盤へのダメージは否めず、この戦争がドイツに大きな爪痕を残したことは否定できまい。

こうして帝国内（ドイツ）での指導権を減退させたハプスブルク家は、この後、既に始まっていた対トルコ戦争に追われることになる。最終的にはトルコに勝利して、更に西方での勢威の失墜の埋め合わせを東方に求めるようになるのだが、その結果は多民族を抱えたモザイク国家の成立という新たな問題を呼び起こすものでもあった。

第三章　レオポルト一世のキャンペーン（一六五八〜一七〇五年）

第一節　レオポルト一世の即位と対トルコ戦争（一六五八〜一六六四年）

一六五七年四月二日、フェルディナント三世は崩御してその後継にはレオポルト一世が立った。本来レオポルトはフェルディナント三世の第二子で僧籍に入る筈だったが、一六三九年より皇帝軍の総司令官となり、長兄フェルディナントが一六五四年に死亡した後は、一六五五年にハンガリー王、一六五八年にはボヘミア王となってハプスブルク家の家督を継ぐコースを歩んだ。

しかしレオポルトのローマ王就任には難問が多かった。反ハプスブルクの外交政策を一貫してとってきたフランスがレオポルトの対抗馬としてバイエルン選定侯フェルディナント＝マリアを支持し、他の選定侯に働き掛けたからである。ただ、この策動は無事に打ち砕かれて一六五八年七月二八日にレオポルトはローマ王（＝神聖ローマ皇帝）に選出された。フランスはなおもしぶとくレオポルト一世の政策を妨害しようと八月一四日にフランクフルトでライン流域の諸侯、スウェーデン王（ドイツの諸侯としての資格で）らが結成した「ライン同盟」の後援を行なった。ただこの同盟は内部対立から一六六七年には瓦解してしまい、レオポルトにとっては余り大した問題ではなくなった。

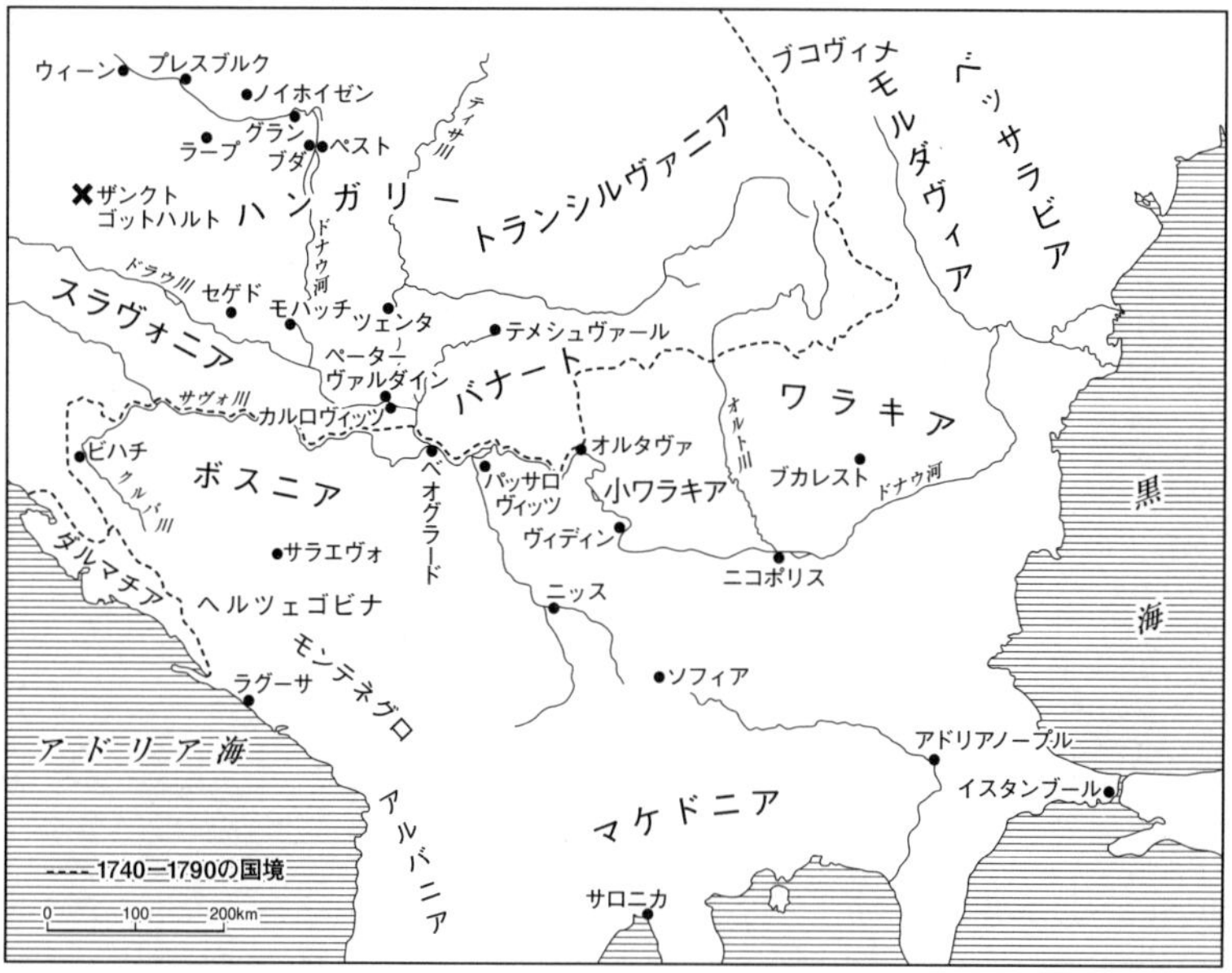

図12　対トルコ戦争

レオポルト一世は即位の後、三代前の皇帝マティアスと同様にトランシルヴァニアの内紛（一六六〇年にトランシルヴァニア公ジュルジュ・ラーコーツィ二世が戦死したことによる）に介入し、一六六一年にモンテククリ伯（三十年戦争後半に頭角を現わした人物）率いる軍をトランシルヴァニアに派遣した。モンテククリ伯の軍はトランシルヴァニアに入ったものの補給に苦しみ成果を挙げぬまま撤退したが、これはトランシルヴァニアに対するトルコの宗主権を踏みにじるものだったから、トルコは当然態度を硬化させた。

トルコは一六一六年のウィーンでの条約締結の後、西方への進出は国内の混乱とペルシャとの戦いなどから控えていた。三十年戦争初期のガボール・ベトレンの一連の軍事活動の背後にトルコの策動があったのは確かだが、これはハプスブルク家に対する牽制でしかなく、トルコ自身が条約を破棄してその矛先を西に向けるという状況ではなかった。しかし国内の混乱も収まり、シャー・アッバース一世の死後（一六二九年）

衰退していたペルシャから一六三八年にバグダードを奪還したことで、トルコの西進は可能となった。こうしてトルコはその矛先を西方の三大敵国であるハプスブルク家、ポーランド、ヴェネチアに向け、クレタ島ではヴェネチアと争い、ポーランドとの戦いではカミュニェク地方で勝利を収めていた。そして一六五六年にトルコの宰相になったメフメット・キョプリュリュ、一六六一年にその後継となったアフメット・キョプリュリュによる国内改革によりトルコ軍は一時の頽廃からも回復していた。

レオポルト一世のトランシルヴァニアへの派兵に対して、トルコはハプスブルク家の条件不履行を理由として平和条約を破棄し、一六六三年に総数二〇万の大軍をハンガリーに向けた。トルコ軍はブダに入り、九月にノイホイゼンを攻略し、先鋒部隊の一部はモラヴィアに入ってニコルスブルク、ブリュンを攻略して更にシュレジエンに向かった。トルコ軍を防ぐために出動していたモンテククリ伯の軍は、衆寡敵せずして退却した。クロアチア大公ズリーニが一時態勢を建て直したものの、トルコが新たな大軍を送ってくると対抗できず、レオポルト一世はこのためレーゲンスブルクの帝国議会に赴いて諸侯の協力を求める羽目になった。

通常であれば、帝国諸侯はこれに応じないところであるが、この時はフランス、スウェーデン、ライン同盟共にレオポルト一世の政策に協力する態度を示し、議会も帝国軍の編成に同意したのでレオポルト一世は対トルコ戦争を楽に行なうことができるようになった。こうして編成された帝国軍はミュンスター司教クリストフ・ベルンハルト・フォン・ガーレン及びバーデン辺境伯フリードリヒに率いられてハンガリーに向かい、スウェーデンとフランスはこれに資金援助を行なった。この支援軍（フランスからもラ・ファイヤード侯率いる六千の部隊が派遣されていた）をも併せて率いたモンテククリ伯は、クロアチア大公ズリーニに退却を命じてトルコ軍を引き寄せた上で、一六六四年八月一日にラープ河畔の聖ゴットハルト僧院の戦いでトルコ軍を撃破し、取り敢えずのトルコの脅威は収まった。

普通であれば、レオポルト一世は戦果を拡大に行くところだが、当時ヨーロッパではルイ十四世の親政の開始とともに風雲がまさに吹き荒れんとしていたため、この辺りを敏感にも嗅ぎ取ったレオポルト一世は聖ゴットハルト僧院の戦いから一〇日も経たない内にアイゼルブルクの和を結んでトルコと二〇年間の休戦を約した。そしてトルコに占領されていたノイホイゼンとベーターヴァルダインの要塞を正式に割譲し（これによりトルコのハンガリーでの版図は最大となった）、更に親トルコ的なミカエル・アバーフィ一世（一六六二年襲位）がトランシルヴァニア公に留まるのを承認して、その代わりに二〇万ターラーの償金を受け取るという譲歩を行なった。レオポルトとしては、当てにならないフランスとスウェーデンの尻馬に乗って東方で泥沼化しそうな戦争に足を踏み込む気はなかったし、トルコも余り敵は増やしたくないので妥協がなされた。トルコは一六七二年一月にポーランドに宣戦布告し、カミュニェクの要塞を獲得してルブフを包囲して、一六七六年の対ポーランド講和でポドリア地方の全域を獲得した。またクレタ島も一六六九年に攻略しており（この戦いでトルコ軍は二〇万を失ったとも言う）、レオポルト一世は他の苦難をほっておいて生き延びたと言えなくもない。

第二節　スペイン家の動揺とフランスの勢力拡大（一六五八～一六七八年）

一六六四年八月の聖ゴットハルト僧院の戦いでの勝利にも拘わらず、レオポルト一世が要塞の割譲までして対トルコのアイゼルブルクの和を結び、二〇年間の休戦を約した最大の理由は、スペイン・ハプスブルク家の衰退と、スペイン領に野心を持つフランス王ルイ十四世の策動が気掛かりだったことにある。一六六四年当時、スペイン王フェリペ四世は死にかかっており、後継のカルロスも幼少で病弱だったため、早晩スペインの王位継承問題を巡って紛糾することは必至だった。西方での変化に備えるため、レオポルト一世が対トルコ戦争を打ち切ったことには充分理由があった。そして一六六五年九月一七日にフェリペ四世が崩御し、後継の病弱なカルロス二世は三歳だったので、早くも次のスペイン王位の継承問題が西欧諸国の関心事となっていた。

当時スペイン王位の継承権を主張したのは、妻がフェリペ四世の長女で母はフェリペ四世の姉であるルイ十四世（またはその王太子ルイ）と、オーストリア・ハプスブルク家の当主で妻がフェリペ四世の次女であるレオポルト一世（またはその子ら）であった。ルイ十四世は妃マリー・テレーズがルイ十四世に嫁ぐに際して放棄していたスペイン家に対する相続権について、各地域の相続法に従えばスペイン領フランドル、ブラバント、ブルグント自由伯領についてはマリー・テレーズに相続権が未だ残っていることを主張した。レオポルト一世としても、スペイン領を丸取りできるとは考えなかったので、スペイン王位をオーストリア家の一人に認める代わりに、ルイ十四世がスペイン領フランドルを占領することを提案した（この内容は一六六八年一月一九日にウィーンで秘密条約で確定）。

ルイ十四世はこれを受けて早速戦争準備を整え、オランダ、イギリス、ドイツ西部の諸侯の同意も得て一六六七年二月、軍をフランドルに侵入させた。フランス軍は八月までにスペイン軍主力を排除してフランドルを占拠したが、フランスの目醒ましい勝利に不安を覚えたオランダ、イギリス、スウェーデンがフランス軍のブリュッセル総攻撃直前に対仏干渉したため、フランス軍は停止して事実上の停戦に入った。停戦の間、一六六八年二月にフランス軍は今度はブルグント自由伯領に攻め込み、三週間でここも制圧した（フランドル戦争）。

しかし一六六八年五月二日のアーヘンの和約では、フランスはフランドル国境地帯で一二都市を得たに止まり、他の地域はスペインに還付させられた。これにはルイ十四世は大いに不満で、またスペイン王位継承問題は依然解決されなかったので、火種はそのまま残った。

この後フランスはイギリス、スウェーデンと修好してオランダを孤立させ、一六七二年六月六日にオランダ侵略戦争を開始するが、この間レオポルト一世はハンガリーでの叛乱の鎮圧に忙殺されていた。即ち一六七一年にハプスブルク領ハンガリーの貴族が叛乱を起こし（クルツ叛乱）、レオポルト一世はトルコが介入してくる前に叛乱を鎮圧しようと全精力をこちらに傾け、フランスの策動に対して対応ができなかった。このためオランダ侵略戦争についても、当初レオポルト一世は傍観する構えをとっていた。

しかしフランス軍の緒戦の成功は大いにレオポルト一世を驚かせ、宮廷内の反仏派の声も受けてスペインとともに戦争に介入した。これはルイ十四世の領土拡張政策がいずれは自領にも及ぶことを警戒しての機先を制した措置である。レオポルト一世は六月二三日にブランデンブルク辺境伯フリードリヒ・ヴィルヘルムと同盟を結んだ上で、聖ゴットハルト僧院の戦いの勝利者モンテククリの兵二万を進発させ、ブランデンブルク辺境伯軍二万五千と共にウェストファリア地方に向かった。もっともこの軍は戦略目標を明示されていなかったためかドイツ西部を無為に動き回り、フランス軍を牽制する以上の動きにはでなかった。ただモンテククリ軍は後にオラニエ公軍と合流してフランス軍と戦っている。

一六七三年になると、ハンガリーで再度叛乱が起こったので皇帝軍は活動を鈍らせ、ブランデンブルク辺境伯も兵を引いた。この間オランダは洪水戦術で対抗したためフランス軍の作戦は進捗せず、フランス軍はエルザスの一〇の帝国都市を占領し、更にトリーアを奪うなど、その矛先を帝国に向ける兆候を示した。

この状況にウィーン宮廷では反仏派が勝利を占め、八月三〇日にはハーグでオランダ、スペイン、ロートリンゲン公とレオポルト一世は軍事同盟を結んだ。そしてハンガリーの叛乱を鎮圧した後、モンテククリ率いる皇帝軍は再度北進し、オランダのオラニエ公ウィレム（後の英国王ウィリアム三世）軍と合流してボンに入り、フランス軍を脅かした。またレオポルト一世はルイ十四世と結んでいたミュンスター司教クリストフ＝ベルンハルト・フォン・ガーレン（聖ゴットハルト僧院の戦いでの指揮官の一人）に圧力を掛けて戦線離脱させた。

一六七四年二月、イギリス国王チャールズ二世は議会の圧力に負けてオランダと第二次ウェストミンスター条約を結んで戦争から手を引き、ミュンスター司教に続いて、フランスに付いていたケルン大司教マクシミリアン・フォン・バイエルンも停戦に踏み切った。このためオランダで軍が孤立することを恐れたルイ十四世は、オランダの占領地から国境地帯に軍を引き揚げて集結させた。これに対しレオポルト一世、スペイン、オランダの連合軍は共同してフランス国境に押し寄せ、ここに戦争は新しい局面を迎えた。

皇帝軍はウェストファリア条約でフランスに奪取されたエルザスを取り返そうとしたのに対し、フランス軍は先にブルグント自由伯領を攻略して背後を固めようとした。イタリアにいた皇帝軍はスペイン軍と共同して、ブルグント自由伯領に侵入したフランス軍を撃退しようとしたが、スイスが連合軍の国内通過を拒否したため（ルイ十四世はこのためにスイスに金を贈った）、皇帝軍はブルグント自由伯領に入れず、六月中にはフランス軍が同地を制圧した。

こうしてブルグント自由伯領を制圧した後、エルザスを守っていたチュレンヌ率いるフランス軍（以下この節で「チュレンヌ軍」という）二万四千はエルザスから出て六月にフィリップスブルクでラインを渡河してズィンスハイムを攻略した。これに対してカプララとロートリンゲン公カール四世（カール四世は先にオランダに味方したため、その所領をフランス軍に占領されていた）率いる皇帝軍九千はチュレンヌ軍を阻止しようとしたが、六月一六日のズィンスハイムの戦いで戦死者二千を出して撃破され、更に七月にはカール四世率いる騎兵部隊もラデンブルクで撃破された。その上、新規部隊の来援を待ってエルザスに侵攻しようとしていたブルノヴィル公率いる皇帝軍（兵力三万八千、砲五〇門）も一〇月四日に布陣していたエンツァイム（シュトラスブルク南西）でチュレンヌ軍（兵力二万二千、砲三〇門）に襲撃されて退却してしまった。

ここにおいてレオポルト一世はブルノヴィル公の軍とブランデンブルク辺境伯軍などで七万の兵力を投入し、この軍はエルザスに入って各地を占領した。この皇帝側の攻勢に対し、チュレンヌ軍は兵力僅かに二万（フランドルにいたフランス軍から若干の騎兵の増援はあったが）で、フィリップスブルクとブライザッハで補給路を絶たれた形で孤立した。皇帝側は一気にチュレンヌ軍を撃破したかったが、冬になったので慣例どおり皇帝軍は南エルザスに入った後、ミュールハウゼン、コルマール（ここの部隊はブランデンブルク辺境伯フリードリヒ・ヴィルヘルム自ら率いていた）、チュルケムの三ケ所に分かれて冬営に入った。チュレンヌは、ブルノヴィル公とブランデンブルク辺境伯が不和であることを見逃さなかったので、当時の常識を破って冬に軍を動かし、タン、ベルフォールを通って山中を進み三ケ所に分かれていた皇帝軍を各々奇襲した。まずミュールハウゼンではブルノヴィル公が一二月二九日の戦いで敗れてシュトラスブルクへと撤退し、続いてブランデンブルク辺境伯はコルマールでチュレンヌ軍を食い止めようとしたが、チュレンヌ軍がチュルケムに向かったためここを支え切れないとして撤退し、チュルケムの駐屯部隊もチュレンヌ軍を恐れて自然崩壊する形で一六七五年一月五日に撤退し、結局皇帝軍は全面的にエルザスから撤退して、チュレンヌは危機を脱した。この後ブランデンブルク辺境伯はフランスと結んだスウェーデンと戦争を始めたためこの戦争から離脱する。

皇帝軍の不甲斐なさに業を煮やしたレオポルト一世は、オランダ方面で指揮をとっていたモンテククリをドイツ方面軍の司令官に起用した。モンテククリの率いる皇帝軍（以下この節で「モンテククリ軍」という）はライン方向に前進し、シュトラスブルクで冬営した後エルザスから出てラインファルツ、ロートリンゲンを荒らしていたチュレンヌ軍と対峙した。こうして三月以降、四ケ月にわたってモンテククリ軍はチュレンヌ軍と対峙したが、両者名将のため、互いに誘いの隙を見せて相手が出てきた所で決定的な打撃を与えようと虎視眈々であって、決戦には入らなかった。そして七月二七日にザルツバッハで両軍対峙中にチュレンヌ元帥は銃弾を浴びて戦死し、これによってフランス軍の動きは停滞してモンテククリ軍が攻勢をとることとなる。

攻勢をとったモンテククリ軍はクレキ元帥率いるフランス軍を八月一一日にモーゼル川に架かるコンサル橋で撃破してクレキを捕虜とし、九月六日にはトリーアを攻略、八～九月中にエルザスを制圧と順調に地歩を回復した。このためルイ十四世は、フランドルの指揮官である名将コンデ公をエルザスに派遣し、皇帝軍はエルザスでのアグノーとサヴェルヌの包囲を諦めた。こうしてエルザスで両軍は再び対峙して冬営に入ったが、この間モンテククリ、コンデ公ともにエルザスでの指揮官を辞している（モンテククリ伯は一六八〇年一一月に死亡）。

一六七六年以降エルザスの皇帝軍六万はロートリンゲン公カール五世（カール四世の甥で同年中に相続した）が指揮し（以下この節で「カール五世軍」という）、フランス軍は釈放されたクレキ元帥が指揮した（以下この節で「クレキ軍」という）。カール五世軍は当初は一六七六年九月一七日にフランス軍五万の救援を尻目にフィリップスブルクを取るなど戦果を挙げたが、クレキ軍に阻まれてロートリンゲンの回復はならず次第に押され気味となった。クレキ軍は一六七七年一〇月一七日にカール五世軍をコヘルスブルクで破り、一一月一四日にフライブルクを攻略し、一六七八年七月六日にはカール五世軍の支隊をラインフェルデンで破っている。クレキ軍はこの後カール五世軍を追撃してオッフェンブルク方面に進んで七月二三日にゲンゲンバッハで更に痛打を与え、ケールの要塞を攻略してシュトラスブルクへの橋を焼いた。こうしてエルザスは再びフランスに押さえられ、翌年のナイメーヘンの講和を迎えることとなる。

ナイメーヘンではかねてよりフランスと各国とで交渉が持たれていたが、八月一〇日にまずフランスとオランダで和約が成立し、続いて九月一七日にフランスとスペインで講和が成った。このため皇帝は単独で戦っても勝ち目がなくなり、結局翌一六七九年二月五日に同じくナイメーヘンでフランスと講和した。これらの条約で結局レオポルト一世はエルザスを取り戻せなかった上、フライブルクをフランスに譲渡させられた。フランスは、ブルグント自由伯領、スペイン領フランドル南部のブーシャン、コンデ、イープル、ヴァランシエンヌ、カンブレーなどを含む地域をスペインより奪った。また、ロートリンゲン公カール五世は、所領の回復条件としてフランス側が提示したフランス軍によるナンシー及び主要な道路の占領を拒否したことから、フランス軍にロートリンゲン全土を占拠されたままとなり、カール五世は皇帝の下に亡命した。

この後、ルイ十四世はメッツとブライザッハに法廷を設けて、エルザス、トロアゼヴェーシェに錯綜するドイツの諸侯領を没収し、一六八一年九月三〇日には帝国都市シュトラスブルクを占領するなど、ライン左岸における領域の拡大を押し進めていった。これにレオポルト一世は充分に対応もできず為すがままにされていたが、実はこの時、再び東方のトルコの脅威が迫っていたのである。

第三節　トルコ軍の第二次ウィーン包囲（一六八三年）

一六六四年のアイゼルブルクの和による二〇年間の休戦の約束でオーストリア東方での戦闘は止んでいたが、トルコは条約の期限切れを前にその更新を拒否し、再度ハプスブルク領に対して攻撃を掛ける構えを示した。これはスレイマン一世の崩御以降衰退しつつあったトルコ帝国が、大宰相メフメット・キョプリュリュ、アフメット・キョプリュリュの改革によって漸く国内体制を整備したこと、ペルシャのサファヴィー朝の衰退により再び西方への進撃が可能となったことによる。

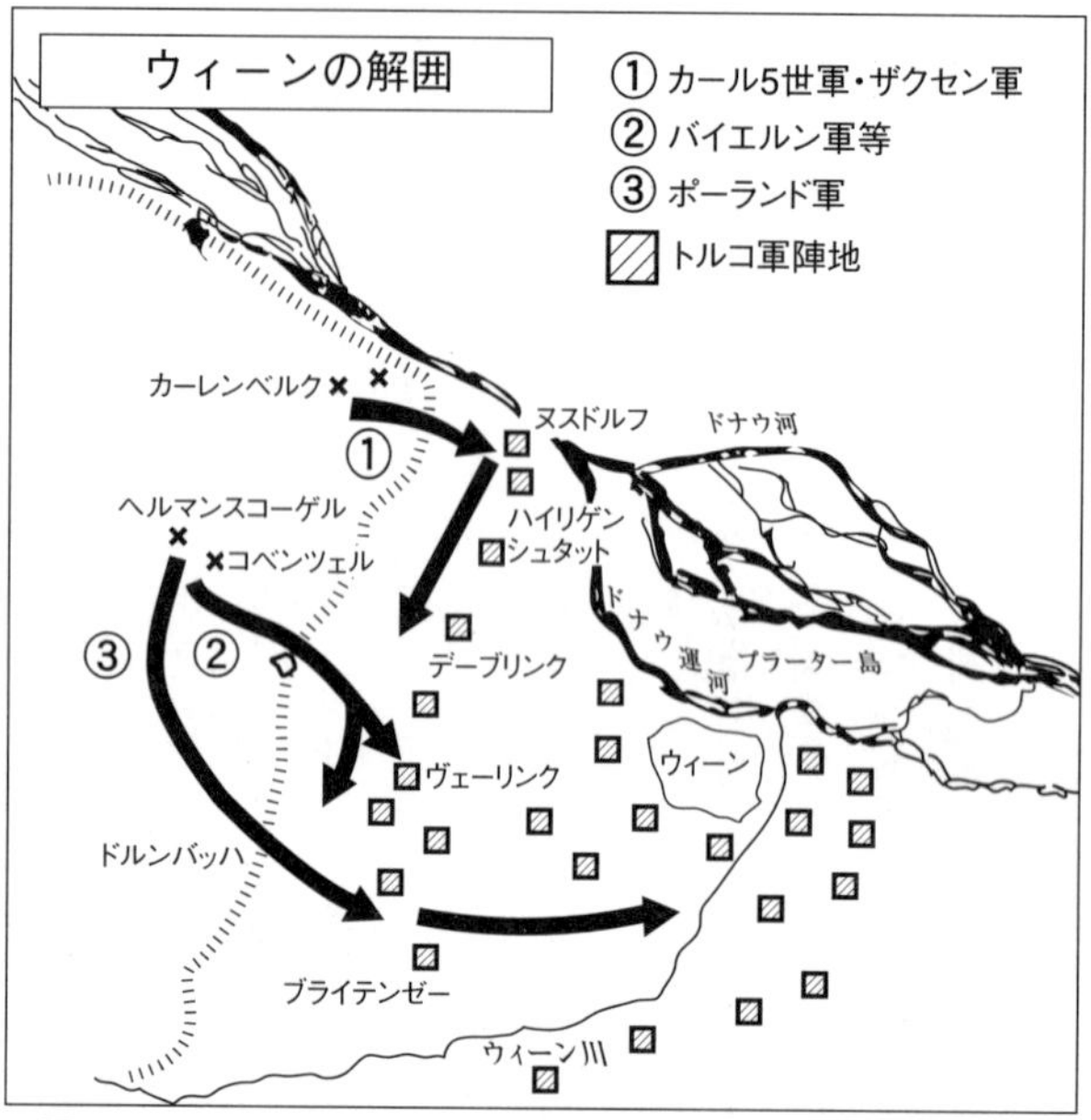

図13

こうした情勢の変化を受けてトルコは、一六七六年まで対ポーランド戦争を行なってポドリア全域を奪った。続いて、死亡したアフメット・キョプリュリュの後任として一六七六年より大宰相の地位にあったカラ・ムスタファは、一六七七年から対ロシア戦争を始めたが、ウクライナの攻撃に失敗して一六八一年に成果なく戦争を終えた。こうしたことからカラ・ムスタファは、汚名返上の意味もあって今度はドナウ河方向への進出に乗り出した。

当時ハプスブルク領ハンガリー（ハンガリーの西北部分）ではクルツ党の叛乱が続き、トルコはその首領のエンメリヒ・テケリを認知し（フランスも資金・兵器の供与を行なっていた）、トルコは策源のブダから一気にウィーンまで進撃することが可能であった。トルコには、フランスのライン左岸でのハプスブルク家に対する攻勢と併せて、大攻勢を掛ける環境が生じたのである。

和平期間の最終年の前年である一六八二年秋、大宰相カラ・ムスタファ率いるトルコ軍はイスタンブールを出発し、その近傍で冬営に入った後、一六八三年三月に再び進軍を開始してベオグラードに入り、七月の初めにウィーンに向かった。トルコはこの作戦のために騎兵、工兵を入れて二七万五千人を動員した。トルコ軍には、①ハンガリーでのクルツ党の叛乱の成功を待って全軍を進める、②直ちにウィーンの包囲に入る、という二案があった。クルツ党の首領であるエンメリヒ・テケリは、ハンガリー全土を押さえた後にトルコ軍がウィーン包囲に入るのを望んだが、大宰相カラ・ムスタファは即時のウィーン包囲を主張し、他の将軍達もこれに従った。これは先の対ロシア戦争に失敗していたカラ・ムスタファが功を焦ったということもあるが、グズグズして冬になってしまうと、ウィーン包囲の機会を逃すという懸念もあったと見られる。現に一五二九年九月二七日に開始したトルコの第一次ウィーン包囲は、秋雨による寒気と補給路の泥濘に悩まされて包囲を中止した経緯があり、秋雨の前にウィーンを攻めるというカラ・ムスタファの決断には合理性があった。

レオポルト一世は、ウィーン防衛のためにエルンスト・リューディガー・シュターレンベルク伯率いる守備隊を編制した。守備隊は樫の木三万本で柵を造り、四週間分の食糧を確保するなど、籠城の準備を進めた。またレオポルト一世は対トルコ同盟を諸侯と結ぼうと活発な外交活動を行ない、フランスの妨害にも拘わらず、ポーランド王ヤン・ソビエスキー、ザクセン公ヨハン・ゲオルク、バイエルン公マクシミリアン・エマヌエル（三十年戦争時のバイエルン公マクシミリアンの孫）らと同盟を結んで救援を求め、自らは宮廷をパッサウに移した。そして五月初頭にレオポルト一世がプレスブルクで親しく閲兵したロートリンゲン公カール五世率いる皇帝軍は、歩兵一四ケ連隊、騎兵一三ケ連隊、竜騎兵三ケ連隊、クロアチア軽騎兵四ケ中隊、カノン砲七二門、臼砲一五門で総勢約三万であり、これにハンガリー副王エステルハージの兵三千が加わったが、トルコ軍に対する劣勢は覆うべくもなかった。

ロートリンゲン公カール五世は部隊を率いてグラン要塞に向かおうとしたが、早くもハンガリーのブダにいたトルコ軍部隊が行動を開始したため、歩兵一万二千、騎兵一万一千の主力部隊は後退した。これに対しトルコ軍前衛のタタール騎兵部隊は皇帝軍の退路に先回りして奇襲を掛けたが、皇帝軍はこれを撃退して引き揚げた。

トルコ軍はラープ城を包囲・攻略した後、一気にウィーンへと進んで七月一四日よりウィーン包囲を開始し、一五日未明からウィーン城の砲撃に入った。トルコ軍は各兵種併せて総勢二七万五千であったが、ハンガリー各地でハプスブルク側の拠点制圧に兵を割いたため、ウィーン包囲の兵力は一七万四千とも九万とも言われ、北・東面をドナウ河に囲まれたウィーンに対し西から南に半月状に二万五千の天幕を張って布陣した。トルコ軍は重砲でウィーン市を砲撃する一方、城壁の下まで坑道を掘って爆雷を仕掛けて城壁を崩す戦法をとった。またウィーンの北にあるドナウ河の中の島プラーター島も占領し、ここにいた皇帝軍の騎兵部隊は駆逐された。皇帝軍敗退の理由は、騎兵の所持したカービン銃がトルコ軍の施条したマスケット銃よりも射程が短かく、撃たれっ放しになったためと言う。皇帝軍では、ヴァレンシュタインが一六三二年の改革で騎兵の装備のカービン銃をやめて重装甲を付けさせたが、また元に戻っていたのだろう。なおカービン銃は馬上で騎兵が操作しやすいように銃身が短かく、命中率や射程が通常の歩兵銃に比べて劣る。

ウィーンの防御状況は、守備兵は皇帝軍主力がウィーンを出たためシュターレンベルク伯率いる一万三、八六三人に過ぎなかった。ウィーンの周囲には高さ一二メートルの城壁と深さ六メートルの濠を張り巡らし、城壁の上には砲座を設け、城内の砲の総数は三七一門であった。守備兵は、トルコ兵の掘る坑道を発見して制圧したり、対抗坑道を掘ってトルコ軍の坑道を潰す一方、夜襲や騎兵の突撃でトルコ軍を脅かした。また砲弾の不足には、トルコ軍の撃ち込んできた砲弾を拾い集めて撃ち返すことで対処した。こうした皇帝軍の応戦によりトルコ軍の攻城戦は進捗せず、包囲戦において兵一万一千を失う有様だった。

また前回のウィーン包囲の時と同様にトルコ軍の策源は二五〇キロメートル離れたブダで、補給が一苦労であり包囲軍内の食糧不足は深刻になった。そして、今回は夏の包囲戦なので、寒さや雨の影響はないものの、逆に暑さから来る疫病（赤痢やコレラ）にトルコ兵は悩まされた。

この間ロートリンゲン公カール五世率いる皇帝軍は、七月二九日から八月八日にかけてプレスブルクに兵を送ってクルツ党の叛乱軍を撃破し、別の一隊はトルコ軍の輜重隊を襲撃するなどしてトルコ軍を牽制しつつ救援軍を待ったが、八月半ばにバイエルン公軍一万一千がクレムスに到着したのみであった。カール五世はウィーンの危機は切迫していると判断して八月一七日に現存の部隊だけでトルコ軍へ突撃しようと考えたが、トルコ軍の逆襲を恐れて断念した。しかしザクセン公軍に続いて八月三一日にポーランド王ヤン・ソビエスキー率いる二万五千の軍も到着したため、カール五世の部隊はドナウ左岸でこれと合流し、トゥルンでドナウ右岸に渡ってクレムスから来たバイエルン公軍とも合体した。九月七日には各軍の合計は計七万五千となった筈だが、ポーランド軍の内一万はウィーン救援作戦には加わらなかったらしく、ウィーンに向かった連合軍の合計は六万五千、砲一七〇門とされる（以下この節で「連合軍」という）。

連合軍はウィーンに向けてドナウ右岸を進撃した。カール五世は軋轢を避けるためにポーランド王ヤン・ソビエスキーを連合軍の名目上の総司令官とし、メルシー将軍率いる二千の先鋒部隊は九月九日に分離・先行して九月一〇日にウィーン西方の高地にあるカーレンベルクに到着し、本隊にトルコ軍の情勢を報告した。連合軍はカール五世の作戦に従い、トルコ軍の中央突破のために先鋒に続いてカーレンベルクを目指し、九月一二日に到着して作戦会議を行なった。メルシー将軍率いる先鋒部隊は更に進んで聖レオポルト僧院で砲陣を張った。

ここで、ウィーン西方の高地上の連合軍の布陣を見ると、左翼（カーレンベルク）にカール五世率いる皇帝軍（騎兵八、四〇〇、歩兵一万）とザクセン公軍（兵一万）、中央（コベンツェル）にバイエルン公軍（騎兵三千、歩兵七千）とヴァルデック侯率いるフランケン及びシュヴァーベンの軍（兵九千）、右翼（ドルンバッハ方向より）にポーランド軍（騎兵一万二千、歩兵三千）となっていた。

ウィーン解囲を目指した連合軍の攻撃の指向は、皇帝軍とザクセン公軍がカーレンベルクのある高地の東斜面を下ってヌスドルフ方向、バイエルン公軍もヴァルデック侯軍がコベンツェルから出てヴェーリンク方向、ポーランド軍はドルンバッハからブライテンゼー方面に出てウィーン南部を大きく回ってトルコ軍の南側面ということで、トルコ軍を包囲する胆積もりであった。

対するトルコ軍は、イェニチェリ（皇帝親衛隊）がウィーン攻撃を強化する一方、残った軍を三つに分けて連合軍に当たった。すなわち、トルコ軍左翼（ポーランド軍に当たる）はブダのパシャが、中軍（バイエルン公軍などに当たる）は大宰相カラ・ムスタファ自らが、右翼（皇帝軍・ザクセン公軍に当たる）はディアルベキルのパシャがそれぞれ指揮することとなった。この時点でのトルコ兵は従来から包囲を続けていた兵一〇万（包囲戦中に数万人が戦病死したとされる）にブダからの援軍三万を加えて一三万人となっていた。

連合軍は九月一二日未明に高地からウィーン方向に駆け下りて一斉にトルコ軍陣地に殺到した。連合軍の右翼と左翼の攻撃地域は森林地帯だったので、歩兵が専ら活躍し、手榴弾などでトルコ兵を攻撃してジリジリと前進した。連合軍左翼（皇帝軍とザクセン公軍）は、カーレンベルクから下ってトルコ側が兵力の半分を投じて守っていたヌスドルフのラインを突破し、その南にあるハイリゲンシュタットも奪取した。

これに対しカラ・ムスタファは、ドイツ兵よりポーランド兵の方が与し易いと考え、自軍左翼を襲っていたポーランド軍の騎兵をまず撃退しようとした。このため森林をやっと抜けたポーランド軍の前面にトルコ軍が集結し、ポーランド軍はトルコ側の堡塁を落とせず立往生となった。しかし連合軍中央の部隊がトルコ軍を攻撃したため、トルコ軍左翼の抵抗も減り、ポーランド軍は建て直しの時間を稼げた。また連合軍左翼もトルコの堡塁前で立ち往生したが、騎兵二ケ連隊を下馬させて歩兵連隊と共にイェニチェリを攻撃したため、トルコ軍は崩れ、連合軍はトルコ軍の後衛をも攻撃できるようになった。

このように連合軍の右翼と左翼が前進してトルコ軍を包囲する形勢となったため、トルコ兵は遂にてんでに退却を始め、カラ・ムスタファも統一的指揮ができなくなって中央軍から本営に戻り、逃亡兵達の後を追って退却した。これに対してロートリンゲン公カール五世はバーデン辺境伯ルートヴィヒ・ヴィルヘルムに兵の半分を割いてウィーンの救援を命じ、バーデン辺境伯の部隊は依然塹壕に拠りつつウィーンを砲撃していたイェニチェリの砲兵陣地を突破し、ウィーン市内から出てきた守備隊と合流した。

夜になると、カール五世はトルコ軍の逆襲を恐れて追撃をさせずロスアウに兵を集結させた。しかしトルコ軍は逆襲せず、トルコ兵は二五マイル離れたラープまで五〇時間かけてバラバラに逃げて行った。連合軍も追撃する気力もなかったので、トルコ軍の遺棄した天幕にそのまま宿営し、これでウィーン救出作戦は終了した。一連の戦闘による死傷者は、連合軍が死者一千、負傷者三千であったのに対し、トルコ側の死者は二万に上ったといい、また、トルコ側の攻城砲も遺棄されたまま連合軍の手に入った。

ポーランド軍が略奪に走ったため、連合軍は漸く九月一八日に追撃を開始した。追撃に出たポーランド軍・バイエルン公軍は、グラン要塞で軍を建て直したカラ・ムスタファに迎撃されて一〇月七日に撃破されたが、続いて追撃してきたカール五世の部隊がパルタニーでトルコ軍を打ち破ったため、グラン要塞も奪取でき、トルコ軍はベオグラードまで撤退した。なおカラ・ムスタファは敗戦の責任を負わされて一二月七日にベオグラードで縊死させられた。

連合軍による第二次ウィーン包囲の撃退は、トルコの西方への膨張を最終的に押し止め、ヨーロッパ勢力の反転攻勢への転機となったものと評価されるが、その勝因を列挙してみよう。

表　第一次、第二次のトルコ軍ウィーン包囲の状況比較

	期　間	兵力	大砲	攻撃方法	策源	退却理由	守備兵力
第一次 1529年	9.27～ 10.15	12万	300門	爆雷と小口径砲	ブダ	補給難と疫病	2万3千 砲70門
第二次 1683年	7.14～ 9.12	9～ 17万	?	爆雷と重砲	ブダ	補給難・疫病・皇帝軍	1万4千 砲371門

前回のウィーン包囲との比較で見ると（表参照）、二回のウィーン包囲にトルコが失敗した最大の原因は、ウィーン包囲の策源が二五〇キロメートル離れたブダで、トルコ軍はここからウィーンまでの補給を馬匹やラクダで行なったため、前線への給与が不十分となり、これが疫病の流行や兵員の士気の減退につながったことである。カラ・ムスタファは、前回同様の失敗を避けるためにはドナウ河を活用して船舶による大量補給を行なうべきであり、この点を改善せず従来どおりの補給方法でウィーン包囲を行なって失敗したことについては責任がある。

第二の原因としては、ウィーンの防衛力の強化が挙げられる。前回のウィーン包囲に懲りた皇帝側は、ウィーンの城壁の強化等を行なっていた。対するトルコ側も前回と異なって重砲を多数使用したが、実体弾による砲撃では破壊力に限界があり、前回同様、爆雷で城壁を崩す手法に頼らざるを得なかった。しかし、これも守備軍の果敢な反撃や三七一門もの砲の応射で撃退された。ウィーンの防衛の強化には著しいものがあった。一七世紀末にはフランスのヴォーバン元帥などの手により築城や攻城法が進歩し、これは当然ハプスブルク側にも伝わっていたがトルコにはこうした進歩は伝播していなかったと見られ、築城・攻城技術の差がトルコの敗退をもたらした。

第三の原因としては、野戦軍について連合軍は、三十年戦争以来なされた一連の軍事改革を取り入れて大幅な火力の強化をしていたのに対し、トルコ軍ではそうした改革がなかったことがある。西欧では火縄銃から発射速度に優る火打石銃へと軍装を変え、弓矢を廃し、軍の火力は大幅に向上していた。火縄銃使用時には兵員のなかでの銃兵の割合は二〇パーセント程度で

あったが、火打石銃使用により銃兵の割合は半分程度となり、また火打石銃は火縄銃の三倍の発射速度なので、同人数で戦闘する場合、射程距離や命中精度の問題を抜いて単純に考えれば西欧の軍はトルコ軍の九倍の火力ということになる（命中率は火縄銃の方が火打石銃より高い）。トルコ側にも施条式火縄銃という工夫はあったが、銃弾と火薬を銃口から詰める場合、施条していない火縄銃（滑腔式）よりも三倍の装填時間を要したため、命中率や射程距離でヨーロッパの軍より有利であっても、単位時間当たりの火力としては不利であり、また、依然弓矢も用いていた。

そして西欧では、野戦砲を小型化にするなど改良したことで、野戦軍に携行される火砲の数も増え、連合軍もこれを装備していたのに対し、トルコ軍は攻城用の重砲しかなかったため野戦で不利になった。かつてトルコと戦ったモンテククリ将軍は「トルコの大砲は当たれば大きな損害を与えるが、移動、玉込め、照準に時間がかかり、大量の火薬を消費する。それに対し我々の大砲は動かしやすく効率的という強みがある」旨を述べている。トルコの敗北には食糧不足や疫病などによる士気と体力の低下だけではなく、ヨーロッパの軍事改革を導入できなかったという根源的な問題があった。

第四節　ベオグラード攻略まで（一六八三～一六八八年）

この後ローマ教皇インノケンティウス十一世の提唱により、一六八四年三月五日に帝国、ヴェネチア、ポーランド三国の対トルコ神聖同盟が成立し。また一六八六年四月にこれに参加したロシアは黒海沿岸のアゾフ攻略に乗り出していた。一方、一六八四年八月に帝国・スペインとフランスの間で二〇年間の休戦を約したレーゲンスブルクの和約が成立したこともあって、皇帝軍はトルコ領ハンガリーへの逆襲に転じ、ロートリンゲン公カール五世率いる皇帝軍は七月二七日にヴァイツェンでトルコ軍を撃破してドナウ左岸を下ってペストに入り、対岸のブダを攻めた。しかしトルコ側がブダに三万の救援部隊を出すなど防戦に努めたため、皇帝軍は一旦本国に引き揚げた。

翌一六八五年春に皇帝軍六万、バイエルン軍八千、その他三万の計約一〇万の軍が編制され（以下この節で「連合軍」という）、今度はブダ攻略の前に一六六四年のアイゼルブルクの和でレオポルト一世がトルコに割譲したノイホイゼン要塞の攻略に向かった。そして連合軍は八月一九日に同地を攻略し、上ハンガリーでの叛乱も鎮圧してブダへの道を拓いた。

一六八六年六月にロートリンゲン公カール五世率いる皇帝軍本隊はいよいよブダの攻略に向かった。またカラッファ率いる皇帝軍別動隊はクロアチアに向かい、シェルフェンベルク率いる部隊は上ハンガリーでエンメリヒ・テケリ率いるハンガリー叛乱軍を撃破して皇帝軍本隊に合流した。こうして皇帝軍はブダ郊外に着いた後、六月二四日より城内に突入した。これに対して、トルコ側は援軍を送って必死の防戦に努めたが、皇帝軍も援軍を得て九月二日に遂にブダを攻略した。続いて皇帝軍は南下し、九月六日にはフュンフキルヒェンを攻略し、更にエセクの橋を落として南ハンガリーの要衝セゲド（シゲトヴァール）の前方に布陣した。他方ブダの奪還に執念を燃やすトルコは、一万二千のタタール騎兵でブダを奪還しようとしたが、この部隊も一〇月二〇日にティサ川のほとりで皇帝軍が撃破し、遂にハプスブルク家はハンガリー全土の回復に成功した。これを受けて一六八七年にレオポルト一世はハンガリー王国をハプスブルク家の世襲領とし、長子ヨゼフを国王に封じている。

この後ハンガリーにいた連合軍は、カール五世率いる部隊がグランに、バイエルン公マクシミリアン・エマヌエル率いる部隊がソルノクに各々分駐した。これはバイエルン公が自軍の独立的指揮権を主張したためであるが、こうした個人プレーの要求を何らかの形で抑える必要があったため、カール五世は一六八七年五月に連合軍がトルコ軍を撃破した後、バイエルン公が攻めたがっていたトランシルヴァニアの平定に向かい、同じくバーデン辺境伯が攻撃したがっていたスロヴァキアにはデューネヴァル将軍の軍を差し向けるなど、何とか連合軍の指揮を統一しバラバラにならないような配慮をしていた。八月一二日、バイエルン公とバーデン辺境伯の連合軍はモハッチ近郊のハルザム山でトルコ軍を破っている。

一六八八年、遂に連合軍はベオグラードへの進撃を開始した。セルビア、ボスニアなどにおける反トルコ勢力もこれに呼応した。また兎角、自主行動を取りたがっていたバイエルン公を七月二八日に連合軍最高司令官とすることで、軍内の亀裂を防ぎつつ、連合軍は八月八日にサヴァ川を渡り、トルコ軍が戦わずしてニッスに引き揚げたため、そのままベオグラードを包囲した。当時ベオグラード城内にはイブラヒム・パシャ以下一万二千の守備兵しかいなかった。連合軍はベオグラード城の南に回って対抗堡塁を築いた後、八月一七日から砲撃を開始し、九月六日に城壁の二つの突破口から城内に突入してトルコ軍は遂に降伏した。連合軍は約二千の死傷者を出したが、砲八六門を鹵獲している。ベオグラードの制圧後にバイエルン公は帰国し、ハンガリー駐在軍の指揮はカプララ元帥がとった。

第五節　アウクスブルク同盟戦争（一六八八～一六九九年）

第一款　アウクスブルク同盟の結成まで

こうしてハプスブルク家がハンガリーでトルコと戦っている間、西方ではフランスが着々と勢力拡大を図っていた。一六八三年までの拡張については第二節で既述したが、この後もフランスはハプスブルク家の苦難に乗じてライン河まで国境を広げようと、一六八三年にはスペイン領フランドルに侵攻し、クルトレ、ディクスミュード、トリーアを落とす一方、翌一六八四年にはルクセンブルクを再占領した。こうしたフランスの版図拡大に対し、レオポルト一世は為す術なく、同年八月にスペインと共に対フランスの二〇年間の休戦協定（レーゲンスブルクの和約）を結び、それまでのフランスの拡張を黙認したため、ナイメーヘン和約は事実上反故となった。

またフランスは一六八一年にイタリアのカザレ要塞をマントヴァ公から買収して北イタリアにも拠点を築き、更に一六八八年にはケルン大司教（選定侯）の叙任を巡って教皇インノケンティウス十一世と対立するやアヴィニョンの教皇領を没収するなど、強引な対外政策を続けた。そして一六八八年になるとルイ十四世は、ファルツ伯への相続権を主張してファルツ領に軍を進め、ここに列国はアウクスブルク同盟を結んでこれに対処することとなる。

ここで一六七八年のナイメーヘン講和条約からアウクスブルク同盟締結までの列国の関係の変化を見ておくと、まずナイメーヘン講和条約時点においては、①フランスにスペイン、オーストリアの両ハプスブルクが対抗し、②オランダとは海上貿易を巡ってイギリス、スウェーデンが対抗し、③フランスとオランダは依然敵対関係にある、という構図であった。この図式で行くと、フランスはイギリス、スウェーデンとは組めるか少なくとも敵対しなくてよいという関係で、逆に両ハプスブルク家はオランダとは組めるか少なくとも敵対しなくてよいという関係であった。

しかしフランスがメッツとブライザッハに法廷を創ってエルザス付近に錯綜する各国領を没収し、これにスウェーデン領も含まれていたため、フランスとスウェーデンとの関係は悪化した。また一六八八年一二月二二日にイギリスで名誉革命が起こってイギリス王ジェームズ二世が追放され、その娘のマリーと夫君のオランダの統領オラニエ公ウィレム（英国王としてはウィリアム三世）が共同統治の形で即位すると、英・蘭は同君連合となり、イギリスも反フランスに転じた。こうした状況からフランスは欧州で孤立し、レオポルト一世にはフランスを叩く好機が訪れる。

こうしてアウクスブルク同盟戦争が始まるのだが、この戦争は別名「ファルツ継承戦争」と言われるとおり、その発端はファルツ伯領の相続問題にあった。すなわち一六八五年にファルツ伯カールが死ぬと、その後継には一族のフィリップ・ヴィルヘルムが立ったが、カールの娘はルイ十四世の弟オルレアン公の後妻に入っており（ちなみに先妻は英国王チャールズ二世の妹）、ルイ十四世はこちらに相続権があると主張したわけである。しかし帝国内へのフランス勢力の伸長はレオポルト一世の容認するところでなく、レオポルト一世は自ら提唱してスペイン、オランダ、サヴォア公国、バイエルン公国、ザクセン公国などを加えた対仏アウクスブルク同盟を一六八六年七月九日に結成した。

この対仏包囲網に対し、ルイ十四世は機先を制すべくエルザスからファルツ伯領に軍を発し、ここにアウクスブルク同盟戦争が始まった。この戦争では、①フランドル、②アイルランド、③ファルツ伯領、④サヴォア公国、⑤スペインの五つの戦線でフランス軍と同盟軍が戦った。しかし皇帝軍が出動したのは③ファルツ伯領方面と④サヴォア公国方面であったので、この二つの戦場での皇帝軍の動向を以下記述する。

第二款　ファルツ伯領方面での戦闘

アウクスブルク同盟戦争の直接の契機となったファルツ伯領に対してルイ十四世は王太子ルイの率いる兵一〇万を差し向け、この軍は一六八八年九月二二日にパリを出て一〇月三日にファルツ伯領に入った。フランス軍はマインツ、マンハイム、ハイデルベルク（ファルツ伯領の主都）、シュパイアー、トリーア、ヴォルムス、オッペンハイムといった主要都市を一一月一一日までに攻略した。これらの攻略戦は比較的単調で、フィリップスブルクの攻略に一九日を要したのが最高であった。これに対してレオポルト一世はそれまで対トルコ戦に従事していたロートリンゲン公カール五世の部隊五万を引き戻し、ブランデンブルク辺境伯軍四万、バイエルン公軍三万と共にファルツ伯領に差し向けた。この同盟軍がファルツ伯領に入って来たのは漸く翌一六八九年春で、その前の二月にルイ十四世は陸相ルーヴォアの発案でファルツ伯領の焦土化命令を発して領内の建物等を焼き払った（ハイデルベルク城もこの時破壊された。写真3参照）。これは戦争の早期終結を狙ってのことだったが、却って諸国の反感を招いただけに終わった。こうした乱暴な策に出たことが、ルイ十四世のファルツ伯領の相続主張が戦争のための口実と見られる理由の一つだが、どうせ弟のものにしかならないのだからということでこの措置をとらせたのかもしれない。

同盟軍は失地回復に動き、一六八九年中にマインツ（九月八日）、ボン（一〇月一一日）を回復した。こうして同盟軍は戦いを有利に進め、一六九二年九月一日から二日にかけてのシュピールバッハの戦いでロルジュ元帥率いるフランス軍に同盟軍は敗れたものの戦局は変わらず、同盟軍は優勢であった。ただ、ハイデルベルクだけは王太子ルイの軍が再び占領した。こうしてファルツ伯領ではフランス軍は他戦線への兵の供出のために不調であったことから皇帝軍が優勢に戦いを進め、一六九七年のライスワイク講和を迎えた。ちなみに終戦時のファルツでのフランス軍の数は四万と言われ、侵攻当初に比べ大幅に兵力が減少していた。

写真3　ハイデルベルク城跡
ルイ14世軍によって城は破却され、現在は壁だけが残っている。

第三款　サヴォア公国方面での戦闘

イタリアではサヴォア公国が一六九〇年六月二日に同盟に加わってフランスと戦ったが、八月一八日のスタッフォルダの戦いでサヴォア公軍はフランスのカチナ元帥率いる部隊に撃破されてしまい、年内にはモンメリヤンを除くサヴォア公領はフランスの手に帰した。一六九一年になるとカチナ元帥軍はピエモンテに入り、スーザ付近の抵抗線を次々突破し、スーザ、ヴィルフランシュ、モンクルハン、ニース、ヴェイヤス、カルマニョーラを攻略し、更にモンメリヤンも陥した。これに対して同盟側ではバイエルン公マクシミリアン・エマヌエルの軍二万を派遣したが、これも撃破されてしまった。しかしフランス軍はフランドルでの戦局悪化によりサヴォア占領軍を抽出したため兵力的には劣勢となり、レオポルト一世が更に派遣した軍は一六九三年一〇月四日のマルサーリアの戦いでカチナ軍に破られたものの、皇帝軍はフランスが買収したカザレ要塞を攻略し、ドーフィネを取るなど優位に戦いを進め、フランス軍のイタリアでの影響力はサヴォア公領付近に限定された。

この後、一六九四年七月、サヴォア公ヴィットーリョ・アマデオはサヴォア公領の全面返還と自分の娘をフランス王太子ルイの息子ブルゴーニュ公ルイに娶《めあわ》せることを条件に対仏単独講和し（挙式は一六九七年）、サヴォア公国はフランスについて戦うこととなり、イタリアでの戦いはサヴォア公領外に移った。ただフランス・サヴォア公国側にイタリアで戦域を拡大する兵力はなく、他方レオポルト一世も対トルコ戦に追われていたので、イタリアでの戦いは進展せず、一六九六年一〇月六日に皇帝とサヴォア公の間でも中立条約が結ばれ、そのまま一六九七年のライスワイク講和会議を迎えた。

第四款　ライスワイク講和会議

アウクスブルク同盟戦争は九年続いたが、サヴォア公国が寝返った一六九四年頃より講和へ向けての秘密交渉がオランダで開始され、これを受けて一六九七年にライスワイクで講和会議が開かれ、九月二〇日に条約が締結された。ただしフランスと神聖ローマ帝国との間の条約は遅れて一〇月三〇日にセルヴィックで締結された（以上総称してライスワイク講和条約という）。

この条約ではフランスはイギリス王ウィリアム三世の王位を認め、オランダに対する領土返還やフランスにおけるオランダ船の関税免除などを決めたが、対神聖ローマ帝国（オーストリア・ハプスブルク家）では、ナイメーヘン和約以降フランスがドイツで取った領地はシュトラスブルクを除いて元の領主に返還され、ロートリンゲン公カール五世も本領を回復した。肝心のファルツ伯領の継承問題は仲裁裁定によって明確化され、先にファルツ伯となっていたフィリップ・ヴィルヘルムが一六九〇年に死んだ跡はヨハン・ヴィルヘルムが継いでブルボン家の継承権は否定された。

フランスが戦争全般に優勢だったのに不利な講和を結んだのは、九年間の戦いで国内が荒廃し、これ以上の戦争継続に耐えられなかったということがある。しかしレオポルト一世も対トルコ戦争を継続中で、しかもベオグラードを奪還されるなど再びトルコ軍に脅かされていたためフランスに足元を見られ、他国より一〇日も粘って交渉しながらもシュトラスブルクを取り返せなかった。

こうして西方での戦争から解放されたレオポルト一世は再び全力を東方に注ぎ、対トルコ戦勝利を勝ち取ることとなる。

第六節　対トルコ戦の勝利（一六八八～一六九九年）

レオポルト一世は、フランスとの戦いが始まったので対トルコ戦の兵力を削減せざるを得ず、カール五世も一六八九年四月一八日にアウクスブルク同盟戦争のために帰国した。残ったバーデン辺境伯ルートヴィヒ・ヴィルヘルムの軍は一時ワラキアを占領するなどしたものの、八月のツェニエストの戦いでテケリの軍に敗れてしまい、一六九〇年には大宰相ムスタファ・キョプリュリュ率いるトルコ軍の反撃にあってセルビアを奪還されてしまう。しかし、バーデン辺境伯の軍は一六九一年八月一九日のティサ河口近くのツタンルクメンの戦いでトルコ軍を破り、ムスタファ・キョプリュリュ以下二万人を討ち取ってトランシルヴァニアは確保した。こうしてレオポルト一世はトルコ軍の攻勢を凌いでいたが、バーデン辺境伯自身も西方に転出するに及んで、皇帝軍は衆寡敵せずして押しまくられた。後任指揮官のザクセン公フリードリヒ・アウグスト（一六九四年に相続・襲位）は戦下手で、一六九七年七月七日には司令官間の不和からビハチ城包囲作戦を中止せざるを得なくなったし、北ハンガリーでは給料不払から皇帝軍兵士が叛乱を起こした。またトルコ軍も南ハンガリーでは増強され、トルコのドナウ艦隊も活発に活動していた。

こうした劣勢に対し、レオポルト一世はアウクスブルク同盟戦争でのイタリア戦線の指揮官オイゲン公（プリンツ・オイゲン、フランス読みではユージェニー公）を総司令官に起用し、オイゲン公は一六九七年七月一八日にエセクにいた七万の皇帝軍司令官として着任した（以下この節で「オイゲン公軍」という）。オイゲン公は軍を率いてコヴィルに向かい、ビハチ城包囲作戦を行なっていたアウアースペルク伯の部隊とトランシルヴァニアにいたラビュタンの率いる部隊には合流するよう命じた。そして北ハンガリーでの叛乱を鎮圧したヴォーデモン公子軍も八月一三日にオイゲン公軍に合流し、オイゲン公は全軍を聖トーマス沼沢地に入れてトルコ軍の動向を窺った。

ベオグラード付近に展開したトルコ軍は皇帝ムスタファ二世に率いられ、陸兵の総勢は一二万とも一五万とも言われ、これにドナウ艦隊（ガレー船一六、フリゲート艦三〇、チャケイ船六〇）が協力していた。トルコ軍は八月二七日にコヴィルまで進み、サヴォ川を渡ってペーターヴァルダインの皇帝側要塞を攻略しようとしたが、一転北上してティテルを攻めようとした。ティテルにいたネヘム少将率いる皇帝軍の歩兵八ケ大隊とカプララ元帥麾下の胸甲騎兵連隊は劣勢のためティテルからペーターヴァルダインに撤退した。オイゲン公は、ネヘム軍を助けるために騎兵七ケ中隊と歩兵一五ケ大隊を分派した後、ティサ川を遡上して数日中にラビュタンの率いる部隊と合流したが、こちらも依然劣勢だったので、ペーターヴァルダインに戻ろうとした。トルコ軍はティテルを奪った後ティサ川を渡ってペーターヴァルダインを狙い、コヴィルに戻ってオイゲン公軍を追尾しようとした。オイゲン公軍は一旦南方向に戻った後、九月一日にオベッシュに入り、トルコ軍に追尾されながらも九月六日夜ペーターヴァルダインとトルコ軍との間に割って入って布陣した。トルコ軍が気がつかない内に一八時間でこの布陣を行なったオイゲン公の手腕が光る。

トルコ軍はオイゲン公の機動作戦によってペーターヴァルダイン要塞攻撃もティサ川を渡っての後退もままならず、セゲド要塞を攻略しようとティサ川右岸を北上した。しかしオイゲン公軍が追尾してきたため、トルコ軍はセゲド要塞の攻略も困難と判断し、トランシルヴァニアに向かうためにツェンタでティサ川を渡ろうとした。これを知ったオイゲン公は軍を急がせ、九月一一日午前九時に先遣隊はツェンタ近傍でトルコ軍と交戦状態に入り、後続の軽騎兵部隊も加わって優勢に戦いを進めた。この際得られた情報でトルコ軍はツェンタで架橋して騎兵部隊と重砲・輜重部隊が渡河を進めていたものの、主力の歩兵部隊と一〇〇門の砲、騎兵部隊の一部は依然右岸に止まっていることを知り、オイゲン公は更に軍を急がせ、夕刻までにツェンタに到着した。

トルコ軍は橋の防御のために四千歩（三キロメートル程度か）に及ぶ土塁を築き、角面堡を持つ壕を弓形に構え、その内側には倉庫・柵・輸送車で砦を造り、角面堡には砲を据えて橋を護っていた。もしトルコ軍がこの砦に拠りつつ集結し切っていないオイゲン公軍の歩兵に対して打って出れば、その各個撃破も可能だった。しかし渡河中のトルコ軍は引き返すことをせず、却って右岸に残っていた兵士は争って左岸に渡ろうとして混乱に陥った。軍の渡河を支援していた砦の守備隊にも見捨てられるのではないかとの動揺が広がり、トルコ軍は砦の前面に集結しつつあるオイゲン公軍に適切な反撃ができなかった。

オイゲン公は、ツェンタの橋の砦の手前で戦列を整えさせる一方、日没二時間前だったが両翼に配置していた六ケ竜騎兵連隊を抽出し、自ら指揮して中央部から出撃させて偵察した。そしてトルコ軍の混乱が看取されたので、直ちに全軍に攻撃を命じた。オイゲン公はトルコ軍の砲撃を受けつつもツェンタの砦に対して右翼方向（ティサ川の下流方向＝南）に部隊を回り込ませて包囲の形とし、続いて左翼の騎兵部隊が北方向（上流方向）から砦に突入した。これに応戦したトルコ騎兵三千は、形勢不利となるや背後の川の砂州を伝って左岸に退却を開始し、砦の北側の防御は手薄になった。そこで皇帝軍は続々と北側から砦に入ってトルコ軍を圧迫し、更にその一部は川岸に出て砦の南方向に回り込んだ。また中央・右翼の皇帝軍も同様に砦の外壁、壕、堡塁を越えて乱入し、砲兵隊はトルコ軍の架けた橋を砲撃して退却するトルコ兵を撃ちまくった。こうして日没前二時間程度の戦いで勝敗は決し、トルコ兵は二万が戦死、川を渡って逃げようとした兵一万が溺死し、トルコ軍の砲八七門が鹵獲された。この敗戦でトルコ軍は二割以上が死亡、右岸の砲の九割近くが失われた勘定になり、トルコ軍は文字通り完敗した。オイゲン公軍の死傷者は二千に過ぎなかった（以上「ツェンタの戦い」）。

トルコはこの敗北で力尽きて翌年春から和平交渉に入り、英・蘭の仲介を受けて一六九九年一月二五日にハプスブルク家、ロシア、ヴェネチア、ポーランドとカルロヴィッツ条約を締結した。この条約でトルコはバナート大守領を除くハンガリー（全体の三分の二に当たる）とトランシルヴァニアをハプスブルク家に割譲したほか、ロシアにはドン川河口のアゾフを、ヴェネチアにはギリシャのペロポネソス地方（モレア）とダルマチアのほぼ全域を、ポーランドにはポドリアを譲渡して二五年間の休戦を約した。

ハプスブルク家のトルコに対する勝利の要因は何だったのか。ツェンタの戦いについては、トルコ軍の目的が不明確でティサ川沿いにオイゲン公軍との決戦を避けつつ軍を緩慢に移動させた後、ツェンタでオイゲン公軍に追い付かれて渡河時の混乱に乗じて攻撃を掛けられたのがトルコ軍の最大の敗因であって、トルコ軍の一人相撲による自滅とも言える。トルコ軍の士気が低かったのは、その目的がオイゲン公軍との決戦かティサ川沿いの要塞の奪取かが不明確で、将兵がこの作戦行動に余り乗気でなかったことに起因すること大であろう。そうした意味では、オイゲン公の軍事的才能のみに勝因を求めることはできないとする説にも一理あるが、オイゲン公が巧みに劣勢な自軍を機動させ（世紀末にハプスブルク家の軍はやっと約六〇ケ連隊になっていた）、トルコ軍が最も不利な態勢になった機会に攻撃を加えた状況判断の良さについては敬意を表するべきで、オイゲン公の将才は偉大なのである。

しかしオイゲン公軍勝利の最大の要因は、やはりトルコの軍事技術が西欧勢力に対して立ち遅れていたことである。西欧での軍の火力の強化は第三節でも述べたが、その後、西欧では銃剣が発明されて槍が廃止され（銃兵は発砲後着剣して白兵戦に参加でき、従来のように槍兵に護ってもらう必要がなくなった）、戦闘員は全て火器を有するに至っていた。銃剣の導入の嚆矢はフランス軍で、その本格的採用は一六七二年のオランダ侵略戦争前後とされるが、皇帝軍でも一六八六年のブダ攻めで銃剣を採用して、槍を廃して全兵員が小銃を所持するに至り、依然槍兵を置くトルコ軍との火力の差は決定的なものとなった。軍事改革が三十年戦争・ルイ十四世による諸戦争を通じて行なわれていたのに、トルコではさしたる軍事改革がなかったと見られ、こうした立遅れがトルコ軍の敗北の根本にあった。

カルロヴィッツ条約の後、ハプスブルク家は従来から維持してきた軍事境界（トルコ領から逃げてきた人民に国境防御を義務付けて定住させる制度に基づき造られた国境防衛線。ここを守る兵は一種の屯田兵となる）を更に発展・拡大させることとなる。

第七節　スペイン継承戦争（一七〇一～一七一三年）

第一款　スペイン継承問題

一六六五年九月に三歳で即位したスペイン王カルロス二世は病弱で子供もなかったため、スペイン王位の継承問題はヨーロッパの一大争点であったことは第二編第三章第三節第四款に記したとおりである。

カルロス二世の一七〇〇年一一月一日の崩御後、スペイン王位にはフランスのアンジュー公フィリップが即位した（スペイン王フェリペ五世）。ヨーロッパ諸国は当初これを承認したが、この相続を契機にルイ十四世が強引な政策を押し進めたため、イギリスとオランダはこの王位承認を考え直す方向に進んだ。この情況を看取したレオポルト一世は、イギリス・オランダと一七〇一年九月七日にハーグ同盟を結成し、スペインの継承権はカール大公に認め、その植民地はイギリスとオランダで分割するという合意をした。こうして一七〇一年よりスペイン継承戦争が始まったが、オーストリア・ハプスブルク家に関係する戦場は、イタリア、ドイツ、ネーデルラント、スペインの四地域だが、スペインについては既に記述したので、ここでは残る三つの地域での戦闘を取り扱う。

第二款　イタリア方面での戦闘

皇帝軍はスペイン領ミラノ公国を護るためにフランスに攻勢を掛けた。この方面の司令官は対トルコ戦で勇名を馳せたオイゲン公（兵力三万）で、皇帝軍はアディジェ川沿いに南ティロルを経由して一七〇一年六月三日までにヴェネチアに入った。カチナ元帥麾下のフランス軍一万八千はリヴォリ隘路で阻止しようと準備していたため、アディジェ川の防衛線での兵員配備は不十分で、皇帝軍は難無く突破した。オイゲン公は、続いてフランス軍司令官カチナ元帥と部下との不和に乗じてカルピの前哨を奪取してアディジェ川とアッダ川の間の地域を押さえ、更にブレッサンに入った。カチナ元帥は弾薬の欠乏もあって部隊をオーリオ川後方まで下げ、皇帝軍はミラノの前面に展開するフランス軍をミラノの東のフランスの拠点マントヴァを迂回して南方から攻める態勢をとった。

皇帝軍の急なミラノ方向への展開に対し、ルイ十四世はヴィルロア元帥を派遣してカチナ元帥の上に立たせてイタリア方面軍を統轄させた。しかしヴィルロア元帥は先任のカチナ元帥を軽んじたのみならず、フランスの同盟者でこの方面の名目上の最高司令官サヴォア公ヴィットリオ・アマデオをも低く扱ったため、この三者の不和からフランス・サヴォア軍の協調行動に円滑を欠く結果となった。

こうした状況下ヴィルロア元帥は、九月一日にオイゲン公が布陣していたオーリオ川沿いのキアリを六九ケ大隊と八八ケ騎兵中隊で攻撃した。この陣地は攻めにくく戦略的価値も低かったのでカチナ元帥は作戦に反対したが、ヴィルロア元帥は敢えて強攻した。そして案の定フランス軍は大苦戦となり、指揮官のカチナ元帥自身までも負傷するに至ってもヴィルロア元帥は撤退を命じなかったため、止むなくカチナ元帥は九月一一日に独断で撤退を命じた。この後カチナ元帥は責任をとる形で帰国し、フランス軍の指揮はヴィルロア元帥が単独でとったが、名将が去って凡将が残ったので、オイゲン公は楽に戦いを進めることができた。また、この皇帝軍の捷報によりブランデンブルク辺境伯がレオポルト一世に付くことを決めて兵一万をイタリアに送り、デンマークも六千の援軍を提供してきたから、この勝利は戦略的にも大きかった。

一七〇二年二月一日早朝、ヴィルロア元帥が拠っていたクレモナに皇帝軍四千は突如侵入した。これは先遣隊が下水道から侵入して城門を開扉したことに乗じたもので、皇帝軍は首尾良くヴィルロア元帥を捕らえたが、フランス兵（騎兵五ケ連隊、歩兵一二ケ大隊）が反撃に出たため、数に劣る皇帝軍は夕方には退却し、クレモナの占領はできなかった。

この後、フランス軍の主将としてはヴァンドーム公ルイ・ジョセフ（オイゲン公の母の姉の子＝従兄）が二月一八日にミラノに着任した。更に、スペイン新王フェリペ五世も七月一八日にミラノに入り、ここにフランス・スペイン軍は皇帝軍に対して攻勢に出てミラノ東南のモデナ、レッジョ、カプリを攻略し、八月一四日にポー河沿いのルッツェラに進んで投降勧告をした。ここを攻めたフランス軍は歩兵五三ケ大隊と騎兵一〇一ケ中隊だったのに対し、同地の守備兵は五〇〇に過ぎなかったからである。こうしたフランス軍の跳梁を見逃すことは皇帝軍の威信に関わるため、オイゲン公は開戦を決意し、歩兵三五ケ大隊と騎兵七五ケ中隊を率いてルッツェラ救援に乗り出した。両軍の布陣を見ると、フランス軍はルッツェラを背にして左翼をポー河に寄せて展開したのに対し、オイゲン公は右翼をポー河に寄せて展開してフランス軍を包囲する態勢をとった。この戦いでは皇帝軍が攻勢をとったが、ヴァンドーム公率いるフランス軍は塹壕に拠って抵抗し、両軍は膠着状態で三ケ月以上戦った。この間にルッツェラは八月一五日にフランス軍の手に落ち、皇帝軍は兵の給与にも事欠いたため、オイゲン公は一二月二八日にウィーンに行ってレオポルト一世に窮状を訴えねばならぬ程であった。しかしこの後の戦局ではオイゲン公は主導権を握り、随所で勝利を収めた。

こうしてフランスが劣勢になると、サヴォア公ヴィットリオ・アマデオもオイゲン公が一族であったことやレオポルト一世がマントヴァ公領の一部割譲を申し入れたこともあって、一七〇三年一月にハーグ同盟に加担した。サヴォア公国が同盟に加担するとフランスとミラノの間の連絡が切断されるため、ヴァンドーム公は八月一〇日にサヴォア軍兵五千を武装解除させたが、フランス軍の立場は悪化した。

オイゲン公はイタリアを押さえていたが、一七〇三年七月ドイツ戦線の不調のためにそちらに転進した。後任指揮官グイード・シュターレンベルクが無能だったことから、ヴァンドーム公率いるフランス軍が寧ろ優勢になった。ヴァンドーム公は皇帝軍のダウン将軍が守るトリノの包囲に出る一方、オイゲン公がドイツから戻ってくる前に皇帝軍を攻撃し、モンテ・キアリとアッダ川近くのカッサーノにいた皇帝軍歩兵九千と騎兵六千は一七〇五年八月一六日に撃破され、死者三千を出して敗走した。この直後にイタリアに戻ったオイゲン公は、一旦軍をアディジェ川の後方に引き揚げさせている。こうして皇帝軍はガルダ湖まで追い返されてサヴォア公国の主要部はフランスの手に帰し、フランス軍はミラノまでの連絡路を押さえた。

しかしフランス軍でもネーデルラント戦線の悪化からヴァンドーム公は一七〇六年五月二三日にこちらに転出し、トリノの包囲戦は専ら陸相シャミヤールの甥ラ・フィヤード公に任された。フランス軍は潤沢な補給を受けていたが、ラ・フィヤード公の指揮は稚拙でトリノ包囲陣に穴が多く、サヴォア公の騎兵がトリノから出ていく時に追撃部隊を出して包囲陣の兵員も不足したため、トリノ守備軍への補給も途絶えずに長期にわたり耐えた。フランスの包囲陣には城攻めのエキスパートであるヴォーバン元帥もやって来て様々献策したが、ラ・フィヤード公がこれを退けたため、トリノ包囲作戦の効率は上がらなかった。

この間オイゲン公は、先にヴァンドーム公に破られた軍を建て直し、ファルツ伯とオランダの援軍も得て、アディジェ川沿いにいたフランス軍（歩兵七〇ケ大隊、騎兵六〇ケ中隊）の指揮官がヴァンドーム公がフランドルに転進してオルレアン公フィリップ二世（ルイ十四世の甥）に代わるや、七月初めにアディジェ川を越え、フェラーラでポー河を渡ってタナーロ川を渡るルートでフランスの勢力圏の南を迂回して、九月一日にトリノ東南アスティ近傍のカルマニョーラでサヴォア公と合流してトリノ救援に出てきた。この時の皇帝軍及びサヴォア軍は歩兵二万五千、騎兵六千で、対するトリノ包囲のフランス軍は五万七千だった。

フランス軍の総司令官のオルレアン公はトリノの包囲を諦めてでも皇帝・サヴォア公軍を迎撃しようと、軍をトリノ前面に進出させることを主張した。しかし、作戦の決定権を持つマルサン元帥（一七〇四年のヘーヒシュテットの戦いの敗将）が反対したため（もっともこの反対意見はマルサン元帥自身のものでなく、陸相シャミヤールの意見を代弁という）、フランス軍は前進せずに勝機を逸した。この間も皇帝・サヴォア公軍は前進し、九月七日にトリノ包囲陣を攻撃した。この戦いでフランス軍は死者二千、重傷者一千を出して大破し、トリノ包囲軍は追い散らされてマルサン元帥は戦傷死し、フランス軍の集積した莫大な補給物資（砲一五〇門など）と捕虜五千がオイゲン公の手に落ちた（一七〇六年九月九日まで）。敗れたフランス軍はアルプスを越えてドーフィネに逃れ、続いて皇帝軍はミラノも占領した。

またフランスの押さえていたマントヴァ方面では、九月九日にフランス軍がヘッセン方伯の部隊をカスティリオーネで破ったが、トリノでの敗戦からこの地のフランス軍一万五千も結局イタリアから追い落とされ、北イタリアのフランス勢力は根こそがれている。

この後、皇帝軍はサヴォア公軍と連合してテンダ峠を越え、フランス本土のプロヴァンス州を襲った。この連合軍は一七〇八年八月にイギリス艦隊と呼応してツーロンを包囲したが、一七〇七年にその一部をナポリ制圧に派遣して兵力が不足していた上、補給難と疫病に悩まされ、フランスのテッセ元帥率いる大軍が来ると八月二二日に解囲して引き揚げた。以降、フランス軍と皇帝軍・サヴォア公軍は散発的な戦闘をサヴォア領内で繰り返しながら一七一三年のユトレヒト講和条約へと至るのである。

第三款　ドイツ方面での戦闘

ドイツ方面で当初攻勢を掛けたのは皇帝側で、主将バーデン辺境伯ルートヴィヒ・ヴィルヘルムはフランス軍のメラック将軍守るランダウを四ケ月かけて包囲・攻略した。対するフランス軍の主将カチナ元帥は手勢が少なかったため、当初は敢えて攻勢をとらずシュトラスブルクに止まった。こうしてバーデン辺境伯軍は優勢に戦いを進めたが、エルザスにいたフランス軍の将ヴィラールが劣勢な兵でバーデン辺境伯軍に挑み、一七〇二年一〇月一四日、バーデン辺境伯軍はフリードリンゲン近傍で混戦の末破られて死者三千を出し、砲を遺棄して退却した。こうして皇帝軍は出鼻を挫かれ、以降フランス軍が攻勢をとった。

翌一七〇三年三月、元帥に昇進したヴィラール率いるフランス軍は、防御の厳しいバーデン方面を避けて東進してケールを取り、今回はフランスに与していたバイエルン公マクシミリアン・エマヌエルの軍と四月に合流してウィーンを狙おうとし、バイエルン公軍はティロルを占領した。これに対しシュテュルム伯率いる皇帝軍二万とバーデン辺境伯軍は共に南下したが、バーデン辺境伯軍はアウクスブルク近郊のムンダーキンゲンで七月三一日に破られ、シュテュルム伯軍も九月二〇日にドナウヴェルト近郊のヘーヒシュテットでヴィラール元帥軍・バイエルン公軍の連合軍と戦って敗れ、死者三千、捕虜四千を出した（第一次ヘーヒシュテットの戦い）。この後、ヴィラール元帥軍・バイエルン公軍の連合軍はアウクスブルクに入ってウィーンを窺っている。一方、ルイ十四世の孫ブルゴーニュ公率いる部隊は九月六日にブライザッハを、一一月一四日にランダウをそれぞれ攻略し、皇帝軍は押され気味になった。なお、この戦役ではフランス軍の銃剣が大きな成果を収めたとされる。

この危機に対し、レオポルト一世はイタリア戦線からオイゲン公を引き抜いて、ドイツ方面の指揮権を委ねた。またネーデルラントでフランス軍と戦っていた英将マールバラ公も兵一万（歩兵二三ケ中隊）を率いて南下してきた。こうしたなかバイエルン公がウィーン進撃に消極的になったためヴィラール元帥と不和になり、フランス側はヴィラール元帥を更迭してマルサン元帥に替えた。バイエルン公マクシミリアン・エマヌエルは我が儘な性格でかつてはトルコとの戦いに皇帝軍として参加していた時も自己の主導による指揮を主張してロートリンゲン公カール五世と揉めており、またぞろ悪い虫が騒いだという感がある。こうして名将ヴィラール元帥が去って凡庸なマルサン元帥が出てきたところは、イタリア戦線からカチナ元帥が去った事例と似ており、自分より格下の将軍を相手に戦えば済むところにもオイゲン公の幸運さがある。フランスの後任将軍マルサン元帥は兵三万でドナウ以南を制圧し、バイエルン公軍一万九千もパッサウを占領して、両軍は一応の形勢を保った。

皇帝軍救援のために一七〇四年五月二〇日よりオランダ方面から南下してきたマールバラ公軍三万は、六月二一日にドナウ上流域で一旦オイゲン公軍、バーデン辺境伯軍と合流した後（以下この款で「同盟軍」という）、七月二日、同盟軍はドナウヴェルトでバイエルン公軍一万四千を撃破してドナウヴェルトを攻略し、その補給源であるインゴルシュタットとウルムを狙い、更にバイエルン公国内で略奪すべく一気にドナウ河を渡って南進した。

フランスもタラール元帥率いる援軍四万を派遣し、この部隊は八月五日にマルサン元帥軍・バイエルン公軍とアウクスブルクで合流した。フランス側は、このままではバイエルンでの補給難が引き起こされると見て、速やかにマールバラ公軍を撃退すべく北進することに決した。

これに対して、タラール元帥軍妨害のため一旦分離してシュトラスブルク方面に進んでいたオイゲン公軍も、バイエルンに入っていたマールバラ公軍と再度合流するため南進した。オイゲン公とマールバラ公はフランス軍との決戦に反対するバーデン辺境伯をインゴルシュタット要塞の攻撃に回し、軍を西進させた。

バイエルンにいたバイエルン公とフランスの連合軍（以下この款で「連合軍」という）は同盟軍の連絡線を断ち切ろうと北進し、八月一一日にヘーヒシュテットでドナウ北岸に渡った。これに対しミュンスターを越えて進んでいたオイゲン公軍はマールバラ公軍に合流を要請し、これを受けてマールバラ公軍はドナウヴェルトから西進し、八月一二日に両軍はミュンスターで合流した。しかし連合軍は同盟軍のこの動きを退却と誤信したため依然東進し、同日、連合軍はドナウ北岸のブリントハイム村に右翼を置き、以下北に向けてオーベルブラウ村に中軍、ルッツィンゲン村に左翼を置く布陣を完了させてその日を終えた。連合車は高地に陣取り、前面にドナウの支流ネベル川があったため、同盟軍が攻撃してくることはまずないと考えての措置であった。

同盟軍は連合軍の布陣を知るや、一二日の夜半から一五キロメートル行軍して連合軍陣地の前に布陣し、翌一三日に両軍は激突することとなる。丁度この地域は前年、第一次ヘーヒシュテットの戦いでヴィラール元帥軍が勝利したあたりである。連合軍の兵力は六万（歩兵八二ケ大隊、騎兵一六〇ケ中隊）で砲は九〇門、これに対する同盟軍の兵力は五万二千（歩兵六四ケ大隊、騎兵一五〇ケ中隊）で砲六〇門であった。このように連合軍の方が兵力上は優勢であったが、同盟軍の巧みな陽動により連合軍が両翼に兵力を分散して中央を手薄にしたため、連合軍は敗北することとなる。マルサン元帥が書いた布陣図を見たヴィラール元帥は、「これでは駄目だ」と大声で非難したと言われる。

両軍の本格的な戦闘は一三日正午過ぎから始まった。この戦いでは、先ずマールバラ公が歩兵を自軍中央から左翼に集中してフランス軍右翼（ブリントハイム村）を攻撃し、タラール元帥は中央部のフランス歩兵を右翼に振り向けた。これを見て取ったマールバラ公は、同盟軍右翼の指揮をとっていたオイゲン公にも要請して騎兵を中央部に集中させ、午後四時半と五時の二回にわたって連合軍中央のタラール元帥軍に突撃を掛けた。そして二回目の突撃でフランス軍中央は突破され、タラール元帥が捕虜になるに及んで中央部の連合軍は総崩れとなり、連合軍左翼で同盟軍右翼のオイゲン公軍（陽動として圧力を掛けていた）の三度にわたる攻撃を支えていたマルサン元帥軍とバイエルン公軍も敗走を開始した。

こうして連合軍の左翼と中央は崩壊し、先に中央部からも歩兵を送り込まれて肥大化していたブリントハイム村のフランス軍右翼は、いつのまにか遊軍と化していたところを、右翼・中央部から回り込んできた同盟軍に攻撃されて逃げられなくなり、遂に一万一千人が降伏して捕虜となった。このように同盟軍が最も戦果を挙げたのはブリントハイム村だったので、英側ではこの戦いをブレニム（ブリントハイムの英語読み）の戦いとする。フランス側呼称は第二次ヘーヒシュテットの戦いであり、ドイツでは単にヘーヒシュテットの戦いとする。この戦いでは連合軍は戦死一万二千、捕虜一万四千を出したのに対し、同盟軍は八千を失ったに止まった。

この後、同盟軍はバイエルン公国全土を制圧し、バイエルン公はブリュッセルに亡命し、フランス軍はエルザスに逃げ戻ってここを守るのが精一杯という情勢であった。勝ちに乗じて同盟軍の内、バーデン辺境伯軍は再びライン方向に進んで一一月九日にランダウを、同月二三日にトラルバックを攻略している。

これに対しフランス軍は再度ヴィラール元帥を起用し、ヴィラール元帥軍は翌一七〇五年五月にマールバラ公軍をトリーア近郊で破って同盟軍を押し戻した。しかしフランス軍はイタリア、ネーデルラントでの戦況の悪化から兵力を抽出されてしまい、結局エルザス、シュトラスブルクに重点的に守備隊を配置するのみだった。なお、この地域での戦闘が下火になった一つの要因には、戦乱が続いたため食糧徴発が困難になり兵を養えなくなったということがある。

一七〇七年一月にこの方面の指揮官バーデン辺境伯ルートヴィヒ・ヴィルヘルムが死亡して皇帝軍は手薄となったため（オイゲン公はイタリア方面に転出）、五月二二日、ヴィラール元帥軍は前進して皇帝軍をストルホッフェンで破り、一時ドナウ流域まで進出したが、これも間もなく皇帝軍とサヴォア公軍が南フランスに侵入したと聞いて引き揚げた。この後ヴィラール元帥がフランドル戦線に転出すると、一七〇九年にメルシ将軍率いる皇帝軍がブルグント自由伯領を突くために南エルザスに入ったが、これはデューブル伯率いるフランス軍にノイブルク付近で阻止された。

以降、両軍ともに大きな動きもなく、一七一三年四月のユトレヒト講和条約を迎えるが、この条約はフランス、スペインとイギリス、オランダの間で結ばれ、スペイン王位請求者である皇帝カール六世（一七一一年四月に即位）はスペイン継承を飽くまでも主張してこれに加わらなかったため、フランス軍は今度は全力をもってドイツで戦うことができた。フランスは再々度この戦線にヴィラール元帥を起用し、フランス軍一三万は八月二二日にまたもランダウを奪取した。これに対してカール六世はこの方面にオイゲン公を起用したが、兵力は六万しかなく補給も不十分であったため、ヴォーボンヌ元帥率いる皇帝軍は九月二〇日にヴィラール元帥軍に撃破され、一〇月三〇日にはフライブルクも取られた。こうして飽くまでも継戦することで自らを有利にしようとしたカール六世の思惑は大きく外れ、一七一四年にラシュタット条約が結ばれ、ハプスブルク家はエルザスとシュトラスブルクの奪還にまたも失敗した。

第四款　ネーデルラント方面での戦闘

ネーデルラント方面ではオランダ軍とイギリス軍が専らフランス軍と戦っていたが、フランス軍がこの地域に一〇万の兵力を集めたため、一七〇八年四月からオイゲン公率いる皇帝軍一万三千とザクセン公軍五千もこの戦場に参加した（以下この款で「同盟軍」という）。マールバラ公が病気のためオイゲン公が指揮をとっていた同盟軍は、一七〇八年七月一一日にオウデナルデの近傍で遭遇戦を行なってヴァンドーム公率いるフランス軍八万を破った。ただこの戦いは規模の割には決定的な打撃をお互いに与えることはできず、同盟軍の戦死者は一千余り、フランス軍の死者も三千余りであった。ただ、フランス軍は意気消沈して後退したため、同盟軍は余勢をかって八月一四日から一二月一一日までリールを包囲した。当時フランス軍では総司令官として着任していたブルゴーニュ公（アンジュー公フィリップ〈＝フェリペ五世〉の兄）付の武官と、前からの指揮官であったヴァンドーム公との間で反目があり、これに状況判断の悪さが重なったため有効なリールの救援が行なえず、同盟軍は細い土手の上を通るような脆弱な補給路を突かれずに済み、守将ブーフレール元帥は勇戦も虚しく孤立無援となって遂にリールを明け渡した。

翌一七〇九年になると、フランスは財政難に加えて飢饉に襲われ、しかも連戦連敗のために新兵の数が増加して軍の練度は著しく低下していた。こうした状況下、同盟軍の進撃に対処するため、フランス側は最後の切り札としてヴィラール元帥をこの戦域に登用した。同盟軍八万の次の目的地はモンスで、これを阻止するため出てきたヴィラール元帥の軍七万は、マルプラケで一七〇九年九月一一日に激突した。

当時、同盟軍は兵力九万、砲一二〇門であったのに対し、フランス軍は兵力八万、砲九〇門でしかなかった。それまでフランス軍は数の上では常に同盟軍に対して優勢だったが、この頃には劣勢に転じていた。そこでヴィラール元帥は、モンスに向かう同盟軍がラニエールの森とサールの森の二大森林地帯の間を進むところを奇襲することとした。フランス軍はサールの森（左翼）にヴィラール元帥軍が位置し、ラニエールの森（右翼）にはブーフレール元帥軍が布陣していた。

しかし、復帰していた主将マールバラ公がフランス側の意図を見抜き、同盟軍右翼で進んでいた自軍を止めて、同盟軍の中央に位置して行軍中のオイゲン公軍を待った。ヴィラール元帥は同盟軍の前進を食い止めるためにサールの森にバリケードを築き、これに対してマールバラ公軍は砲撃でこのフランス軍の動きを妨害した。同盟軍の中央に位置していたオイゲン公軍は、早朝に偵察を完了した後、一一日午前八時からサールの森を攻めてフランス軍左翼の側面を攻撃しようとした。ヴィラール元帥軍はこれを一旦撃退したものの、兵力が不足したため中央部からも兵力を回させ、必死の抵抗を続けた。しかしこの兵力移動を見て取ったオイゲン公は一気にフランス軍中央部を突いたためフランス軍は崩れ、ヴィラール元帥自身も負傷して後退した。この間フランス軍右翼のブーフレール元帥軍は同盟軍左翼のオランダ軍に大損害を与えていたのだが、フランス軍左翼が崩れたため止むなくこれも後退した。この戦いではフランス軍も戦死者八千を出したが、同盟軍の戦死傷者は二万一千に上った。オランダ軍が八、五〇〇を失ったのを始めとして、マールバラ公軍でも兵の三分の一を失った。しかしフランス軍は戦闘終了後、粛々とル・ケノアとヴァランシエンヌの間に引いたのに対し、同盟軍は何とか前進して一〇月二六日にモンスを攻略したので、戦術的にはともかく戦略上は同盟軍の勝利となった（以上「マルプラケの戦い」）。

一七一〇年も同盟軍は依然優位で、西進を続け、フランスからの和議の申入れは突っぱねて六月から九月にかけてドゥーエ、ベテュヌ、サン・ヴナンを攻略した。翌一七一一年九月にはヴィラール元帥が造ったモントゥルイユとヴァランシエンヌの間の防衛ラインを突破し、ブーシャン、ル・ケノアも攻略してパリへと迫った。ルイ十四世は一時ヴェルサイユからの退避すら考えるほどであった。しかし平和を望むトーリー党が政権を取ったというイギリスの政局の変化と、四月一一日のヨゼフ一世の崩御・同盟側のスペイン国王候補のカール大公の皇帝即位（皇帝としてはカール六世）による、イギリス・オランダの戦争意欲の減退から、一二月三一日にマールバラ公が帰国し、翌一七一二年にネーデルラント方面軍司令官を罷免されると同盟軍もやや不如意になってきた。

後任のイギリス軍司令官オーモンド公は本国の指令を受けて同盟軍との共同行動を拒み、当時進んでいた英仏交渉の結果、七月一九日にフランスがダンケルクを担保として差し出すことを条件として停戦が成立し、イギリス軍は南フランドルからガンへと撤退し、これで同盟軍の一翼は崩れた。

マールバラ公解任の後、同盟軍の総指揮をとっていたオイゲン公は、依然同盟軍がフランス軍より二万多いことから戦争を有利に進め、七月一七日からランドルーシーを包囲した。しかし包囲陣とそこへの補給基地であるマルシエンヌとの間には距離があり、その中継点であるドゥナンの防御は脆弱であった。これに目を付けたヴィラール元帥は、七月二四日にドゥナンの同盟軍を襲って撃破し（同盟軍の損害は八千）、続いてマルシエンヌを七月三〇日に攻略した。このためオイゲン公はランドルーシーを八月二日に解囲して退却を開始し、ヴィラール元帥は当然これに追撃を仕掛けたため、同盟軍は各所で敗れ、九月、一〇月中に同盟軍はドゥーエ・ル・ケノア、ブーシャンを奪回された。

この後、両軍は冬営に入り、その間交渉が行なわれ、翌一七一三年のユトレヒト条約で戦争は終結した。ただカール六世は条約を蹴ったので、依然フランスと皇帝は戦うが、オランダも戦争から離脱したため、皇帝軍がこの地域で戦うことはなくなった。

第五款　レオポルト一世崩御後のハプスブルク家の情勢とラシュタット条約（一七〇五～一七一四年）

スペイン継承戦争中、ハプスブルク家では二回の相続が行なわれた。まず一七〇五年五月五日にレオポルト一世が崩御し、長子のヨゼフ一世（一六九〇年にローマ王就任）が二六歳で即位した。ヨゼフ一世は引き続きスペイン継承戦争を戦う一方、シュレジエンの新教徒に有利なアルトランシュテット条約を一七〇六年九月二四日に結んでスウェーデン王カール十二世がフランスと結ぶのを妨げ、国内ではハンガリーで一七〇三年から一七一一年までの間続いたクルツ党の首領でトランシルヴァニア公のフェレンツ・ラーコーツィ（二世）の叛乱を鎮圧するなど目ざましい成果を挙げていた。一七〇六年には敵対したバイエルン公マクシミリアン・エマヌエルとその兄弟のケルン大司教の領地を没収している。しかし、その一方では権力拡張政策を急ぎすぎて帝国内の諸侯との関係を悪化させた面もあった。ブランデンブルク辺境伯との関係悪化はその一例である。このヨゼフ一世が一七一一年四月一七日に突然崩御し子供がいなかったため、一転ハプスブルク家のスペイン継承権は吹き飛ぶこととなる。

ヨゼフ一世の後継には弟のカール大公が立つこととなり、即位してカール六世となった。しかしカールは既にスペイン王位を主張してスペイン王カルロス三世と称していたため、もしカールのスペイン王位も認められれば、カール五世時代のハプスブルク大帝国が復活するものであった。これは、ブルボン家のスペイン支配以上にイギリス、オランダにとっては望ましくない話で、長年の戦争による疲弊もあり、両国はフランスの勢力を最小限に押さえることを条件にブルボン家のスペイン相続を認める方向に傾いた。

講和条約締結の経緯と結果は第二編第三章第三節第五款に既に記したが、一七一三年四月に成立したユトレヒト条約にカール六世は不満で、オイゲン公らが諫めたにも拘わらず依然戦いを続けた。しかし第三款で述べたようにドイツ方面の戦闘で皇帝軍は敗れたため、結局一七一四年三月六日のラシュタット条約でフランスと講和した。この条約で帝国はブライザッハは取り返したもののシュトラスブルクとエルザスは取られっ放しとなった。またバイエルン公、ケルン大司教も領地を回復した。

この戦争でフランス軍がハプスブルク軍を押しまくった理由は何か。まず、対トルコ戦争を抱えるハプスブルク家が国力を集中できなかったことは当然挙げられる。しかし、最も大きな理由で以降のヨーロッパの戦争にも大きな影響を与えたのがフランスの軍制改革であった。

グスタフ・アドルフに端を発するヨーロッパでの軍事改革はこの時点では広く各国に及んでいたが、ルイ十四世下のフランスでは、兵器のみならず軍事制度面でも改革が行なわれた。ルイ十四世期に行なわれた兵器面以外でのフランスの軍制改革の主要な点としては、まず軍の国民軍化がある。一七世紀当時の各国軍隊は傭兵に依存していた。傭兵は雑多な国民・人種からなり、傭兵隊長との雇用契約に基づいて従軍していたが、彼らは自国軍に加わる場合を除いては当然愛国心はなく、契約による絆と更には隊長と兵との個人的忠誠心が軍律の基盤であった。だから優れた傭兵隊長の部下でも無い限り、兵は指揮官の言うことは余り聞かず、逃亡やサボタージュも多かったし、戦地での略奪などの軍規違反も一般的であった。ただし、この時代の傭兵は兵器も隊長から支給されていたため、軍装が統一されて軍事力には向上が見られた。

これに対し、同国民で軍を編制した場合、傭兵・徴兵の違いに拘わらず愛国心（あるいは民族意識）に基づいて統制をとれるので軍規は維持し易い（その点では、トルコのように遊牧部族に部隊を編制させる手法は団結の維持などの面では効果があると考えられる。ただし、新規戦術や兵器の導入という点では幾多の障害があるようだが）。また、これに宗教も絡むと極めて高い目的意識や忠誠心が得られると考えられる。そして国民軍が特に異国で戦う場合は、兵はその所属部隊から離れることは同国民による帰属集団を捨てて、他国民の海のなかに入るという精神的な抵抗にも直面するため、逃亡や脱落を抑制する効果も強まる。このように国民兵は傭兵よりも兵員の質としては勝っていた。

グスタフ・アドルフに率いられて一六三〇年にドイツに上陸したスウェーデン軍は正にこういった軍であった。この同国民・同宗教の兵で組織された軍が極めて優秀で、多くの戦果を挙げたことは既述のとおりである。ただこの軍もドイツで転戦する内に現地で徴募した多くの傭兵を抱え、結局他の軍と余り変わらなくなってしまった。これは小国のスウェーデンでは戦争の長期化・拡大に伴う多大な兵員の需要を到底賄い切れず、不足した兵力の穴埋めは他国の傭兵（一部は宗教的動機から参加した義勇兵）に頼らざるを得なくなったことによる。

ところがフランスは大国なので戦争が長期化・拡大しても、自国の人的資源の豊富さに依拠して余り他国の傭兵を集めることなく戦うことができた。またフランスは、徴兵制というヨーロッパの軍事史上極めて重要な制度を導入していた。もっとも当時の徴兵制は人数不足を補うための補助的な色彩が強く、その手法はカトリック教会の教区毎に人数を定め、抽選で兵員となる者を選抜するというもので、裕福の者は代理人を立てられるため、結局兵員になるのは下層民に多く、兵員の素質としては傭兵稼業の者と大差なかったと言われている(特に戦時の飢饉は食うために兵士になる者を増加させていた)。しかしフランスはこの方式で大量に集めた人員を戦場に投入することができ、アウクスブルク同盟戦争・スペイン継承戦争での多正面作戦にも耐えられた。スペイン継承戦争では動員兵力五五万人中、実に二六万人が徴兵によったとされ、徴兵制度は兵員確保の大きな柱になっていた。この徴兵制度がフランスが戦争で幾多の不利な局面を経たにも拘わらず、兵員を補充して大崩れせずに済んだ原因の一つと考えられる。なおこの徴兵制度は後のフランス革命期の戦争・ナポレオン戦争へとつながり、陸軍国フランスの重要な基盤となる。

ちなみに徴兵制度を最初に取り入れたのは、三十年戦争とそれに続く戦争で傭兵制度では兵員確保がし切れなくなったドイツの中小国家とされ、これがドイツの他の国にも採用された。例えばプロイセンでは一六五五年から一六六〇年までのポーランド・スウェーデン戦争の終了までには常備軍の制度をとり入れ、一七世紀末から一八世紀初頭の一連の戦争での兵員の確保のために、全国を徴兵区に分けて、そこから何十人かに一人の割合で徴兵を行なうという慣行が成立している。また、ロシアも北方戦争(一七〇〇～一七二一年)での兵員の不足を補うために一七〇五年に徴兵制を導入し、毎年二万人を全国の村々から動員した。これにより常備軍の半分に当たる約九万が徴兵により集められることとなり、戦役の全期間を通せば約三三万人以上を強制的に軍隊に入れた。もっともロシアの徴兵でも逃亡した者は多く、第一回から第五回までの徴兵では六五パーセントしか集められなかったという。

付言すると軍に参加した者は低い身分の者でも普通の平民にするという特典が大概行なわれており、古代ギリシャのポリスの平民がペルシャ戦争への従軍を契機に身分を上昇させた事例と似ている。徴兵制導入は必然的に「戦士の平等」を要求し、これが、近代民主制度への移行の一つの契機となっていたことは否定できない。プロイセンでも軍旗による平等の考え方はフリードリヒ二世の時にとられているし、兵士は「国王の軍隊」に入るため、従来の農民出身の兵士も領主との関係に縛られなくなり、帰休兵が領主の強制に従わなくなるといった状況も生じた。またロシアでも徴兵制度に先立って下層民を徴募した際は、兵役に就けば完全な市民権を与えるという優遇措置を講じていた。

写真4　ホーンブルク要塞の図
ルイ14世期には新様式の要塞が独仏国境地帯に多数造られた。

こうした軍事への参加を通じての身分制度の打破・平等の達成は、多かれ少なかれ歴史上との国家でも見られ、今日でもなお、ある種の途上国における軍事政権の発生・存続の原因となっている。こうした政権が国民の支持を受ける背景の一つにはやはり、軍組織が「戦士の平等」に基づき公平性、優秀性を保持していると考えられていることがあろう。その意味では、徴兵制度は軍事面のみならず、身分制度の修正や民主主義の形成にも重要な影響を及ぼすものであるが、筆者にはそこまで分析する力はないので本書ではこの程度に言及を止めおく。

フランスに話を戻すと、この時期フランスでは特科部隊の整備も行なわれた。砲兵隊については、従来、砲兵隊はギルド的な職人傭兵集団で必要に応じて各国を回っては雇われていたものを常設の軍直轄とし、この兵種の将校を平民にも開放した。このため、砲兵隊には優秀な人員が集まり、フランス砲兵の優勢を導いた。同様の措置は工兵にも適用され、この軍種からは築城術を一新させたヴォーバン元帥のような人物を輩出し、フランス軍は進軍での技術革新の原動力にもなった。例えば、マルチネという人物は架橋用の鋼船を考案し、これでフランス軍は進軍時の架橋が随分迅速化されているが、こういった技術革新の積み重ねが欧州でのフランス軍の優位を導いたとしても過言ではあるまい。

最後に補給面での改革を見ると、フランス軍は従来のように現地での食糧徴発のみには頼らず、各兵員に必要な食糧を算定し、これに基づき御用商人と契約して必需品の供給を受け、商人が戦地まで軍需品を運搬する際には護衛を付けるという方法を導入した。これを一歩進めた食糧運搬のための特殊兵団すら創設したのである。また国境地帯や街道沿いには多くの糧秣倉庫を設け、兵站に万全を期した。無論この程度の措置では戦争が長期化すれば補給難の状況が招来されるが（こうした補給システムを創っても全体の需要の一〇パーセント程度しか満たせなかったという。また、倉庫と前線間の輸送問題は依然未解決であった）、こうした補給のための措置をとったこと自体が画期的であり、フランス兵の逃亡者数の減少にも役立ったとされる。

このようにハプスブルク家がグスタフ・アドルフ流の兵器面での改革によりトルコを圧倒している間、フランスは更に進んだ改革を軍制面で行なっており、ハプスブルク家は東方で優勢を取れても西方では劣勢とならざるを得なかった。

第四章　カール六世のキャンペーン（一七一一～一七四〇年）

第一節　対トルコ戦争（一七一六～一七一八年）

一六九九年のカルロヴィッツ条約締結以来、ハプスブルク家とトルコの間では正面切っての戦闘はなかった。ハプスブルク家はスペイン継承戦争に没頭していて東方での戦いを望まなかったのである。一方トルコはスウェーデンと結び、カルロヴィッツ条約で奪われたアゾフを巡って一七一〇年からロシアと戦って一七一一年までにアゾフ周辺を回復した。そして一七一四年一二月にトルコ皇帝アフメット三世（一七〇三年即位）はヴェネチアに宣戦布告し、奪われたコリント、モレアを攻略した。このためカルロヴィッツ条約でヴェネチアとの支援の協定を結んでいたハプスブルク家には救援の義務が生じ、また、トルコ軍はダルマチア方面にも出てきたのでハプスブルク家も脅威を受けるに至った。ハプスブルク家はスペイン継承戦争の後もスペイン・フランス同盟によるイタリア侵攻を怖れて東方での静謐を保持しようとしていたが、一七一五年九月一日にルイ十四世が崩御したためこの同盟の力は低下したと判断し、またトルコは昔より弱体化しつつあるとの観測があり、しかもこの地域へのロシアの進出は国益に合致せず、自領の国境線を南に下げるべきとの考えもあったことから、カール六世は遂に一七一六年五月にトルコに宣戦布告した。

当時のハプスブルク家の軍隊は対仏戦争の終了に伴い縮小されていたため、大隊数は四分の三になり、一ケ中隊の兵員も一五〇から一四〇に、一ケ歩兵連隊の兵員も二、五〇〇から二、三〇〇になっていた。このためハプスブルク軍は定員一三万七千人に対し、歩兵二万、騎兵六千の不足が生じており、ハンガリー方面のハプスブルク軍は兵力八万（歩兵七〇ケ大隊、騎兵二一八ケ中隊）であった。ハプスブルク軍の指揮官はオイゲン公で（以下この節で「オイゲン公軍」という）、七月九日にフタクで着任して将兵の歓迎を受けている。一方、大宰相ダマド・アリは既にベオグラードに在り、イェニチェリ四万、騎兵二万を中核に計一五万の軍勢を擁していた。兵力比ではトルコ軍は二倍近い勘定になる。

オイゲン公は着任するや直ちに軍を前進させ、八月二日には前衛の四ケ連隊がドナウを渡河してカルロヴィッツ付近まで進んだ所でトルコ軍一万と交戦状態に入った。この部隊は、結局衆寡敵せずしてドナウ河とティサ川の合流点にあるペーターヴァルダイン要塞まで撤退しようとしたが追尾してきたトルコ軍に阻まれ、指揮官のブロイナー少将は捕まって虐殺された。トルコ軍はペーターヴァルダイン要塞の手前に塹壕を掘り、この要塞を攻略する構えを見せた。

これに対しドナウ河右岸を進んでいたオイゲン公軍の本隊六万は、左岸に回り込むために八月四日に船橋二つを架けて渡河し、ペーターヴァルダイン要塞の救援に出た。オイゲン公軍の到着を受けて、ペーターヴァルダイン要塞の守備部隊は五日早朝から反撃を開始し、一時はトルコ軍に逆襲されて危機に瀕したが、到着したオイゲン公軍の攻撃を受けてトルコ軍は大敗して大宰相ダマド・アリは戦死した。トルコ軍でベオグラードに戻ったのは三分の一に過ぎなかったと言うが、オイゲン公軍も戦死三千、負傷二千の損害を出した。この後オイゲン公は八月七日に軍を東方に向け、オベッシュ、ツェンタ、チェネルを経てバナート大守領の主都テメシュヴァールを一〇月一三日に攻略し、ドナウ北岸制圧を完了した。

一七一七年にオイゲン公はドナウ南岸でサヴォ川との合流点にあるベオグラード攻略に乗り出した。オイゲン公はドナウ下流のパンチョヴァで渡河してベオグラードの南に回り込もうとし、前年秋にはドナウの北を流れているドゥナヴェックを工事して五月までに船舶の通れる運河に変えておいた。

五月二一日にフタクに帰陣したオイゲン公は、ドナウ艦隊を運河経由でテメシュ川に向かわせ、フリゲート艦二隻は六月一五日にはテメシュ川からドナウ河に入って対岸のイェニチェリを砲撃した。これに続いてオイゲン公軍は擲弾兵二五ケ中隊と歩兵二五ケ大隊を上陸させ、トルコ軍はベオグラードに撤退した。この後、船橋が架けられて歩兵六二ケ大隊と騎兵二〇一ケ中隊の全軍が渡河してドナウ右岸に移った。オイゲン公軍はベオグラード西のサヴォ川でも架橋し、サヴォ川対岸のセムリンの陣地とペーターヴァルダイン要塞との間でも輸送路を確保した。またベオグラードを包囲するオイゲン公軍の陣地の突撃門を前回のペーターヴァルダイン要塞での戦いの経験から広げた。さらにドナウ河には四隻のフリゲートを遊弋させてトルコ艦艇を追い払ってベオグラード市に砲撃を加え、同市は六月三〇日までに廃墟と化した。

こうしたオイゲン公軍の活動に対し、トルコの大宰相ハリル・パシャはニッスで二〇万の軍を編制してベオグラード救援に乗り出し、七月末にはベオグラード南方の丘に布陣し、続いてドナウ河とサヴォ川の間の丘にも砲兵を進出させてサヴォ川越しにオイゲン公軍と対時した。トルコ軍がこの丘に重砲一四〇門を集めてオイゲン公軍陣地を砲撃したため多くの死傷者が出、オイゲン公はドナウ河下流方向に本営を移したが包囲を続行した。陣中では赤痢が蔓延して八月末までにオイゲン公軍は九万の兵員が六万にまで減り、ウィーンからは解囲してドナウ北岸に撤退せよという指令も出たが、オイゲン公は寧ろ決戦を挑む決意をし、八月一五日午後に軍首脳を集めて同日夜半の総攻撃を決定

写真５　ベオグラード攻撃に用いられた臼砲と砲弾（ウィーン軍事博物館所蔵）

した。

オイゲン公軍の布陣は、ベオグラードを包囲している部隊を残して、左翼の丘の上に騎兵一一ケ連隊、右翼の平原に騎兵一一ケ連隊を置き、中央軍は前後の二つに分け、前軍に歩兵二二ケ大隊と擲弾兵二三ケ中隊、後軍に歩兵一八ケ大隊と擲弾兵一六ケ中隊を置き、予備に歩兵九ケ大隊と擲弾兵八ケ中隊が控えた。総勢六万であるが、戦闘能力のあるのは僅か四万であった。オイゲン公軍の攻撃は、濃霧のなか八月一六日未明より右翼の騎兵一一ケ連隊が平原に展開することで始まった。オイゲン公は右翼の騎兵隊を前進させ、左翼の騎兵隊には丘を守らせ、折りを見て丘上から突撃させる作戦であった。右翼の騎兵部隊は、トルコ軍左翼の歩兵部隊とその後方にいたタタール人騎兵部隊を攻撃し、これに応じてオイゲン公軍中央の歩兵前軍の右半分も銃剣でトルコ軍陣営を攻撃したが、右翼の騎兵との協調行動に引き摺られて残る中央の歩兵前軍の左半分に間隙を生じた。これを見て取ったトルコ軍中央の歩兵部隊が前進してこの隙を突いたため、オイゲン公軍中央は一時危機に瀕した。

しかし歩兵後軍が前進してこれに割って入り、更に後置の予備部隊も前進したため事無きを得、時機を見計らっていた左翼の丘の上の騎兵一二ケ連隊が前進してトルコ軍のいたバイディナ高地を制圧し、続いてオイゲン公軍左翼に迫っていたイェニチェリ部隊を撃破した。日が昇って霧が晴れると、オイゲン公は各所の部隊を予定の位置に行かせてから左翼の騎兵部隊に突撃を命じた。このため右翼・中央のオイゲン公軍と戦っていたトルコ軍は左翼のオイゲン公軍騎兵に包囲される形となり、午前九時までにトルコ軍は総崩れとなって退却した。この結果、戦意を失ったベオグラードのトルコ軍は翌一七日に降伏し、オイゲン公軍はトルコ兵四万六千を捕虜とし、砲数百門を接収した。

この敗北でトルコは戦意を喪失したが、ハプスブルク家側でも同年、スペイン軍がサルジニア島に上陸したため西方に不安を生じ、翌一七一八年六月二一日にパッサロヴィッツ条約が結ばれた。これによりハプスブルク家はベオグラードを含む北セルビア、小ワラキア、バナート大守領を獲得し、他の西欧諸国同様にトルコ国内での通商上の特権（カピトレーション）も認めさせた。そして、ハプスブルク家はハンガリー地域に大規模な植民を行ない、これらの地域のドイツ化を推進するとともに、軍事境界の拡充にも努めて東方での勢力を扶殖するが、この措置はハプスブルク家領のドイツ的要素の低下に拍車を掛け、その多民族化、非ドイツ化といった問題も生じさせることとなる。

第二節　ハンガリー叛乱・四国同盟戦争

スペイン継承戦争の間にハンガリーでは一七〇三年からクルツ党の叛乱が起こり、指導者であるトランシルヴァニア公フェレンツ・ラーコーツィ（二世）を一七〇五年にハンガリー王として推戴した。スペイン継承戦争に忙殺されていたハプスブルク家はハンガリー貴族との妥協を余儀無くされ、一七一一年のサートマール講和でハプスブルク家はハンガリー貴族の有する封建的議会、地主階級の特権などを承認し、これによりフェレンツ二世は国外に亡命した。

一七一四年のユトレヒト、ラシュタット条約後、スペイン国王フェリペ五世は同年に娶った後妻のイザベラ・ファルネーゼがイタリアのパルマ公国出身で、その伝《つて》で外交官にイタリア出身のアルベローニを登用したこともあってイタリアへの拡張を目し、一七一七年にはハプスブルク領のサルジニアを、一七一八年にはサヴォア家の領地であるシチリアをそれぞれ占領した。また、フェリペ五世はイギリスにおけるスチュワート王朝の復活を支援したため、イギリス王ジョージ一世（兼ハノーファー公）は一七一七年にオランダ、フランスと三国同盟を結び、カール六世も一七一八年八月二日に加わった（四国同盟）。この同盟ではハプスブルク家にシチリアを渡すことが決められ、一七一九年五月二九日にイギリス艦隊の支援によりハプスブルク軍はシチリアに上陸して一〇月にメッシーナを占領した。

この間イギリスとフランスもスペインに攻撃を加えたためスペインは劣勢となり、一七一九年一二月に敗戦の責任を取らされてアルベローニが失脚したことからフェリペ五世は戦争を諦め、一七二〇年二月一七日のハーグ条約でスペインは両島を放棄した。この際ハプスブルク家とサヴォア家とでシチリア島とサルジニア島を交換することが正式に決まった。これによりハプスブルク家はナポリと隣接するシチリアを一体として領有し、また先にシチリア王を称していたサヴォア家は以降サルジニア王を称する。なおスペインには近々断絶が予想されるパルマ公国、ピアチェンツァ公国及びトスカナ大公国の相続が約束された。カール六世は、一七二五年四月にスペインとウィーン条約を締結して、ここで最終的にスペインの継承権を諦めた。

第三節　ポーランド王位継承戦争（一七三三〜一七三八年）

スペイン継承戦争と同時期にロシアとスウェーデンの間では北方戦争（一七〇〇〜一七二一年）が戦われ、勝利者ロシアは西方への発言力を増した。またスウェーデンがバルト沿岸で地位を低下させたのに対し、プロイセンはロシアに付いたことでスウェーデンから前ポンメルンの一部を取って地位を高め、先のユトレヒト条約で王号を得たこともあって名実共に北部ドイツの大勢力にのし上がってきた。こうした二大勢力の拡張は間に挟まれたポーランドの危機を招き、その政体が選挙王制であるというひ弱さとも相まって、周辺国の餌食になる運命をもたらした。

こうしたなか、ポーランド王アウグスト二世（ザクセン公フリードリヒ・アウグスト）が一七三三年二月一日に崩御すると、一七〇四年から一七〇九年にかけてスウェーデン王であったスタニスラフ一世が女婿のフランス王ルイ十五世（即位一七一五年）の支援を受けてポーランド王に選出された。これに対しカール六世は後述する自家の継承問題もあったためザクセンを支援しようとロシア、プロイセンと組んでアウグスト二世の子ザクセン公フリードリヒ・アウグスト二世を推し、ロシアは軍三万をワルシャワに入れて一〇月にザクセン公フリードリヒ・アウグスト二世を即位させた（ポーランド王アウグスト三世）。スタニスラフとそれを支援するフランス軍は北に追われ、一七三四年六月にスタニスラフ軍は降伏し、スタニスラフ本人はダンチヒから国外に逃れた。

一方フランスは自軍をイタリアとライン河畔に向け、サルジニアにはロンバルディアの所有権を認めると約束して味方につけ、また、シチリア、ナポリを狙うスペインもこれに加わった。

ライン河方面の戦いではハプスブルク家は主将にオイゲン公を起用した。オイゲン公は一七三四年四月二五日にハイルブロンに入って兵三万五千を閲兵したが、対するフランス軍は八万であったから劣勢は覆うべくもなかった。オイゲン公はかねてより「プラグマティッシェ・ザンクツィオン（後述）を諸国に承認させるためにも、常備一八万の軍を維持すべきだ」と主張して兵力一四万の現状に四万増強するように求め、カール六世も一旦は了承していたのだが、一部廷臣の反対にあってアウグスト二世崩御の直前に反古になっており、ハプスブルク軍は劣勢だった。オイゲン公はプロイセンからの援軍二万五千を得たものの兵力不足に変わりはなく、自身の老いもあってかフランス軍との決戦を避けた。フランス軍は同年中にロートリンゲン（ロートリンゲン公フランツ・シュテファン〈ロートリンゲン公カール五世の孫〉は皇帝派として奮戦していたが）を占領し、フィリップスブルクを攻略した。

北イタリアでは、フランス軍とサルジニア軍が一七三三年一一月にミラノを占領した。ハプスブルク軍は一七三四年六月二九日のパルマの戦いで指揮官メルシー伯の戦死という代償を払って両軍を撃破したが、九月一九日のルッツァラの戦いではフランス軍に敗れ、一七三五年五月二五日のビトントの戦いではハプスブルク軍がやや有利というように一進一退であった。

ナポリ・シチリアにはスペインが艦隊を派遣して軍を送り込み、一七三四年五月一〇日にスペイン軍がナポリを攻略し、続いてフェリペ五世の第三子カルロスが入城した。スペイン軍は、ナポリを本拠にして八月末には艦隊をパレルモに入れ、九月七日にはメッシーナにも入った（ハプスブルク軍の守る要塞はそのままだったが）。スペイン王第三子カルロスは、シチリア王としてカルロス三世を名乗り、スペインの長年の統治の余光があってシチリア人の多くはこれに従った。ハプスブルク軍は、南部のシラクサ方面に逃れたが、一七三五年にはここでスペイン軍に包囲されている。

この戦争について一七三五年にウィーンで予備的和約が結ばれ、一七三八年に講和が確定して結局アウグスト三世が国王として承認された。王位から引いたスタニスラフにはその代償としてロートリンゲン公国とバール公国が与えられてロートリンゲンはハプスブルク家のコントロールから離れた。ロートリンゲン公フランツ・シュテファンには先に領主であるメディチ家が断絶したトスカナ大公国が与えられたが、彼がこの不利な条件を呑んだのは、カール六世の娘であるマリア・テレジアとの結婚を諸国に認めさせるためであった（一七三六年二月一二日に結婚）。

またハプスブルク家はナポリ王国とシチリア島のスペイン王子カルロスへの譲渡を承認し、替わりにイタリアで領主の断絶したパルマ公国とピアチェンツァ公国を入手した。このようにユトレヒト条約以来の領土の変更・交換の結果、ハプスブルク家は領土を減らし、ウィーンに近い地域に領土を集中したものの、家名発祥の地であるライン流域の地はその手を離れ、ハプスブルク家の東方的な性格が強まった。またロートリンゲン公国とバール公国はスタニスラフの死後はフランスに属することとなり、フランスはライン河畔へ着実に拡大した。

第四節　第二次トルコ戦争（一七三七～一七三九年）

一七一八年六月のパッサロヴィッツ条約の後、カール六世は一七二六年八月六日にロシアと攻撃された場合は相互に援軍を出す旨の同盟を結んだ。ロシアは一七三三年六月にトルコと戦争を始めたが、当初ハプスブルク家はポーランド継承戦争に関わっていたため東方で戦いたくなく、同盟は防衛のためのものであるとして参戦を渋っていた。しかしポーランド継承戦争が終わった後、トルコは弱いという判断があり、またロシアが大勝してバルカン半島を制圧する虞もあったことから一七三七年一月に対トルコ宣戦布告を行なった。これには教皇と帝国諸侯も援助を行ない（ヴェネチアとポーランドは与せず）、シェッケンドルフ伯率いる皇帝軍は三月に進発した。ハプスブルク宮廷は軍にドナウ河沿いのヴィディンへの進出を命じたが、独断専行のシェッケンドルフ伯は軍を南下させてニッスを攻略した。しかし支隊がボスニアで敗れたため皇帝軍が転進したところ、僅かの守備隊しか置けなかったニッスは奪還された。この間フランスを介して行なっていたトルコとの和平交渉は不調に終わり、ハプスブルク家が恐れていた長期戦になった。一七三八年春に皇帝軍は指揮官をケーニヒスエック伯に交代し、ベオグラードとヴィディンの中間のドナウの川中島の新オルタヴァ要塞の救援に乗り出し、これを阻止しようと前進してきたトルコ軍をコルネア村の戦いで撃破して要塞を救った。しかし戦意の低いケーニヒスエック伯は追撃を行なわずに引き揚げたところ、軍内で疫病が流行って多くの将兵が斃れてしまい作戦活動ができなくなった。

一七三九年になると戦争続きのためハプスブルク家の財政は逼迫し、フランスの仲介でベオグラードを除く北セルビアと小ワラキアを還付することでトルコとの講和を打診した。そして皇帝軍の指揮官はヴァリス伯に交代し、皇帝軍はベオグラードを守るために郊外に布陣した。皇帝軍はベオグラード攻略に出てきたトルコ軍を七月二三日にクロスツカで撃破したが、その後ドナウ河方向に布陣したためまたも軍中疫病が流行ってしまった。この間フランスはトルコと交渉を続け、ベオグラードを含む北セルビアと小ワラキアの還付による和平を決めた。そしてウィーンがこの和平を呑むかどうか決める前に現地ではトルコ軍がベオグラードに入ってしまい、結局ハプスブルク家は九月一八日にベオグラードで講和条約を締結してこの条件を呑み、併せて二〇年の休戦も取り極めた。

第四編　啓蒙専制時代のハプスブルク家

第一章　マリア・テレジアのキャンペーン（一七四〇～一七八〇年）

第一節　ハプスブルク家継承問題

一七四〇年一〇月二〇日に崩御したカール六世には男子がなかったため、その家領と神聖ローマ皇帝位の継承問題が生じた。これについてカール六世は、女系にも家領継承ができるとする家法「プラグマティッシェ・ザンクツィオン」を一七一三年に定め、独自性を発揮したがるハンガリー議会も含め、各家領にこれを受諾させて領内ではカール六世の長女マリア・テレジアの相続権は保証された。

「プラグマティッシェ・ザンクツィオン」は一七三二年のレーゲンスブルク帝国議会で帝国法として承認された（承認については一七二三年とする説あり）。カール六世は諸外国にも「プラグマティッシェ・ザンクツィオン」を認めさせようとし、プロイセンには一七二六年に、イギリスとオランダには東インド貿易を放棄して一七三一年に、フランスとザクセンには一七三八年のウィーン条約でそれぞれ認めさせた。マリア・テレジアは、カール六世崩御の後は、全ハプスブルク家領を継ぎ、一七三六年に結婚した夫のロートリンゲン公フランツ・シュテファンが神聖ローマ皇帝に選出されるものと見込まれた。

しかし、この相続には、先帝ヨゼフ一世の女婿でしかも皇帝フェルディナント一世の長女の血を引くバイエルン公カール・アルブレヒトが異を唱え、バイエルン公国だけは「プラグマティッシェ・ザンクツィオン」を認めなかった。また、ウィーン条約時に「プラグマティッシェ・ザンクツィオン」を認めたが、なおも相続権を主張したスペイン王家、バイエルン同様ヨゼフ一世の女婿であるヴェッティン家（ザクセン公兼ポーランド王家）があった。これらの国は、かねてハプスブルク家の解体を画策していたフランスと結び、一七四一年に協定を成立させた。

協定ではオーストリアの世襲領土とボヘミアはバイエルン公が、モラヴィアはザクセンが、シュレジエンはプロイセンが、イタリアの諸領はスペインが、ハプスブルク領フランドルはフランスがそれぞれ得、マリア・テレジアにはハンガリーのみを与え、カール・アルブレヒトが皇帝に選出されることとなった。マリア・テレジアはこれに反発し、カール・アルブレヒトがオーストリアの世襲領土とボヘミアをマリア・テレジアに要求して戦争が始まった。

第二節　オーストリア継承戦争（一七四〇～一七四八年）

第一款　第一次シュレジエン戦争（一七四〇～一七四二年）

プロイセン王フリードリヒ二世（一七四〇年五月三一日即位）は、シュレジエンの内リークニッツ、ブリーク、ヴォーラウの三公国とイェーゲルンドルフ侯領をマリア・テレジアが割譲すれば味方する旨を申し入れた。歴史的には、イェーゲルンドルフ侯領は一五二四年にホーエンツォレルン家の支流によって購入され、ラティボルとオッペルンの両侯国も相続協定によって将来的にはホーエンツォレルン家の手に入る予定だったところを三十年戦争時に皇帝フェルディナント二世に収公されたもので、リークニッツ、ブリーク、ヴォーラウの三公国もホーエンツォレルン家への相続協定が、皇帝フェルディナント一世による禁令に反しているとして、これらの地の領主が断絶した一六七五年に収公されたものである。

しかし一六九六年にブランデンブルク辺境伯フリードリヒ三世（後にプロイセン初代国王フリードリヒ一世）が一旦放棄したこれらの地への権利を復活させており、フリードリヒ二世の要求はこうした経緯に基づいていた。これ以外にもライン中流域にあるユーリヒ＝ベルクについては一七三八年三月に皇帝カール六世がフリードリヒ二世の父王フリードリヒ・ヴィルヘルム一世への相続の承認を確約していたのに果たされなかったという恨みもあり（もっともこれについては、皇帝以外にもフランス、イギリス［ハノーファーとの同君連合の関係から］が反対した）、ハプスブルク家の不利に付け込んでこれらの地を入手する肚であった。

オーストリア継承戦争関係図

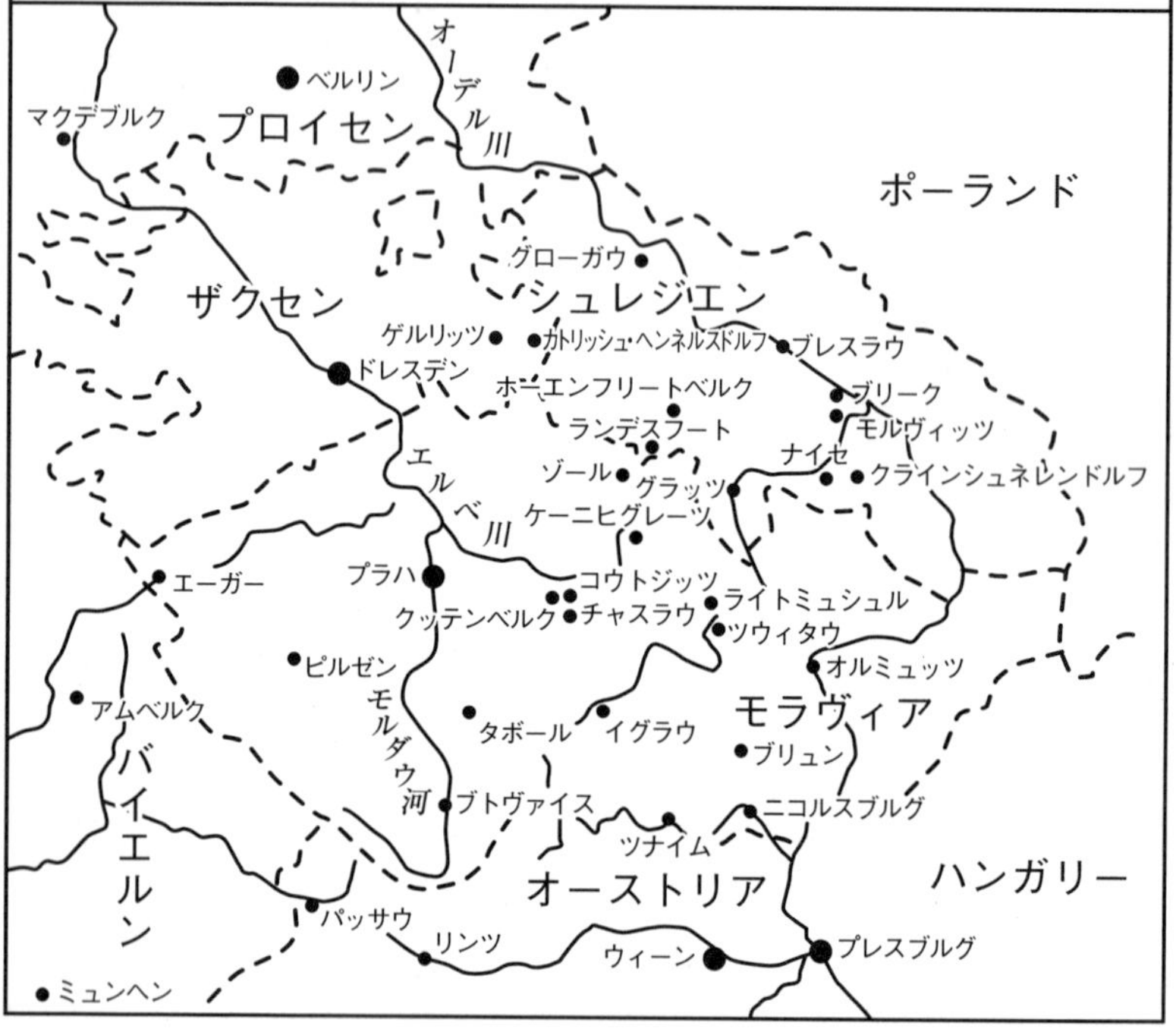

図14

ハプスブルク家とすれば、かつてフリードリヒ二世が王太子の時に家出しようとして父王フリードリヒ・ヴィルヘルム一世に幽閉されて殺されかけた際にカール六世が命乞いして助けた経緯があっただけに、こうした行動は忘恩ということになる。

マリア・テレジアがこの要求を拒否したため、プロイセン軍は一二月一六日にクロッセンからオーデル川に沿ってシュレジエンへの侵入を開始して一月三日にはブレスラウに無血入城し、二ケ月の内にシュレジエンの主要部分を占領した。同じ頃、バイエルン・フランス連合軍もボヘミアとオーストリアに侵入した（ただしフランスは飽くまでもバイエルンの救援という形を取り、自軍の将校にはバイエルン軍の帽章を付けさせた）。

当時、プロイセンはフリードリヒ・ヴィルヘルム一世とフリードリヒ二世の親子二代の軍制改革で、一〇万の兵力と強化された野砲部隊を有するヨーロッパ屈指の軍事力を有していた。また、フリードリヒ二世は、小銃の槊杖《さくじょう》（先込式小銃において腔内を掃除するための棒）を木製から鉄製に交換して発射速度を上げて軍の火力を強化した。プロイセン軍は歩兵一ケ大隊を三列から形成し、この大隊を三〇〇メートルあけて二重に配置して戦列の横の隙間は擲弾兵《てきだんへい》で埋め、大隊の横の間に砲兵を置き、縦に厚いハプスブルク軍よりも火力を著しく強化した。横に薄いプロイセン軍は、横からの攻撃に弱いため、常に敵軍の横に自軍の正面を持っていく戦法をとり、運動に弱い横隊編成の軍に厳しい訓練を施した。騎兵は、従来の八列を三列とし、前二列は火器を用いて最前列は敵の騎兵を圧倒し、二列目は敵歩兵を挫き、三列目の騎兵はサーベルで敵前一五〇メートルから全力疾走して敵陣に突っ込むのを旨としていた。

最後にプロイセン軍の兵員構成を見ると、将校は東エルベ地域の貴族を主とし、兵員も半分は徴兵名簿に登載された若者（農村で三〇パーセント、都市で二〇パーセント程度）のなかから徴兵で集めるという具合に国民軍に移行しつつあった。対するハプスブルク軍は、未だ神聖ローマ帝国軍としての性格を持っていたこともあって甚だコスモポリタンな軍隊で、将校には西南ドイツや他領出身者も多く、兵員も専ら西南ドイツからの傭兵に頼っており、ロシア、プロイセン、フランスで進んでいた傭兵軍から徴兵軍への移行という時流には遅れていた。なお徴兵されたプロイセン軍の兵士は家族と共に駐屯地である都市に移り住み、その家族や非番の時の兵士（非番の時の分の給与は支払われなかった）は手工業等に従事した。また、これらの者は都市の消費者を拡大する役割を果たしたから、プロイセン都市の生産の活性化にも寄与しており、更には国民の軍事組織への編入による中央政府による国民把握の進展・強化といった問題も生じたが、この辺は軍事とは直接関係ないので記述はこの程度に止める。

強力なプロイセン軍の侵入に対し、ハプスブルク軍は主力をトルコに備えてハンガリーに置いていたため適切に反撃できず、在シュレジエン部隊は兵力が少ないためボヘミアとモラヴィアの国境地帯に撤退した。シュレジエンには新教徒が多く、彼らはハプスブルク家に弾圧されていたから、同じ新教徒主体のプロイセン軍は好感をもって迎えられ、フリードリヒ二世はブレスラウで住民から大歓迎を受けた。シュレジエンの全土を制圧したフリードリヒ二世は一七四一年一月二五日にベルリンに帰還し、僅かにグローガウ、ブリーク、ナイセの三要塞がプロイセン軍の包囲下ハプスブルク側の拠点として残っていた。

マリア・テレジアはイギリスに支援を求めたが、イギリスは当時スペインと戦っており、ハプスブルク家を支援するとフランスをも敵に回すことになると判断して支援には消極的であった。そこでマリア・テレジアは全軍のモラヴィア集結を命じ、積雪の影響を受けつつも二月にハプスブルク軍はオルミュッツに集結してナイペルク伯の指揮下に入り（以下この款で「ナイペルク軍」という）、シュレジエン奪還の準備を整えた。

フリードリヒ二世は、当初ハプスブルク軍の集結はもっと遅くなると見ていたが、三月九日に夜襲によってグローガウ要塞を攻略して下シュレジエンを確保した。これに対しナイペルク軍は三月末に雪のなか、プロイセン軍の策源であるブレスラウに向けて進撃し、途中ナイセ要塞を救出してブリークに入った。プロイセン軍も積雪のために迅速な集結ができず、ブリーク要塞包囲を諦めざるを得なかったばかりか、ナイペルク軍がブリークに入ったため、上シュレジエンのプロイセン部隊は退路を断たれる形となった。

ナイペルク軍の機動により不利な状況に陥ったフリードリヒ二世は（戦いの主要な指揮は部下のシュヴェリーン元帥がとったという）、撤退よりも決戦に出るべきと考え、四月一〇日にナイペルク軍がモルヴィッツ村にいるのを発見して攻撃した。プロイセン軍は兵力二万、砲は六〇門で歩兵は二列横隊で進み、騎兵四千がその両翼に付いた。

ナイペルク軍の兵力は二万（うち騎兵八、六〇〇）で、プロイセン軍とほぼ同数だったが、当時の軍の慣習からナイペルク伯は決戦を避けるためにレーマー麾下の騎兵三〇個中隊を派遣してプロイセン軍の進撃を妨害させ、この間に撤退しようとした。このため午後二時にプロイセン軍が砲撃を開始してもナイペルク軍は隊列が整わず、撃たれるままになった。前進したレーマーの騎兵部隊はプロイセン軍の右翼の騎兵（二〇ケ中隊）を撃破して、歩兵列に突っ込んだ。しかしハプスブルク歩兵が三発撃つ間に五発撃つと言われたプロイセン歩兵の火力は凄ましく、レーマーの騎兵部隊は五回突撃したものの敵歩兵を壊走させられず、レーマー自身が戦死するに及んで退却を開始した。

このため遅れて投入されたハプスブルクの歩兵部隊は勝ち誇って進撃するプロイセン軍を支え切れず、ナイペルク軍は遂に退却した。この戦いでハプスブルク側は兵四、四〇〇と砲九門を失ったが、プロイセン軍も兵四、六〇〇と砲一門を失い、損害は寧ろプロイセン側が多かった。しかしフリードリヒ二世が宣伝に努めたためプロイセン勝利の風評が確定し、ハプスブルク家には不利な結果になった（以上「モルヴィッツの戦い」）。勝ったプロイセン軍もこのように損害が大きかったのは、当時の戦争では勝敗に拘わらず多くの兵が脱走したからでもある。この後プロイセン軍は五月にブリークを攻略したが、ハプスブルク側は依然上シュレジエンを確保していた。

プロイセンが有利であったので、三月よりプロイセンと交渉に入っていたフランスは、五月二八日にニンフェンベルクでバイエルン、スペインと同盟を結んだ上で、ブレスラウで六月五日にプロイセンと共同で戦うための一五年間有効な同盟を結んだ。この同盟ではプロイセンが下シュレジエン及びブレスラウを領有することを承認され、その代わり、フリードリヒ二世はバイエルン公カール・アルブレヒトが皇帝に選出されることを認め、ユーリヒ＝ベルクへの対仏請求権を放棄した。またザクセンにモラヴィアが、フランスにハプスブルク領フランドルが与えられることが確認された。

フリードリヒ二世にとってはフランスのドイツへの進出も好ましくなく、ハプスブルク家と適当な所で講和する意向であった。しかし、イギリス王ジョージ二世が、四月にハプスブルク家に対し財政・軍事の両面で支援することを決めたためマリア・テレジアは強気になり、廷臣の助言を容れずに戦争継続を決した。なおフランスは、ロシアをこの戦争に介入させないためにスウェーデンを焚きつけて八月にロシアに戦争を仕掛けさせている。

プロイセンの勝利を受けてバイエルン軍は七月にパッサウを占領し、続いてフランス軍も八月にライン河を渡って南ドイツに入り、九月一一日には上オーストリアのリンツを占領する一方（この地でバイエルン公カール・アルブレヒトはオーストリア公たることを宣言した）、別軍はハノーファー軍を監視するために九月にはウェストファリア地方に入った。このためハノーファーは九月二七日にフランスと中立条約を結んでハプスブルク家への支援を断念し、カール・アルブレヒトの皇帝選出にも同意した（ハノーファー公は一六九二年に選定侯になっていた）。

こうした状況下、マリア・テレジアは支配下の諸領邦議会に対して兵一〇万八千を提供することを約束させたが、ボヘミアではシュレジエン同様に農民の叛乱が起きて足下はぐらついていた。マリア・テレジアはプレスブルクで六月二五日にハンガリー貴族の特権とハンガリー王国の独立を認めることを条件に、議会よりハンガリー王冠を受け、また兵員と軍資金の提供も約束させたが、自分の共同摂政にフランツ・シュテファンが就任することは拒まれた。

このようにハプスブルク家は窮地に立っていたが、プロイセンの状況も悪化していた。ロシアに宣戦布告したスウェーデンが敗れたため東方からはロシアの脅威を受け、ザクセン・ポーランドの動向に変化が生じる懸念もあり、イギリス・ハノーファーの存在とも相まって反フランス連合の挟撃を受ける可能性が出てきた。またプロイセンは従来よりフランスのドイツへの進出を望まず、フランスと共同したがために却って袋叩きにあってしまうのは本末転倒であった。こうしたなかイギリスは、同君連合のハノーファー公国が結んだ中立条約は自国には及ばないとし、対スペイン戦争貫徹の上からもプロイセンの中立化とフランス・スペインへのハプスブルク家の牽制強化を望み、プロイセン・ハプスブルク家間の斡旋に働いた。この結果、マリア・テレジアはプロイセンに対し、下シュレジエンに加えて上シュレジエンのナイセも割譲することを条件にプロイセンの中立を要求し、これに対してフリードリヒ二世もこの条約を伏せておくことを条件に一〇月九日に合意に達した（クラインシュネレンドルフの密約）。

一方バイエルン公カール・アルブレヒトは、九選定侯のうちボヘミア王位がマリア・テレジアに属していたので帝位に就けなかった。そこでカール・アルブレヒトにボヘミア王位を確保するために、一〇月にフランス軍はアムペルクからピルゼンを経て、バイエルン軍はリンツからモルダウ川に沿ってブトヴァイスへ北進して、各々プラハを目指した（このため、ウィーンは攻撃を免れた）。また新たに同盟に加わったザクセン軍も一一月にエルベ川を南進してプラハを目指し、プラハのハプスブルク軍は三方向から圧迫された。

在ボヘミアのハプスブルク軍は兵力が僅少で三軍の前進に殆ど抵抗できなかったが、クラインシュネレンドルフの密約によりプロイセン軍との戦いから解放されたナイペルク軍がモラヴィア経由で転進し、プラハの南方のターボルで三軍の進撃を食い止めようとし、ハンガリー軍もウィーンに集結しつつあった。しかし三軍は速やかにプラハに進撃し、フランツ・シュテファン自らの救援も間に合わず、フランス軍の指揮官モーリス・ド・サックス（ザクセン公の庶子）の夜襲作戦が功を奏して、一一月二六日にプラハは陥落した。これを受けてボヘミアの等族はカール・アルブレヒトに忠誠を誓い、一二月一六日に彼はボヘミア王になった。カール・アルブレヒトはボヘミア王とバイエルン公を兼ね、ブランデンブルク（＝プロイセン王）、ファルツ、ザクセン（＝ポーランド王）、トリーア、マインツ、ケルン、ハノーファー（＝イギリス王）の各選定侯の賛成も得ていたので、一七四二年一月二四日にフランクフルトで皇帝に選出された（皇帝カール七世）。

このようにカール七世はハプスブルク家を圧迫していたのだが、既に一七四一年末からはハプスブルク側の反撃が始まっていた。まずウィーンに集結したケーフェンヒュラー率いるハプスブルク軍（以下この節で「ケーフェンヒュラー軍」という）はボヘミアのドナウ支流にいたフランス軍とドナウ河畔にいたバイエルン軍の両方に対して攻勢を掛けて駆逐し、一二月二七日にはリンツを包囲して、フランス・バイエルン連合軍の主力をプラハで孤立させていた。

こうした状況下、マリア・テレジアは反ハプスブルク諸国の離間を促すためにクラインシュネレンドルフの密約を暴露した。このためフリードリヒ二世は苦境に立ち、またハプスブルク家が優勢になれば下シュレジエンとブレスラウを取られてしまうと考え、リンツ救援のためにバイエルン公カール・アルベルトから支援要請を受けるや、却ってその支援のためにシュヴェリーン率いる部隊を派遣することとした。フリードリヒ二世は、先に取った領土のほか、上シュレジエンとグラッツ伯領までも要求する肚積りであった。

しかしフランスの方では、一旦生じたプロイセンへの不信は拭えず、在ボヘミアのフランス・バイエルン連合軍の指揮官ブログリーはケーフェンヒュラー軍の進撃に備えて在ボヘミア軍を大幅に転進させ、またモラヴィアにいたザクセン軍もプロイセン軍と合流するために引き揚げたので、ボヘミアの反ハプスブルク勢力は大きく後退した。このため、フランツ・シュテファンの弟のカール大公が率いるハプスブルク軍（以下この節で「カール軍」という）はブトヴァイスからイグラウの線まで進出した。他方ケーフェンヒュラー軍は、一七四二年一月中にリンツを奪還し、更にドナウ河に沿ってバイエルン公領に侵攻して一月二四日にはミュンヘンを攻略した（同日はカール・アルブレヒトの皇帝カール七世としての戴冠日であった）。このため先にナポリ王国軍がハプスブルクのイタリアの諸領（ミラノ公国、トスカナ大公国、パルマ公国、ピアチェンツァ公国）を狙って北上を図り、続いて前年一二月にスペイン軍がトスカナに上陸してきたにせよ、ハプスブルク側は大いに有利になった。

こうしたハプスブルク側の勢力回復に対し、二月にフリードリヒ二世は再び軍を動かし、イグラウに兵を分派するとともに、自らは兵一万五千でモラヴィアに入ってブリュンを包囲し、モラヴィア南部のツナイム、ニコルスブルクに進み、先鋒部隊はウィーン北方にまで進出した。しかし余りに兵力を分散しすぎたためブリュンの包囲は失敗し、プロイセン軍はオルミュッツに集結した。同時期、ブトヴァイスからイグラウの線に進出していたカール軍はブログリー率いるフランス・バイエルン連合軍（以下この節で「ブログリー軍」という）と対峙していたが、プロイセン軍をモラヴィアから駆逐するためにそのシュレジエンとの連絡路を断とうと北進し、また、ハンガリー軍は直接シュレジエンに進んだ。プロイセン軍の後方への連絡線が危うくなったためザクセン軍は戦線離脱して本国に戻った。

フリードリヒ二世は軍をオルミュッツから西進させてクッテンベルクに入り、ブログリー軍との接触を保ちつつ、グラッツを包囲している自軍とも連絡をとろうとした。これによりオルミュッツはハプスブルク軍が奪還した。

カール軍はプロイセン軍を撃滅するためにイグラウからクッテンベルクに進み、待ち受けていたプロイセン軍と五月一七日にクッテンベルク東方のコトウジッツとその南のチャスラウで激突した。この戦いでは当初優勢だったカール軍の兵が略奪に走って統制が乱れたことと、前回のモルヴィッツの戦いでは冴えなかったプロイセン騎兵が活躍したためカール軍は撃破され、追撃も受けて多くの兵を失った。また、二七日にはブログリー軍が南進してモルダウ川流域に展開していたハプスブルク軍のうち西端の部隊をブトヴァイス近傍のザッハイで撃破し、ここにハプスブルク側の優勢は止まった。ただし、依然ブログリー将軍はプロイセンに不信感を持っていたため、両軍が協調してハプスブルク軍を圧迫するという事態には至らなかった。

マリア・テレジアは、フランス・バイエルン連合だけでなくプロイセンまで敵に回しては勝利が覚束ないことを悟った。また、二月に成立したイギリスのカットレー内閣は、フランスとスペインへの宣戦布告を決定するに際し同盟からプロイセンを切り離すために、ハプスブルク領フランドルへの派兵を条件にハプスブルク家とプロイセンとの講和を要求した。マリア・テレジアは、既に多額の経済援助をイギリスから受けており、フランツ・シュテファンを皇帝にするためにもプロイセンと講和しない訳にはいかなくなった。

六月一一日にマリア・テレジアはプロイセンと講和を結び、ベルリンとブレスラウで結ばれた特別協約では、ハプスブルク家はシュレジエンの殆どをプロイセンに譲渡し、ナイセ公領の一部並びにテッシェン、トロッパウ及びイェーゲルンドルフの三公領並びにグラッツ伯領のみを手元に残した。その代償としてプロイセンは対ハプスブルク同盟から離脱し、また、イギリスとオランダはマリア・テレジアへの経済援助の代償として持っていたシュレジエンに対する債権（総額一七〇万ターラー）を放棄した。

第二款　フランス・バイエルン・スペインへの反撃（一七四二～一七四四年）

プロイセンとの講和を受けてハプスブルク軍は反撃に出、シュレジエンから戻ってきたカール軍は六月末にプラハのフランス軍を包囲した。これに対しフランスは、下ライン河畔でハノーファーなどの動きを監視していたメイユボア将軍の部隊（以下この款で「メイユボア軍」という）をボヘミアに進めてブログリー軍の主力と合体させようとした。このため、カール軍は九月一四日にプラハを解囲し、バイエルン領にいたケーフェンヒュラー軍とバイエルン北部のアムベルクで合流してメイユボア軍を阻止しようとした（この間隙を突いてバイエルン軍は失地を回復した）。フランス軍主力が移動したためプラハのフランス守備隊は孤立し、ハプスブルク騎兵による補給路の妨害もあって、遂に一二月一六日夜にプラハを放棄してエーガーに退却してフランス軍はボヘミアから駆逐された。

ボヘミアを回復したハプスブルク軍は翌一七四三年にはバイエルン公領の再占領に乗り出し、カール軍はドナウ流域を通ってバイエルン中央部へ、ケーフェンヒュラー軍は南バイエルンに、ロブコヴィッツ率いるハプスブルク軍はボヘミアからナープ川流域にそれぞれ進んだ。これに対するフランス＝バイエルン連合軍ではブログリー将軍とバイエルンのゼッケンドルフ将軍の仲違いから協調行動が円滑に進まず、五月九日にケーフェンヒュラー軍がグラウナウ付近でバイエルン軍を撃破すると、バイエルン軍は最早抵抗できず、皇帝カール七世は取り戻していたミュンヘンから六月に逃亡した。

　またメイユボア軍が去って空白になった下ライン河畔では、イギリス王兼ハノーファー公のジョージ二世率いる実用軍（イギリス人と北ドイツ人によって編成）四万が、オランダ軍と合同してマイン川流域からネッカー川流域へと南進してフランス軍を脅かした。これに対しフランス軍は、ノアイユ元帥率いる軍三万を中部ラインに派遣し、これに引き揚げてきたブログリー軍が合流した。フランス軍はイギリス・ハノーファー軍（以下この款で「イギリス軍」という）の進撃に対して巧みに撤退し、イギリス軍はシュペッサルトの丘とマイン川に挟まれた隘路に入り、ノアイユ元帥の軍に隘路の出口を塞がれたためアシャッフェンブルクとハーナウの間で危険な状況に陥った。しかし反転北上したイギリス軍は、六月二七日にフランス軍をフランクフルトの東のデッティンゲンで撃破し虎口を脱し、皇帝カール七世はフランクフルトに逃れた。なおこの戦いは、英国王自ら陣頭に立った最後の戦いとしても知られる。

　一方イタリアでは一七四一年一二月にスペイン軍がトスカナに上陸したが、ここで戦いは停滞し、ナポリ王国軍は一旦北上したもののイギリス艦隊の圧力を受けて自国に引き揚げた。またイタリアに入ろうとしたフランス軍に対し、サルジニア王国はフランス軍がサヴォアを通過することを拒んで一七四二年八月にはマリア・テレジアへの援助を決定したため、ハプスブルク家は有利になった。これは、当初フランスに与してハプスブルク家からロンバルディアを奪おうとしたサルジニアが、フランスがブルボン家であるナポリ王国にハプスブルク領ミラノ公国を与えようとしているのを察知し、ブルボン家による自国への包囲網の形成を恐れて方針を転換したことによる。

北イタリアにいたトラウン麾下のハプスブルク軍（以下この節で「トラウン軍」という）は、一七四三年二月八日、新たな援軍を得て北上したスペイン軍にカンポ・サントの戦いで撃破されたが、スペイン軍も大損害を受けていたため、それ以上の損害はなかった。そして、ハプスブルク側が新たにロブコヴィッツ率いる増援軍を送ると、両軍は連合してスペイン軍を撃破し、リミニまで追い払った。またサルジニア軍もカステルデルフィノでスペイン軍を撃破しており、イタリア半島でのハプスブルクの優位は動かなかった。

こうして優位に立ったイギリス、オランダ、ハプスブルク家は、サルジニアも加えた同盟を九月一三日に結び（ヴォルムス条約）、イギリスはカナダでもフランスへの攻撃に踏み切った（ジョージ王戦争）。こうして、カール軍はライン上流に進出してブライスガウ地方からライン渡河を目指す形勢をとって冬営に入り、ジョージ二世率いるイギリス軍もマインツ、ヴォルムスを取って南下を続けたが、フランドルにフランス軍が集結したため北方に戻っている。

一七四四年に入ると、イギリス艦隊がフランス・スペインのイタリア半島への兵員輸送を妨害したため、三月一五日、フランスはイギリスに宣戦布告し、五月二六日にはハプスブルク家、サルジニアにも同様の措置をとった。こうして従来バイエルンの陰に隠れる形で戦争に参加したフランスはいよいよ本格的に参戦し、ルイ十五世自ら兵九万を以てハプスブルク領フランドルに侵攻してメニン、イープルなどの拠点を占領した。これに対してハプスブルク側は、カール軍にイタリアにいたトラウン軍を合流させ、この軍は七月一日にフィリップスブルクでライン河を渡ってヴァイセンブルクを攻略してエルザスに侵入した。これに応じて、かねてカール軍と対峙していたコニイ麾下のフランス軍は慌ててシュトラスブルクまで転進してきたがこれでは足りず、急遽ルイ十五世軍がフランドルから撤退してこれに当たることとなった。しかしこうしたハプスブルク家側の優勢はフリードリヒ二世を恐れさせ、プロイセン軍は又もボヘミアに侵入してくる。

第三款　第二次シュレジエン戦争（一七四四～一七四五年）

ハプスブルク家の西方での優位はシュレジエンの奪還を懸念させ、また、ヴォルムス条約にはザクセンまでも加わったことを知ったフリードリヒ二世は、対抗上一七四四年六月五日にフランス及びバイエルン公国と再度同盟を結び、戦争への介入を決意した。そして、八月二日、兵六万を以て自らボヘミアに入った（参戦表明は八月一〇日）。三つに分かれたプロイセン軍は、九月二日にはプラハ前面に集結し、九日から攻撃を開始して一六日にはプラハを攻略し、更にモルダウ河を遡上してブトヴァイスにまで達した。フリードリヒ二世はあわよくばボヘミアの一部まで分捕る積もりであった。

これに対しマリア・テレジアは、まずトラウン軍をボヘミアに呼び戻してプロイセン軍の南下を食い止め、ハンガリー国民軍にはプロイセン軍を小規模に波状攻撃させてその進路を悩ませた。トラウンは焦土作戦をとってプロイセン軍の補給を妨害し、また、旧教徒の多いボヘミア国民は新教徒のプロイセン軍に非協力的だったので、プロイセン軍の作戦行動は鈍った。そしてルイ十五世の病気によりフランス軍も不活発だったので、カール軍もエルザスから転進し、ゼッケンドルフ率いるバイエルン軍の小規模な妨害を受けただけでボヘミアに入った。こうしたハプスブルク軍の増強によりプロイセン軍は劣勢になり、フリードリヒ二世は撤退を開始した。ハプスブルク軍は決戦を避けつつも、プロイセン軍の側面と後方を襲撃して大きな損害を与え、一二月四日にプロイセン軍はシュレジエンに戻った。

この間、病の癒えたルイ十五世は親征してライン河を渡ってフライブルクを攻略しバイエルン軍もミュンヘンを回復した。この後フランスの関心はフランドルに移り、一方ハプスブルク軍は冬営に入ったバイエルン軍を各地で攻撃した。

こうしたなか一二月二七日に皇帝カール七世が崩御した。後継のバイエルン公マクシミリアン・ヨゼフは、一七四五年一月七日のアンベルクの戦いで冬営中のバイエルン軍が撃破されて領土の大部分が占領されたことからこれ以上戦争に耐えられないと判断し、四月二二日にハプスブルク家とフュッセン条約を締結した。条約では、ハプスブルク家への相続権の放棄、フランツ・シュテファンの帝位即位の承認、バイエルン公領の安堵が定められた。このためフランスの「バイエルン支援」という大義名分は消滅してその関心は専らフランドルに移り、五月一一日のフォントノワの戦いでサックス元帥が指揮するフランス軍はカンバーランド公麾下のイギリス軍を撃破してフランドルでの主導権を握った。そしてプロイセンについては、一月八日にヴォルムス条約締結四ケ国による領土分割が約束されており、フリードリヒ二世は重大な岐路に立たされる。

劣勢になったフリードリヒ二世は一挙に勝負をかけようと五月末に兵六万五千をシュレジエンのグラッツとナイセの間にあるフランケンシュタインに集結した。これに対し、カール軍八万五千はザクセン軍の援助も得てプロイセン軍を追いつつシュレジエンとボヘミアの境のランデスフートに集結した（トラウンは別の戦線に回されていた）。フリードリヒ二世はカール軍の兵站倉庫の位置からカール公の作戦意図を判断し、スパイを用いてカール軍をシュレジエンの平坦地に引き入れて六月四日にホーエンフリートベルクの高地の左翼にいたザクセン軍を午前二時に急襲した。この戦いでは、プロイセンの騎兵は二万八千で、カール軍・ザクセン軍の騎兵一万二千を上回っており、この騎兵突撃の威力にザクセン軍は敗走した。そして、不意を突かれたカール軍も大敗を喫してズデーテン山脈を越えてエルベ川上流域まで撤退し、ケーニヒグレーツ付近でやっと軍容を整えた。これに対してプロイセン軍はこれ以上決戦は求めず、ボヘミアに入ってエルベ川上流域を占領した。

フリードリヒ二世は、この勝利を利用して再びイギリスを介してハプスブルク家と交渉を始め、フランドルでフランスに押されていたイギリスとしてもハプスブルク軍による西方でのフランス、スペインの牽制を必要としたため、八月二六日のイギリス・プロイセン間でのハノーファー協商において、一七四二年のブレスラウとベルリンでの和約を基礎にマリア・テレジアとの講和に入ることをジョージ二世が承知した。

この間、かねてより西方で活動していたトラウン軍はフランクフルトを制圧し、九月一三日にフランツ・シュテファンはここで皇帝に即位した。選定侯のうち、ボヘミア王位はマリア・テレジアに戻り（一七四三年四月に戴冠）、バイエルン公はフュッセン条約で即位を承認し、ザクセン（＝ポーランド王）、ハノーファー（＝イギリス王）は同盟関係にあり、トリーア、マインツ、ケルン、ファルツも異を唱えなかったから、残るはブランデンブルク辺境伯（＝プロイセン国王）のフリードリヒ二世の承認だけであった。そしてフリードリヒ自身もこの選挙を承認することを数日後にイギリスに表明し、晴れてフランツ・シュテファンは帝位に就いた（皇帝としてはフランツ一世）。

このようにイギリスは何とかプロイセン・ハプスブルク家間を調停してハプスブルク軍を西方に向けたかったのだが、マリア・テレジアは依然ブレスラウ条約を認めようとしなかった。そしてカール軍はボヘミアの各地に駐屯するプロイセン軍を各個撃破し、九月にフリードリヒ二世は軍のボヘミアからの撤退を開始した。これに対しカール軍は、三〇日に北ボヘミアのゾールでプロイセン軍の側面に追い付き戦いを挑んだ。フリードリヒ二世は撤退を続けることは危険と考えて、軍の方向を変えて反撃したため、カール軍は撃破されて死傷者八千、捕虜数千を出して砲二〇門を奪われた。プロイセン軍は五日間戦場を維持してからシュレジエンに引き揚げた。この勝利によりフリードリヒ二世は優位に立って講和を招来し得ると考えたから、カール軍の損害は小さかったものの、プロイセンには大きな成果で、この点はクラウゼヴィッツも戦闘における精神的影響の重要性の好例として指摘している。

飽くまでもシュレジエン奪還を狙うマリア・テレジアは、マイン川流域に援軍を差し向けてこれをザクセン軍と合流させ、カール軍と共にベルリンを衝かせるという大規模な攻勢を計画した。これに対しフリードリヒ二世は再度シュレジエンに入り、カール軍を誘き寄せつつザクセン公領の首都ドレスデンに向かった。そして一一月二四日にラウジッツ地方のカトリッシュ・ヘンネルスドルフでザクセン軍を撃破し、翌二五日にはカール軍もゲルリッツで奇襲により撃破されて二千の損害を出してボヘミアに撤退した。また、マクデブルクにいたデッサウ公率いるプロイセンの別軍も一二月一五日にケッセルスドルフでザクセン軍を撃破して一八日にはドレスデンを攻略したため、ザクセンはハプスブルク家と組んで戦い続けることは不可能となった。こうした有利な情勢に基づきフリードリヒ二世がすかさずイギリスを仲介にして和平を働き掛けたため、遂に一二月二五日、ドレスデンでプロイセンとザクセン、ハプスブルク家との間で和約が成立し、一七四二年のブレスラウとベルリンでの特別協約の内容が再確認された。また、ザクセンはプロイセンに一〇〇万ターラーの賠償を払うこととなり、フリードリヒは最終的にフランツ一世の帝位を認めた。

第四款　フランス・スペインとの戦い（一七四四〜一七四八年）

第二次シュレジエン戦争が行なわれている間も、フランス・スペインとの間ではフランドルと上イタリアを巡って戦争が続いた。一七四四年の中部イタリアでは、トラウン軍が抽出された後も、ロブコヴィッツ率いるハプスブルク軍がスペイン軍をナポリ領まで追い返し、八月一一日のヴェレトリイの戦いでは敗れたがナポリ軍も北上できずにここで均衡が保たれた。また、北イタリアでもサルジニア軍と連合して九月三〇日にフランス軍をマドナ・デ・オハモで破ってドーフィネに押し戻した。しかし、翌一七四五年一月にジェノヴァ共和国がスペイン、フランスについたため、スペイン軍は再び北上してモデナからルッカへと進出し、ツーロン方向からやって来たメイユボア指揮のフランス軍と併せて、スペイン・フランス連合軍八万がタナロ河畔に集結し、ピアチェンツァを狙う動きを示した。そして、これにハプスブルク軍が対峙している隙に、スペイン・フランス連合軍は九月二七日にパシニアノでサルジニア軍を破り、ミラノ公領西方のアレッサンドリア以下のサルジニア領中の拠点を次々と奪取した。

しかし一二月二五日のドレスデンの和約でハプスブルク軍は大幅に南に振り向けられることとなり、一七四六年一月からイタリアの奪還に入った。ハプスブルク軍は各地で冬営していたスペイン、フランス軍を襲い、アスティでは六千の守備隊を降伏させるなどの成果を挙げ、三月には一挙にフランス南部にまで侵攻した。また、ブラウン伯麾下のハプスブルク軍はポー河流域を占領してフランス軍とスペイン軍の連絡を遮断し、六月一二日にピアチェンツァを取り戻し、八月一二日にはラトフレッドでフランス軍を撃破して同軍が逃げ込んだジェノヴァも九月に占領した。なおスペインでは、フェリペ五世が七月九日に崩御してフェルナンド六世が即位したが、彼は義母イザベラ・ファルネーゼの生んだ二人の異母弟のためにイタリアで戦うことには冷淡だったので、以降スペイン軍の作戦は消極化する。

この後ジェノヴァではハプスブルク家の支配に反抗して市民が蜂起したため一二月にハプスブルク軍は駆逐され、翌一七四七年には支援のフランス軍が入った。この軍は、更に北イタリアでの地歩を回復しようとしたが、これはエクジル峠の戦いで撃破して、フランスの拡張を許さなかった。

他方フランドルでは、一七四五年のフォントノアの戦いでイギリス軍がサックス元帥率いるフランス軍（以下この款で「サックス軍」という）に撃破された後、イギリス軍が、先に名誉革命で追われたジェームズ二世の孫であるチャールズ・エドワードがスコットランドで挙兵したことに対応して帰国したため、ハプスブルク軍とオランダ軍のみでフランス軍と当たることになった。このためサックス軍は有利に戦争を進め、一七四六年二月二〇日にブリュッセルを、五月三一日にはアントワープを占領してハプスブルク軍とオランダ軍はミューズ川まで後退した。そして、反撃に出たカール軍も一〇月一一日にリエージュ近郊のルコーで撃破されてしまい、翌一七四七年四月までにミューズ川以西の地はフランスのものとなった。

これに対し、チャールズ・エドワードの挙兵を鎮圧したイギリス軍が再び戦場に復帰したが、イギリス・オランダ連合軍も七月二日にラウフフェルトで進撃してきたサックス軍に敗れ、更に、サックス元帥は麾下のレーヴェンダールの部隊をベルヘン・オプ・ゾームに派遣してこれを九月一八日に攻略させ、遂に一七四八年五月七日にはマーストリヒトにまで達した。このようにフランドルではイタリアとは対照的にフランスが優位に戦いを進めたが、この頃になると講和の気運が高まっていた。なおイギリスとフランスとの植民地での戦い（ジョージ王戦争）についてはハプスブルク軍が参加していないので本書では触れない。

第五款　アーヘンの和約（一七四八年）

ハプスブルク家領と帝位の継承を巡る戦争は、いつの間にかイギリスとフランスの勢力争いに転化していた。また、一七四六年にハプスブルク家と同盟を結んでいたロシアが翌一七四七年一二月にはイギリス・オランダとも同盟を結んで軍をライン河畔にまで進めてきた。これは、ロシアの西方への拡張の端緒となりかねず、西欧諸国にとっても好ましいことではなく、各国が速やかに講和に入ることを促した。交渉は一七四七年七月に始まり、一七四八年一〇月一二日にアーヘンで条約が締結された。そのうち、ハプスブルク家に関わる主な内容は次のとおりである。

① フランツ一世の帝位の承認（一七四五年九月に皇帝に選出済）
② ハプスブルク家がシュレジエン（グラッツ伯領を含む）をプロイセンに譲ることの確認
③ フランスによるプラグマティッシェ・ザンクツィオンの承認

④　フランスによるハプスブルク家のハンガリー王位の保証
⑤　ミラノ公国領の一部（マジョーレ湖西岸・パヴィア南方）のサルジニア王国への譲渡
⑥　パルマ公国・ピアチェンツァ公国はスペイン王フェルナンド六世の異母弟フィリポの領地とする
以上の条件で、フランスはイギリスには植民地で押されたものの、ハプスブルク家の勢力を後退させるという点では目的を達成した。これに対しマリア・テレジアは自らのハプスブルク家領の相続を承認させたものの、肥沃なシュレジエンなどを失い、失地回復がその目標となる。

第三節　七　年　戦　争

第一款　オーストリア継承戦争から七年戦争まで（一七四八～一七五六年）

マリア・テレジアは、シュレジエンを回復するべく、ハウクヴィッツ伯の下で内政を改革し、また、外交努力を行なった。ドレスデン和約以降の軍事面での改革はダウン伯の主導の下で行なわれ、一七四七年に軍事行政を全国的に統括する軍事行政委員会を設置し、翌一七四八年には軍隊の給与、宿営、行軍、軍馬補充、募兵の細目についての条例を公布し、兵学校の設置や笞刑の廃止も行なわれた。そして、リヒテンシュタイン伯は砲兵隊を強化した。

外交面では、宰相カウニッツが対プロイセン包囲網の形成に動き、オーストリア継承戦争中の一七四六年二月に、ロシアとペテルスブルクで条約を締結した。これは、ハプスブルク家とロシアがトルコへの警戒という共通の利害を有し、ロシアの女帝エリザヴェータは個人的にもプロイセン国王フリードリヒ二世を憎悪し、プロイセンの存在は自国の西方拡張の妨げと考えていたことによる。その内容は、「プロイセンがハプスブルク家、ポーランド又はロシアを襲った場合は、両国はそれぞれ六万の軍を派遣してこれを攻撃し、ハプスブルク家はシュレジエンを奪還し、ロシアには二〇〇万グルデンを支払う」というものであった。

この間、プロイセンはイギリスへの接近を開始した。当初、イギリスはロシアと結ぶことを考えていたのだが、ハノーファーを守るためにはプロイセンを利用した方が良いと考えを変え、両国は一七五六年一月一六日にウェストミンスター協約を結び、英仏の戦争に際してはドイツ国内の中立を保つこととイギリスはプロイセンに財政援助することを約束した。

これに対してハプスブルク家はアーヘンの和約の後フランスに接近していた。これは先の戦争でのイギリスとの同盟は軍事的には不十分だったと考えたことと、フランスも植民地を巡りイギリスと角逐があったことによる。プロイセンは、フランスは先の戦争と同じく自国側に立つと踏んでいたが、フランスはプロイセンが単独講和をして以来不信感を抱いており、ハプスブルク家が付け込む余地があった。そして、ウェストミンスター協約の締結でフランスはプロイセンと組めなくなったことで、ハプスブルク家との提携に不熱心であったルイ十五世も考えを変え、同年五月一日に第一次ヴェルサイユ協定が成立した。その内容は、フランスがハプスブルク家のシュレジエン回復を了解し、ハプスブルク家が攻撃された場合は兵二万四千を提供するというものであった。これがいわゆる「外交革命」で、同盟関係は後にルイ十五世の長孫ルイ（後のルイ十六世）とマリア・テレジアの娘マリー・アントワネットとの婚姻により強化される。またトルコに影響力を持つフランスを味方にしたことは、トルコの背後からの脅威の緩和にも役立った。

こうした状況を受けてマリア・テレジアはいよいよシュレジエンの奪回に乗り出し、五月一五日にイギリスがフランスに宣戦布告すると、ハプスブルク軍もシュレジエンに向けて行動を起こす。

第二款　七年戦争〔または第三次シュレジエン戦争〕（一七五六～一七六三年）

第一項　一七五六年

イギリスとフランスの戦争の開始後、ロシアはプロイセンとの国境地帯に軍を集結し（ポーランドは中立だったが、ロシア軍は平然とポーランド領を通過した）、ハプスブルク軍もボヘミアに集結した。こうした情勢から、フリードリヒ二世は資源を得、かつハプスブルク軍に拠点を与えないために軍を八月二九日にザクセンに入れた。一七五六年時点でのプロイセン軍の陣容は歩兵八万六、八五〇人、騎兵二万九、二〇〇騎の計一一万六、〇五〇人であるが、ザクセンに向かった兵力は六万二千で、この他ロシアに備えて二万八千が東プロイセンにあり、二万六千がシュレジエン防衛に残り、若干がポンメルンでスウェーデンに備えた。フリードリヒ二世は、まずザクセン軍を撃破した上でハプスブルク軍を撃破し、ロシア軍とフランス軍に備えようとした。

これに対するザクセン軍の兵力は二万で、要害の地であるピルナに集結してプロイセン軍に備えていたが、ハプスブルク軍はブラウン伯麾下の三万八千（以下この款で「ブラウン軍」という）がボヘミアのコリンに、ピッコロミーニ麾下の三万二千（以下この款で「ピッコロミーニ軍」という）がモラヴィアのオルミュッツにいて、ザクセン軍の救援には間に合わなかった。ブラウン将軍はかねてよりプロイセン軍の動向について警告を発していたのだが、ウィーンが取り上げなかったため、ハプスブルク側は機先を制された。

プロイセン軍は、三手に分かれてマクデブルク、ベルリン、フランクフルト・アン・デア・オーデルからそれぞれ

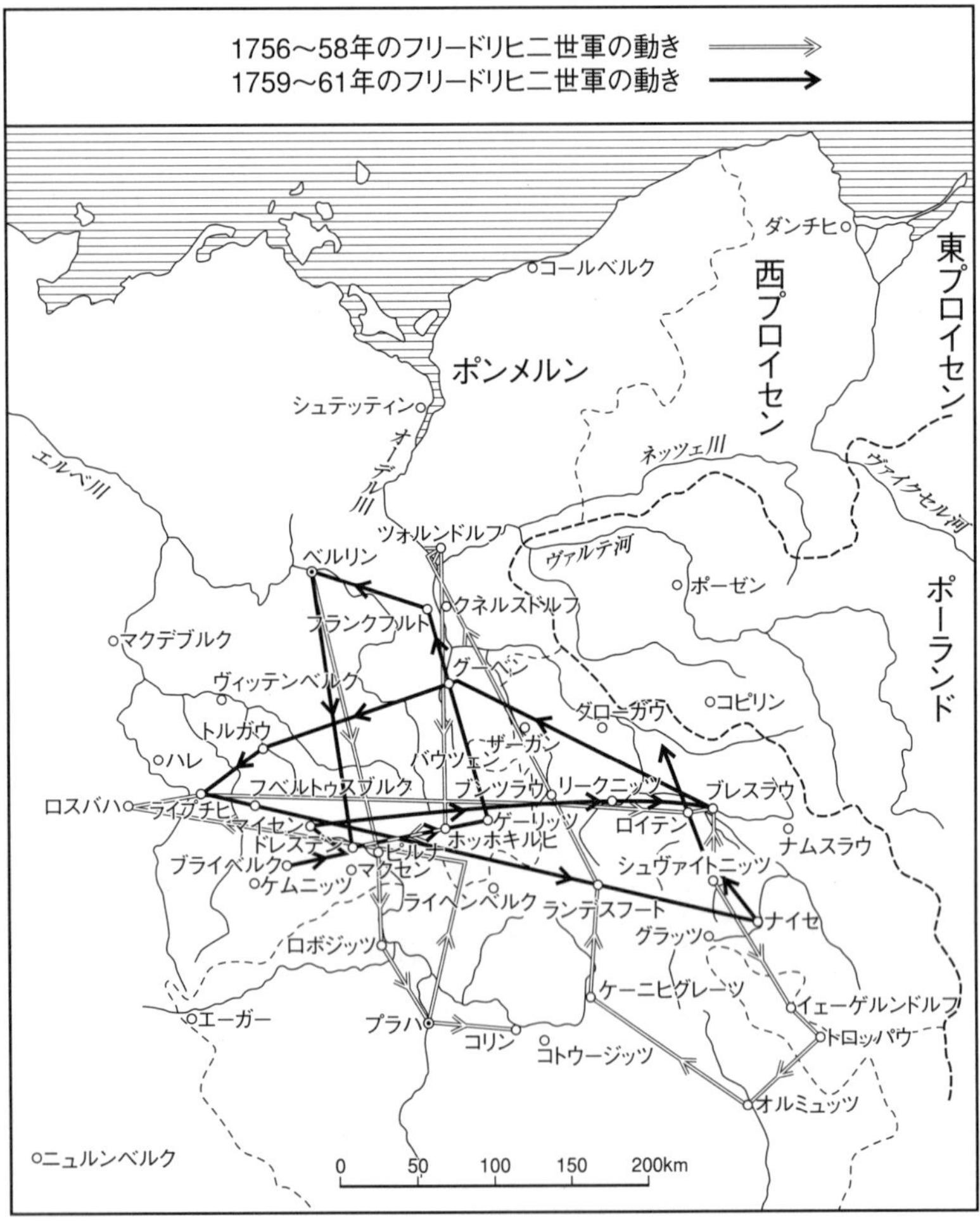

図15　フリードリヒ二世軍の動き

ザクセンに入って首都ドレスデンを攻略し、九月一〇日にピルナとケーニヒシュタインの間の陣地に立籠もったザクセン軍を包囲した。フリードリヒ二世は、ザクセン公フリードリヒ・アウグスト二世（ポーランド王としてはアウグスト三世。なお同君連合にも拘わらず、ポーランド議会はこの戦争では中立を望み、ザクセンが侵攻されても援助しなかった）に対して自軍への協力を要請したが、ブラウン軍が来援のために北上を開始したことを知ったザクセン公はこれを拒否した。

ブラウン軍は北上して、三〇日午前までにピルナ南方四〇キロメートルにあるロボジッツから西に流れるモレル川南岸に布陣した。これに対し、フリードリヒ二世はザクセン軍への押さえの部隊を残して兵力二万八千で二八日に南下を開始し、夜間行軍を行なって一〇月一日未明にモレル川北岸の三つの丘を占領し、早朝からブラウン軍への攻撃を開始した。ブラウン軍は地形の理がなくて歩兵の布陣が不十分であり、霧のために騎兵も突撃ができなかったところ、プロイセン軍に六時間にわたり丘の上から砲撃され、更にプロイセン軍左翼が銃剣突撃を掛けてきた。そして右翼のプロイセン騎兵も突撃したため、ブラウン軍はエーガー川を渡ってブッチンまで退いた。両軍の損害は各三千である。この戦いでは、河川を頼みにプロイセン軍を待ち受けていたブラウン軍に対し、フリードリヒ二世は機先を制して高地を制圧し、強化されていた野砲部隊を活用することで勝利を収めた。

なおプロイセン軍の行動が迅速だった要因には、プロイセン軍が前衛を余り強化せず、接敵するや直ちに全軍を展開して決戦を挑む手法を使ったことが挙げられる。これはプロイセン軍が敵に対して過少だったため勢力の分散を避ける必要があったことと、フリードリヒ二世の果断な性格によるもので、プロイセン軍はしばしば敵前で思い切った行動をとった（以上「ロボジッツの戦い」）。

ブラウン軍の撤退により解囲の望みがなくなったザクセン軍は、食糧不足から一〇月一六日に降伏した。ただハプスブルク側は同盟国ザクセンを失ったものの、ザクセン侵略でプロイセンはドイツ国内だけでなく国際的にも非難を受け、外交的にはプロイセンに先制させたことは損ではなかった。また、プロイセン軍のザクセン侵攻の間に戦備の遅れていたハプスブルク側は準備ができた。プロイセン軍は、ザクセン軍から一万七千を自軍に繰り入れて冬営に入った（もっともこれらの兵の大部分は翌年春までに逃亡した）。この間プロイセンの侵略への対応としてフランス軍一〇万はライン河下流で行動を開始し、プロイセンには西から圧力が掛かり始めた。

第二項　一七五七年

皇帝フランツ一世は、一月に召集したレーゲンスブルク帝国議会でプロイセンに対する帝国戦争を宣言し、連合軍の編成が決議された。そして三月には、先の北方戦争でプロイセンに前ポンメルンの一部を奪われたスウェーデンも失地回復のためにプロイセンに戦争を仕掛け、ロシア軍も東プロイセンに入った。またフランスも五月一日の第二次ヴェルサイユ協定でハプスブルク家に対してシュレジエン奪還までの間、一万人のドイツ人部隊を供給し、かつ一〇万五千の自軍を動員することを約した。見返りとしてハプスブルク家は、フランドルの若干の都市をフランスに割譲することになっていた。

このような有利な情勢を受けてハプスブルク家は、対プロイセン戦の総司令官に先のオーストリア継承戦争の指揮官でもあったカール大公を指名し、以下のように軍を配置した。①エーガー東南に二万四千、②ブッチンにブラウン軍三万九千、③ライヘンベルク方面に二万三千、④ケーニヒグレーツ方面に二万七千、⑤オルミュッツ方面に一万五千。兵力の合計は一二万八千で一七五七年当初のプロイセン軍の計一三万五千をやや下回った。

プロイセン側にはこのほか、ハノーファーにいるイギリスから送られてきたカンバーランド公（国王ジョージ二世の次子）率いる兵一万、ヘッセン＝カッセル、ブラウンシュヴァイク、ザクセン＝ゴータといった中小諸侯が付き、これらの合計は四万五千でプロイセン側は総計約一八万であった。対するハプスブルク側は自軍一二万八千に加え、ロシア、フランスが各一〇万、スウェーデンが二万、バイエルン以下の諸侯軍が約六万あったから、総計では約四〇万を数え、フリードリヒ二世としては巧みに機動して各個撃破していかないと戦争は覚束なくなる。

フリードリヒ二世は、ハプスブルク家以外の動員が進んでいないことから機先を制するためにボヘミアを狙い、四月にブッチン方面から五万八千、ユング・ブンツラウ方面から三万五千の兵を分進させ、このうちの六万四千でプラハに迫った。ハプスブルク側はザクセン奪還のためにボヘミアの国境地帯に兵を分駐させていたため、大した抵抗もできずに軍を後退させてプラハに集結し、カール大公は兵七万五千のうち、一万五千を市街に止め、残る六万の兵を自ら率いて市の東方の高地に布陣した。

フリードリヒ二世は、高地に布陣するカール大公率いる軍（以下この款で「カール大公軍」という）を低地に誘引しようとしたがカール大公がこれに応じなかったため、五月六日に高地の北方正面からカール大公軍を攻撃した。この攻撃は熾烈でハプスブルク軍の陣地は中央で分断されて右翼（東側）にはプロイセン騎兵が突っ込み、ブラウン将軍も戦死するなど損害を受けてカール大公軍のうち三万はプラハに撤退し、二万は敗走して、キッチンベルクにいたダウン率いるハプスブルク軍（以下この款で「ダウン軍」という）約二万に合流した。勝ったプロイセン軍もシュヴェリーン元帥以下の将校四一〇人、兵一万四千を失った。

フリードリヒ二世は、カール大公軍が南方に潰走したものと考えてプラハに降伏を勧告したが、案に相違してカール大公軍四万が守備を固めていたため止むなくプラハを包囲した。この間、南方からダウン軍二万がプラハの救援に来たため、フリードリヒ二世はプラハ包囲軍から二万を割いてこれを牽制したが、ダウン軍はこの後五万に増強されて六月中旬に再度北上を開始した。フリードリヒ二世はダウン軍を撃破してプラハ包囲を貫徹しようと兵三万二千を割いて東進し、六月一八日、プラハ東方四〇キロメートルのコリン西方の高地に布陣していたダウン軍を北から攻撃した。戦闘では当初プロイセン軍が優勢だったが、フリードリヒ二世が戦闘中に攻撃前進を中止して部隊の位置を変えさせようとしたため、この機を逃さずダウン軍のハンガリー騎兵連隊が攻撃に移り、一時撤退を考えていたダウンも全面的に攻勢を掛けた。このためプロイセン軍は大敗して将校三九二人、兵一万三千を失った。ダウン軍の損害は八千人である（以上「コリンの戦い」）。

ダウンが追撃を行なわなかったため、プロイセン軍は全滅を免れて西方に撤退し、プラハを解囲した後、フリードリヒ二世の弟アウグスト率いる三万五千はイーゼル川方面へ、フリードリヒ二世率いるその他の部隊はエルベ川方面にそれぞれ撤退した。これに対してハプスブルク側は、カール大公軍とダウン軍がアウグスト率いるプロイセン軍を攻撃して大打撃を与え、プロイセン軍は七月下旬までにボヘミアからザクセンに全面撤退し、プロイセン軍の指揮はフリードリヒ二世が単独で掌握した。

なお、コリンの戦いでのダウンの指揮の在り方は以降の戦いにも踏襲されているのでその概要を示すと、その戦法には①高地に布陣して敵の接近を待つ、②積極的には攻撃を仕掛けない、③逃げる敵を追撃しない、という特徴が見られる。これは当時の傭兵が逃亡したり略奪に走ることが多かったため、陣形が乱れないように鈍重な軍の使用に徹さざるを得なかったことに起因する。また当時ハプスブルク側は同盟軍と併せれば兵力的にも優勢だったため、なおさら決戦を控えて敵の疲労を待つ作戦に出たということもある。

この間、ロシア軍六万（その装備は貧弱で銃や靴を持たぬ兵もおり、弓を持った蒙古人まで混じっていたという）は東プロイセンに侵入して六月にメーメルを攻略し、スウェーデン軍一万はポンメルンに上陸、フランス軍のうち三万はザクセンに直接進み、残る七万はハノーファー軍を撃破してユトラント半島に駆逐した後ハノーファー公領を制圧したためプロイセンは文字通り四面楚歌となった。プロイセン軍は、以降、ザクセン、シュレジエン、東プロイセンの三地方で敵を迎え撃つ内線作戦に徹せざるを得なくなる。

フリードリヒ二世は敵を各個撃破するため八月半ばにツィッタウにいるハプスブルク軍主力に決戦を挑んだが陣が固かったため断念し、西進してフランス軍とそれに続く帝国諸侯軍を撃破しようとした。東プロイセンにいたロシア軍は八月三〇日のグロース・イェーゲルンドルフでの勝利にも拘わらず、軍の装備が劣悪で補給難であったことから後退した上、本国では皇太子ピョートル（後の皇帝ピョートル三世）が親プロイセン派だったことによる陰謀問題からロシア軍は進撃を止めたので、フリードリヒ二世は当座は主力を西に向けて良いと判断した。

このプロイセン軍の西進を突いて、ハプスブルク側はボヘミアでの勝利に続いてシュレジエンにも攻撃を掛け、プロイセン軍四万五千を排除してシュヴァイトニッツ要塞を取り返し、一一月二五日にはブレスラウを奪還した。また一部部隊は一〇月一六日に長駆ベルリンにまで侵入したが、これはプロイセン軍帰還の報を聞いて翌日退去している。ハプスブルク側としては、プロイセンが四囲を包囲されて不利な状況にある以上、無理に決戦せず敵の消耗を待てば良く、この戦略は妥当なところである。

東方での不利な状況にも拘わらず、フリードリヒ二世は軍約二万を西に進めライプチヒに入った。これに対して先にハノーファー軍を撃破したフランス軍は二万五千をエルフルト方面に進出させ、ここに帝国諸侯軍二万五千が合流してプロイセン軍に向かった。フリードリヒ二世はライプチヒ西方三五キロメートルのロスバハに布陣し、一一月五日にプロイセン軍の左翼を突こうと西に向かって大きく迂回していた仏・帝国諸侯軍が砲陣のある丘の南を迂回してきたところに砲撃を加えた。更に左翼の騎兵部隊と右翼の歩兵部隊（フリードリヒ二世直率）で三方向から攻撃した。

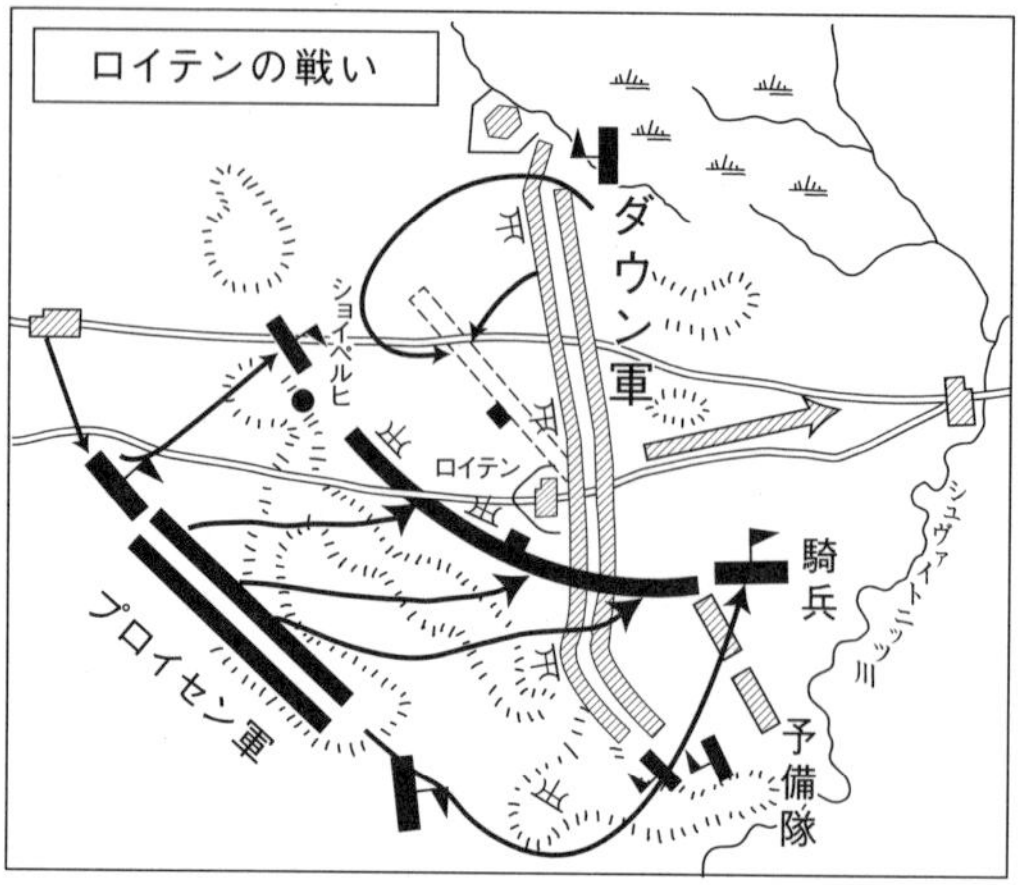

図16

この攻撃は大成功で、仏・帝国諸侯軍は三万の損害（仏軍の死者は三千、捕虜は七千）を出して退却し、プロイセン軍の損害は死傷者の合計でも五〇〇に止まった（以上「ロスバハの戦い」）。

西方からの脅威を減じたプロイセン軍は今度はハプスブルク軍に向かって東進し、フリードリヒ二世はシュレジエンにいた部隊と合流した三万五千の兵力で、一二日にブレスラウを押さえていたカール大公軍六万五千に戦いを挑んだ。プロイセン軍の進撃に対し、ダウンはブレスラウ付近の堅固な陣地に籠もって迎撃することを主張したが、プロイセン軍の劣勢に鑑み、カール大公はダウン軍を西に進めた。ダウン軍は一二月五日に偵察の騎兵がプロイセン軍の本隊に接触したため、シュヴァイトニッツ川左岸に近いロイテンを中心にブレスラウへの街道を横断する形で布陣し、前方には土塁を急造し、一六七門の大砲を準備して兵七万二千（または八万二千という）でプロイセン軍を待ち受けた。

ロイテンに進んだフリードリヒ二世は、ダウン軍右翼（北側）には沼地があって攻めにくいことから、かねて研究していた側面攻撃を実行しようと自軍右翼（南側）に騎兵の半分を充ててダウン軍左翼の高地の背後に回りこませ、続いて歩兵の二列縦隊を進めてダウン軍左翼包囲しようとした。プロイセン軍は午後二時から砲撃を開始するとともに、騎兵はダウン軍左翼に殺到し、更に歩兵も銃剣突撃に入ってダウン軍左翼の騎兵六千は潰走した。

ダウンは、プロイセン軍に対峙するために戦列を南に傾ける一方、右翼（北側）の騎兵にプロイセン軍右翼（西側）を突かせようとしたが、プロイセン軍最左翼の騎兵部隊によって撃破された。プロイセン軍の攻撃方向が予想と異なったため急造の土塁も役に立たず、プロイセン軍はロイテンの民家を利用して抵抗していたダウン軍の中央部も遂にプロイセン軍に駆逐され、夕刻、遂にダウン軍は死傷七千、捕虜二万以上を出し砲一一六門を遺棄し、ブレスラウに集結した後、ここからも撤退した（以上「ロイテンの戦い」）。プロイセン軍は兵六千余りの損害を出して一九日にブレスラウに入城し、二八日にはリークニッツも占領した。

なお、プロイセン軍はポンメルンのスウェーデン軍を一二月中に撃破している。

第三項　一七五八年

年末に本国に戻っていたロシア軍は、再び東プロイセンに進んで一月にケーニヒスベルクを占領し、更にオーデル川を越えてシュレジエンやベルリン近辺を脅かした。これに対し、フリードリヒ二世は二月にブラウンシュヴァイク公の軍がハノーファーでフランス軍を撃破してライン河後方まで駆逐していたこともあり、まずハプスブルク軍を撃破することを考え、ハプスブルク側が奪還していたシュヴァイトニッツ要塞を四月一八日に占領し、続いて兵五万五千でイェーゲルンドルフ、トロッパウを経てオルミュッツに進んで六月一日に包囲を開始した。これは囮の作戦で、もしダウン軍がこれを救援に来ればこれを撃破して形勢を有利にし、その上でロシア軍に当たる積もりであった。

しかしダウン軍は救援に出たもののプロイセン軍を攻撃せず、これと対峙しつつ六月三〇日にプロイセン軍の補給路を遮断したため、プロイセン軍は包囲を続けられなくなった。そしてロシア軍も西進を開始したため、フリードリヒ二世は七月三日にオルミュッツを解囲してランデスフートに後退した。

フリードリヒ二世はオーデル川方面でロシア軍を撃破することとし、八月二四日に兵三万六千、重砲八四門、軽砲一一七門を集めてオーデル川右岸に渡り、二五日午前三時からキュストリンの北一二キロメートルのツォルンドルフにいたロシア軍を包囲しようとした。しかしロシア軍は旋回して包囲を逃れ、プロイセン騎兵隊の攻撃で大損害を受けつつもプロイセン軍の弾薬の欠乏により退却に成功した。プロイセン軍は二六日から二七日にかけてロシア軍をランツベルクまで追撃してその三分の二を失わせたが、自らも兵一万二、五〇〇を失った。敗れたロシア軍はなおもポンメルンでスウェーデン軍と合流するため北上した後、冬営のため再び東に退きヴァイクセル（ビスワ）河を渡って停止した（以上「ツォルンドルフの戦い」）。

なおプロイセン贔屓のロシア皇太子ピョートルは、軍事情報を在ペテルスブルクの英国大使を通じてプロイセンに通報しており、プロイセン軍がロシア軍に対して有利に戦いを進めることができた一因となっている。

こうしてプロイセン軍が東方に展開している間、ダウン軍と帝国諸侯軍の計一〇万はザクセンに入りピルナ、ドレスデン、マイセンの辺りにいたプロイセン軍計二万を包囲しようとした。これに対しフリードリヒ二世は直ちに軍を南下させてクローセンハインに進み（一日に三五キロメートルの強行軍だった）、兵四万でダウン軍を攻撃しようとしたが、ダウン軍は九月一二日にラウジッツ地方（シュプレー川とナイセ川に挟まれた地域）に退き、ホッホキルヒ村東方の丘に兵七万八千で布陣した。これを追ったフリードリヒ二世も一〇月一〇日にダウン軍の前方の平地に布陣した。これはダウンが攻撃に出てこないと見ての措置で、寡勢で大軍を包囲するという常套策をとろうとしたのである。

しかしダウン軍の副将ラウドンは、マリア・テレジアの誕生日ということもあって、一四日朝五時に濃霧の中プロイセン軍右翼（南側）を奇襲し、更にダウン軍はプロイセン軍の背後と左翼（北側）をも攻撃して、プロイセン軍はカイト元帥を含む死傷者九、五〇〇人を出し砲一〇一門を失って退却した。ダウン軍も兵七千程度を失ったためプロイセン軍を追撃しなかった。プロイセンは先のツォルンドルフの戦いと併せて二万五千程度の兵員を失い、戦力を大幅に低下させた。しかしダウンはドレスデン包囲が可能だったにも拘わらず、フリードリヒ二世の逆襲に用心してピルナに引き、更にボヘミアに戻って冬営した（以上「ホッホキルヒの戦い」）。なおラウドンはスコットランド出身でロシア軍に勤務した後、プロイセン軍に仕官しようとしたが断られたのでハプスブルク軍に入ったという経歴の持ち主で、後にシュレジエン方面の司令官となる。

ハプスブルク側としては、劣勢のプロイセン軍に打撃を与え続けていればその人的資源を枯渇させることができるから無理に決戦をする必要はなく、相手の消耗を待つという肚積もりだったのだろう。イギリスはプロイセンに対して五月一日に年額五七万ポンドを与える約束をしたが、プロイセンは、金銭だけでは兵力不足は補えず、捕虜の交換を積極的に行なって何とか兵力を回復しようとした。クラウゼヴィッツが、フリードリヒ二世が北方戦争のスウェーデン王カール十二世のような外地での積極的攻勢を掛けなかったのは賢明であった、と評しているのもこうした背景による。プロイセン軍は一一月一日にナイセの囲みを解き、転進して一二月二〇日にドレスデンに入った。

第四項　一七五九年

この年になると三国軍の包囲下プロイセンの劣勢は際立ってきた。スウェーデン軍や帝国諸侯軍は強力ではなく、西ザクセンに侵入したフランス軍は、八月一日にブラウンシュヴァイク公とイギリスの連合軍に敗れてライン左岸まで退いたが、ハプスブルク軍とロシア軍は依然東方で活発に動いていた。

この状況下のハプスブルク側の戦略は、ロシア軍と合流して勢力比を圧倒的なものにした上で、プロイセン軍を撃破することだった。そこで、ダウン軍八万はボヘミアからザクセンのラウジッツ地方に前進して七月六日にゲルリッツ南方のマルクリッサに布陣した。そして各個撃破を狙うフリードリヒ二世軍四万四千が七月末にこの前に現われて決戦を挑んでもそれには応ぜず、ひたすらロシア軍の西進を待った。

ロシア軍は六月末に兵七万でポーゼンに集結し、八月初めにはオーデル川方向に西進し始めた。フリードリヒ二世は兵二万八千をこれに向けたが、七月二三日のカイ付近の戦いで八千の損害を受けて後退した。フリードリヒ二世はダウン軍への押さえを残し、自ら二一ケ歩兵大隊と三五ケ騎兵中隊を率いて北東に進み、八月六日にグーベンとフランクフルト・アン・デア・オーデルの間でヴェーデルの軍と合流してロシア軍に備えた。

これに対しダウンは、直ちに前面のプロイセン軍を攻撃することはなく、自陣からラウドン率いる兵二万（以下この款で「ラウドン軍」という）を割いて北上させ、クネルスドルフ（フランクフルト・アン・デア・オーデルの東六キロメートル）の高地にいたロシア軍に合流させた。この地域にいるロシア・ハプスブルク同盟軍（以下この項で「同盟軍」という）は八万となった。

血気に逸るフリードリヒ二世は兵四万五千、重砲一四〇門をもって八月一一日にキュストリン南方でオーデル川を渡って南下し、同盟軍を北から攻めた。プロイセン軍は、砲兵部隊が八月一二日午前一一時半に砲門を開き、全軍が正午から攻撃を開始して右翼の歩兵部隊は同盟軍左翼（北側）のロシア軍を得意の斜形隊形で攻めた。これに対し、右翼（南側）にいたラウドン軍は救援しようと陣形を変えて北上した。妨害に出てきたプロイセンの騎兵は沼地に入って進撃が鈍っていたところをラウドン軍の騎兵部隊が撃破した。プロイセン軍はロシア軍を撃破したものの、ラウドン軍の騎兵に左翼を襲われて形勢は逆転し、更に高地から逆落としに同盟軍が襲って遂にプロイセン軍は総崩れとなり夕刻までに敗走した。プロイセン軍は戦死は兵一万九千、将校五六九人であり、重砲も全部失った。ただし同盟軍も兵一万六千、将校六七二人を失った（以上「クネルスドルフの戦い」）。

この勝利にも拘わらず同盟軍はベルリンまで進まず、ダウン軍もグーベンの南方に止まった。これはロシア軍の糧秣が尽きたことと、ハプスブルク家とロシアが八月二二日に結んだグーベン協定で両者は先ずシュレジエンを完全占領するとしていたからである。既に優勢であった両者はここでは専ら勢力均衡を考え、ロシアが取った東プロイセンとの均衡上、シュレジエンの獲得がハプスブルク家の至上命題であった。

両軍が停止していたため、フリードリヒ二世はベルリン・シュテッティン方面で兵三万四千を集めた。これに対して、ダウンは協定通りシュレジエンには向かわずザクセンに向かった。ドレスデンにはプロイセンの金庫があったため、プロイセン軍は軍資金を奪われることを懸念して、金庫を担いで撤退し、ダウン軍は九月四日にドレスデンを攻略して軍需品を得た。

写真６　フィンク将軍の降伏（部分）
ウィーン軍事博物館に誇らしげに展示されていた。

これに対し、フリードリヒ二世は主力をザクセンに向けることを決めたが、ダウン軍と帝国諸侯軍は、ダウン軍の背後を突いてきたフィンク軍一万四千を一〇月二一日にドレスデンの南のマクセンで包囲して降伏させ、ザクセンでの優位を固めてドレスデンで冬営に入った。これに対しフリードリヒ二世もザクセンに入ってしばしばドレスデンに攻撃を掛けたが、ダウンはこれに取り合わず、フリードリヒ二世はドレスデンの西のフライベルクで冬営に入った。この間ロシア軍はハプスブルク家がグーベンの協定を破ったことに怒って一〇月二〇日には一旦本国に戻ろうとしたが、ダウン軍のザクセンでの優位を聞いて再び兵を戻した。

第五項　一七六〇年

プロイセンは年頭には一三歳から一四歳の少年までをも動員して兵一一万余を確保した。そのうち六万はフリードリヒ二世が直率してザクセンのマイセンでダウン軍七万二千と対峙し、三万五千はザーガン地区でロシア軍に備え、シュレジエンの防衛に一万五千、スウェーデンへの備えに六、五〇〇を置いた。対するハプスブルク側は、ダウン軍一〇万がザクセンに、ラウドン軍五万がシュレジエンにあり、ロシア軍六万が東プロイセンに、フランス軍一〇万がハノーファーにあった。

シュレジエンでは、ラウドン軍の一部はグラッツを攻略したほか、ラウドン軍主力は六月二三日に包囲していたランデスフート要塞（谷間にある）でフケー率いるプロイセン軍八千をその指揮の失敗に乗じて全滅させた。しかし、ブレスラウの攻略は七月二九日までに失敗に終わった。

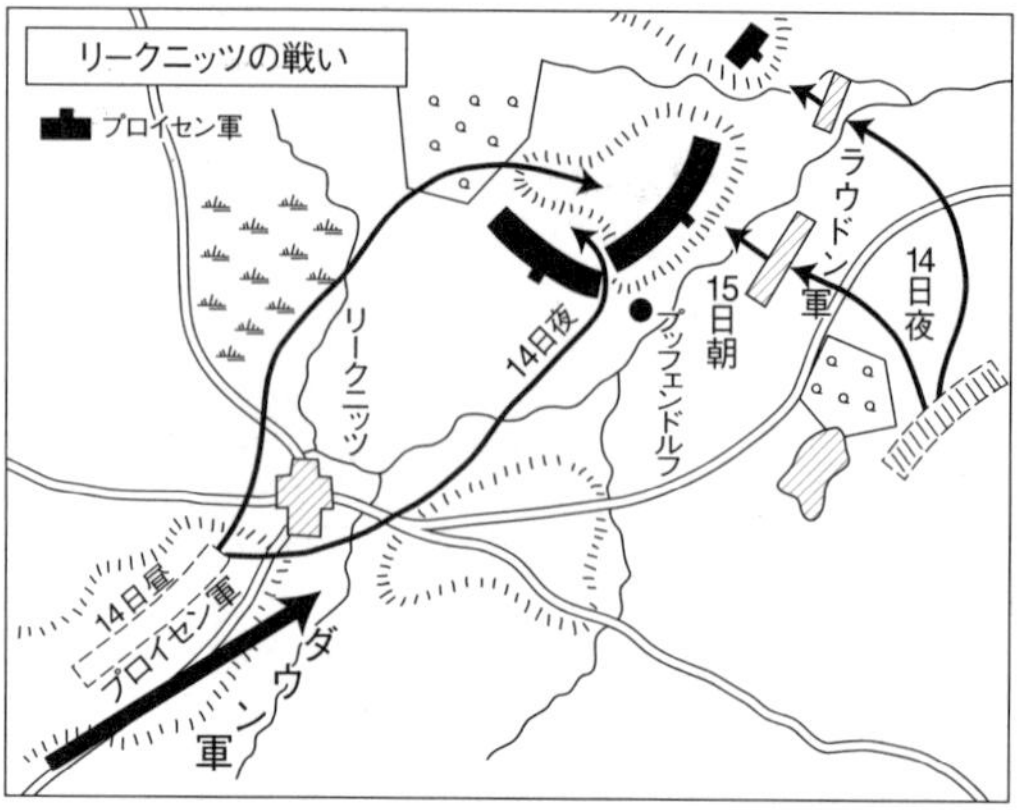

図17

フリードリヒ二世は、七月一三日から二八日までドレスデンを包囲したがダウン軍が救援に来たため解囲し、ラウドン軍の優勢を聞いて、マイセンとドレスデンにそれぞれ兵一万二千を残し、残余の三万六千でなんとか兵器庫のあるシュヴァイトニッツを救おうとした。しかし、ザクセンからプロイセン軍を追尾してきたダウン軍とラウドン軍がこれを遮ったので、八日間の夜間行軍の末八月一三日にリークニッツに入った。またフリードリヒ二世の弟ハインリヒの部隊も八月六日にブレスラウに入り、ロシア軍がハプスブルク軍に合流するのを妨害した。ハプスブルク側はラウドン軍六万とダウン軍三万が合流して計九万となり、右翼（プッフェンドルフの東）にラウドン軍、左翼（リークニッツ市の南）にダウン軍が布陣した。

フリードリヒ二世は、両軍と戦うべくリークニッツの北にあるプッフェンドルフ付近に布陣したが、陣形が気に入らなかったので一四日夜に更にプッフェンドルフ北の高地に布陣し直した。対するラウドンもプロイセン軍の夜間の陣地変更を知らぬまま、同じく一四日薄暮にこの高地に陣地を移すために行軍を開始し、一五日未明にこの高地の東側麓に到着した。これを見て取ったフリードリヒ二世は、各個撃破を目指してラウドン軍に攻撃を掛けることとし、自陣東のラウドン軍を襲った。ラウドンはプロイセン軍が既にこの高地を取っていたことを知って慌てたが、ダウン軍の救援を待ちつつ五回にわたって突撃を仕掛けた。しかし、ここでの戦闘の砲声は逆風のためにダウンの耳に入らずに救援が遅れ、ラウドン軍は遂に敗れて、兵九千（一説には一万二千）を失い、砲八二門を捨てて午前五時に退却した。プロイセン軍は三、二〇〇を失ったに過ぎなかった。ダウン軍は、北方での戦闘開始を知って急遽北上したがプロイセン砲兵の攻撃を受け、またラウドン軍の敗走も判明したため引き揚げた。この戦いでの両軍の損害比は当初の勢力比に等しかったのでハプスブルク軍は依然優位だったがこれ以上の攻撃はせず、プロイセン軍も速やかにブレスラウ地区の守備隊三万五千と合流して、一万五千はロシア軍の西進に備えて分派し、ダウン軍は山岳地帯に引いてこれと対峙した（以上「リークニッツの戦い」）。

ハプスブルク軍主力との合流を妨げられたロシア軍は、ハプスブルク軍の一部と合同し、その偵察部隊は一〇月九日から一二日にかけてベルリンに入った。また、ハプスブルク軍もラーシ元帥率いる一万五千が、シュヴァイトニッツからベルリンまでの七二キロメートルを一〇日で進むという強行軍でベルリンに迫った。このため、ダウン軍と対峙していたフリードリヒ二世は軍を北上させたが、ロシア軍はこの報を受けるやさっさと撤退してヴァイクセル川後方に去った。ロシア、ハプスブルク双方とも自らの決戦は避けて他にプロイセン軍の止めを刺させたいという気分がありありと見えるが、結局この「火中の栗」を拾わない態度がプロイセンを救うことになる。

一方シュレジエンにいたダウン軍はフリードリヒ二世軍がザクセンに戻ってきたので、ラウドン軍を残して兵五万三千、砲二七五門で西進してフリードリヒ二世軍に向かい、トルガウの西方高地に堅固に布陣した。これに対してフリードリヒ二世は兵四万四千、砲三〇〇門で決戦を求め一一月三日に攻撃を掛けてきた。フリードリヒ二世としては、珍しく敵軍との兵力比が接近したので、ここが潮時と見たのだろう。

ダウン軍は高地にあって南に面して布陣し、左翼はエルベ川近くの沼沢地に守られ、右翼には森林が広がっていた。これに対し、プロイセン軍は、軍の一部でダウン軍の前面（南側）に砲撃を加えて牽制させる一方、フリードリヒ二世自らは二万五千の兵を率いて迂回してダウン軍の背後（北側）を突こうとした。フリードリヒ二世はダウンの慎重な性格を知って敢えて敵前での大掛かりな移動を行なったと見られるが、フリードリヒ二世が迂回して森林地帯を抜けるのに手間取っているところをダウン軍は砲二〇〇門で攻撃し、ダウンは一時優位に立った。しかし、夜に入って正面から攻撃していたプロイセン軍の一部がダウン軍の布陣する丘の南から西に回り込んで取りついて攻撃を開始したため、勝利に喜んで油断していたダウン軍は劣勢になり、ダウンは自身が砲撃で負傷したこともあって軍を東南のドレスデン方向に引き揚げさせ、プロイセン軍がこの高地を占領した。しかしダウン軍が兵一万六千を失ったのに対してプロイセン軍は兵一万七千、将校四〇〇を失ったから（死亡は兵三、八〇〇、将校六八）、この決戦は成功とは言い難い（以上「トルガウの戦い」）。

この後ダウン軍はドレスデンを含む南ザクセンを押さえて冬営し、プロイセン軍も北ザクセンのライプチヒで冬営した。ハプスブルク側はプロイセンの策源であるザクセンの一半を奪還し、帝国諸侯軍はフランケン地方を押さえ、シュレジエンにいたラウドン軍はボヘミアに戻り、スウェーデン軍もペーネ川後方に引いていた。

第六項　一七六一年

四月、ボヘミアにいたラウドン軍は、西進を開始したロシア軍と呼応するためにグラッツから北上してシュレジエンに向かった。フリードリヒ二世は両軍の合流を妨害しようと七月二二日にナイセ付近のノッセンに進出し、両軍の合流を約一ケ月遅らせたがロシア軍七万の進撃には抗えず撤退した。フリードリヒ二世は、九月二六日までシュヴァイトニッツ北方のブンツェルヴィッツ要塞に入り、ここに両軍が攻撃を仕掛けてきたら反撃して勝利を狙おうという「後の先」の手口を策した。

ラウドン軍とロシア軍は八月一二日にリークニッツ付近で連絡を保ち、ラウドン軍はプロイセン軍を迂回して八月二五日にホーエンフリートベルク地方で遂にロシア軍と合流して総計一五万の大軍となった。フリードリヒ二世は分派していた二万の部隊を併せても兵力は五万五千しかなかった。しかしロシア軍は、プロイセン軍による補給路への妨害を恐れて主力をポーランドに向けたためフリードリヒ二世軍は攻撃を免れた。プロイセン軍は却って転進するロシア軍に攻撃を加え、また、九月中旬からはナイセ付近に出てラウドン軍の後方を攪乱した。ラウドン軍はロシア軍の残兵二万を併せて依然プロイセン軍の二倍程度であったが決戦は求めず、プロイセン軍の一大拠点のシュヴァイトニッツ要塞を一〇月一日に攻略してその軍需品を鹵獲し、プロイセン軍はブレスラウとグローガウの線に後退した。

この間ロシア軍三万はポンメルンに上陸して一二月一六日までにコールベルクを包囲・攻略することで後ポンメルンをほぼ制圧したから、両軍とも自国の利益に走って肝心のプロイセン軍主力の撃滅を避けていたというのが真相であろう。プロイセンには僅かにブンツェルヴィッツ要塞が残った。

この間、他のハプスブルク軍と帝国諸侯軍はザクセンでプロイセン軍と睨み合ったものの積極的には攻撃をせず、ザクセン北部はプロイセンの手に残った。なおプロイセンはトルコと四月二日に通商条約を結んでハプスブルク家への牽制を期待したが、トルコとハプスブルク家との間では一七四七年締結の永久休戦の協約があったため、プロイセンの期待は報われなかった。また、フランス・スペイン間では八月に秘密協約が結ばれ、英仏講和が成立しないときは一七六二年五月一日をもってスペインが対英参戦することとなった。以上のようにプロイセンにとっては余り有利な状況ではなかった。

第七項　一七六二年

一月五日のロシア女帝エリザヴェータの崩御は、プロイセンには幸運を、ハプスブルク家には不運をもたらした。後継のピョートル三世はかねてよりフリードリヒ二世の崇拝者だったので、一切の領土要求なしにプロイセンと講和を結ぶことを提案し、五月一五日にペテルスブルクで講和を成立させて自軍を却ってプロイセンに提供した。また五月二二日にはプロイセンはスウェーデンとハンブルク条約によって講和し、東方からの脅威をなくして東プロイセンとポンメルンを完全に回復し、おまけに兵力は増強された。

ここにフリードリヒ二世はザクセンに六万、シュレジエンに一〇万の軍を集め、持久戦でハプスブルク軍の疲弊を待つ手に出た。従来、ハプスブルク家とロシアは共に決戦を避けてプロイセンの疲弊を待っていたが、その立場が逆転した。フリードリヒ二世は、シュレジエンで野戦のための軍五万五千を抽出し、そこに六月三〇日に来たロシア軍二万を併せて、シュヴァイトニッツ要塞の攻略に乗り出した。これに対し、ダウン軍は上シュレジエンに一万六千、グラッツ伯領に一万四千を残し、四万九千でシュヴァイトニッツ要塞南方のブルケルスドルフに布陣して防御を固めた。プロイセン軍はダウン軍を密かに背後から突こうとしたが、ダウンはこれを察知して軍の主力をシュヴァイトニッツ要塞西方に移したため、プロイセン軍はまともにダウン軍にぶつかった。

この間ロシアでは、七月六日にピョートル三世が廃位されて妻のエカテリーナ二世が即位した。エカテリーナ二世はプロイセンとの先の講和条約は認めたが軍事支援は取り止め、ロシア軍は速やかに帰国することとなった。フリードリヒ二世はロシア軍司令官に帰国の猶予を求め、七月二一日からシュヴァイトニッツ要塞とダウン軍の攻撃に掛かった。ダウン軍はシュヴァイトニッツ要塞との連絡線を断たれて後退し、続いてフリードリヒ二世は八月四日未明からブルケルスドルフに攻撃を加えてこれを奪った。ハプスブルク側は更にライヘンバッハも攻略され、孤立したシュヴァイトニッツ要塞は八月八日から一〇月一〇日までの包囲の末、陥落して一万の捕虜を出し、グラッツ伯領を除くシュレジエン全土をプロイセン軍が占拠した。また二九日には在ザクセンのプロイセン軍がフライベルクでハプスブルク軍と帝国諸侯軍を撃破して、ザクセンも確保した。そして一一月二日のフォンテンブローの仮講和で英・仏が休戦に入り、同月のルッテンベルクの戦いでプロイセン軍がフランス軍を撃破してフランスが押さえていたライン流域の自国領を奪還し、帝国諸侯も戦意を喪失した。こうしてバイエルンなどは講和に向かって動き出すことになる。

講和の動向を見ると、まず、一一月二九日にはザクセンがプロイセンに講和を申し入れた。そしてトルコ軍の動向に不安を感じたマリア・テレジアは、これ以上の戦いは不可能と考え、一二月三日からプロイセンと交渉に入り、翌一七六三年二月一五日にライプチヒ近傍のフベルトゥスブルクでプロイセン、ハプスブルク家、ザクセンの三者間で条約が結ばれた。これにより、ハプスブルク家はプロイセンがグラッツ伯領も含むシュレジエンを領有することを認め、フリードリヒ二世はフランツ一世とマリア・テレジアの子ヨゼフ大公を神聖ローマ皇帝に選出することを約束して、軍をザクセンから撤退させた。

七年戦争の転換点は一七六二年五月のロシア軍の戦線離脱だった。元来ハプスブルク家は単独でプロイセンを圧倒できるとは考えず、それ故にロシア、フランスと組んでプロイセンを共同で締め上げようとした。そしてフランス軍がブラウンシュヴァイク公とハノーファー軍の抵抗などからプロイセンに肉薄できなかったものの、ハプスブルク・ロシア連合は戦況図からも分かるようにプロイセン軍を追い詰め、個別の戦場での勝利にも拘わらず、プロイセンは敗色濃厚だった。だからこそハプスブルクは敢えて決戦を指向せず、損害を少なくして勝利の果実を多く取ろうという欲張った戦略に出たとも言える。それがピョートル三世の即位によって前提条件を覆されたのだから、それまでの戦略は御破算となってハプスブルク側は劣勢に追い込まれた。逆に負けを覚悟していたフリードリヒ二世にはロシアの方針転換は僥倖で、アンリ・トロワイヤは「気違いが勝利をお盆に乗せて持ってきてくれた」と評している（『女帝エカテリーナ』）。なお、勇猛なラウドンを軍政家のダウンの地位においていれば随分違っただろうとクラウゼヴィッツは評するが、傭兵主体のハプスブルク軍では逃亡などの防止の上からはどうしても決戦回避・追撃なしの用兵は避けられず、またハプスブルク有利の前提でダウンは消極作戦をとったとも考えられるから、指揮官が違えば勝てたとは一概には言えまい。何と言ってもロシアの裏切が七年戦争の勝敗を決したのであり、家産国家から近代国民国家に移行し、君主の個人的意向だけで国家運営がなされる時代ではなくなりつつあったなか、ロシアの君主の崩御で勝を逃したハプスブルク家には運がなかった。

第四節　ハプスブルク家領の制度改革

神聖ローマ帝国の皇帝はフランツ一世であったが、ハプスブルク家領の統治は家付娘のマリア・テレジアが行なっていた。そして、一七六五年八月一八日にフランツ一世が崩御して息子のヨゼフが皇帝ヨゼフ二世として即位しても（ローマ王には一七六四年三月に選出され四月に戴冠した）、ハプスブルク家領の統治は依然マリア・テレジアが行ない、ヨゼフ二世は共同統治者（摂政）の任でしかなかった（ちなみにフランツ一世は財政家としての手腕はあり、その遺産でハプスブルク家は七年戦争時の負債を完済した）。その上マリア・テレジアは、ヨゼフ二世の理想主義的傾向を危惧して実際の政治には関与させなかった、

マリア・テレジアは、ブロイセンへの敗北に鑑みて官僚と軍隊についての改革を行なった。まず七年戦争末年の一七六二年に宮廷軍事庁が全ての軍事機能を統括することとなって軍事的事項の最高決定機関が明確化された。また一般徴兵制の導入を目指して戸口調査や徴募区域の設定も一七七〇年代には行なっている。徴兵は次のヨゼフ二世の代（一七八一年）になってオーストリア・ボヘミア地区で実施され、全兵力の八分の五を徴兵で賄うようになり、常備軍三〇万の体制がほぼ達成される。なお七年戦争後のプロイセンでは国軍一九万のうち傭兵が九万を占めたが、それでも国民一〇〇人につき三人を兵役につけていた勘定になった（プロイセンにはこの他に予備的な存在としての帰休兵が約一万いた）。全兵員を徴兵で賄うシステムは革命後のフランスの出現を待たねばならない。

また一七五六年の外交革命以降、フランスはイギリスとの対立に追われてドイツ国内への関心を失い、ハプスブルク家のドイツ政策への第一の障害はプロイセンになった。こうした成果は、七年戦争におけるフランスとの協調や、

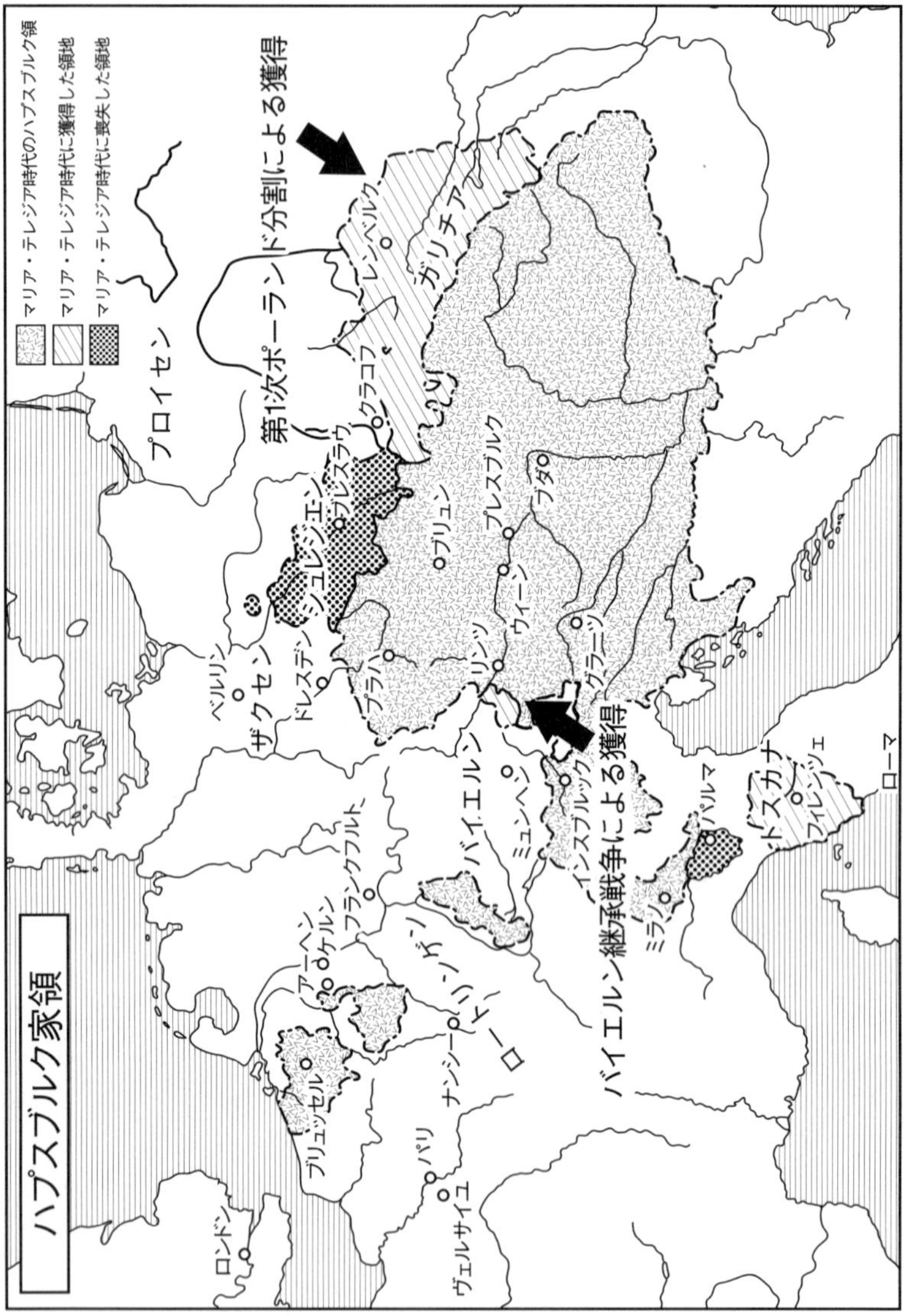
ハプスブルク家領
マリア・テレジア時代のハプスブルク領
マリア・テレジア時代に獲得した領地
マリア・テレジア時代に喪失した領地
プロイセン
第1次ポーランド分割による獲得
バイエルン継承戦争による獲得
ガリチア
レンベルク
クラコフ
ブレスラウ
シュレジエン
ザクセン
ベルリン
ドレスデン
プラハ
ブリュン
プレスブルク
ブダ
ウィーン
リンツ
グラーツ
バイエルン
ミュンヘン
インスブルック
パルマ
ミラノ
トスカナ
フィレンツェ
ローマ
ロートリンゲン
ナンシー
フランクフルト
ケルン
アーヘン
ブリュッセル
パリ
ヴェルサイユ
ロンドン

図 18

一七七〇年のフランス王太子ルイ（後のルイ十六世）とマリア・テレジアの娘マリー・アントワネットとの結婚、ブルボン家系のナポリ王フェルナンテ四世（一八一六～一八二五年はナポリ王国とシチリア王国の統合により両シチリア王としてフェルナンテ一世）と娘マリア・カロリーナとの結婚といったブルボン家との融和として現われる。こうしたことを背景に、二〇〇年来バイエルン公家であるヴィッテルスバッハ家が持っていたケルン大司教（選定侯）の位をマリア・テレジアの末子マクシミリアン・フランツ（一六番目の子である）に確保することも可能であった（一七八四年に就任）。

次にプロイセンとの関係は、七年戦争ではシュレジエンを巡って対立したが、一七六三年のフベルトゥスブルク条約によりシュレジエンの奪還の不可能が確定し、ロシアの拡張が著しくなったため、これとも協調の方向に転換した。ハプスブルク家はシュレジエンの代償を東方に求めようとしたので、一七六二年に夫ピョートル三世を追って即位したロシア皇帝エカテリーナ二世が西方政策を進めるロシアが最も警戒すべき国となった。ハプスブルク家の立場は、緩衝国としてのポーランドを維持しつつ、トルコ領を蚕食していくというものであった。

ロシア・トルコ戦争が一七六八年に起き、ロシアがモルダヴィア、ワラキアの二州を占領すると、ハプスブルク軍も対抗上トランシルヴァニアに集結し、一七六九年と一六七〇年にはポーランド国境の王領地の一部を占領するとともに、トルコとも一七七一年七月六日に軍事同盟を結んでロシアのドナウ河への到達を阻止する方向に動いた。トルコからは支援の見返りとして小ワラキアと一、一二五万グルデンが貰えることになっていた。

ハプスブルク家とロシアとの対立を見て取ったフリードリヒ二世は、かねてより東プロイセンと本国との間にあるポーランド領西プロイセンを併合する良い機会と考え、ロシアに三国によるポーランド分割と、その代わりにモルダヴィア、ワラキアの二州からロシアが手を引くことを提案し、エカテリーナ二世はこれを受け入れ一七七二年二月四日に両国で協定が成立した。これに伴いハプスブルク家はトルコに返金して六月七日にトルコとの同盟を解消した

（ロシアの黒海北岸の占拠は認める）。そしてロシア・トルコ戦争は七月一六日のクチュク・カイナルジー条約で終了する。

マリア・テレジアが、ポーランドでの領土獲得の動きを示した狙いは、プロイセンにポーランド領西プロイセンなどを取得させる代わりにプロイセンにシュレジエンの一部を返還させることだった。しかし、この意向をプロイセン・ロシア協定成立前の一月二二日にフリードリヒ二世に打診したところ、フリードリヒ二世は「ポーランド領プロイセン以外の地は望まないし、自ら犠牲を出す積もりはない」と拒否し、ハプスブルク家はトルコ領セルビアの併合の黙認を要求したが、これも拒否された。このためハプスブルク家は一転して大掛かりに分割に参入して八月にロシア及びプロイセンとペテルスブルクでポーランド分割協定（第一次）を結び、ハプスブルク家は南ポーランド（ガリチアとロドメリア）で八万三千平方キロメートル、人口二、六五万人を獲得し、主要な塩山の全てを得た。更にハプスブルク家は、一七七五年五月七日の条約でトルコからオルソヴァを除くブコヴィナを獲得している。

第五節　バイエルン継承戦争（一七七七〜一七七九年）

一七七七年一二月、バイエルン公マクシミリアン・ヨゼフが死ぬと、男子がなかったため一門であるズルツバッハ家のファルツ伯カール・テオドールが相続した。しかしマリア・テレジアはハプスブルク家の下バイエルンと上ファルツへの請求権を主張し、翌一七七八年にこれを占領した。当初カール・テオドールは請求を受け入れようとしたが、プロイセン王フリードリヒ二世はザクセン公とメクレンブルク公を誘って圧力を掛け、この支援を受けてバイエルン公国はハプスブルク家と絶ち、プロイセン軍は七月に二方向からボヘミアに入った。しかし両軍はボヘミア国境で散発的に小競り合いを行なった後、ハプスブルク軍はケーニヒグレーツに籠城してプロイセン軍がこれを包囲するという形になってからは戦争は進まず、ロシアがプロイセンを支援する動きを見せたのに対しハプスブルク家へのフランスの支援がなかったことから、不利を悟ったマリア・テレジアもフリードリヒ二世に停戦を訴えて、ロシアとフランスの仲介で一七七九年五月一三日にテッシェン条約が結ばれた。そしてハプスブルク家はイン川以南の地域をバイエルンから割譲させて満足せざるを得なかった。

なおバイエルン継承戦争は別名を「馬鈴薯戦争」というが、これは両軍が対峙したままで動かず、その間食糧不足を補うために兵士は専らジャガイモ掘りをしていたことによる。なお、テッシェン条約でプロイセンにはアンスバッハとバイロイトの二辺境伯領を将来併合することが認められ、またもプロイセンは利得を得た。

第二章　ヨゼフ二世のキャンペーン（一七八〇〜一七九〇年）

第一節　ヨゼフ二世の内政・外交

一七八〇年一一月二九日にマリア・テレジアが崩御してハプスブルク家領は長子のヨゼフ二世が相続した。マリア・テレジアはヨゼフには外交関係しか任せていなかったため、ヨゼフ二世は母の死により初めて内政を行なうこととなった。

ヨゼフ二世の啓蒙専制改革は、「ヨゼフ主義」の名によって知られるが、その内容は急進的反カトリック的である一方、汎ドイツ主義的なものであった。一七八一年一月から農民解放の諸施策を順次各領域で実施したのを始め、同年中に司法における三審制を制度化したし、同年一〇月には寛容令を出して信仰の自由を認め、一七八二年一月には修道院の廃止を命じた。また行政の整備・統合を進めた上で、一七八五年からは土地台帳を整備して徴税の効率化を図り行財政改革を推進した。また経済面では重商主義的政策をとって国内各領邦間での関税や通行税は廃止する一方で、外国からの輸入は重関税によって大幅に抑制し、国内産業の保護・育成を図っている。これによってオーストリア・ボヘミア地域を中心に工業は発達し、ボヘミアでは一七八一〜一七八八年の間に親方の数は二倍となり、国家収入全体で見ても同じ期間で一・三倍に増加している。

軍事面では、徴兵制度を一七八一年にオーストリア・ボヘミア地区で導入し、一七八〇年代後半には全兵力の八分の五を徴兵で賄い、常備軍三〇万の体制がほぼ達成された。当時の軍隊構成は、歩兵連隊（一連隊＝三、〇六一人）が五七個、辺境隊（一辺境隊＝三、〇四〇人）が一七個、守備連隊（一連隊＝六、九九五人）が三個、騎兵連隊（一連隊＝一、二一九人）が三四個、砲兵が計一万三、五六〇人、工兵・地雷工兵が計一、二一九人、河川警備隊五個とその一三前線支隊で五、一八四人となっている。この数字からは海軍の兵力・装備などは不明である。なお実際に徴募されたのは主に無産階級（零細農民・労働者・失業者ら）で、兵役年限も一七歳から四〇歳までと長く、徴募対象の者から忌避されていたことはニムッツォーバーの書いた「おばあさん」にも出てくるところである。また、中央の宮廷軍事庁と各領邦の軍団司令部とを結ぶ一貫した中央集権的管理体制も確立し、軍事面での等族の影響は排除された。

外交面では、先ずロシアと一七八一年四月から五月にかけてヨゼフ二世はエカテリーナ二世との間で書簡により秘密同盟を結んだ。これはハプスブルク家にとってはプロイセンに肩入れするロシアを自己の陣営に戻す必要があり、トルコの分割を狙うロシアに同調せざるを得なかったからである。

「落ち着きなき冒険心の持ち主」と評されたヨゼフ二世は国威発揚に向けて西方でも積極外交を展開し、一七八二年に自領フランドルにあるオランダの造った防御柵を撤去させた。続いてウェストファリア条約により封鎖されていたアントワープに注ぐシェルト川の河口を開かせようとしたが、これはオランダ・フランスの反対にあって一七八五年のフォンテンブロー条約で撤回した。

続いてヨゼフ二世は、スペイン継承戦争後のユトレヒト条約でスペインから継承したフランドルが遠隔地で統治も面倒ということで、一八八五年にバイエルン公カール・テオドールに対し、これをバイエルン及び上ファルツと交換する案を提示した。これは先のバイエルン継承戦争で入手し損ねたバイエルン地方を平和裡に獲得することで、ウィーンを中心としてハプスブルク領を一円化し、またヨゼフ二世が家領で行なっている「ドイツ化政策」にも有益との判断からである。しかし、ヨゼフ二世の急進改革を恐れるプロイセン王フリードリヒ二世は「弱小勢力の立場の安全を保つための唯一の防壁」であるバイエルンをハプスブルク領にすることに反対し、同年にザクセン、ハノーファーと諸侯同盟を締結して対抗し、これにフランスも加担したことから、結局失敗した。

第二節　ハンガリーの不穏

ヨゼフ二世は領邦の中央集権化・ドイツ化を目指したため、各領邦の有する特権の剥奪も推進した。そして、マリア・テレジア時代には中央集権化の対象から外していたハンガリーも一気にオーストリア・ボヘミア並みに扱おうとした。ヨゼフ二世は、ハンガリーについては特権身分層こそ中央集権化・ドイツ化における最大の障壁と見なして、ハンガリー王としての戴冠を拒否し、ハンガリー国会も召集しなかったため、当然ハンガリー貴族層の感情は悪化した。ヨゼフ二世が行なおうとした徴兵制度をハンガリーでも実施するための前段階の戸口調査や徴募区域の設定（オーストリアでは一七七〇年代に行なわれた）や、一七八四年の公用語のラテン語からドイツ語への変更、一七八五年から六年にかけての行政区画の改定による県区分から管区区分への移行の決定は、大貴族のみならず、宗教についての寛容令や農民の移転・職業選択の自由化でヨゼフを支持した中小貴族や農民、市民層をも敵に廻すものであった。

ハンガリーではトランシルヴァニアのルーマニア人が一七八四年に叛乱を起こして以来農民叛乱が頻発した。また、一七八八年から始まった対トルコ戦争に必要な軍隊の需品や馬匹をハンガリーで調達する必要が生じたがこれに対しハンガリー貴族は協力を拒否し、更に一七八八年から一七八九年にかけての徴税資料の確立のための検地は、ハンガリー人を反ハプスブルク的行動に駆り立てるには充分であって、一部貴族はプロイセン王フリードリヒ・ヴィルヘルム二世（一七八六年即位）との秘密交渉を元に、ザクセン・ヴァイマール公カール・アウグストをハンガリー王にする動きすら示した。

こうした根強い反対運動にあって、ヨゼフ二世は遂にハンガリー貴族と妥協せざるを得ず、一七九〇年一月二八日に宗教的寛容令以外の大部分の改革施策を撤回するとともに、ハンガリーでの行政も旧来の慣習に復するという譲歩を行なって漸く不穏は収まったが、ハンガリーでの中央集権改革はすっかり挫折した。

第三節　対トルコ戦争（一七八七～一七九〇年）

ヨゼフ二世は、一七八一年にロシアと対トルコ同盟を締結したが、一七八三年にロシアからあったトルコ分割案は拒否していた。しかし一七八六年八月一七日にフリードリヒ二世が崩御してプロイセンの脅威が減少していたところ、一七八七年五月より始まった戦争でロシアがトルコを圧倒していたので、年末にハプスブルク家もロシアに与して参戦した。この戦争ではハプスブルク家は兵員二〇万を動員し、その軍の状態も同世紀中では最良と言われていた。ヨゼフ二世は自ら六万六千を率いて北セルビアに親征したが、セルビアに入ってからは作戦活動を停滞させてトルコ軍と対峙していた。ハプスブルク軍はゲリラ兵のほか、前の戦争と同様に疫病にも苦しめられて五、三〇〇人が病に倒れ、ヨゼフ二世自身も病に蝕まれて命を縮める結果となった。トルコ軍は一七八八年春にバナートに入ってきたが、これは補給が切れたために自ら撤退している。

この間、ハプスブルク家はトルコと平和交渉に入ったが、成功しなかったため、病気と外交交渉に専念するためヨゼフ二世は軍から手を引き（彼の軍事的手腕は全く評価に値しないものだったらしい）、軍司令官ラーシ元帥も不手際から更迭され、早期に講和に入るための戦果を挙げるために七年戦争の名将ラウドンが総司令官となった、

ラウドンは、トルコ軍のボスニア侵攻を撃退して一七八九年一〇月八日にベオグラード攻略に成功するなど、手際の良さを見せ、また、ハプスブルク軍とロシア軍は連合して七月三〇日にベッサラビアでトルコ軍を撃破し、一一月上旬までにブカレストを攻略した。こうした戦果の拡大に対してプロイセンを中心とする諸国は両国の拡張を防ぐために結合し、プロイセンはイギリスと共にトルコに援助工作を進めたほか、軍を国境地帯に集結させたため、ハプスブルク家は戦果の拡大ができなくなった。

オランダも当時プロイセン・イギリスと同盟関係にあってハプスブルク家には加担せず、更にスウェーデンが一七八八年から一七九〇年までフィンランドでロシアを攻撃してロシア軍が牽制されたためハプスブルク軍は負担が増加した。そしてハンガリーとフランドルでの叛乱は戦争の継続を困難にし、一七九〇年七月二七日に後継のレオポルト二世がプロイセンとライヘンバッハ協定を結んでプロイセンがハプスブルク家への妨害活動を終わらせるに伴い（二月にプロイセンはトルコと同盟を結んでいた）、対トルコ戦争も終結させることとなり、休戦の後一七九一年八月四日のスヴィシトフ条約でハプスブルク家は北ボスニアの一部を割譲させてトルコにベオグラードを返還した。結局この戦争は、ハプスブルク家に消耗を残しただけで終わった。

これに対しロシアは対トルコ戦争を戦い抜き、一七九一年一二月二九日〜一七九二年一月九日のヤッシー条約でブーク川とドニエプル川の間の地域を割譲させクリミアとオチャコフの領有を認めさせたから、ハプスブルク家は文字通りの骨折り損であった。

第四節　フランドルの叛乱

バイエルンとのフランドルの交換に失敗すると、ヨゼフ二世は本格的にフランドル統治に力を入れ、中央集権化をこの地域でも行なおうとし、教会の特権を剝奪した。そして、一七八七年一月一日付で旧習一洗の勅令を布告したが、その内容はフランドルの独立的な諸州を九郡からなる一個の統一体にしてヨゼフ二世の任命による長官に統治させようというもので、従来からの自治権を大幅に制限するものであった。また司法制度でも三審制を導入しようとした。この一連の改革に対して各地に不穏が生じ、反対が強かったため実施は凍結されたが、教会人や貴族を中心に愛国委員会がつくられ、ノートとフォンクの二人を指導者として決起し、叛乱軍はリエージュの市庁舎を占拠した。

これに対しヨゼフ二世はダルトン将軍を派遣して鎮圧に当たらせる一方、ブラバント議会の解散、ルーヴァン大学の教授の罷免という強硬措置をとったが叛乱軍の勢いは強く、しかも一七八九年のフランス革命の勃発は叛徒の意を強くさせた。このため、叛乱軍の鎮圧に向かったダルトン将軍の部隊はトゥルネーで撃破されてハプスブルク側はブリュッセルを放棄した。フランドルの等族は一一月二五日にヨゼフ二世の帝位剝奪宣言を行ない、翌一七九〇年一月一一日にベルギー共和国の成立を宣言してハプスブルク家から独立した。こうしたなか、二月二〇日にヨゼフ二世は崩御し、子供がなかったため弟のトスカナ大公レオポルトが家督を継ぐ。

第三章　レオポルト二世のキャンペーン（一七九〇〜一七九二年）

レオポルト二世は父フランツ一世の跡を継いでトスカナ大公となり、彼の地の統治で大いに成果を挙げ、その手腕が期待されていた。レオポルト二世は家督を継ぎ皇帝になると、一七九〇年七月二七日にライヘンバッハ協定をプロイセンと結んで、同国によるハンガリー、フランドル、ガリチアでの叛乱援助を止めさせ、その代わりに対トルコ戦争を終結させた。ハンガリーでは七月に戴冠手続のため国会を召集した後、秋にはプレスブルクで戴冠した。フランドルの叛乱に対しては、同年三月と一〇月にフランドル等族に対する一般恩赦を行なって抵抗心を削ぐ一方、大軍を送って再征服を行なう旨をもって叛乱軍を脅しつけ、年末にブリュッセルを、翌一七九一年中にはリエージュを奪還して叛乱を鎮圧した。

しかし隣接地フランスでの革命の影響もあり、フランドルの早期安定は不可欠だったので、レオポルト二世は叛乱鎮圧後、ヨゼフ二世が廃止した各種特権を復活させてヨゼフ改革は全く挫折した。レオポルトはヨゼフ二世が停止していた各領邦での等族議会を再開させたほか、官庁でのドイツ語使用の緩和、一七八九年制定の租税及び土地台帳規制の廃止も打ち出し、ヨゼフ二世の進めた中央集権政策にブレーキを掛けた。ハンガリーでは一七九一年にハンガリーが他の領邦とは異なりハンガリー自身の法によってのみ治められることを宣言している。

レオポルト二世はフランス王ルイ十六世が逃亡に失敗して拘禁されたことに伴い、一七七〇年にルイ十六世と結婚していた妹のマリー・アントワネットを救助する必要を感じ、一七九一年七月にイタリアのパドヴァから諸国に対して回状を発してフランス問題のための会議を提案し、更にポーランド、トルコ問題の解決を急いだ。しかしロシアとプロイセンが対仏強硬論を唱えたため、レオポルト二世は再び対仏慎重論に戻り革命政府の主導者バルナーヴの避戦的態度に同調しつつルイ十六世に憲法の承認を勧めた。しかしバルナーヴの避戦的態度をフランスの弱さ故と見誤ったウィーン宮廷首脳部は威嚇によりフランスから譲歩を引き出すことが可能と感じたため、レオポルト二世は八月二七日にフリードリヒ・ヴィルヘルム二世とピルニッツで会合した。ここで両者はブルボン王家復活と共和制打倒で一致して翌年二月七日の防御条約の締結に至る。

レオポルト二世は病に倒れ一七九二年三月一日に崩御した。一説には腎虚というが、一日一五時間執務していたという仕事への執着が彼の死期を早めたのは間違いない。

第五編　フランツ二世とナポレオン戦争

第一章　フランツ二世の即位とフランス革命の状況（一七八九～一七九二年）

一七八九年七月一四日のバスチーユ城塞襲撃以降フランスでは急速に革命が進展し、ブルボン王朝の権力体制は崩壊した。国王ルイ十六世は王妃マリー・アントワネットと共に国外に逃げようとしたところを一七九一年六月二一日に逮捕されてから（ヴァレンヌ事件）は精神的な権威をも失い、立法議会の傀儡となった。こうした革命の進展はヨーロッパの他の君主を不安に陥れ、レオポルト二世は八月二七日にプロイセン王と共にピルニッツ宣言を発した。

これに対し革命政府は、ハプスブルク家などを動かしているのはフランスからの亡命貴族であると見て、一七九二年一月までに帰国しない亡命貴族についてはその財産を没収する旨を通告した。そしてジロンド党の革命政府は、亡命貴族の巣窟となっていたトリーアの大司教に対し一月一五日までに貴族を解散させなければ戦争を仕掛ける旨を通告し、レオポルト二世としても対仏戦争に踏み切らざるを得ない情勢になってきた。この戦争は自身の革命政権からの解放手段としてルイ十六世も望んでいた。

こうしたなか、一七九二年三月一日のレオポルト二世の崩御を受けて即位した長子のフランツ二世は対仏強硬論者だったが、宰相カウニッツの進言で先に宣戦することは控え、ジロンド党政府から三月一五日に受け取った最後通告にも答えなかった。しかし密かに戦争に期待していたルイ十六世は、四月二〇日に議会に赴いて「ボヘミア王兼ハンガリー王」への宣戦布告（＝神聖ローマ帝国全体に対して戦争を仕掛けるものではない）を提案したため、革命政権が望まない形で遂に戦争が始まった。

当時フランス軍は一〇万程度で、革命により士官の半数が亡命したため軍の指揮レベルは低下していた。ジロンド党政府の外務大臣デュムーリエ将軍（七年戦争時の指揮官の一人）は国境の三ケ軍団一〇万にハプスブルク軍の攻撃を命じ、四月二八日のモンスの戦いを皮切りに交戦状態に入った。しかしデュムーリエの考えた短期決戦作戦に反して前線指揮官達は陣地戦による持久戦を指向し、フランドルにいたハプスブルク軍三万五千が逆襲に転じて侵攻するとフランス軍は混乱して退却し、その国境は無防備となった。ただ、ハプスブルク軍は七月末よりリールの包囲に乗り出して先には進まず、この混乱を充分に利用できなかった。

同月中にブラウンシュヴァイク公カール二世率いるプロイセン軍四万、ハプスブルク軍三万二千とフランス亡命貴族軍などからなる計八万（以下この編で「ブラウンシュヴァイク公軍」という）が、コブレンツからトリーアを経てロートリンゲンに侵攻した。当時フランス国内ではジロンド党より過激なジャコバン派が八月一〇日に公安委員会により政権を握って王政を廃止した。ブラウンシュヴァイク公軍の侵入に対してフランス側の戦意は当初鈍く、八月二三日にロンウィ要塞が降伏し、九月二日には市民の要求によってヴェルダンも開城した。ブラウンシュヴァイク公軍は続いて八日にはアルゴンヌ州に接近したが、ロートリンゲン地域の泥濘は補給を妨げ、兵士の多くは悪い飲料水のため赤痢に苦しんで戦意が低下していた。なお、ブラウンシュヴァイク公軍のうちハプスブルク家の部隊一、七〇〇人は、九月一四日にアルデンヌのクロワ＝オ＝ボワの隘路を突破する偉功を立てている。

こうしたブラウンシュヴァイク公軍の進撃に対し、デュムーリエ率いるフランス軍五万はヴァルミーで国王フリードリヒ・ヴィルヘルム二世自ら指揮をとっていたプロイセンの部隊三万四千に立ち向かい、優勢な砲撃（二万発を撃ったという）によりこれを撃退した。ハプスブルクの部隊も救援に来たが間に合わなかった。プロイセン部隊は死傷者二〇〇人程度を出したに留まったが、兵員の健康状態が悪く、補給も困難だったので（兵員四人に対し靴が一足しかなかったという）、九月三〇日からフランス軍と協定の上で撤退を開始して一〇月二一日にドイツ領内に戻った。そして今度はキュスティーヌ率いるフランス軍がドイツへと進み、九月にはシュパイヤー、ヴォルムスを、一〇月中にはマインツとフランクフルトを占領している。また、南フランスの部隊は九月に対仏宣戦したサルジニア王国を攻めてサヴォア、ニースを占領している。

フランス軍は、ハプスブルク領フランドルへも攻撃を開始し、一〇月末にデュムーリエ率いるフランス軍（以下この編で「デュムーリエ軍」という）八万がフランドルに侵攻して来た。ハプスブルク軍二万八千は同月中にリールを解囲して国境地帯で冬営に入っていたが、一一月六日に一万三千が守るジェマップを攻撃されて戦死者四千を出して退却し、一一月一六日にはブリュッセルも陥された。フランスはウェストファリア条約で決まっていたシェルト川（フランス名エスコー川）の河口の封鎖を勝手に解除してしまい、列国の苦情を招く。そして、フランス政府たる国民公会（ジャコバン派主導で九月二〇日より立法議会から改組）は占領地のフランスへの統合を宣言していき、フランドルも翌一七九三年一月三一日にはフランスへの併合を宣言されるに至る。フランスはルイ十四世が目指したライン左岸の自然国境までへの拡張を期せずして達成したのである。

第二章　第一次対仏大同盟（一七九三～一七九七年）

第一節　一七九三年

一七九三年になると反革命の点で諸国が一致し、大同団結がなされた。軍が冬営に入っている間、国民公会の下での一月二〇日のルイ十六世の処刑は、各国君主の憤激を招き、また一連のフランスによる占領地の併合宣言は被害国に復讐の決意を固めさせた。イギリスがフランスへの報復措置を行なったことに対し、フランスは二月一日に英・蘭に対して宣戦布告し、三月七日にはスペインにも宣戦布告した。このように先のハプスブルク家・プロイセンに続いて英・蘭・西もフランスと交戦状態に入ったため、従来バラバラに戦っていた諸国には共同してフランスに当たろうという機運が生じ、イギリスの主導による対仏大同盟（第一次）が結成された。また、フランスでは二月二四日に三〇万人を徴兵する法令が成立したことに対し、反対する農民が叛乱を起こし（ヴァンデ一揆）、これには貴族や僧侶も加わって拡大したことから、これに付け入って対仏大同盟の軍が侵攻すれば勝算は充分にあったのである。

しかし、この一揆は結局鎮圧され、その過程を通じてジロンド党からより過激なジャコバン派へと権力は移行し、一揆・ジロンド党の各地での蜂起を鎮圧し、対仏大同盟の軍と対峙していく中で「恐怖政治」が展開されるに至る。

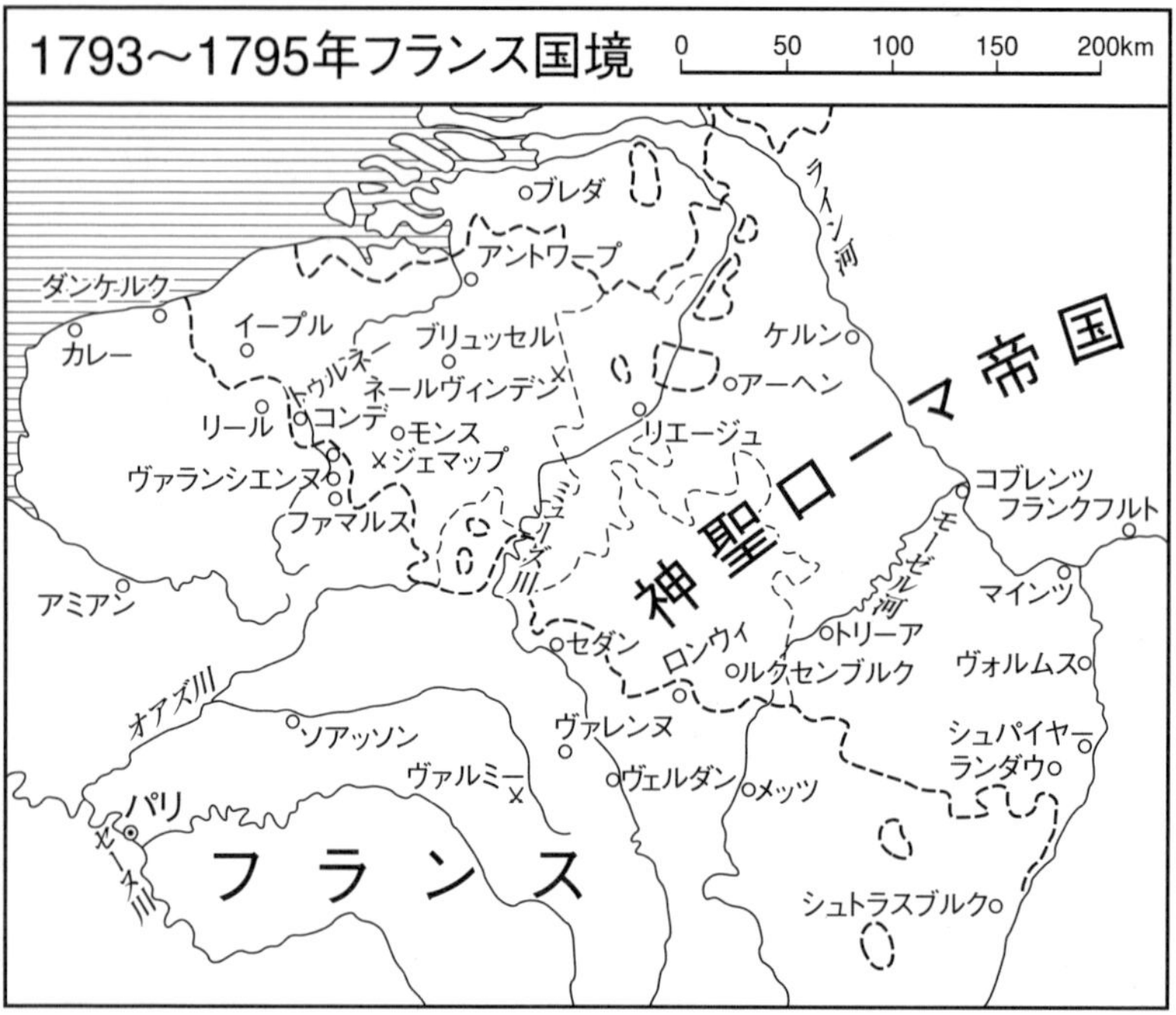

図19

春から ハプスブルク軍はフランドルの奪還に乗り出した。フランドルを占拠したデュムーリエ軍二万は二月一六日にオランダに侵入したがこれは撃退され、三月一日以降、コーブルク公率いるハプスブルク軍（以下この章で「コーブルク公軍」という）四万はルール地方にいたフランス軍を駆逐してアーヘン、リエージュを奪還した。フランドルに入ったコーブルク公軍は、三月一八日にネールヴィンデンで、続いて二三日にペレンベルクでデュムーリエ軍を撃破し、敗将デュムーリエは同日にコーブルク公と暗黙の休戦協定を結んでブリュッセルを明け渡した。デュムーリエは後に国民公会の解散の代わりにハプスブルク家へのフランドルの明け渡しを取り引きしてヴァランシエンヌやリールをハプスブルク家に還付しようと策謀したが露顕し、四月四日に亡命した。

こうしてフランドルはハプスブルク家に戻り、

コーブルク公軍は更に進んで五月二三日にファマルスでフランス軍を破り、更にフランス本土に入って七月一二日にコンデを、二七日にヴァランシエンヌを攻略した。そして八月中も各地でフランス軍を破って、九月三〇日からモーブージュを包囲した。

南ではブラウンシュヴァイク公軍は四月からマインツの奪還に乗り出し、七月二三日に降伏させた後、八月からはエルザスの拠点であるランダウの包囲に入った。サルジニア軍とスペイン軍も行動を起こし、イタリアのブルボン家諸国（ナポリ王国、パルマ、ピアチェンツァ公国）も七月に対仏宣戦し、イギリス軍はダンケルクを封鎖した。

しかし、こうした内外の危機を国民公会政権は乗り切った。国内においては南仏では一〇月二日にリヨンを、一二月一九日にツーロンを攻略して叛徒を鎮圧し、ヴァンデ一揆も一〇月一七日に粉砕した後、一二月二三日にロワール河口のサヴネーで最終的に壊滅させた。国外勢力に対しては、九月六~八日にかけてダンケルク封鎖のイギリス支援部隊をオンドスコートで撃破して撤退させたのに続き、一〇月一六日にはモーブージュ包囲中のコーブルク公軍三万もブァッチニーでカルノー率いるフランス軍六万に側面を突かれて撃破され、モンスに退いた。そしてブラウンシュヴァイク公軍が包囲していたランダウもフランス軍の救援により一二月二六日に遂に解囲せざるを得なくなり、ハプスブルクの部隊はライン右岸に撤退し、プロイセン部隊もマインツで冬営に入った。またフランス軍はスペイン・サルジニア両軍にも勝利を収め、一七九三年末までにフランスは失地を大方回復していた。

フランス軍の勝利の理由としては、策源が近くて補給が容易であったことのほか、一七八七年の師団制度の創設により軍の区分が簡便かつ永続的なものとなり指揮がスムースに行なえるようになったことがある。また、兵員の士気も、三〇万人徴兵計画の実施によってフランス軍は、プロイセン軍やハプスブルク軍のような傭兵・徴兵半々の部隊から徴兵中心の部隊へと切り替わっていた上、多くの義勇兵が軍に参加して正規軍一大隊に義勇兵二大隊を混ぜて半個旅団を形成する方式（アマルガム方式）を導入したことで極めて質が高くなっていた。また兵士に配付した教則本の出来も良かったので、フランス兵の質は対仏大同盟軍の兵士の質よりも高かった。

そしてフランス陸軍への革命の影響は貴族士官の追放程度しかなく、これらの補充は平民出身の士官を養成することで可能だったから、依然ヨーロッパ有数の軍備を維持できたことも勝因であろう（この点で、士官の養成に時間の掛かる海軍の方は、貴族士官の追放の影響をまともに受けた）。

第二節　一七九四年

一七九四年春からは本格的なフランスの反攻が始まった。フランス軍は徴兵と義勇兵で総数七〇万を集め（一説には一〇〇万を突破したという）、これを一七七七年型の小銃（床尾板を下に曲げ、右手の握りと床尾の肩当てと右目の狙いを統一した猟銃式の銃。一〇〇メートルでは極めて照準が正確とされる）とグリヴォヴァール式の大砲（規格を定めることで部品の相互交換性をある程度満たし、強くて軽い砲架を工夫して機動力を増した砲。八ポンド砲弾のもので射程一キロメートル、大砲の重量は一六五〇キログラム）で装備した。兵員は、極めて士気が高かったので散開して地形を利用して狙撃し、機を見て一団となって銃剣突撃するという戦法がとられた。これは、アメリカ独立戦争で独立軍が用いた散兵戦術の導入である。当時のフランスの陸軍大臣カルノーは、「通則は、集団的に、攻撃的に行動することである。あらゆる機会を捉えて突撃戦を行なえ。大戦闘を交え、完全に撃砕するまで敵を追撃せよ」と将軍達に訓令を発しているが、こうした無限定全力戦争はフリードリヒ二世時代までの限定的な傭兵戦争を一変させるもので、依然限定的な戦いしか考えなかった諸国の軍にそれだけで優位に立った。

こうした準備の後、フランス軍はフランドル方面軍一五万、アルデンヌ方面軍二万五千、モーゼル川方面軍四万を配置してハプスブルク軍に攻撃を仕掛けてきた。フランドル方面軍はカルノーが指揮し、更に軍を三つに分け中央部隊をリールに置き、右翼はナミュール川支流のサンブル川からコーブルク公軍の側面を攻撃させ、左翼を主力としてフランドルに進めようとした。

コーブルク公もパリ進撃のためにイギリス、ハノーファーの支援を受けて一五万を集めて四月三〇日にランドルーシーを占領し、包囲を避けるために機先を制してリールにいるフランス軍中央の攻撃に出た。しかし、コーブルク公軍は内部の連携の悪さから、五月一八日にフランドル方面軍にリール手前のツールコワンで撃破された。コーブルク公軍の損害は死傷者と捕虜合わせて五、五〇〇人と比較的少なく、また、前進してきたフランドル方面軍を二三日のトゥルネーの戦いで撃破したのだが、数的に有利なフランス軍による包囲を恐れてサンブル川方向に引いた。

この後フランドル方面軍左翼は前進してフランドルに入り、六月一七日にイープルを、七月一八日にニューポールトを占領した。カルノーはモーゼル川方面軍四万及びアルデンヌ方面軍に対して自軍へ合流することを命じた。これにより、モーゼル川方面軍はフランドル方面軍右翼が攻撃しているシャルルロア前面に向かったが、味方がこの町の攻撃に手間取っているのを見てとったモーゼル川方面軍七万二千は、更に右翼を迂回してコーブルク公軍の背後に回り込み、六月二五日にシャルルロワを占領した。ところが、コーブルク公軍四万六千はフランス側が占領したことを知らずにシャルルロワに進んでしまい、二六日にその手前のフリュリスの戦いで食い止められた。損害はコーブルク公軍の方が少ないのだが、フランス側に決定的な打撃を与えられなかったので最後に兵力差が物を言った。

こうして圧倒的多数のフランス軍にコーブルク公軍は押されっ放しになり、フランス軍は七月一〇日にブリュッセルに入り、同月中にランドルーシー（一六日）、アントワープ、リエージュも陥落した。救援に来ていたイギリス・オランダ連合軍も北方に押し戻され、コーブルク公軍もミューズ川後方に退却してフランドルはまたもフランス軍に占領された。コーブルク公軍参謀長のマック将軍はかねてよりウィーンに対して兵力をフランス軍の二倍にすることを要求していたが、それが満たされぬままに敗北した。

七月二七日に公安委員会のロベスピエール派が一掃されて再びジロンド党が政権を握るというクーデターが起きたことにより、フランス軍は作戦活動を鈍らせ、一時進撃は停止した。しかし、九月になるとフランス軍は再び活動を起こし、ライン左岸地域を占領してプロイセン軍の策源であるマインツを包囲する一方、北方の部隊はフランドルから更にオランダに攻め入って占領し、翌一七九五年一月にはバタヴィア共和国を宣言するに至った。ハプスブルク家にとってはフランドル奪還の足掛かりを奪われたわけで、手も足も出せないままであった。

第三節　一七九五年

一七九五年に入ると、対仏大同盟にも足並の乱れが生じた。プロイセンは、一七九三年の第二次ポーランド分割に反対して前年四月にコシューシコが挙兵したことによるポーランドの不穏と、ロシア皇帝エカテリーナ二世がプロイセンを除外してハプスブルク家と第三次ポーランド分割をするのではないかという危惧から、速やかに兵力を東方に移すことを望み、一七九四年一一月からバーゼルでフランスと講和の交渉に入っていた。そして四月五日の平和条約で、プロイセンはライン左岸をフランス領と認め（この地域のプロイセン領を含む）、替わりにライン右岸のフランスの占領地を返還させた。続いてオランダも五月一六日にハーグで講和条約を締結し、オランダはフランスにフェンローリ及びマーストリヒトを割譲して相互攻守条約を結び、併せてフランス軍二万五千の国内駐留と賠償金五百万フローリンの支払を約束した。そしてスペインも七月二二日のバーゼル条約で西インドのアンティル群島サント＝ドミンゴ島のスペイン領をフランスに割譲した。こうして対仏大同盟は瓦解し、今やフランスの矢面に立つのはハプスブルク家・ドイツ諸邦とイギリスのみとなった。

ハプスブルク家もフランスと講和交渉は行なっていた。しかしフランスのライン左岸の併合を呑めなかったことと、フランスがオランダから獲得した諸領を守るためにはハプスブルク領フランドルの確保が必要であったことから、結局交渉は決裂した。六月七日にフランス軍はハプスブルク軍六千の守るルクセンブルクを攻略した。またフランス軍は九月にフランクフルト方面でも作戦行動を開始したが、ハプスブルク軍は、九月二四日のハンドシュースハイムの戦い、一〇月一二日のヘヒストの戦いでこれを破り（フランス軍司令官ピシュグリュがイギリスに誼を通じていたことも有効だった）、更にライン左岸に渡ってその一部を占領した。ハプスブルク軍は、マインツとコブレンツを守り、一一月二二日にはマンハイムも回復している。

これに対し、フランスは一〇月一日にハプスブルク領フランドルの併合を宣言し、ライン河口部でのフランスの自然国境状況が達成された。同月二七日に成立したフランスの総裁政府も前政権の対外政策を踏襲しており、ハプスブルク家との妥協の余地はなかったのである。なお、この年にハプスブルク家はプロイセン及びロシアと第三次ポーランド分割を行なった。これによりポーランド王国は消滅し、ハプスブルク家は新ガリチアを得た。

第四節　一七九六年

第一款　ドイツ方面の戦闘

一七九六年になると、フランスは大陸に残る敵ハプスブルク家を潰すために三方向からウィーンを脅かすこととし、ジュルダン指揮のサンブル川・ミューズ川方面軍（以下この章で「ジュルダン軍」という）、モロー指揮のライン河・モーゼル川軍（以下この章で「モロー軍」という）、ナポレオン・ボナパルト指揮のイタリア方面軍の三軍が編成された。

これに対する在ドイツのハプスブルク軍の総司令官カール大公（フランツ二世の弟）は、ヴァルテンスレーベン率いる部隊をジュルダン軍に当て、自らはモロー軍に向かうこととした。カール大公は自軍が劣勢であることに鑑み、逐次自軍を後退させてフランス軍の内のいずれかと同程度の兵力になった時に反撃することとしていた。

ドイツ方面の二軍のうち最初に行動を起こしたのはジュルダン軍で、その先鋒は六月四日にライン河畔のアルテンキルヘンでハプスブル軍を破って東進したが、一五日にカール大公がその先鋒をヴェッラーで撃破した。しかしジュルダン軍本隊は九日にコブレンツ対岸のエーレンブライトシュタイン要塞を占領し、更に七月八日にギーセン、一〇日にフリートベルクを陥してヘッセン北部を押さえて東に進んだ。

他方モロー軍は六月二四日にシュトラスブルクの対岸ケールに渡河した。カール大公率いる三万二千は七月九日にマルシュでモロー軍を急襲したが、戦果が挙がらず退却した。モロー軍はネッカー川に沿って東南に進んでシュットガルトを経てドナウ方面に向かう動きを見せたため、カール大公は、在フランクフルトのヴァルテンスレーベンの部隊を呼び寄せてモロー軍に当たろうとしたが、合流を果たせずに単独で八月一一日にネーレスハイムで戦い、死傷者、一、六〇〇を出してウルム・ドナウヴェルト間に再度後退した。

この間ジュルダン軍はマイン川に沿ってバンベルクを落としてからドナウ河方向に南下し、モロー軍とはインゴルシュタットとレーゲンスブルクの間の適当な所で合流してドナウに沿ってウィーンを脅かす手筈だった。しかし、この後モロー軍は更に南下してミュンヘンに向かい、合流する動きを示さなかった。このためカール大公はラトーア伯率いる三万の軍にこれを監視させて、東進を続けるジュルダン軍の攻撃に回った。カール大公は兵二万七千を率いて北上し、八月二四日にアムベルク（ニュルンベルク東五五キロメートル）にいたヴァルテンスレーベンの部隊と共同してジュルダン軍三万四千を二方向から攻撃して退却させた。しかし同日、モロー軍がバイエルンのフリートベルクでラトーア伯の部隊を撃破したため、ジュルダン軍は持ち直してヴュルツブルクに入った。しかし、カール大公は九月三日に騎兵でこれを脅かして撤退させた上で一六日にリンブルクの戦いで撃破し、ジュルダン軍はライン左岸まで退却した。

カール大公軍がシュトラスブルクを脅かす動きを示したため、モロー軍は一〇月二日にウルムの南西三五キロメートルのバッハラッハでハプスブルクの部隊を撃破したものの、黒森を抜けてライン河畔まで戻った。カール大公軍二万四千は、二四日にモロー軍三万二千をシュリンゲンで撃破し、モロー軍は二六日にライン左岸に撤退した。カール大公は、巧みな機動作戦で寡勢でよくフランスの大軍を押し戻したが、七月から九月迄に、フランス軍に侵入されたヴュルテンベルク、バーデン、バイエルンなどの領邦国家はフランスとそれぞれ休戦協定を結んだため、ドイツでハプスブルク家は孤立した。

モローは、ライン左岸に押し戻されたためハプスブルク家に休戦を提案した。カール大公は、イタリア戦線に兵力

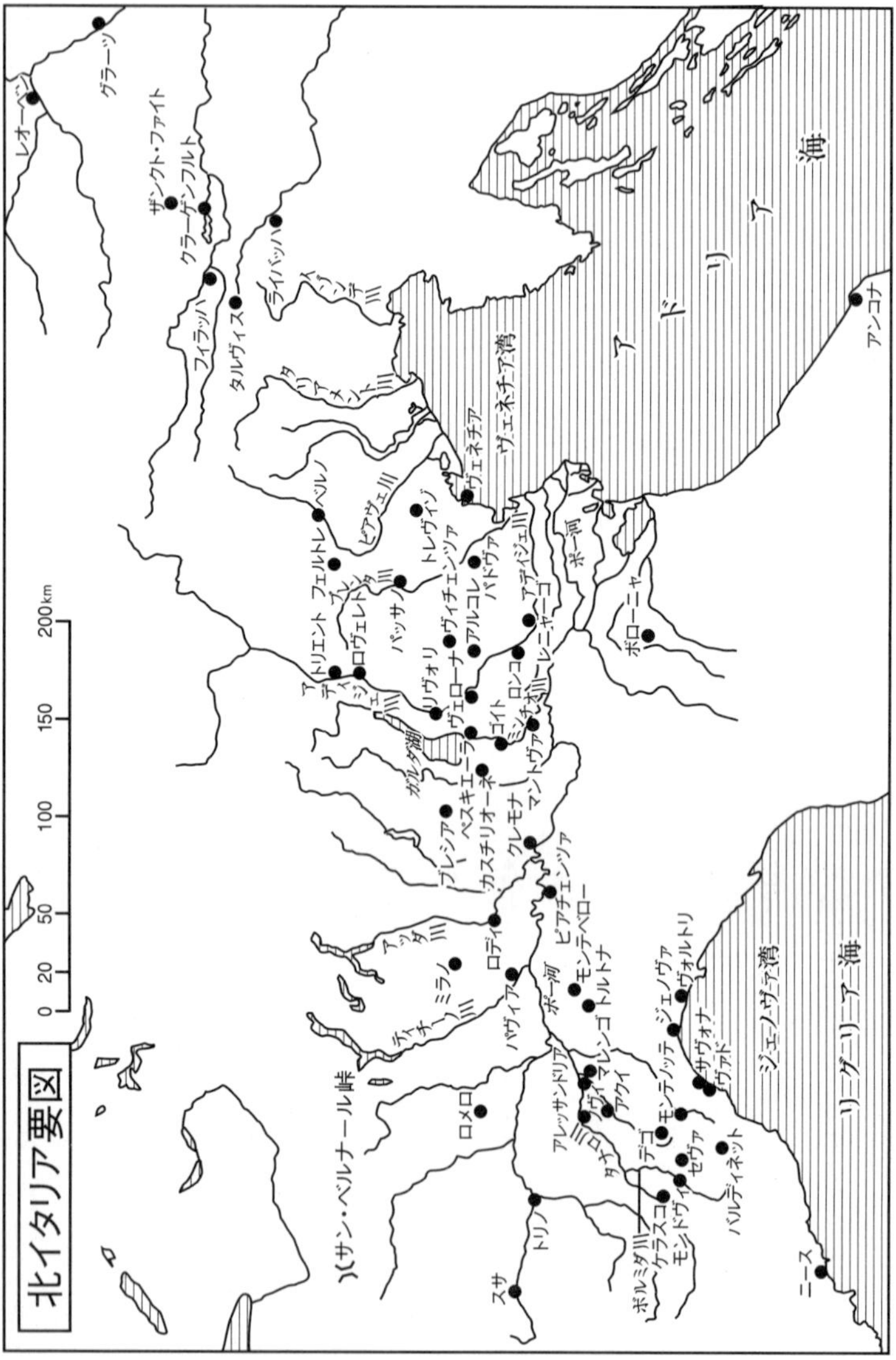
北イタリア要図
0 20 50 100 150 200km
アドリア海
リグリア海
ジェノヴァ湾
ヴェネチア湾
ポー河
サン・ベルナール峠
レオーベン
グラーツ
ザンクト・ファイト
クラーゲンフルト
フィラッハ
タルヴィス
ライバッハ
ピアヴェ川
ベルノ
ヴェネチア
トレヴィソ
フェルトレ
バッサノ
パドヴァ
ヴィチェンツァ
アルコレ
ヴェローナ
リヴォリ
ロヴェレト
トリエント
ガルダ湖
ブレシア
カスチリオーネ
マントヴァ
クレモナ
ピアチェンツァ
ロディ
ミラノ
パヴィア
モンテベロ
トルトナ
アレッサンドリア
マレンゴ
アクイ
モンテノッテ
サヴォナ
ヴァド
ジェノヴァ
ヴォルトリ
デゴ
ミレシモ
セヴァ
ケラスコ
モンドヴィ
バルディネット
ロメロ
トリノ
スサ
ニース
ボローニャ
アンコナ
レニャーゴ
ロンコ
アディジェ川
タリアメント川
イゾンツォ川
ティチーノ川
アッダ川

図 20

を回すべきと考え、これを受け入れたかったが、ウィーンではライン右岸のいくつかの失地を回復すべきとの考えからこれを受け入れず、カール大公軍はその作戦に従事させられ、イタリア戦線でボナパルト将軍に名を成さしめる結果となった。

第二款　イタリア方面の戦闘（ナポレオン・ボナパルトのキャンペーン）

ドイツではフランス軍の攻勢は頓挫したが、脇役である筈のイタリア方面軍は順調に成果を挙げた。三月二日に指揮官に任命されたボナパルトは二一日にニース方面で軍の指揮をとった。この時のボナパルト軍はニースに国境防衛のための部隊が二万、その西のガレッシオ、アルベンガ、サヴォナに三万八千（歩兵四ケ師団）であり、ボナパルトが進撃に用いられるのは後者の部隊（以下この章で「ボナパルト軍」という）だけだった。これに対するハプスブルク軍とサルジニア軍の配置を見ると、コルリ率いるサルジニア軍はセヴァ、モンドヴィに在り兵力二万二千であった（以下この款で「コルリ軍」という）。また、ハプスブルク軍は、ボーリュー男爵率いる主力三万八千（以下この款で「ボーリュー軍」という）がアクイとアレッサンドリアに在り、他に一万がアルプス方面でフランス軍一万五千に対峙していた。

劣勢だったボナパルト軍は、ハプスブルク軍を分散させるために兵力三千をサヴォナから東方のヴォルトリに向かわせてボーリュー軍を誘引し、その隙を突いて無警戒なカディボーヌ峠の難路をとってボーリュー軍とコルリ軍の間にあるボルミダ渓谷を北進してロンバルディア平原に出る積もりであった。この作戦にボーリューは引っ掛かり、四月九日に兵七千でヴォルトリに南下する一方、アルゲント伯率いる九千はアクイからサヴォナを目指して山道を南下し、四月一一日に途中のモンテノッテでボナパルト軍の先鋒とぶつかって停止した。ボナパルトは自軍の進路が見破られて機先を制されたかと思ったが、直ちに反撃に出て翌一二日に兵二万二千でアルゲントの部隊を撃破し、同部隊は一千人の死傷者を出してデコに退却した（以上「モンテノッテの戦い」）。

ボナパルト軍は更に進んで一三、一四日にミレシモでサルジニア軍を破り、一四日にはデコに逃げ込んだアルゲントの部隊を壊滅させた。この報告を受けたボーリューは、ジェノヴァ付近にいた部隊をアクイに戻してボナパルト軍に備えることとした。ボナパルトはサルジニア王国の打倒を先行させるため、ミラノではなくサルジニアの首都トリノへの進軍を決め、西に進路をとってセヴァに向かった。コルリ軍一万一千は二二日にモンドヴィで撃破され、ボナパルト軍はトリノ南方のケラスコまで進出した。このためサルジニア政府は休戦に傾き、二八日に同地で休戦条約を結んだ。サルジニアは後に、五月一五日にパリで正式にフランスと講和してニースとサヴォアをフランスに割譲したほかピエモンテの占領を認めるに至った。

こうしてフランス側はイタリアへの侵入路を押さえ、対するハプスブルク側はロンバルディア平原でこれを防ぐ形となった。サルジニア領を制圧したボナパルト軍の次の目標はミラノで、ボーリュー軍はアレッサンドリアからミラノ前面に後退した。ボーリューは、ボナパルト軍がヴァレンツァ付近でポー河を渡るところを撃破しようと、軍をロメロ付近に約一〇〇キロメートルにわたって布陣させた。しかし、ボナパルト軍は五月六日トルトナを出るとポー河右岸を三六時間で五一キロメートル行軍して、下流の中立地帯であるピアチェンツァでポー河を渡り、そこから北進してミラノを目指したため、ボーリューの布陣は無意味になった。

ボーリューは急遽軍を転進させてアッダ川を渡り、ミラノ南三〇キロメートルにあるロディ市の対岸に歩兵一万二千、騎兵四千の兵力で布陣した。しかし、ボーリューは兵力比でボナパルト軍に劣勢と見て兵七千でクレモナ方向に撤退させ、残軍がロディ橋のたもとに布陣した。

ボナパルトは、一〇日夕刻に騎兵部隊を川の上流から回してボーリュー軍の背後を突かせ、この攻撃に呼応して兵六千でロディ橋を単純縦隊で突破しようとした。ボーリュー軍はこれに激しく砲撃を加えたが、ボナパルト軍のランヌ連隊長（後の元帥）が先頭に立って突撃するなどフランス兵は士気高く遂に橋を突破され、ボーリュー軍は死傷者九〇〇の損害を出してクレモナに退却し、その後マントヴァ要塞に退いた。ボナパルト軍は一五日にミラノに入った（ミラノ城守備隊二千は六月二九日まで抗戦の後、降伏）。

ここまでの戦いで、フランス側が当初考えていた一ケ月以内にウィーンに突入という目論見は崩れたが、ボナパルトの勢いと略奪に恐れをなしてパルマ・モデナ・ローマ教皇はフランスと和を講じ、フランス側のイタリアでの地歩は固まった。

ボナパルト軍主力は、五月二三日にミラノを出てヴェネチア領ブレシアを攻略し、マントヴァ要塞の攻撃に乗り出した。これに対してボーリュー男爵は、自身は一万一千をもってマントヴァ要塞に在り、マントヴァ要塞の西を南北に流れるミンチオ川に沿ってガルダ湖南のペスキエーラに九千、南のヴァレッジオに七千、ゴイトに三千の部隊を置いた。しかし、これは兵力の分散以外の何ものでもなかった。

ボナパルト軍二万八千は、ボーリューの兵力の分散を突いて五月二九日にヴァレッジオの南のボルゲットー付近でミンチオ川を渡河したため、川沿いにいた部隊は捕虜二千を残してティロル方面に退却し、ボーリュー軍一万一千はマントヴァ要塞に孤立した。

ハプスブルク側は、マントヴァ要塞救援のためにヴュルムザー伯率いる部隊（以下この節で「ヴュルムザー軍」という）四万七千を派遣した。ヴュルムザーは軍を三手に分け、ヴュルムザー伯率いる主力二万四千はガルダ湖の東を通り、クヴォスダノヴィチ男爵率いる一万五千は（以下この節で「クヴォスダノヴィチ隊」という）ガルダ湖西岸を、メスゼロス率いる五千はブレンタ川に沿ってそれぞれ南下してボナパルト軍を撃破しようとした。

対するボナパルト軍はマントヴァ要塞付近で三万六千を数えたが、要塞包囲部隊を残せばヴュルムザー軍四万七千に対して極めて劣勢だった。そこでボナパルトは各個撃破を仕掛けるためにマントヴァ要塞の包囲を八月一日に解き、まずクヴォスダノヴィチ隊を撃破しようと、ガルダ湖西岸に進んで八月二日から四日にかけてロナトで同隊を迎え撃った。クヴォスダノヴィチ隊は三千の死傷者と二千の捕虜を出して撃破され、残兵はティロルまで敗走した。

ボナパルトは戦勝後、直ちに軍を戻して、ヴュルムザー軍主力と決戦に出た。ヴュルムザー軍主力はボナパルトがマントヴァ要塞を解囲して北上したことを知って、クヴォスダノヴィチ隊と呼応してボナパルト軍を挟撃しようとしたが、肝心のクヴォスダノヴィチ隊は撃破された後だった。

ヴュルムザー軍一万五千は、三日に右翼をソルフェリーノの高地に、左翼を他の高地においてボナパルト軍に備えた。対するボナパルトはヴュルムザー軍主力と対峙する一方、マントヴァの包囲陣から本隊に合流しようしていた部隊にヴュルムザー軍の背後を突かせることとし、両軍は八月五日に激突した。この戦いではボナパルトは時間稼ぎのために自軍左翼を後退させ、ヴュルムザー軍右翼は前進してボナパルト軍を包囲しようとしたが、ヴュルムザー軍後方にフランス軍が到着するに及んで形勢は逆転し、ヴュルムザー軍は死傷者二千、捕虜二千を出し、大砲七〇門を失ってティロル方面に退却した。ボナパルト軍三万五千中の死傷者は一千に過ぎなかった（以上「カスティリオーネの戦い」）。

この後ボナパルトは兵をヴェローナに集めて休養させてから、兵八千でマントヴァ要塞の包囲を再開した。なお、ボナパルト軍が解囲した間にヴュルムザー伯は援兵を入れたため要塞の兵力は一万七千になっていた。ヴュルムザー伯はトリエントに入って兵四万二千を二手に分け、ダヴィドヴィチ男爵率いる二万（以下この款で「ダヴィドヴィチ軍」という）はトリエント南のロヴェレト、カリアノに置き、自らは主力二万一千でブレンタ川に沿って南進してマントヴァ要塞を救援することとし、八月下旬から作戦活動に入った。

ところが、ボナパルトには本国からの「ティロルから南ドイツに入りドイツ方面の二ケ軍を救援せよ」との命令が出たため、九月一日にヴェローナから軍をガルダ湖両岸に分進させて合流させてからトリエントに向かった。そしてヴュルムザー軍主力がブレンタ川に沿って南進している間に、ボナパルト軍は四日にダヴィドヴィチ軍の前衛一万の守るロヴェレトの陣地を突破し、翌五日にはトリエントを占領した。ダヴィドヴィチ軍はティロル方向に駆逐された。

次にボナパルト軍二万は、ヴュルムザー軍主力を追って軍をブレンタ川沿いに南進した。これに対してヴュルムザー伯は、軍をバッサノに入れて布陣したがこの時点では手元に兵一万一千しかなく、八日にボナパルト軍に撃破（死傷六〇〇、捕虜二千）されて南下し、フランス側の包囲陣を崩そうとしたがこれも果たせず、一三日にマントヴァ要塞に入った（以上「バッサノの戦い」）。

こうして、ヴュルムザー伯によるマントヴァ要塞救援作戦が失敗したため、ハプスブルク家は、ティロルに退いたダヴィドヴィチ軍を再度南下させてトリエントを奪還させると共に、ドイツ方面から引き抜いてきたアルヴィンツィ男爵率いる二万七千（以下この章で「アルヴィンツィ軍」という）をポルデノーネから西進させて、両軍をヴェローナで合流させ、これにマントヴァ要塞の部隊三万を呼応させてボナパルト軍を包囲しようとした。

アルヴィンツィ軍の先鋒三千は、ブレンタ川の線に出ていたボナパルト軍の前衛を五日にフォンタニヴァで、六日にバッサノでそれぞれ撃破した。ボナパルトは敗軍をヴェローナに撤収させる一方、自ら兵二万四千を出してアルヴィンツィ軍を迎撃に出たが、一二日のカルディエロの戦いでアルヴィンツィ軍はまたもこれを破った（ボナパルト軍の死傷者八〇〇、捕虜一千）。このためボナパルト軍はヴェローナに撤退した。

アルヴィンツィ軍が優勢だったのに対し、ボナパルトは一四日夜に三万の軍をヴェローナから南下させてロンゴでアディジェ川を渡ってから北進するという大迂回行動を行なってアルヴィンツィ軍一万八千を後方から撃破しようとした。ヴェローナに向かっていたアルヴィンツィ男爵は、ボナパルト軍の行動を知って布陣を直し、アルボンヌ川のアルコーレ橋でボナパルト軍を迎え撃った。戦いは一五日から一七日まで続き、当初はアルヴィンツィ軍が優勢でボナパルト軍をロンゴの渡河点まで押し戻す勢いだったが、ボナパルト軍はアルボンヌ川下流に急速架橋して軍を渡せアルヴィンツィ軍の守るアルコーレ橋を横から攻撃し、更にボナパルトがアルヴィンツィ軍の背後に陽動の騎兵部隊を回したため、遂にアルヴィンツィ軍は崩れて退却した。アルヴィンツィ軍の死傷者は二、二〇〇、捕虜は二千を出したが、ボナパルト軍も三、五〇〇の死傷者を出した（以上「アルコーレの戦い」）。

この間、ダヴィドヴィチ軍はトリエントを奪還して一七日にはヴェローナの西北二二キロメートルのリボリでボナパルト軍の守備隊を撃破した。ボナパルトは軍一万五千を転じて二一日にリボリを襲撃し、更に孤立していたダヴィドヴィチ直属の部隊を攻撃した。このため、ダヴィドヴィチ軍は壊走して二二日までにティロルに逃げ込み、ボナパルトはマントヴァ要塞の包囲を続けて越年した。

なお、ボナパルトは、作戦行動の間、一〇月にはジェノヴァ共和国とナポリ王国を服属させてイタリアのハプスブルク与党は消滅した（ハプスブルク家の次子領トスカナ大公国は戦争については独自に中立を表明していた）。ボナパルトは、総裁政府にお構いなしにモデナ公国と教皇領北部からなるシスパダン共和国と、ハプスブルク領ミラノ公国を元にしたトランスパダン共和国を創設して革命を輸出しつつ、軍の後を固める策をとった。

第五節　一七九七年

ハプスブルク軍は一月九日にシュトラスブルク対岸のケールを、二月一日にエルザスのユナングをフランスから奪還した。しかし、イタリア戦線の崩壊はハプスブルク家を遂に和平に追い込むことになる。

年明けから、アルヴィンツィ男爵は再度マントヴァ要塞の救援に乗り出した。マントヴァ要塞付近にいたボナパルト軍は四万二千、これに対してアルヴィンツィ軍二万八千がトリエント方向から南下するほか、バイリヒ率いる六千がバッサノから、プロヴェラ侯爵率いる四千がパドヴァからそれぞれ西進してボナパルト軍の包囲を突き崩す手筈だった。

ハプスブルク軍が一月上旬に作戦を発起したのに対し、ボナパルトは当初は三軍のうちのどれが主攻か判断できずに軍を止めていたが、北方のアルヴィンツィ軍が主力と判明したため、これを撃破しようと予備隊などをかき集めて一三日にリボリの高地に布陣した。これに対してアルヴィンツィ男爵は二万八千の軍を六列縦隊に編成して一四日未明よりリボリの高地を攻撃し、ボナパルト軍左翼を包囲してその背後に迫り、また、ボナパルト軍右翼をも圧迫して、アルヴィンツィ軍は同日午後までは極めて優位な状況にあった。

しかし午後になってボナパルト軍に援軍が到着すると、ボナパルトは全力でアルヴィンツィ軍の中央突破を図り、アルヴィンツィ軍を分断するとボナパルトはこれを各個撃破した。アルヴィンツィ軍は敗走してトリエント方向に退却したが、ボナパルトは追撃を仕掛け、一連隊二千人にガルダ湖を渡らせて退路を絶たせるという大技を繰り出したため、最終的にアルヴィンツィ軍は死傷者四千、捕虜八千を出して壊滅した。この間プロヴェラ侯爵率いる四千はマントヴァ要塞に達し、一六日に守備隊と呼応して包囲陣を突き崩す手筈だったが、ボナパルト軍が早くも一五日に戻ってきたためこの部隊は包囲され、プロヴェラ侯爵は一六日に攻撃を開始したが失敗して同日正午に投降した。

こうして四次にわたるハプスブルク軍のマントヴァ要塞救援作戦は失敗し、要塞軍を指揮していたヴュルムザー伯は二月二日に開城した。籠城していたハプスブルク側の死傷・病死者は一万六千にのぼり、一万二千が捕虜となり砲五〇〇門が奪われた。ボナパルト軍は三日にボローネゼで教皇軍七千を破り、九日に教皇領アンコナを占領したため、教皇ピウス六世もついに屈して一九日にトレンチノでフランスと講和するに至った。

ボナパルト軍の一七九六年段階での目的はドイツ方面の二軍と呼応してティロルからバイエルンを目指すことであった。しかし、ドイツ方面のフランス軍はいずれもハプスブルク軍に撃退されており、今やボナパルト軍は戦争の帰趨を決するべくウィーンに直接攻撃を掛けることとなった。

ハプスブルク家は、遅まきながらカール大公をイタリア方面に起用した。ボナパルトはヴェネチアが局外中立を標榜したのでとりあえずこれを信用し、兵四万一千をヴェローナから東進させてフリアウル方向に派遣する一方、ティロル方向には一万二千を充てて分進攻撃させ、オーストリアへの入口で合流して突破しようとした。対するカール大公は、アルヴィンツィ男爵に二万四千を与えてティロルを守らせ、自らは二万七千でタリアメント川の線を守りつつ一部部隊をピアヴェ川の線に派遣し、ボナパルト軍が前進してきた場合は、各防衛線で打撃を与えつつイゾンデ川の線まで下がり、その間に援軍が来ればこれを用いて逆襲に転ずる積もりだった。

ボナパルトは当初カール大公の軍（以下この節で「カール大公軍」という）はティロル方向から南下すると考えていたが、東で守勢をとっていることが分かったため三月一〇日より東進し、ピアヴェ川の線を突破してタリアメント川西岸まで進んだ。ボナパルトはカール大公が名将なのでここで慎重を期して前進を緩め、渡河を断念した風を装った上で突如渡河し、一六日にカール大公軍の前衛五千をヴァルヴィソネで撃破した。

カール大公は元々兵力が足りないうえ、一連の敗戦で失われた兵の補充として来た兵士は訓練不足だったので、勝算なしと見て抵抗を控えてイゾンデ川の線も放棄してタルヴィス峠まで下がり、ここで援軍を待とうとした。これに対してボナパルトは軍を三つに分けて進み、ウィーンの危機を見てとったカール大公はタルヴィス峠から一時フィラッハまで下った。しかし、ボナパルト軍の先鋒の攻撃が烈しく、峠はマッセナ率いる部隊に二三日に突破された。カール大公は更に二八日にクラーゲンフルトまで逃れ、ここでやっと一万三千を集めてライバッハ（現在のリュブリャナ）方向から来るボナパルト軍にも対応しようとしたが、ボナパルト軍が優勢だったため二九日にはサンクト・ファイトまで退いた。ボナパルトはここでカール大公に和平を勧告したが、蹴られたので三一日より進撃を開始した。カール大公軍は街道の各所で抵抗したが多勢に無勢で、四月二日にはノイマルクトの隘路も突破され、三日には最後の陣地であるウンツマルクトも陥落した。

こうしてハプスブルク側は窮地に陥ったが、ボナパルトの方もハプスブルク家がシュタイエルマルクにある予備部隊を召集したら袋の鼠になる危険があったため和議を求め四月七日に停戦し一八日にハプスブルク家は遂にシュタイエルマルクのレオーベンでボナパルトと休戦条約を結んだ。

ちなみにドイツでは、オッシュ率いるフランス軍が四月一八日にコブレンツ北西二〇キロメートルのノイヴィートでハプスブルク軍を撃破し、モロー軍四万九千も二〇日から二一日にかけてケールの北のディエルスハイムでハプスブルク軍二万四千を撃破していた。

ハプスブルク家と戦う一方、ボナパルトはフランスの勢力圏の拡大も積極的に行なった。二月一九日には教皇ピウス六世とのトレンチノ条約でアヴィニョン近傍のヴネサン伯領をフランスに譲らせたのを初め、四月にはヴェローナで起こった反仏暴動を口実にしてヴェネチアを圧迫して五月中には親仏政府に改組させ、六月にはジェノヴァも民主的なリグリア共和国に改組させた。そして七月には前年に創設したシスパダン共和国とトランスパダン共和国にヴェネート地方の一部を加えたチザルピーナ共和国を成立させた。これらの休戦や共和国設立については、ボナパルトが主導で行なったもので絶対にライン左岸を制圧するという総裁政府の方針に反しており総裁ルーベンは憤激したが、結局こうした既成事実を認めざるを得ず、カンポ＝フォルミオ条約の成立に至った。

第六節　カンポ＝フォルミオ条約

レオーベンの休戦条約以降、イタリアでのフランスとハプスブルク家の利害調整が行なわれ、フランスはフランドルとライン左岸を確保し、イタリア北部に親仏の共和国を創設することを望んだ。これに対しハプスブルク家はプロイセンの策謀する神聖ローマ帝国の崩壊を防ぎ、イタリアではミラノ公国の喪失をヴェネチアで穴埋めできれば我慢する肚であった。こうして両者の利害の調整がなされたところで一〇月一七日にカンポ＝フォルミオ条約が締結された。その内容は次下のとおりである。

① フランドルをフランスに譲渡する。
② ミラノ公国のチザルピーナ共和国への割譲を認める。
③ ヴェネチア共和国はハプスブルク領とする。ただしヴェネチア共和国に附属していたアドリア海の諸島（コルフ島など）はフランス領とする。
④ ライン左岸の運命はフランスと帝国との協定に委ねる。ただし、秘密事項としてハプスブルク家はライン左岸

の自領とトリーア及びマインツ大司教領のフランスの取得を約束する（ケルン大司教領は除く）。

こうしてハプスブルク家はフランドルを失ったが、ミラノ公国と交換にヴェネチアを手に入れたので、アドリア海への出口を確保でき、トスカナ大公国と併せればイタリアでの地歩は満更悪いものではなかったのである。

なお、一連の戦いでのボナパルトの成功は、当然、彼の軍事的手腕と前述したフランス軍の軍事改革によるが、これに加えてフランス軍の進撃速度の速さがあった。即ち、当時の各国軍隊の速度は一分七〇歩であったのに対し、フランス軍は一分に一二〇歩進んだ。この進撃の速さがハプスブルク側が不意を突かれる要因の一つとなった。また、一八世紀の軍隊は兵力の三分の一から半分に及ぶ輜重のための馬を擁し、これが行軍速度を遅らせていた。ボナパルトは、戦費の不足もあって、食糧調達は現地で行ない、また、幕舎を薄い携帯天幕としてその重量を軽減したため、行軍速度を速めることができた。そして、戦費不足故に補給が不足していたフランス軍は、ハプスブルク軍の後衛の補給部隊を襲わざるを得ず、これがハプスブルク軍の崩壊を早める原因になっている。

第三章　第二次対仏大同盟（一七九八〜一七九九年）

第一節　第二次対仏大同盟の成立

カンポ＝フォルミオ条約により北イタリアはフランス・ハプスブルク間の緩衝地帯となったが、フランスはその後も拡張政策を続けた。一七九八年二月にフランス軍は教皇領に進んで教皇を追い出してローマ共和国を造り、チザルピーナ共和国も二月の条約でフランスの保護領となった。スイス連邦もフランスが武力で憲法を押しつけてヘルヴェティア共和国に改組させて自国と同盟させ、リグリア共和国もフランスに従った。また、サルジニア王カルロ・エマヌエル四世に退位を強いた上で占領していたピエモンテをフランスに併合している。

ローマ共和国の成立の後フランス軍がローマに入城したことは、ナポリ国王フェルナンテ三世の警戒心を掻き立て、一一月にナポリ軍はマック率いるハプスブルク軍と共に計三万でローマに向かった。また、五月からボナパルトが行なっていたエジプト遠征はフランスの拡張政策を示すものとして攻められたトルコだけでなくロシアの警戒心を煽り、トルコ、ロシア、イギリス三国は八月に軍事同盟を結成し、続いて一一月にはナポリがイギリス、ロシアと同盟を結んだ。ハプスブルク家も九月にナポリと組んでいた上、「スイスを越えてロンバルディアを取り返し、ヴェネチアを守りフランスを国境に押し返す」という点でイギリスと一致したのでこの同盟に与し、ローマ教皇及びポルトガルも加わって、ここに第二次対仏大同盟が成立した。

第二節　一七九九年

第二次対仏大同盟の成立に対し、フランス軍は機先を制して一月にナポリに入城してパルテノペア共和国を創立し、フェルナンテ三世はシチリア島に逃れた。三月一六日のフランスからの宣戦布告を受けてハプスブルク軍もイタリアに入った。

この戦争ではフランスは先にナポリを占領した部隊の他に五つの軍を組織した。フランドルをイギリスから守るオランダ方面軍、ライン河を渡って押し出すライン河方面軍（ジュルダン指揮）、ドナウ河を進んで南ドイツからウィーンを目指すドナウ河方面軍、イタリア経由でウィーンを目指すイタリア方面軍である。そしてヘルヴェティア（旧スイス）方面軍はウィーンを目指す両軍を支援することとなっていた。

これに対し、ハプスブルク家は、ドナウ河方面軍にはカール大公の率いる軍を充て（以下この節で「カール大公軍」という）、イタリアではクライ男爵率いる軍（以下この節で「クライ軍」という）五万三千が防御に当たった。

フランス軍のなかで最初に行動を起こしたのはドナウ河方面軍で、三月六日に東スイスのマインフェルトで四、二〇〇人のハプスブルク軍を撃破したのを皮切りに東スイスでハプスブルク軍と戦った。この方面では大軍は運用されず、フランス、ハプスブルク軍とも千人単位の部隊で一進一退を繰り広げた。

続いてライン河方面軍二万八千は、三月二一日にオストラバで初めてカール大公軍二万六千と接触し、カール大公軍はこれを破った。しかし、三月二五・二六日のボーデン湖北西のシュトカッハの戦いではライン河方面軍三万八千にカール大公軍四万六千は撃破され（死傷者三千を出した）、カール大公軍は後退した。ただ、ライン河方面軍もこれ以上は西進せず、カール大公軍は今度はスイスにいたドナウ河方面軍に向かい、七月四日にチューリッヒでカール大公軍五万三千は、ドナウ河方面軍四万五千と戦った。死傷者はカール大公軍の方がやや多かったが、ドナウ河方面軍は砲一五〇門を遺棄して中部スイスに撤退した。

イタリアでは、フランス軍は三月にトスカナ大公フェルディナント三世（皇帝フランツ二世の弟）をウィーンに退去させてハプスブルク家の支配権を奪った。北イタリアでは、イタリア方面軍がティチーノ川を強行渡河したがクライ軍四万六千は四月五日のマニャーノの戦いでこれを撃退した。これに対しフランスのナポリ方面軍も北上してきたが、同盟側もスヴォーロフ率いるロシア軍（以下この章で「スヴォーロフ軍」という）がクライ軍の救援に到着した。両軍からなる二万五千は、二七・二八日にミラノ東二〇キロメートルのカッサーノでイタリア方面軍二万八千を襲って撃破し、二八日にミラノに入った（フランスの守備隊は五月二四日に降伏）。

この後、クライ軍は五月六日にペスキエーラを攻略したのを初めとして、フェラーラ、トリノを陥し、マントヴァも七月二八日に奪還した。また、スヴォーロフ軍は南下してナポリ方面軍を六月一七・一八日にジェノヴァ北方のトレビア川で迎撃・撃破してナポリ方面軍はフランス本国に退却し、パルテノペア共和国は六月二〇日に同盟側に降伏した。

スヴォーロフ軍は北イタリアに戻って六月二二日にはトリノに入り、クライ軍と共同してフランス軍と戦ったが、両軍には早くも不和が生じていた。両軍は共同で兵三万八千をもって八月一五日のノヴィの戦いでフランス軍三万五千を撃破したが、両軍の間で反目があり、しかも、スイスに入ってドナウ河方面軍と戦っていたコルサコフ率いるロシア軍（以下この節で「コルサコフ軍」という）がイタリアに増援として南下しようとしたことは両者の対立を決定的にした。また、イギリス・ロシア連合軍のオランダ上陸計画もハプスブルク家にとっては自領フランドルの回復の点から不安で、このためカール大公軍には八月にマインツへの進出が命じられた。

フランス側はコルサコフ軍が南下して他の軍と合流する前に撃破しようとし、ドナウ河方面軍（司令官マッセナ）に攻撃を命じた。ドナウ河方面軍は、東への抑えの部隊を出してその進撃を妨害しておいてから北進し、九月二五・二六日にチューリッヒ付近でコルサコフ軍を撃破した。この後もコルサコフ軍はドナウ河方面軍と戦ったが、ロシア皇帝パーヴェル一世がスヴォーロフ軍とコルサコフ軍を本国に召還することとしたため、コルサコフ軍は一〇月五日のジュヴァンデンの戦いでの勝利の後、ライン河方面に撤退して引き揚げた。このため、イタリア、スイスではハプスブルク軍が単独でフランス軍に向き合うことになった。

なお、イギリス・ロシア軍は八月末にオランダに上陸したが、オランダ方面軍に撃破されて九月一九日までに撤退している。また、マインツ方面に向かったカール大公軍は、九月一八日にマンハイムでライン河方面軍を撃破し、更に北上したが、一一月一六日のフィリップスブルクの戦いで敗れ、一二月三日のヴィスロッホの戦いで勝ったものの、ライン左岸に渡ることができず、結局、各同盟軍はフランス国境地帯で停滞したまま越年した。

こうしたなかフランスでは、エジプト戦線から一〇月九日に単身戻って来たボナパルトが一一月九日（＝ブリュメール［霧月］一八日）にクーデターを起こして総裁政府を打倒して執政政府を樹立して三人の執政のうちの一人として権力を握り、以降フランス軍はこの偉大な将軍によって総合的に指揮されるようになる。

第三節　一八〇〇年

一八〇〇年初頭までに、ハプスブルク軍はロンバルディアを概ね奪回し、マッセナ率いるイタリア方面軍四万五千（以下この節で「マッセナ軍」という）をリグリア海沿いにジェノヴァなどの三ケ所で圧迫していた。ドイツに転出したクライ男爵に替わったメラス男爵率いるハプスブルク軍（以下この節で「メラス軍」という）八万は、三手に分かれて四月までにポルミダ川、タナロ川に沿って南下し、マッセナ軍を分断してその一部隊をフランスに駆逐し、マッセナ麾下の残存二部隊はジェノヴァに退却し、メラス軍はこれを包囲した。こうしたなかボナパルトは、かつて自己が大勝利を博したイタリアで再び勝利を掴もうと兵四万（以下この節で「ボナパルト軍」という）でローザンヌから大サン・ベルナール峠を越えてイタリアに入った。前回同様フランス軍が南フランスから東進してくると見ていたメラスは、全く裏を掻かれた。

メラスは、ボナパルト軍六万二千が五月末までにアルプスを越えてバルドに降り立ったため、ジェノヴァ包囲戦を妨害させぬよう、包囲部隊を残し急遽反転して五月二五日にトリノに入った。しかしボナパルト軍は、メラスの予想に反して、マッセナ軍の救援には行かずにミラノに入ったため、メラス軍は迎撃の機会を失った。この間、ジェノヴァではマッセナが食糧不足から遂に六月四日に開城し（一万二千が籠り、四千が戦死・病死した）、ここを包囲していたオット率いる部隊はメラスの指揮に従い、ボナパルト軍のポー河渡河を妨げるために北上を開始した。

これに対しボナパルトは、ハプスブルク側の情勢が分からなかったので、取り敢えずポー河の要点を制圧しようとミラノから南方に前衛部隊を派遣していたが、九日にオットの部隊一万一千の北上を知り、これを各個撃破できると考え、ランヌ率いる前衛部隊一万七千に攻撃を命じた。オットは、敵がボナパルト軍主力とは知らずに、部隊をモンテベローで高地と河川に依拠して布陣させて立ち向かった。しかし、オットの部隊は、ボナパルト軍の後続の一軍団に背後に回り込まれ、死者二千・捕虜二千を出して大敗し（ボナパルト軍の死傷者は六〇〇）、アレッサンドリアにいるメラス軍主力に合流した（以上「モンテベローの戦い」）。

一二日、アレッサンドリアでメラスはプロヴァンス方面から引き揚げてきた部隊を収容して兵力を三万九千とし、ボナパルト軍の前面を突破してマントヴァ要塞まで引き揚げようと考え、ボルミダ川の線まで進んで橋を二つ架け西進する構えを示した。これに対してボナパルトは、メラス軍がジェノヴァ方向に進むかポー河左岸に進むか判断できず、メラス軍が架橋したことを知らなかったため、ジェノヴァ方向への前進を警戒して軍を南に移した。

メラス軍はボナパルト軍の南下を知り、六月一四日早朝よりボルミダ川を渡ってボナパルト軍に向かい、マレンゴにあるボナパルト軍前衛を攻撃した。この地のボナパルト軍は九千しかなく、メラス軍の有する有力な騎兵部隊は闊達地でその真価を発揮してボナパルト軍左翼を撃破し、逐次救援に駆け付けたフランス部隊を押し捲った。午前一一時にはボナパルトも戦場に着いたが手の施しようがなく、メラス軍はボナパルト軍左翼を撃破し、ボナパルトは軍をサン・ジュリアーノまで退却させた。しかし、メラスは負傷したためアレッサンドリアに戻り、追撃はサハ将軍に任せた。ただ、メラス軍の騎兵部隊もアレッサンドリアに引き揚げたため、追撃は直ちに行なわれなかった。

退却したボナパルト軍は、スクリビア河畔で隊を整え近くの丘に砲一二門を配置し、更に五千の兵が合流したため大いに有利になっていた。再編成の後に遅れて追撃してきたメラス軍はそこへ飛び込んだから堪らない。大砲で猛射された上に騎兵に左翼から突っ込まれたためハンガリー擲弾兵部隊が混乱して前衛部隊が総崩れとなり、本隊も崩れてサハ将軍以下三千が捕虜となった（以上「マレンゴの戦い」）。この戦いでメラス軍は総計戦死者六、五〇〇を出し（仏側は死傷者四、七〇〇）、残軍はアレッサンドリアに退却した。

この後、ボナパルトはリグリア海沿いに残っていたマッセナ軍と協同してメラス軍を撃滅しようとしたため、メラス男爵は六月一五日に使者を出して和を請い、ミンチオ川以西のハプスブルク領を割譲することで停戦とし、メラス軍は東方に撤退した。この後、ボナパルトはイタリアでの軍の指揮をマッセナに任せて七月三日にパリに戻り、イタリアでの戦闘は停止した。

この間ドイツでも、モロー率いるライン方面軍（以下この節で「モロー軍」という）がクライ男爵率いるハプスブルク軍を押してドナウ河沿いにバイエルンのインゴルシュタットとドナウヴェルトの間まで進んでいた。しかし、イタリアでの休戦を受けて、六月二八日からこの地でも休戦に入った。

六月の休戦以来、講和に至らなかったため、ボナパルトは戦闘再開を決意し、一〇月に四軍を編成してハプスブルク家領に侵攻させることとした。すなわち、モロー軍は引き続きバイエルン方面から、マッセナを引き継いだブルーン率いる軍はイタリアから、マクドナルド率いる軍はスイス方面から、ミュラー率いる軍はシュヴァーベン方面からそれぞれ進撃することとなったのである。これに対してハプスブルク家は、ドイツ方面のハプスブルク軍の司令官にヨハン大公を起用し、バイエルン軍と連合して、モロー軍を撃破すべくミュンヘンの東のイーザル川とイン川の中間のホーエンリンデンに進んだ。ハプスブルク・バイエルン連合軍五万八千はここで一二月三日にモロー軍七万六千と戦ったが、死傷者・捕虜合計一万三千を出して大敗してしまった（モロー軍のそれは二、五〇〇）。この後、モロー軍はザルツブルクを占領し、その先鋒は上オーストリアに至った。

また、ブルーンの軍六万六千は、十二月二五日から二六日にかけて停戦ラインのミンチオ川でベルガルド伯率いるハプスブルク軍五万を破り、ハプスブルク軍はアディジェ川の線まで退いた。また、マクドナルドの軍もティロルを占拠し、ウィーンは今や挟撃される危険を生じた。ここに至って、ハプスブルク家は遂にフランス側に休戦を提示し、一八〇一年一月一五日にトレヴィゾで休戦協定が成立した。

この後、二月一九日にリュネヴィルでハプスブルク家とフランスは条約を結んだ。この条約では前回のカンポ＝フォルミオ条約を再確認したほか、ハプスブルク領のトスカナ、モデナ両大公国をフランス領にした。フランスは続いてスペインとのマドリード条約によりイタリアのパルマ公領などを譲らせ、その替わりパルマ公子ロドリゴにトスカナ大公国の一部を与えこれをエトルリア公国とした。

第四章　第三次対仏大同盟（一八〇五年）

第一節　ナポレオンの即位

対仏戦争はイギリスが主導し、その中心人物は宰相ピットだった。しかし、長期の戦争は英国財政の窮乏を招き、その打開策には大陸との貿易の活性化による外貨獲得しかなかったため主戦論者のピットは辞職させられた。後継内閣の手によって一八〇二年三月に英仏間でアミアンの和約が結ばれ、これで第二次対仏大同盟戦争は終結した。

条約では、戦争中にイギリスがフランス及びその同盟国から奪った海外植民地の大部分を返還することとしたのに対し、フランスは大陸で獲得した領土をそのまま承認させ、また英国製品の貿易問題については棚上げされたため、イギリスの資本家にとっては満足できる話ではなく、和平は約一年二ケ月で破れる。この間、執政ボナパルトは一八〇四年五月に元老院の議決により皇帝に推戴され、同年一二月二日に教皇ピウス七世を迎えて戴冠式を行ない、皇帝ナポレオンとなった。

ナポレオンは、イタリアでは一八〇二年一月にチザルピーナ共和国を改組してイタリア共和国としてその大統領となっていたが、この戴冠に併せて一八〇五年三月にイタリア共和国をイタリア王国とし、自ら王位に就いた。

一方、皇帝フランツ二世は一八〇四年五月一八日にナポレオンを皇帝として承認したのみならず、八月一〇日には自ら「オーストリア皇帝」と宣言するに至り、神聖ローマ帝国の解体は必至となった。

第二節　一八〇五年

一八〇五年八月九日、前年五月にピットが宰相に返り咲いたイギリスの主導でハプスブルク家、ロシア及びスウェーデンが第三次対仏大同盟を結成した。ハプスブルク家は、フランスが三月にイタリア王国を創設したこと、六月にリグリア共和国を自国に併合したことがいずれもリュネヴィル条約違反だったので、対抗上大同盟に加わった。これに対しフランスは、プロイセンには一八〇三年以来フランスが占領していたハノーファー公国（イギリスとは同君連合）の割譲を仄めかして中立を維持させ、スペインとは同盟を結んでこれに対抗することとなる。

ナポレオンは、対仏大同盟の中心であるイギリスを打倒すべく、英国本土上陸作戦を考え、陸軍をブローニュに集結させる一方、フランス艦隊にイギリス艦隊を西インド諸島に誘引させてからとって帰させて、この艦隊の護衛で空白となった英仏海峡を渡る作戦を立てた。しかし、この計画は八月になって失敗が明白となったため、ナポレオンは八月二六日よりハプスブルク家及びロシアを打倒するために軍を東に進め、英国本土上陸作戦は撤回された。なお、任務を失ったフランス・スペイン連合艦隊は、一〇月二一日にネルソン率いるイギリス艦隊にトラファルガー沖で撃破されてしまい、フランス海軍は壊滅した。

ハプスブルク家とロシアを打倒すべく軍を東に向けたナポレオンに対し、同盟側は次のように作戦を立てた。すなわち、イギリス、ロシア、スウェーデンの三国の軍四万はオランダを攻め、北イタリアではイギリス、ロシア、ナポ

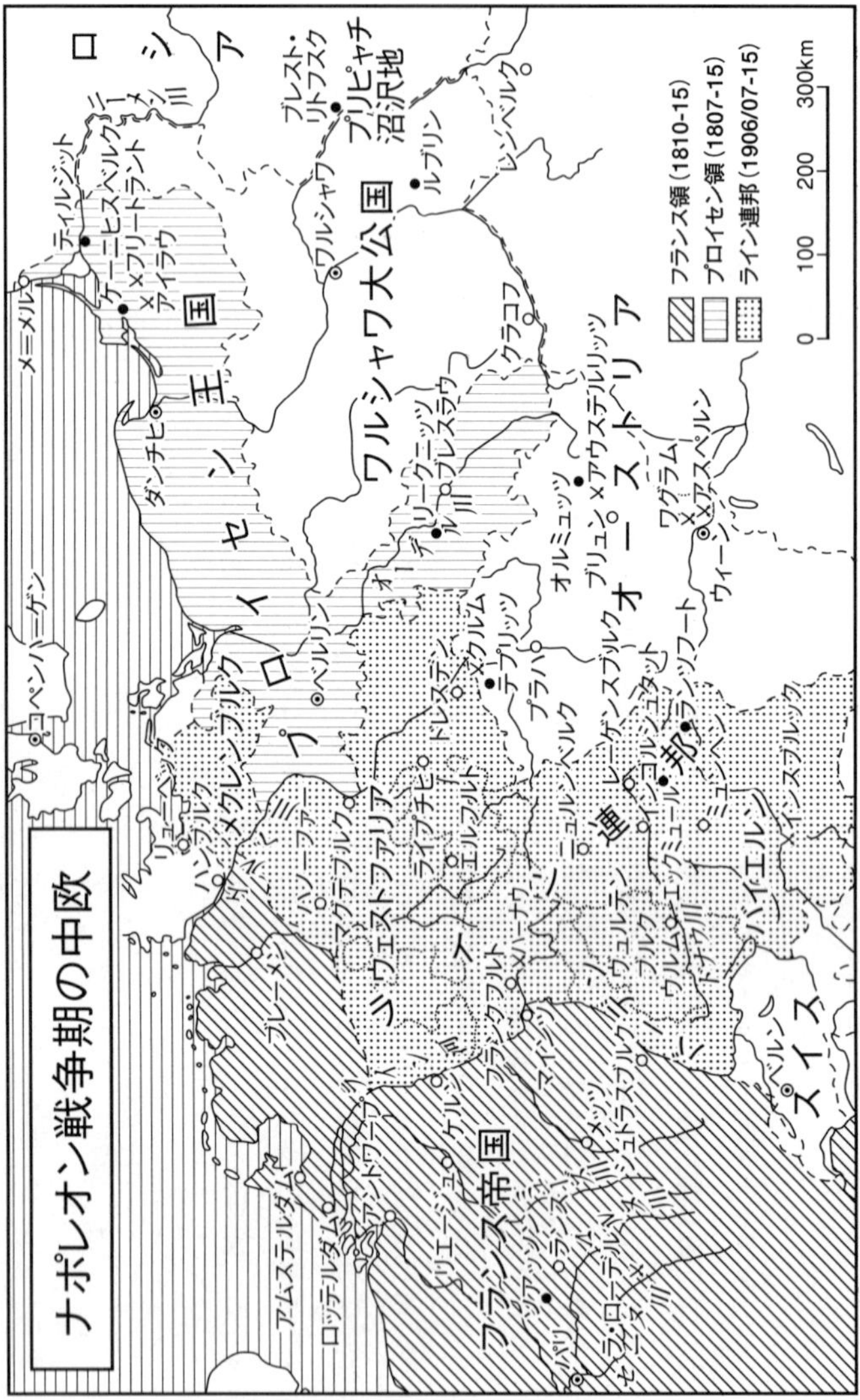
ナポレオン戦争期の中欧
フランス領（1810-15）
プロイセン領（1807-15）
ライン連邦（1906/07-15）
0 100 200 300km

図21

リの同盟軍がマッセナ率いるフランス軍五万（以下この節で「マッセナ軍」という）に攻撃を掛けて、これにハプスブルク家はカール大公率いる九万の部隊（以下この節で「カール大公軍」という）も加え、八月二五日にフランスと同盟を結んだバイエルン公国にはフェルディナント大公の軍（実際はその参謀長マック男爵が指揮をとる）五万（以下この節で「マック軍」という）がロシアの援軍を加えて西に進み、ティロルに当てたヨハン大公率いる三万三千の軍（以下この節で「ヨハン大公軍」という）と共にイタリア戦線での状況次第ではフランス東南まで進出する手筈であった。ハプスブルク側はこれまでの戦争はイタリアで決着がついていたのでイタリア重視の布陣をしたのであろう。なお、ハプスブルク家の軍の増強はハンガリーでの徴兵の拡大が不調に終わったため不十分なものだった。

当初、カール大公やフェルディナント大公はマック軍もティロル付近で守勢をとるべきと主張したが、マックの積極論に皇帝フランツ二世も賛成したため、マック軍は前進して九月一〇日にバイエルンに入った。マック軍の当面の目的はフランスに与するバイエルン軍を撃破することだったが、バイエルン軍はバンベルク方面に逃げてしまったので、前進して九月二三日にドナウ河畔のウルムを占領し、一部部隊はインゴルシュタット要塞に入った。

この措置はマックがフランス軍はドナウに沿って西から来ると考えたためで、中立のプロイセン領をフランス軍が侵さぬように進むにはこの進路しかなかったから、マックの考えは妥当なものだった。マックは、フランス軍は七万までしかライン河を渡れず、そこからドナウ河まで出て来るには八日以上かかると考えたので、それまでに自軍の北で先行していたクトゥーゾフ率いるロシアの応援軍（以下この節で「クトゥーゾフ軍」という）と合流すれば、フランス軍は撃破できると考えた。しかし事実はフランス軍は八月二六日より移動を開始し、九月末までには総勢二二万中実に一九万の部隊がライン河を渡ったのであり、マックは自分が考えた三倍の敵を迎え撃つ形となった。

ナポレオンは、ナポリ占領軍を撤退させる一方で、カール大公軍を牽制するためにイタリアにいたマッセナ軍を増強し、ハノーファーにいた第一軍団一万八千に自ら率いる主力に合流することを命じた。こうしたフランス軍の前進に応じ、バイエルンのほか、ヴュルテンベルク、バーデン、ヘッセン、ナッサウもフランスに与したため、西南ドイツでのハプスブルク家の策源は覆された。

ナポレオンは当初、軍をシュトラスブルクからシュヴァーベンを経てドナウ上流に向けるようとしていたが、マック軍が突出して孤立していたので、これを撃破しようと部隊を大きく迂回させ、一日平均二五キロメートル行軍という速さでウルムの包囲に向かった。マックがこの迅速な前進を知ったのは一〇月五日で、まごまごしているうちに撤退の機会を逃した。ようやく兵力二万五千でボヘミア方向に逃れようとしたが、一一日にアルバクでフランス軍の散兵線で阻止され、四千の損害を出してウルムに戻った。この間、早期撤退を主張していた総大将のフェルディナント大公は僅かな兵とともに北方に逃れている。

ナポレオン率いるフランス主力部隊（以下この節で「ナポレオン軍」という）は、一三日からウルムの包囲に取り掛かり、一四日にはウルム北西のエルヒンゲンに突出していたマック軍の一部八千を壊滅させ、一五日にはナポレオン自身がウルムに到着して一六日から砲撃を開始した。マック男爵は、軍の掌握・統制が不充分で包囲戦に耐えられないと判断し、一七日から休戦交渉に入り、二〇日に降伏した。兵三万三千と砲六〇門がナポレオンの手に落ちた。このほか一万五千の兵がこれより先にティロルに逃れ、ボヘミア方向に逃れようとしたヴェルネック率いる一万五千はナポレオン軍に一八日にトロヒテルフィンゲンで包囲されて降伏している。ナポレオン軍の損害は二、五〇〇程度である。

ナポレオンは、残るクトゥーゾフ軍に備えるために第一軍団の速やかな合流を命じていたが、イン川の線まで進んでいたクトゥーゾフ軍の方は、ハプスブルクの残兵を併せても五万に過ぎず兵力が足りないと見て、ハプスブルク軍の増援を求めてドナウ河に沿って東に戻った。

マック軍を失って兵力を著しく減じたハプスブルク家は、残存兵力をクトゥーゾフに任せることとした。クトゥーゾフは、ナポレオンが分派した部隊が自軍の後方を脅かしそうになったのと、ロシア軍主導の戦勝を皇帝アレクサンドル一世（一八〇一年即位）に贈るために麾下の兵力を率いてウィーンから退去し、ボヘミアのオルミュッツにいたフランツ二世、アレクサンドル一世と合流して、兵力八万九千、砲二七八門とした。この間、一一月一四日にナポレオン軍はウィーンに入城している。

ナポレオンは入城の後フランツ二世と休戦交渉を行なったが、フランツ二世はロシアからの援軍とヨハン大公軍の存在のほか、イタリアにいたカール大公軍がアディジェ河畔のカルデローで一〇月二九日から三〇日にかけてマッセナ軍と戦って引き分けたものの（双方六千程度の死傷者）、ウルムの敗報により逐次後退してオーストリア方面に転進させられる状態にあったのに対し、フランス側は占領地確保のために各地に部隊を割き、また、気候の厳しさから多くの兵が落伍していたため、兵力比では自軍が有利と見てこれを拒否した。

ナポレオンは麾下の第一軍団が未だ合流していなかったため、これにアンスバッハ公領を経由して自軍に合流するように命じたが、同地はプロイセン領だったため、中立を保っていたプロイセンの態度は硬化した。プロイセン王フリードリヒ・ヴィルヘルム三世（二世の長子、一七九七年即位）は、ロシア皇帝アレクサンドル一世の依頼を一〇月末に受けて武力を背景に居中調停に乗り出した。そして、軍の集結が遅れていたナポレオンもこれを好機と見て一一月一五・一七日の二回にわたってロシアに休戦を申し入れ、両軍の動きは一時停止した。

ナポレオンは、軍を進めるかウィーンに止まるかを考えて、ロシア軍及びハプスブルク軍（以下この節で「同盟軍」という）には増援が見込めるのに対し自軍には増援がないことから、同盟軍が大軍になる前にこれを撃破しようと、誘いの隙として小規模な前衛部隊をオルミュッツ目指して進めた。同盟軍は、ナポレオン軍を撃破しようと西進し、これに応じてナポレオンは一二月一日にアウステルリッツとブリュンの間にあるゴルトバッハ川に沿って布陣した。この地点は、ブリュンからオルミュッツへの街道とハンガリーへの街道との分岐点で交通の要衝だったからである。ナポレオンは依然同盟軍よりも兵力が少なかったため、兵力の分散を避けるために騎兵の分派も行なわせず、ウィーンに居たダヴー率いる第三軍団を四八時間で七二キロメートルを強行軍させて一日深夜に自軍右翼のテルニッツに到着させた。これでナポレオン軍は六万五千となった。対する同盟軍は八万六千（ロシア軍七万二千、ハプスブルク軍一万四千）である。

同盟軍は、ナポレオン軍のウィーンへの連絡線を絶とうと、やっと前衛部隊を一日夜にナポレオン軍最右翼の位置であるテルニッツに送った。ところが、この部隊は、ナポレオン軍の陣地で灯されていたナポレオンを歓迎するための兵士達の松明を退却の準備と勘違いし、この報告を受けたアレクサンドル一世は、クトゥーゾフの反対を却下して直ちに決戦に入ることとした。

同盟軍は、ナポレオン軍を追撃する態勢で進み、以下の布陣をとった。同盟軍左翼（南側）はロシア軍三ケ軍団が受け持ってナポレオン軍最右翼の位置であるテルニッツに向け、ロシア・ハプスブルク軍混成の一個軍団はナポレオン軍中央のコーベルニッツを目指し、同盟軍右翼はリヒテンシュタイン公率いるハプスブルクの騎兵部隊が進み、その後ろをロシアの二ケ軍団が予備部隊として進んだ。同盟軍の意図は、左翼を急激に前進させることで退却するナポレオン軍を崩壊させようとするものだったが、この部隊が前進するほど、右翼に後置していた予備部隊との間隙を生じることとなり、同盟軍の命取りとなる。

二日の未明、同盟軍左翼はテルニッツ、ソコルニッツに向けて進撃を開始し、ここを守っていたナポレオン軍右翼を撃退してソコルニッツを占拠した。しかし、元々ナポレオン軍右翼は薄く、ナポレオンはこの方向に同盟軍を引っ張り込んで包囲する肚積もりだった上、遅れてナポレオン軍右翼に入ったダヴーの第三軍団に対処するために同盟軍は左翼の兵員を増加したため、ナポレオンの思う壺になってしまった。ナポレオンは、自軍左翼に進んできた同盟軍右翼の部隊の最後尾にあたるプラッツェン高地がガラ空きになったのを見て、中央軍をこの高地に進め、中央軍を旋回させて同盟軍左翼の包囲に出た。この間、同盟軍右翼の騎兵部隊はナポレオン軍左翼の抵抗にあって前進できないどころか、却ってアウステルリッツ方向に押し戻されており、同盟軍予備として後置されていたロシア軍も、ナポレオン軍の依る高地を奪還できずに退却し、同盟軍左翼はナポレオン軍に包囲された。

包囲された同盟軍左翼のロシア三ケ軍団はアウステルリッツに向けて退却しようとしたが、ナポレオン軍左翼によってアウステルリッツへの退路を絶たれたためソコルニッツの同盟軍は遂に降伏した。同盟軍左翼の先頭部隊はナポレオン軍騎兵隊に粉砕され、残りの部隊は南のザチャンに逃げようと氷結していたザチャン湖を渡ろうとしたところ、氷がナポレオン軍の砲撃と退却する兵士の重さで割れて多数の損害を出した。同盟軍の死傷者一万五千、捕虜は二万、フランス軍の死傷者は六、八〇〇であった（以上「アウステルリッツの戦い〈三帝会戦〉」）。

この後ロシア軍は自国に引き揚げ、残されたハプスブルク家は一二月二六日にプレスブルクでナポレオンと単独講和を結ぶことを余儀無くされた。条約では、ハプスブルク家はカンポ＝フォルミオ条約で獲得した旧ヴェネチア共和国領をイタリア王国に割譲し（これによりオーストリアは領内人口の七分の一、国庫収入の六分の一を失う）、ナポレオンがイタリア王であることも認めさせられた。またドイツではフランスに与したバイエルン公国とヴュルテンベルク公国が王国に昇格し、ハプスブルク家はこれらの国にティロル、コンスタンツ、ブライスガウなどを割譲させられた。プロイセンはハノーファー公国の東半分を貰ったが、その代わりにクレーフェとアンスバッハを放棄させられ、ハノーファー王国の西半分はフランスが取った。イタリアではフランツ二世が神聖ローマ皇帝として有していたイタリアについての宗主権の放棄とナポリのブルボン王家の追放も決定された（以上「プレスブルク条約」）。

この敗戦により、イギリスでも首相ピットは責任を追求されていたところ、一八〇六年一月に死去し、新内閣は講和締結を決めたため、第三次対仏大同盟は崩壊した。三月にフランス軍はナポリを占領して国王フェルナンテ四世はシチリア島に逃れ、ナポリ国王にはナポレオンの兄ジョゼフが即位した。また、オランダでも五月からルイ・ボナパルトが王位に就いている。

第三節　神聖ローマ帝国の終焉とナポレオンの大陸制覇

一八〇六年七月一二日、バイエルン王国、ヴュルテンベルク王国、バーデン大公国、ヘッセン大公国は親仏的なライン連邦を結成し、ハプスブルク家、プロイセン王国を除く大部分の領邦がこれに加入した。そして八月一日に連邦加盟諸侯の一部が神聖ローマ帝国からの離脱を宣言したため、既にオーストリア皇帝の称号を用いていたフランツ二世は、ナポレオンの最後通牒を受けて六日に神聖ローマ皇帝位を退き、ここに神聖ローマ帝国は終焉した。帝国内でも一八〇三年にレーゲンスブルクで行なわれた帝国代表者主要決議によって教会諸侯国の廃止と小国の大国への合併が進められて帝国の基盤であった小領邦群は解体しており、帝国の命運は既に尽きていた。これにより皇帝フランツ二世は、名実共に一八〇四年以来称していたオーストリア皇帝となる（オーストリア皇帝としてはフランツ一世）。

なお、ここにおいて「オーストリア皇帝」の位・支配地域と「ハプスブルク家家督」の位・支配地域は完全に一致するので、以降本書では、ハプスブルク家領全体の呼称を「オーストリア帝国」あるいは「オーストリア」とする。

ナポレオンは一八〇六年一〇月からプロイセンと戦い、イエナ、アウエルシュテットの戦いでこれを下して一〇月二七日にベルリンに入城し、一一月にベルリン勅令を出して大陸諸国とイギリスとの貿易を禁止した（大陸封鎖）。他方、ナポレオンは戦争を継続し、一二月二二日にプロイセンを救援に来たロシア軍をブルックスで撃破し、翌一八〇七年二月八、九日のアイラウの戦いと六月一〇日のハイルスベルクの戦いでプロイセン軍とロシア軍を、六月一四日のフリートラントの戦いでロシア軍を破った。このためプロイセンもロシアも抵抗できなくなり、六月二一日に休戦が申し入れられ、七月七日にティルジット条約が締結された。これによりプロイセンはエルベ川以西の領地をフランスに割譲し、プロイセン領ポーランドは独立してワルシャワ大公国となり（ザクセン国王の主権下に置かれたが）、ロシアもこれを承認した。また、一旦プロイセンに与えられたハノーファー公国東半分は、ナポレオンの末弟ジェロームを王とするウェストファリア王国に編入された（八月一六日即位）。

この条約は余りにプロイセンにとって過酷で、フランス外相タレイランはこの措置に反対したが受け入れられず、彼がナポレオンに見切りをつける原因となった。タレイランはフランスの真の敵はロシアと考え、緩衝国となるオーストリアやプロイセン、ポーランドを重視し、これらの国家が弱体化したりロシアと手を組んで反フランスに走ることを恐れていたからである。

続いてナポレオンは、一八〇七年一一月にスペインと組んでポルトガルに出兵してスペインとこれを分割したが、スペイン王室内に混乱があったので、一八〇八年二月にスペインにも軍を派遣し、兄のナポリ王ジョセフをスペイン王に擁立した（後継のナポリ王には妹婿のベルク大公ミュラーが即位）。しかし、スペイン人はこれに反抗して立ち上がり、イギリスがこれを援助したため、フランス軍はイベリア半島で泥沼の戦いに入った。

第五章　一八〇九年戦役

スペインでのフランス軍の苦戦を見て取ったオーストリアでは、宰相スタジオンなどによるフランス攻撃論が台頭した。軍を率いるカール大公は時期尚早として反対したが、フランツ一世が開戦論に与したため一八〇九年二月八日に対仏開戦を決定した。当時フランス軍二五万はイベリア半島で釘付けになっており、オーストリア軍が迅速に動員されればフランスは苦境に立つところであった。しかし、オーストリアでは開戦決定の後も依然非戦論が根強く、軍主力をボヘミア方面から進撃させて南ドイツにいるフランス軍六万に向けるという第一次の作戦が決定されたのが三月末で、更にカール大公の反対にあって最終作戦案の決定は遅れ、四月中旬にようやく次の内容で軍の移動・戦争準備が完了した。

① カール大公は兵二〇万（八ケ軍団）でバイエルンに向かう。
② ヨハン大公は兵五万（二ケ軍団）でイタリアで攻勢をとる。
③ フェルディナント大公は兵五万でポーランドに向かう。
④ マクシミリアン大公は兵五万でウィーンを守る。

この他に動員された兵力を含めるとオーストリア軍は約五〇万となり、ナポレオンがスペインから軍を戻す前にフランス軍をドイツから駆逐する予定だった。そして、オーストリアは四月九日に対仏宣戦を行なったが、これは開戦の決定から約二ケ月後のことである。

カール大公率いるオーストリア軍二〇万（以下この章で「カール大公軍」という）は四月一二日頃イン川を渡ってバイエルンに入った。カール大公は軍を三分し、ベルガルドに五万を与えて（以下この章で「ベルガルド隊」という）ドナウ左岸（北側）を進ませてフランス軍の守るレーゲンスブルクを狙わせ、自らは主力一三万を率いてドナウ右岸（南側）を進み、その南にヒラー男爵率いる二万（以下この章で「ヒラー隊」という）があった。

対する在ドイツのフランス軍は九万で、しかも各地に分散していたため、ナポレオンはライン河方面にいたフランス軍をドナウ河畔方面に集める一方、スペイン方面からの軍団の抽出と、ライン同盟諸国の軍の糾合により何とか兵力を拮抗させようとした。

カール大公軍主力はランツフートに入った後、ベルガルド隊と合流すべくレーゲンスブルク方向へと軍を左右に分けて一六日に北進を開始した。これに対して一三日にドナウヴェルトに入ったナポレオンは、分散していたフランスの二ケ軍団計一二万に集中を命じる一方、カール大公が主力を二つに分けて更にその西側をヒラー隊に援護させているると知って直ちにこれを攻撃することとした。

カール大公軍主力二万八千は、一九日にハウゼン・トイゲンでダヴー率いるフランス第三軍団二万八千を撃破してがフランス軍に三方向から攻撃されて撃破され、両部隊はランツフートに逃げ込んだ。フランス軍はこれを追撃して二一日にヒラー隊に攻撃を加え、同隊は六千の損害を出してノイマルクまで敗走している。

（双方の死傷者は四千ずつ）レーゲンスブルクに進んだが、二〇日にその西のアーベンスベルクで左翼部隊とヒラー隊

カール大公は左翼部隊の苦境を知って、前面のフランス第三軍団を撃破して戦局を建て直そうとしたが、逆に圧迫されてエックミュールに退いた。この地に入ったカール大公軍は五万四千で、ラーベル川を軍左翼に託して西正面か

ら来るフランス第三軍団を迎え撃つ積もりだった。これに対しナポレオンは、自ら率いる主力とランツフートを攻撃した部隊をカール大公軍の背後に向けて北上させた。

フランス軍はエックミュールへの攻撃を二二日午後二時から開始した。カール大公軍は左翼のラーベル川を防御に生かして南からのフランス軍の攻撃に善戦したが、再三攻撃されたため遂に五千の損害を出してレーゲンスブルクに退却した（フランス軍の損害は三、六〇〇程度）。これにフランス軍は追撃を加え、翌二三日にフランス軍三万七千はレーゲンスブルクを攻撃した。カール大公も残る二万六千で反撃したが、遂に圧迫されてボヘミア方向に逃れ、フランス軍はレーゲンスブルクを占領した（以上「エックミュールの戦い」）。

勝ったフランス軍は、カール大公軍を追わずにオーストリア軍の一・五～二倍の速度でドナウ南岸を進軍し、途中ヒラー隊の残存部隊を駆逐して五月八日にシェーンブルン宮殿を占領し、一三日にウィーンに入城した。ナポレオンがカール大公軍を追撃せずにウィーンに向かった点に兵家の批判もあるが、ナポレオンは、スペイン戦線に戻るために早期講和への政治的な影響を重視してウィーンに入ったと思われる。また、ナポレオンはハンガリー貴族に決起を呼び掛け、ハンガリーの独立を認めると約束したが、殆ど反応はなかった。

なお、ナポレオンに与したバイエルン軍はティロルに侵入して五月一九日にインスブルックを占領した。また、ヨハン大公の軍三万九千は、四月一六日にタリアメント川東岸のサシレでボーアルネ公ユージェーヌ（皇后ジョゼフィーヌの連れ子で一八〇五年六月以来イタリア副王）率いるフランス軍三万七千を撃破して（フランス側損害約一万、オーストリア側損害約四千）、ビチェンツァとパドヴァを占領した。しかしカール大公軍の敗報を聞いて三〇日以降撤退を開始し、五月七・八日のピアヴェ川の戦いで敗れ、五月下旬には北イタリアから退いている。

カール大公はウィーンの対岸のドナウ左岸に歩兵八万四千、騎兵一万四千、大砲三〇〇門を集めた。早期講和を狙うナポレオンは速やかにオーストリア軍を撃破する必要があったため、雨で増水していたドナウ河への架橋を開始した。そしてロバウ島を経て左岸に渡れる橋を造るや、五月一九日から軍の渡河を開始させた。これに対しカール大公は「敵軍を渡河させてから叩く」ために渡河中のフランス軍を攻撃しなかった。

二一日までに渡河したフランス軍は三万で、アスペルンとエスリングに在った。これに対してカール大公は同日早朝より攻撃を開始する一方、ドナウ上流から船を流してフランス軍の造った橋を破壊しようとし、フランス側はドナウ左岸への増援をしばしば中断しなければならなかった。この間、カール大公軍はアスペルンに七回、エスリングに三回の攻撃を掛けたが、いずれもフランス軍によって撃退された。

翌二二日早朝までにフランス軍は断続的に渡河し、七万七千が陣地に入った。ナポレオンは兵員が増強されたことから、主導権をとるため攻勢に出ることを望み、アスペルンとエスリングの間からランヌ率いる第二軍団を突出させてカール大公軍を分断・包囲・殲滅を目指した。カール大公軍はフランス第二軍団に砲火を集中してその出足を挫き、更に火船攻撃でドナウ右岸とロバウ島を結ぶ橋を焼き落としたため、フランス軍は増援を左岸に送れなくなった。このためナポレオンは遂に攻撃を断念して全軍をドナウ左岸からロバウ島に引き揚げさせたが、カール大公はこれを追撃して砲撃と騎兵の突撃でフランス軍に大損害を与え、アスペルンとエスリングを回復してドナウ左岸を守った。

この戦いでフランス軍は戦死したランヌ元帥以下二万人余りの死傷者を出した（オーストリア軍の死傷者は一万九千）が、これはオーストリアにとって対ナポレオン初勝利で軍の士気は揚った（オーストリア側は大いに勝利を宣伝し、現在も立派な戦勝碑が建ち記念館まである）。ナポレオンも兵力を頼んで単に正面攻撃するだけでは勝てなかった（以上「アスペルンの戦い」）。

この間、ポーランドではフェルディナント大公の軍五万がワルシャワ大公国軍と膠着状態にあったが、アスペルン

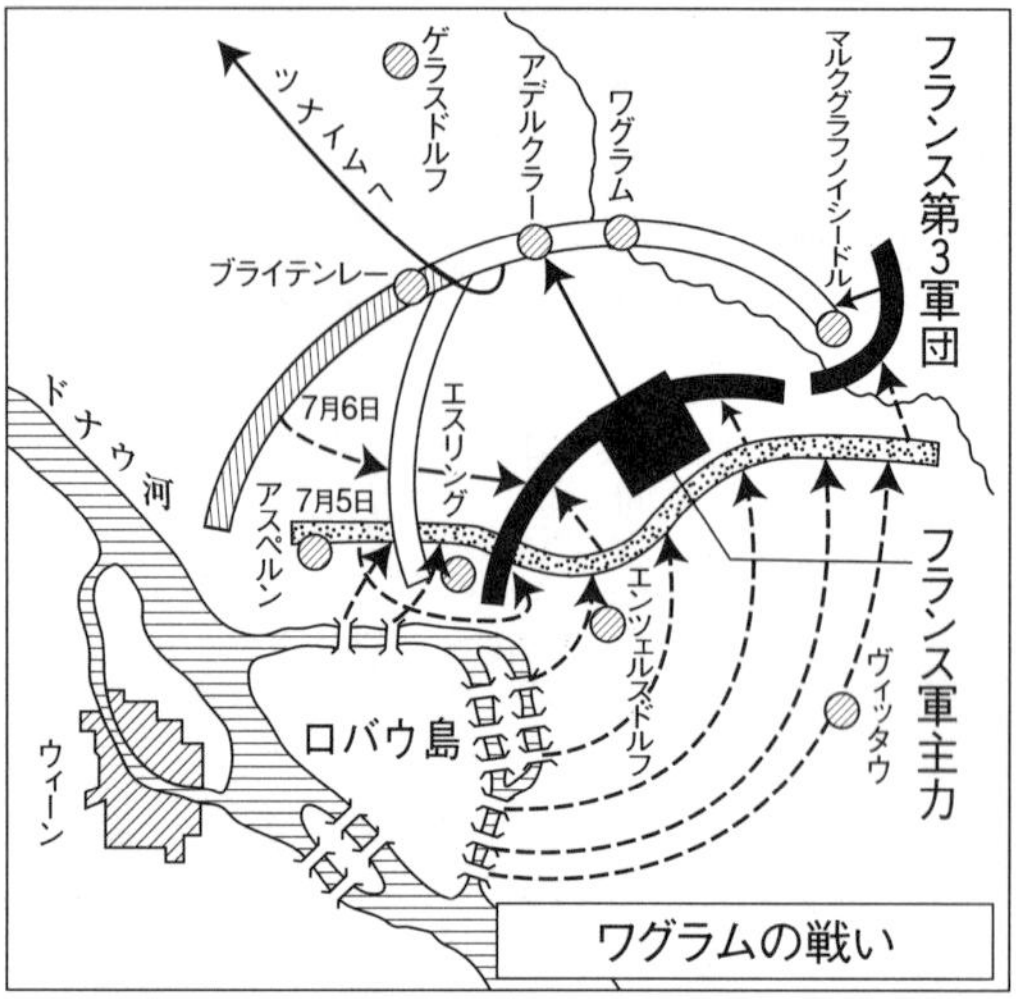

図22

の捷報を得て六月一八日のサンドミルツの勝利を最後にクラコフに引き揚げている（ロシアはワルシャワを回復したが、それ以上は進んで来なかった）。なお、ヨハン大公の軍は、六月一四日にハンガリーのラープでボーアルネ公率いるフランス軍に撃破され、戦闘力が減退している。

　ロバウ島に撤退したフランス軍にカール大公は追撃を掛けず、対岸に止まって対峙した。この時点ではカール大公軍は兵力が不足し、フランス軍に打撃を与えるには力不足と判断されたからである。カール大公は、ドナウ上流に監視部隊一万、奪還したアスペルンからエスリングを経てエンツェルスドルフに一万五千、エンツェルスドルフからヴィッタウまでに一万とドナウ左岸に沿って部隊を配備してナポレオンの奇襲上陸に備え、本隊一〇万はその後方のワグラムからゲラスドルフにかけて配置した。クラコフから来たフェルディナント大公の軍を併せてカール大公軍は兵一二万八千、大砲四〇〇門であった。

　ナポレオンは、ロバウ島に防御工事を施し、右岸から島への橋も復旧・強化する一方、イタリアから来たボーアルネ公の軍なども逐次集結させて六月下旬までに兵力一五万四千、大砲五四〇門を集めた。ナポレオンは、プレスブルクまで戻ったヨハン大公の軍がカール大公軍に合流する動きを示したため、その前にカール大公軍を撃破しようとした。

ナポレオンは、複数の陽動作戦を行なって渡河地点を悟られないようにした後、七日四日の暴風雨のなかロバウ島から砲撃しつつ兵員三万を船で左岸に渡し、カール大公軍に悟られぬまま架橋し、翌五日早朝までに六万の歩兵と騎兵の大部分を左岸に送り込んだ。ロバウ島から渡れる左岸の地域は限定されていたから、簡単に渡河させたのはカール大公の失策である。河畔を守備していたカール大公軍一万五千は抵抗を試みたものの早々に退却し、ナポレオンは軍をエンツェルスドルフからヴィッタウの線まで進め、午前八時には九万のフランス軍が左岸に進出した。

カール大公は、再三陽動作戦に振り回されていたので軍を動かさずに状況把握に努めていたが、この間ナポレオンは軍右翼（内陸方面）をマルクグラフノイシードルに、左翼（ドナウ河方面）をアスペルンからエスリングの線まで進め、カール大公軍主力が後置されているのに乗じて午後七時より総兵力一〇万でオーストリア軍陣地への総攻撃を開始した。しかしこの攻撃はバラバラに行なわれたためカール大公軍はこれを押し返し、フランス軍は前進できなかったが、カール大公も退却のラッパを吹かせたため、両軍対峙のまま深夜に入った。

六日、前日の戦いに気を良くしたカール大公は、午前二時より右翼（ドナウ河方面）三ケ軍団にフランス軍左翼の攻撃を命じ、続いて午前四時より中央軍も攻撃を開始した。この攻勢にフランス軍は防戦一方となり、カール大公軍左翼はフランス軍右翼を突破する勢いだった。しかしカール大公は、右翼部隊の攻撃がはかばかしくなかったため左翼部隊の攻撃を一時中断させたところ、停止した左翼部隊は砲撃されて大損害を出して作戦発起時の線まで引き揚げ、戦機を逸した。そして今やカール大公軍中央がフランス軍中に突出したため、フランス軍はこれに突撃を掛けてアデルクラーまで前進して来たが、砲撃で撃退してアデルクラーも守った。

こうしているうちに、カール大公が画策した右翼からの包囲がやっと奏功し、右翼の軍団はブライテンレー及びアスペルンからフランス軍を撃退し、更に進んでエスリングのフランス軍陣地も攻略し、フランス軍左翼を包囲に掛かった。しかしナポレオンはこれに動ぜず、カール大公軍の中央部が薄弱になっているとの判断から、自軍左翼についてはエスリングを攻略させてその危機を緩和する一方、ダヴーの第三軍団にカール大公軍左翼に迂回してマルクグラフノイシードルを奪取することを命じた。そして、フランス第三軍団が旧陣地に引き揚げていたカール大公軍左翼を包囲し、マルクグラフノイシードル付近に達するや、ナポレオンは予備の部隊六万にカール大公軍中央のアデルクラー攻撃を命じた。この頃までにフランス軍はほぼ全てが渡河しており、大規模な兵員の投入ができた。

カール大公は大砲二〇〇門を中央部に集中させてフランス軍を撃退しようとしたが、カール大公軍の左翼・右翼共に撃破され、勝ち誇ったフランス軍が左右よりカール大公軍中央に向かって来たので、遂にカール大公も午後一時に全軍の撤退を命じ、北方のツナイムに引き揚げた。フランス軍は疲労していたため追撃を行なわなかった。オーストリア側は死傷二万四千、捕虜一万八千を出し、フランス側の死傷も三万に達した。プレスブルクからヨハン大公の軍二万が戦場に到着したのは午後六時で、この部隊がフランス軍の右翼後方を攻撃していれば戦局は予断を許さなかったが、遅着で物の役に立たず、同軍もツナイムに入った（以上「ワグラムの戦い」）。

この後もカール大公は兵六万を擁してツナイムにあり、オーストリアは講和に応じようとしなかった。そこで、ナポレオンは二ケ軍団七万三千で七月一一日にツナイムを攻撃した。この攻撃では双方死傷者六千程度を出し、決定的なものではなかったが、オーストリア側の戦意も落ち、元来避戦論者だったカール大公はここに休戦を申し出、ナポレオンもこれを受諾して和平交渉に入った。

講和条約は一〇月一四日にシェーンブルン宮殿で締結された（シェーンブルン条約）。この条約で、オーストリアはアドリア海沿岸地域の一部をイタリア王国に割譲したほか、先のポーランド分割で得た西ガリチアをワルシャワ大公国に、東ガリチアをロシアに、ザルツブルク、ベルヒテスガーデンと上オーストリアの一部をバイエルン王国に割譲させられた（バイエルンのティロル占領に対する抵抗は一一月まで続いた）。また、オーストリアの兵力は一五万人に制限され、償金八、五〇〇万フランを支払わされたほか、大陸封鎖への加盟とスペイン王にナポレオンの兄ジョセフが就くことも承認させられた。

オーストリアは速やかに開戦せずに逡巡したお陰で勝機を逸し、単独で戦わされた挙げ句、領土を失う（全人口の六分の一と評された）という一人負けでこの戦役を終えた。なお、ナポレオンはこの年にローマ共和国をイタリア王国に併合し、五月一七日に教皇領の没収を布告している。オーストリアは戦争に負けたものの、この年には予備軍と後備軍を組織しており、国民軍体制への移行は着々と進めた。

第六章　ナポレオン体制の崩壊（一八一〇～一八一四年）

第一節　ナポレオンのロシア遠征（一八〇九～一八一二年）

ナポレオンには子供がなかったので、皇后ジョゼフィーヌと離婚して後妻を娶ることとし、オーストリアの外相メッテルニヒは、自国がヨーロッパ二位の位置を確保するために、フランツ一世の娘のマリア・ルイザを嫁がせようとした。もう一人の花嫁候補ロシア皇女アンについてはロシア宮廷が返答を遅らせたため、結局ナポレオンは、マリア・ルイザと結婚することとなった。両者の結婚は一八一〇年四月に行なわれ、一八一一年三月には長子（ナポレオン二世・ローマ王）が誕生している。これによりオーストリアは償金支払の繰り延べと総兵力を一五万にするという軍備制限の撤廃を得ることができた。

一八一二年一月一二日、ロシアはイギリスと密約を結び、ナポレオンに最後通告を発した。これはロシアが大陸封鎖により自国産穀物をイギリスに輸出できなくなったことに耐え切れなくなったことが最大の原因だが、このほかワルシャワ大公国の拡大に対する警戒、アレクサンドル一世の妹の嫁ぎ先であったオルデンブルク公国が取り潰されたことへの反感があり、アレクサンドル一世はこれ以上フランスとは協調できないと考えたのである。

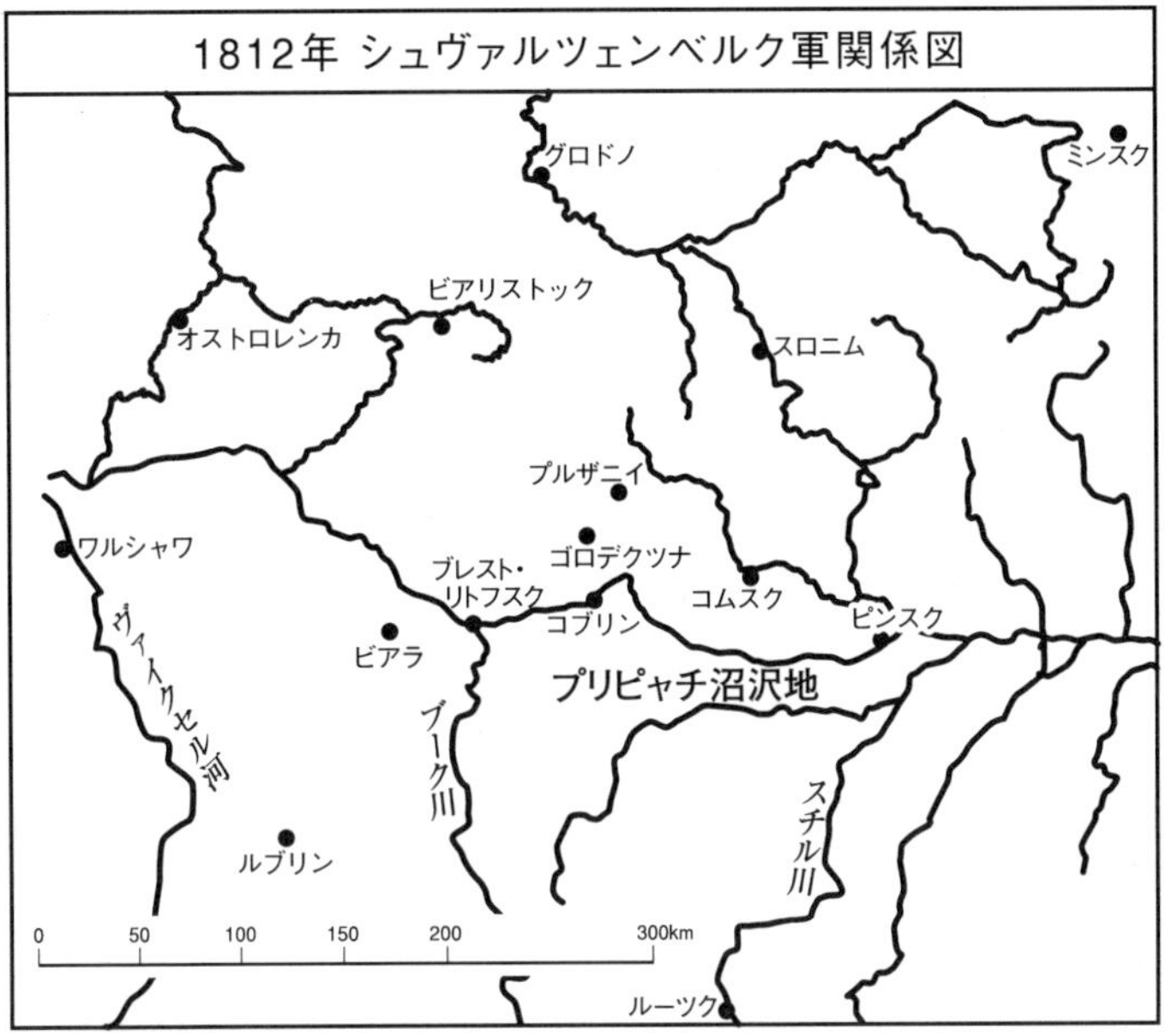

図23

ロシアはそれまでの間、セルビアの独立運動を助けてトルコと戦っていたが、五月二八日にトルコと講和し（ブカレスト条約）、対仏戦争に備えている。この条約によりセルビア人には自治が許され、一七八七～九〇年にかけての対トルコ戦争でオーストリアが失ったベオグラードなどの地域にセルビア人国家ができる端緒となり、一九一四年のサラエヴォ事件の伏線ともなる。また、ロシア自身はプルート川以東のベッサラビアを領土に加えた。

これを受けてナポレオンは、二月二四日にプロイセンと、三月一四日にオーストリアと軍事同盟を結んで大陸軍を招集し、軍は六月にはプロイセンのニーメン川沿岸を中心に展開した。この軍はフランス軍以下、イタリア、ドイツ諸国、プロイセン、オーストリア軍を含めて総計四五万に達し、オーストリアからはシュヴァルツェンベルク率いる三万四千（以下この節で「シュヴァルツェンベルク軍」という）が最右翼のプリピャチ沼沢地の南のレンベルクを中心に配置されていた。

対するトルマソフ率いるロシア軍（以下この節で「トルマソフ軍」という）は三万五千、後に救援が加わり計七万となる。なお、オーストリアには戦役への参加報酬としてシュレジエンが与えられることとなっていた。

大陸軍前衛は六月二四日にニーメン川を渡河して東進を開始し、これに応じてシュヴァルツェンベルク軍は北上してルブリンに入った。そしてフランス軍を基幹とする大陸軍主力が七月一〇日頃までにはヴィルナまで進んだのに応じ、シュヴァルツェンベルク軍も同日までにはブーク川を渡ってプルザニイ付近に進んだ。

大陸軍主力は次にロシアの本営があるドリッサを目指した。ナポレオンは、シュヴァルツェンベルク軍もこれに応じてウォルヒニアを目指させることとし、同軍に前哨線としてブレスト・リトフスクからピンスクまでの四〇キロメートルを確保させてからそこを大陸軍中央部隊から抽出したレーニエ率いるフランス第七軍団（一万七千）などに任せることとした（ナポレオンはトルマソフ軍を一万人程度と低く見積もっていた）。このためプルザニイの南東のコムスクに在ったシュヴァルツェンベルク軍は、二六日には北上してスロニムに入っていた。

対するトルマソフ軍は、大陸軍の背後を突くことを命ぜられて一七日に進撃を開始し、二七日にプルザニイの南のコブリンのザクセン軍三、五〇〇を攻撃して包囲・降伏させた。続いてトルマソフ軍は八月七、一〇日にコブリン、プルザニイ付近でそれぞれシュヴァルツェンベルク軍の一部と戦っている。仏第七軍団はトルマソフ軍に対して劣勢だったためコムスクに逃れ、スロニムにいたシュヴァルツェンベルクは、後方への不安に対処するために軍の進路を南にとることとし、ナポレオンもこの動きを承認した。

大陸軍主力は八月一八日にスモレンスクを攻略し、九月七日のボロディノの戦いでロシア軍を退却させて一五日にモスクワに入った。この間、シュヴァルツェンベルク軍とザクセン軍一万八千は、一二日にゴロデクツナでトルマソフ軍三万八千を撃破してから攻勢に転じ、プルザニイのトルマソフ軍の左翼を襲った。トルマソフ軍左翼は一万八千しかなかったため敗れ、同軍は南のコブリンに後退したが、更に押されて策源地のルーックに戻った。シュヴァルツェンベルク軍等は、ルーックの東を流れるスチル川の辺りまで進んで停止している。

両軍は暫く動かなかったが、トルマソフ軍には、九月一八日にモルダヴィアから来たチチャゴフ率いるロシア軍三万八千が合流したため、兵力差は逆転した。これを受けて九月下旬からトルマソフ軍は攻勢に出てシュヴァルツェンベルク軍の前衛を脅かしたため、シュヴァルツェンベルク軍等はブレスト・リトフスクまで引き揚げ、トルマソフ軍に備えた。また、ピンスクにはシュヴァルツェンベルク軍が一部残留してロシア軍に対峙した。

北上して来たトルマソフ軍では、トルマソフが主軍に召還されたため、先に合流したチチャゴフがこの方面の司令官となった（以下この節で「チチャゴフ軍」という）。チチャゴフ軍は九月末から攻勢前進を行なったが、シュヴァルツェンベルク軍とザクセン軍二万は、ブレスト・リトフスクとコブリンの間のムカヴィエク川の戦いでチチャゴフ軍二万四千を撃破した。また、一三日のビアラ・ポドラスカの戦いでもシュヴァルツェンベルク軍はチチャゴフ軍を撃退し、チチャゴフ軍の反撃は挫折した。

ナポレオンは九月一四日にモスクワを占領してペテルスブルクにいたアレクサンドル一世と講和談判をしたが埒があかなかった。占領したモスクワは大火のため兵員の宿泊に支障を来たし、一〇月に入ると寒気も厳しくなったので、一〇月一五日より大陸軍はモスクワからの撤退を開始した。これに対してロシア騎兵が追撃を行ない、一二月八日にナポレオンがパリに着いた時にはフランス軍は壊滅状態だった。

南方では、一〇月二七日にチチャゴフ軍が再度攻勢開始してミンスクを目指してスロニムに入り、ザッケン率いる支隊二万八千がシュヴァルツェンベルク軍に対峙した。シュヴァルツェンベルク軍はザッケンの支隊の右翼を迂回してスロニムに進軍し、フランス第七軍団がこれを援護した。シュヴァルツェンベルク軍は一一月一四日にスロニムに入り、ザッケンの支隊が一五日に仏第七軍団に大打撃を与えたものの、シュヴァルツェンベルク軍二万八千は一六日にはザッケンの支隊の背後を攻めて二、八〇〇の損害を出させて撃退した。シュヴァルツェンベルク軍と仏第七軍団はこれを追尾してルボムラ、コヴェルまで進撃し、シュヴァルツェンベルク軍は更に二五日にコブリンに入った。

この後、ナポレオンからミンスクへの進撃命令が出たため、シュヴァルツェンベルク軍は二七日東進し、仏第七軍団も後続したが、状況が不明確だったのでシュヴァルツェンベルク軍は一二月一四日までスロニムに止まった。既に八日に大陸軍主力は壊滅状態でヴィルナに逃げ込んでおり、これと共同して反撃に出ることは不可能だった。またチチャゴフ軍の主力は大陸軍主力を攻撃するため北上し、この軍の動向も不明だったので、一四日からシュヴァルツェンベルク軍も西方のビアリストックに向けて退却を開始した。そしてロシア軍の追撃を受けつつもビアリストックから一二月末にはワルシャワ北方のオストロレンカまで引き揚げ、その後オーストリアに戻った。

ナポレオンは一二月一九日にパリに戻り、オーストリアは一八一三年一月三〇日にロシアと休戦条約を結んだ。この後ロシア軍が西進してワルシャワを占領したことに伴い、プロイセンもロシアに与することとして二月にカリッシュで同盟条約を結びこれにはスウェーデンも加わりイギリスも援助を与えた。三月にはプロイセンはフランスに宣戦し、ここに諸国民戦争が始まった。

これに対してナポレオンは兵二〇万で四月下旬にパリを出、フランス軍は五月一・二日にリュッツェンで、二〇・二一日にバウツェンでロシア・プロイセン軍を撃破した。しかし、フランスは前年の敗北で人的資源の減少が著しく、またイベリア半島で大出血を来していた。外相メッテルニヒはフランスの大陸制覇は望まないものの、ロシア・プロイセンの伸長も好ましくなかったため、ここで一五万の軍を背景に居中調停《きょちゅうちょうてい》をすることによりオーストリアの勢威を確保しようと考え、六月四日に両軍に休戦を提案してこれを受け入れさせた（プレスヴィッツの休戦条約）。この時の条件は次のとおりである。

① ザクセン全土とオーデル川以西の西シュレジエンはフランスが占領する。
② シュレジエンのブレスラウから半径八キロメートル以内は中立地帯とする。
③ 休戦期間は六週間とする。

この休戦の間にメッテルニヒは、六月二七日にロシア、プロイセンとライヘンバッハで協定を結び、ナポレオンに対する条件を次のように定めた。

① ワルシャワ大公国を解体し、その内の一部とダンチヒをプロイセンに還付する。
② イリリア地方をオーストリアに還付する。
③ ハンザ諸都市の占領を解除して独立を認める。
④ ライン同盟は解散する。
⑤ プロイセン領は一八〇六年の旧に復する。

以上の条件のうち、①～④までが必須の事項で、ナポレオンがこれに同意しない場合はオーストリアも対仏宣戦を行なうこととした。

こうしたオーストリアの動きに対し、ナポレオンはメッテルニヒを招き、両者は六月二八日にドレスデンで会見した。ここでメッテルニヒは講和を斡旋し、ライヘンバッハ協定の事項及びオランダの独立をナポレオンに要求した。ナポレオンはこの条件を呑まず、四日後の再度の会見ではオーストリアの武装調停そのものは認めつつ、プラハで平和会議を開くために休戦期間を八月一〇日まで延長したい旨を申し入れた。メッテルニヒはこれを受け入れたがこれはナポレオンの時間稼ぎでしかなく、七月末に開かれたプラハ会議は空しく解散したためオーストリアも遂に態度を決し、休戦明けの八月一二日に対仏宣戦し、九月八日にはテプリッツでロシア・プロイセンと同盟を結んだ。

第二節　諸国民戦争（一八一三〜一八一四年）

第一款　ライプチヒの戦いまで

こうして第四次対仏大同盟が形成され、その当初の軍容はロシア軍一八万、プロイセン軍一六万、オーストリア軍一三万及びスウェーデン軍二万で合計約五〇万、守備部隊などを入れると七〇万程度であった。これに対するフランス軍は休戦期間中に集めた兵力約五〇万がザクセン王国の首都ドレスデンを中心に展開し、ここから守備部隊などを除き作戦に使える兵力は三八万だった。

同盟軍は総司令官をオーストリアのシュヴァルツェンベルク公としてその下に三軍を置き、シュヴァルツェンベルク公率いる二三万の軍（以下この款で「シュヴァルツェンベルク軍」という）はボヘミアから、プロイセンのブリュッヒャー将軍率いる九万五千の軍（以下この款で「ブリュッヒャー軍」という）はシュレジエンから、スウェーデン王太子カール（元フランス将軍ベルナドット、一八一〇年よりスウェーデン王太子）率いる一一万の軍（以下この節で「カール軍」という）はベルリンからそれぞれドレスデンにいるフランス軍に向かうこととした。この三軍は互いに呼応し、ナポレオンが向かってくれば、その正面となった軍は退却し、その間に他の二軍は前進してフランス軍を包囲する手筈になっていた。これは元ナポレオン配下の将軍だったカール王太子とモロー（当時はロシア軍顧問）の考案による。

これに対しナポレオンは、同盟軍を各個撃破するために、ドレスデンを中心に配置した軍を先ず北に向けてベルリンを陥し、続いてシュレジエンに転戦してブリュッヒャー軍を屠り、最後に南下してシュヴァルツェンベルク軍を攻撃する作戦を立てた。同軍を後回しにしたのは当時オーストリアはフランスに宣戦していなかったからである。しかし、予想とは異なり同盟軍で八月一〇日の休戦明けに最初に動いたのがブリュッヒャー軍だったため、ナポレオンは軍を東に向けた。またオーストリアも一二日にフランスに宣戦して旗幟を鮮明にした。

一四日、ブリュッヒャー軍はリークニッツにいたネー率いるフランス軍を攻撃し、ネーの部隊はボベル川左岸に退却した。ドレスデンにいたナポレオンは兵一五万程度でネーの部隊を救出しブリュッヒャー軍に反撃しようとしたが、ブリュッヒャー軍の参謀長グナイゼナウは手筈どおり軍を退却させた。これをナポレオンは追撃しようとしたが、シュヴァルツェンベルク軍が呼応してドレスデンに向かったため、ナポレオンは一一万を割いてマクドナルドに与えてブリュッヒャー軍を追撃させる一方、残軍は反転させてドレスデンに戻った。この間、マクドナルドの部隊はブリュッヒャー軍を追撃したが、ブリュッヒャーは三回前進、後退を繰り返してマクドナルドを油断させ、八月二六日に三列縦隊で不用意にカッツバッハ川を渡河しようとしたマクドナルドの部隊に反撃を加えた。この戦いではフランス軍は本隊に砲兵が追い付いていなかったのに対し、ブリュッヒャー軍は砲兵を有し、また、カッツバッハ川の増水はフランス軍に不利に働き、フランス軍は死傷・捕虜合計三万を出して退却した（以上「カッツバッハの戦い」）。

シュヴァルツェンベルク軍二〇万は、ナポレオンの留守を突いてドレスデンを目指した。しかし、二六日にナポレオンはドレスデンに戻り、兵七万で反撃に転じシュヴァルツェンベルク軍の背後を夕刻に攻撃したため、シュヴァルツェンベルク軍は撃退されてドレスデンの南に退いた。

ナポレオンは兵力を掻き集めて一五万五千とした上で翌二七日にシュヴァルツェンベルク軍を三方向から包囲して攻撃し、シュヴァルツェンベルク軍は同日午後七時までに撃破されて死傷者二万三千を出してエルツ山脈を越えて退

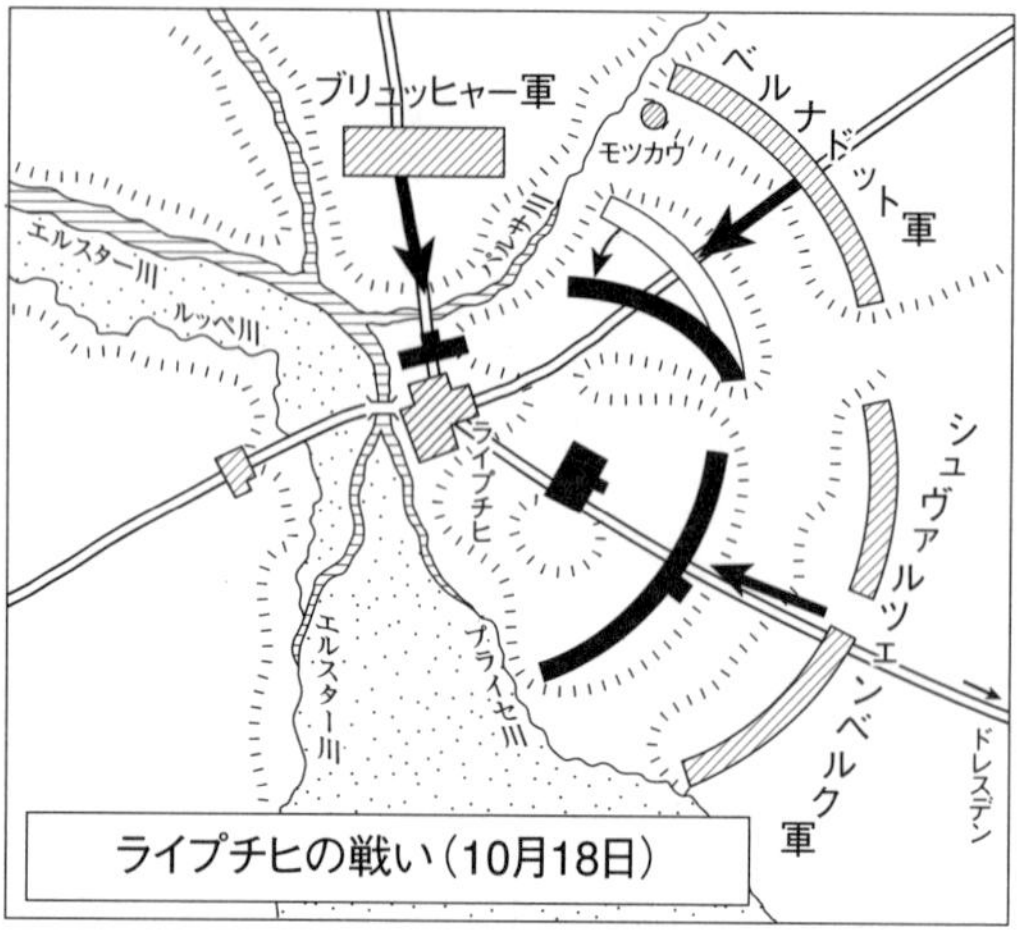

ライプチヒの戦い（10月18日）

図24

却した。対するフランス軍は損害一万で、同盟側はフランスに機先を制された（以上「ドレスデンの戦い」）。

ただしシュヴァルツェンベルク軍を追撃したヴァンダム伯率いる三万七千の部隊は、二九〜三〇日にかけてクルムで同盟軍七万が包囲して壊滅させており、同盟側の狙っていた「フランス軍に出血を強いる」手法はひとまず成功していた。また、九月六日には北方のデンネヴィッツでプロイセン軍がネー率いるフランス軍を撃破しており、ナポレオンは兵員の不足に苦慮することとなる。

この後もフランス軍はドレスデンに在ったが、同盟側三軍は作戦通りフランス軍に当たっては引き、その間他の二軍は前進するという戦法をとり続けてフランス軍を消耗させた。このためナポレオンは、機動作戦を展開して北方のカール軍及び東方からエルベ川に沿って北方に進みつつあったブリュッヒャー軍を先ず撃破し、続いて南下してシュヴァルツェンベルク軍を駆逐しようと考え、一〇月一〇日に主力をドレスデンの北のドュベンに進めた。しかし既にブリュッヒャー軍はエルベ川右岸に去っていたため、ナポレオンは決戦を諦めて一四日に軍をライプチヒに入れた。この間、シュヴァルツェンベルク軍はフランス軍の前衛を追ってライプチヒに迫っており、ここにライプチヒの戦いが開始される。

ナポレオンは同盟側の戦備の整わない一五日に開戦しようとしたが、兵員の疲労が激しく、また、所定の兵員が集まらなかったため作戦開始を一六日に延ばさざるを得ずこれがナポレオンの命取りとなる。

ライプチヒの戦いは一六日から三日間行なわれた。同盟軍の総司令官でもあったシュヴァルツェンベルク公は決戦を急がず、ナポレオンのブリュッヒャー軍への攻撃に用心して一旦後退したカール軍などの北方からの到着を待って、徐々にライプチヒを包囲してフランス軍を締め上げることを考えた。しかしアレクサンドル一世が南方からの強攻を主張したため、一六日から攻撃することとした。この作戦では、シュヴァルツェンベルク軍など一九万六千が南西方向から、北方からはブリュッヒャー軍六万三千がそれぞれライプチヒを攻めることとし、更に間に合えばカール軍など六万七千も北から来援する手筈だった。

対するナポレオンは攻撃防御の態勢をとり、北方からの攻撃には四万の兵員で防御させる一方、主力五万はライプチヒ南方二キロメートルの陣地に配備してその後ろに予備軍六万を置き、更にライプチヒ東方にマクドナルド率いる三万の部隊を配備して機を見てシュヴァルツェンベルク軍などの背後に回り込ませて壊滅させる積もりであった。

この戦いで先攻したのは同盟軍で、シュヴァルツェンベルク軍以下がライプチヒへと前進したが、これはライプチヒ南方のフランス軍陣地によって妨げられた。ナポレオンはマクドナルドの部隊を同盟軍の東側に回り込ませる一方、大砲一五〇門を集めて砲撃してシュヴァルツェンベルク軍の中央突破を図った。このためライプチヒの南にいたフランツ一世、アレクサンドル一世及びプロイセン王フリードリヒ・ヴィルヘルム三世は危うく捕虜となるところであったが、フランス軍も攻勢はこれが精一杯で、同盟軍は増援を得てこれに反撃し、フランス軍を逐次退却させて旧陣地に押し戻した。

この間フランス軍はライプチヒ北方にいた部隊を急遽南に回そうとしたが、これにはブリュッヒャー軍が攻撃を掛けたため、フランス軍は大損害を出した。結局、一六日のフランス軍の作戦は損害二万を出して不成功に終わった。

翌一七日になると、同盟側には続々と援軍が到着したのに対し、フランス兵は疲労困憊しており到底再度の攻撃はできない情勢にあった。このためナポレオンは退却の必要を認めつつも、兵員の疲労を除くために一七日は攻撃を取り止めた。ナポレオンは同盟側に休戦を申し入れたが、有利になった同盟側がこれに応じる訳はなく、ナポレオンは軍の配備を退却のためのものに変更した。

一八日になると、同盟軍はカール軍とロシア軍が北方から到着したため三〇万となった。対するフランス軍は一六万でしかなく、しかも同盟軍には更に援軍が見込めたのに対しフランス軍にはそれがないから彼我の差は明白であった。同盟軍は夜明けよりライプチヒの四方から猛烈な攻撃を開始した。

フランス軍は陣地に籠って強固に反撃し、同盟側の一角にでも綻びが生じたらそこを攻撃して同盟軍の包囲を突破しようとした。しかし、戦闘は膠着状態であったところ、午後三時頃にライプチヒの東北を守っていたザクセン軍一万が同盟軍に帰順してフランス軍を攻撃したため、ライプチヒの防備は遂に崩れた。ナポレオンはライプチヒ西方の戦いでは寧ろ同盟軍を撃破していたため、この方向から軍をリュッツェンに引き揚げさせることとし、マクドナルドの部隊に撤退を援護させつつ軍を西に向けプライセ川を渡河させた。

一九日に同盟軍は三方向よりライプチヒに突入し、正午には同市を占領した。しかしフランス軍は巧みに西方に退却したため同盟軍は追撃をせず、フランス軍は同日夜にはリュッツェン西方まで退いた。この戦いでフランス軍は退路の橋が爆破されたりしたため、死傷者・捕虜合計八万七千という損害を出して壊滅した。同盟軍の死傷者は五万四千である（以上「ライプチヒの戦い」）。

この後、マインツ方向に退却したフランス軍に、一〇月三日にオーストリアとリード条約を結んで領土の保全と引き替えに対仏同盟に加わったバイエルン軍一万七千がオーストリア軍一万三千とともに攻撃を加えたが、三〇日から三一日にかけてマイン川沿いのハーナウの戦いで、あっさり撃破された（死傷者・捕虜合計六千の損害）。ただ、ナポレオンは一一月九日にパリに戻ったものの、フランス軍は各地で同盟軍の攻撃を受けたり、規律を乱したりしたため、ライン左岸に戻れたフランス兵は八、九万に過ぎなかった。こうしてフランスの中欧での基盤は失われ、以降戦争はフランス国境で展開される。

なお、イタリア方面では八月一四日以降ティロル、イリリア方面でオーストリア軍が攻撃を仕掛け、九月一一日にポーラ（イギリス海軍と共同）、一〇月二八日にトリエステ、三一日にトリエントを奪還している。フランス側はイタリア副王ボーアルネ公が中心になって防御していた。ボーアルネ公は、一一月一五日のカルディエロの戦いでは兵一万六千でオーストリア軍八千を撃破したが、一九日のヴェローナの東のミケーレの戦いではヒラー率いるオーストリア軍一万一千がこれを破った。オーストリア軍は、二八日にはフェラーラも占領し、増援が見込めないフランス側から徐々にイタリア北東部を奪還していった。

第二款　フランス本土の戦い（一八一四年）

同盟軍は一一月末までにはライン右岸に集結してフランス本土を攻撃する勢いであった。この間にライン同盟は瓦解し、オランダもナポレオンから離反した。こうしたなかメッテルニヒはナポレオンに対してフランス国境をライン河、アルプス、ピレネー山脈に戻すという講和案を提示した（フランクフルト提案）。これは必要以上にフランスを弱体化させたくないというオーストリアの国益に由来したが、ナポレオンが拒否したため、いよいよ同盟軍は一八一四年一月からライン左岸に渡ってナポレオンと戦うことになる。

同盟軍は、ライン右岸から左岸への渡河については、ライン下流のウェーゼルからはビューロー率いるプロイセン

写真７　ナポレオン戦争時のコサックのカービン銃と槍
（ブリュッヒャー博物館所蔵）

軍六万（以下この款で「ビューロー軍」という）、マインツ方面からはブリュッヒャー率いる七万五千が（以下この款で「ブリュッヒャー軍」という。ちなみにブリュッヒャー軍が一月二日から六日にかけて渡河したカウプには「ブリュッヒャー博物館」がある）、バーゼルからはシュヴァルツェンベルク公に率いる主力二一万（以下この款で「シュヴァルツェンベルク軍」という）が進撃することとした。また、シュヴァルツェンベルク軍からは支隊を南下させ、この部隊はイタリアに入ってベルガルド率いるオーストリア軍がイタリア副王ボーアルネ公率いる軍と戦うこととなっていた。

国土防衛に回ったフランスは兵力二八万を集めたが、チフスの流行で兵員の六万が失われ、装備も劣悪化していたため抵抗能力は低下していた。このためナポレオンは軍のうち一二万を集めて、マルヌ渓谷からパリを目指していたブリュッヒャー軍に向かい、一月二九日にブリエンヌでこれを撃破した。ブリュッヒャー軍は、オーブ渓谷からパリを目指していたシュヴァルツェンベルク軍の方向に退却し、これにシュヴァルツェンベルク公が二ケ軍団を割いて救援させたため、二月一日にはラ・ローテルでブリュッヒャー軍はナポレオン軍を撃破した。しかし、シュヴァルツェンベルク公はフランスの弱体化を望まぬオーストリアの意向に基づき、軍の前進を緩慢なままにした。

こうした戦闘の間、フランスの崩壊とロシア及びプロイセンの拡大を望まぬメッテルニヒは、またもフランスに講和を申し入れ、二月三日からシャティヨンで同盟国とフランスの間で会議を開いた。しかしフランスが自然国境プラス北イタリア、エルバ、コルシカ及びオランダの一部を保持し続けることを主張したため交渉は決裂し、ブリュッヒャー軍はラ・ローテルからマルヌ川に沿って、シュヴァルツェンベルク軍はセーヌ川に沿ってパリを目指した。

これに対してナポレオンは、シュヴァルツェンベルク軍には押さえの部隊を充て、自らは主力を率いて二月九日から一四日にかけてマルヌ河畔でブリュッヒャー軍を撃破した。これを受けてシャティヨンの会議ではオーストリア、プロイセン及びイギリスは休戦に傾いたが、ロシアが強硬に反対したことと、フランスが自然国境の維持を講和条件としたため、同盟軍は戦闘を続けることとした。

この間、シュヴァルツェンベルク軍は二つに分かれ、ロシアのヴィトゲンシュタイン率いる五万は北路をとってモルマンを目指し、シュヴァルツェンベルクの本隊は七日にトロワを占領し、一二日にはノージャンからモントローまでの間に進出した。しかしナポレオンは、一七日にモルマンでシュヴァルツェンベルク軍の前衛を撃破し、続いて一八日に三万でモントローにいたシュヴァルツェンベルク軍の前衛約一万五千を撃破した（シュヴァルツェンベルク軍の損害は五千、フランス軍のそれは二千）。このため二一日、シュヴァルツェンベルク軍はノージャンをフランス軍に明け渡した。フランス軍は二四日にはトロワに入り、シュヴァルツェンベルク軍は最終的にはバールまで退いた（以上「セーヌ河畔の戦い」）。一方、ブリュッヒャー軍は救援に出ようとメリーまで南下したが、シュヴァルツェンベルク軍の動きが消極的だったため、寧ろベルギー方面の友軍と合流してパリを窺う方策を選び北上した。

このフランス軍の勝利のためアレクサンドル一世も休戦に傾き、シュヴァルツェンベルク公を全権にして三度目の休戦交渉をシャティヨンで行なった。フランツ一世はナポレオンに岳父として講和の受諾を勧めたが、戦勝に気を良くしたナポレオンはこれを撥ね付けた。かくて「ある程度強いフランス」の存続を望んだオーストリアの目論見もついえた。もし、ナポレオンが動きの緩慢なシュヴァルツェンベルク軍に方向転換せずに、ブリュッヒャー軍だけに攻撃を加え続けてライン河まで押し戻せば、より有利な形で講和に持ち込めたと考えられるが、ナポレオンはそれをせず、結局シュヴァルツェンベルク軍に対する勝利は戦略上の得点をフランスにもたらさなかった。

ナポレオンが講和交渉を蹴ったことを受けて、オーストリア、イギリス、プロイセン及びロシアの四国は、三月一日のショーモン会議で単独講和しないこととフランス国境を一七九二年末時点に戻すことを約束した。ただし、フランスの君主を誰にするかについては結論を出さなかった。

この間ブリュッヒャー軍は、二月二七日にメリーからラ・フェルテまで進んでマルヌ川の橋を壊して北上し、フランドルから南下してソアッソン要塞を攻略していたビューロー軍と三月三日に合流して兵力を一一万とした。

これに対してナポレオンは、シュヴァルツェンベルク軍の動きが緩慢なので、速やかにブリュッヒャー軍を撃破しようと軍四万を北上させ、三月三日にラ・フェルテで架橋してマルヌ川の北岸に出た。ブリュッヒャーはナポレオンとの戦いを避けてソアッソンからエーヌ川の北に渡ってランに退いた。

ナポレオンはソアッソン要塞の陥落を知らなかったので、ブリュッヒャー軍はその東を迂回して進むと考えて進軍させたが、ブリュッヒャー軍はソアッソン要塞から真っ直ぐ北進したため、ナポレオンは捕捉できなかった。ナポレオンはブリュッヒャー軍の北方退避を支援していたプロイセン部隊二万三千を三月七日にクラオンヌで撃破したが、九～一〇日にかけてランに進んだナポレオン軍先鋒が六、五〇〇人の損害を出して撃退され（ブリュッヒャーの病気のためプロイセン軍は追撃しなかった）、ナポレオン軍は一三日にランスでブリュッヒャー軍に三千の損害を与えたものの、最早兵力的に同盟軍に立ち向かえなくなった。

この間、シュヴァルツェンベルク軍は、セーヌ川を下ってアリシからメリーの線に進み徐々にパリを脅かした。ナポレオンはシュヴァルツェンベルク軍の背後から攻撃して壊滅させようとし、二〇日にアリシで兵三万によりシュヴアルツェンベルク軍四万三千を攻撃したが、却って四、二〇〇人の損害を出して撃退された。

この後もなおナポレオンは更に軍を東に向けてシュヴァルツェンベルク軍の背後に回り込もうとしたが、同盟軍は①パリの市民の戦意が低く、②ナポレオン軍の兵力は三万に過ぎず、③イギリス軍もピレネーを越えてフランスに入ったことから、これに取り合わずに一気にパリを攻略することとした。

ナポレオンは同盟軍の後方攪乱を諦めてパリに戻ろうとしたが、シュヴァルツェンベルク軍二万八千は、二五日にフランス軍をフェール・シャンプノアーズで撃破してパリに向かい、ブリュッヒャー軍もモーに入った。ナポレオンは兵力が少なかったため同盟軍を直撃できず、セーヌ川左岸を大回りしてパリに戻ろうとして三〇日にフォンテンブローに入った。しかし、ブリュッヒャー軍主体の同盟軍五万八千は同日にパリに総攻撃を掛け、僅か兵力四万一千でしかもその半分は武器を持たなかったパリ防衛軍は簡単に降伏し、同盟軍は三一日に入城した。これを受けて、タレイランの造ったフランス臨時政府は四月二日にナポレオンの廃位を宣言し、四日に元老院はルイ十八世（ルイ十六世の弟）の即位を決議した。

ナポレオンは四月二日にフォンテンブローで兵四万を集めたものの勝ち目はなく、同盟側が三日に行なった退位勧告に対し、自らの退位の代わりに嫡子ローマ王ナポレオン二世の即位を認めさせようとした。しかし、同盟側はこれを拒否したため、ナポレオンは四月一一日のフォンテンブロー条約で自らの退位と自家のフランス支配の終了を認めて、ナポレオンはエルバ島の領主として一代限り帝号を称することとなり、ここにフランス第一帝政は終焉した。

一方イタリアでは、ベルガルド率いるオーストリア軍三万二千はフランス軍が撤退しているものと考えて前進したところ、二月八日にミンチオ川の線でイタリア副王ボーアルネ公の軍三万四千に撃破されて西への進撃を鈍らせた。ただ、この年にナポレオンの部将で妹婿のナポリ王ミュラーがオーストリアと同盟して軍を北上させ、三月七日のレッジョの戦いではオーストリア軍はナポリ軍と共同してフランス軍を撃破した。この後、本国の情勢緊迫によりフランス軍の活動は停滞し、オーストリア・ナポリ連合軍二万は、四月一三日にパルマ西一〇キロメートルのタロ川の戦いでフランス軍六千を撃破した。この直後にナポレオンの退位が伝わってフランス軍は敵対行動を止め、オーストリア軍が包囲していたマントヴァ、レニャーゴ、ヴェネチアなどはオーストリア側に明け渡され、ミラノも奪還できた。

なお、オーストリア軍の一部は牽制のために南フランスに入ってブザンソンなどを攻略している。

第七章　ウィーン会議と百日天下（一八一四〜一八一五年）

第一節　ウィーン会議

退位したナポレオンは、五月三日にエルバ島に渡った。これを受けてフランスではルイ十八世による王政復古がなされ、五月三〇日には新生フランスと同盟四国との間で次の内容の講和条約が締結された（第一次パリ条約）。

① 同盟国はフランスには賠償を求めない。
② 同盟軍はフランスから早期に撤兵する。
③ フランスは一七九二年の国境に原則復帰する。ただしライン左岸の一部は返還せずにそのまま保持する。
④ オーストリアはイリリア、ダルマチア及びティロルを取り戻すほか、ロンバルディアとヴェネチアを獲得する。
⑤ サルジニア王国を復興し、これに旧ジェノヴァ領を与える。

しかし、この条約ではロシア及びプロイセンの問題が棚上げされたままなので、それらについては改めて国際会議を開くこととし、九月からウィーン会議が開催された。しかし、会議は各国の思惑の食違いから進捗せずに翌一八一五年まで続き、その間、フランスでは保守反動に対する不満が募った。こうした情勢を見ていたナポレオンは、三月一日にエルバ島を脱出してフランスに戻り、一九日にはパリに入って復位を宣言した。ナポレオンは、早速徴兵に着手して二ケ月で二五万人の軍隊を編成し、同盟軍に立ち向かうこととなる。

第二節　ナポレオンの百日天下（一八一五年）

ナポレオンの復辟に対しては、三月二五日にオーストリア、ロシア、プロイセン、イギリスが軍事同盟を締結してその打倒を約し、まずフランドル地域にいたイギリス・プロイセン・オランダ及びドイツ諸国の軍二二万がフランス軍に立ち向かうこととなり、追っつけシュヴァルツェンベルク公率いるオーストリア軍二一万とロシア軍一七万がそれぞれライン河方面から増援に駆けつけ、更にサルジニアとオーストリアの連合軍六万が南フランスに進撃して、各軍は六月二七日から七月一日の間に一斉にフランス国境を突破することとしていた。

ナポレオンは、同盟軍を各個撃破しようと兵一三万で六月一五日にフランドルに入り、まずイギリス、プロイセン軍を撃破しようとした。しかし、フランス軍は一八日にワーテルローで両軍に撃破されてナポレオンはパリに逃れ、更にアメリカに渡ろうと七月三日にロッシュフォールに入った。同盟軍は七日にパリを占領し、ルイ十八世を復帰させた。ナポレオンは結局イギリス艦隊の警戒が厳しかったため脱出できず、一五日にイギリス艦に投降し、一旦イギリスに連れていかれた後、八月七日にセント・ヘレナ島に流された。

シュヴァルツェンベルク公率いるオーストリア軍主力は、戦争が早期に終結したため間に合わず、小部隊がサルジニア軍などと共同して南フランスでいくつかの戦闘を行なったに止まった。

イタリアでは、最終局面で同盟側に加担したにも拘わらずナポリ王から放逐されたミュラーが、ナポレオンに呼応して三月三〇日に挙兵して復辟した。ミュラーは軍を北上させてポー河南岸の線でオーストリア軍に対抗しようとし、四月四日にモデナを占領した。しかし、ナポリ軍はミュラー一人の軍隊で指揮官に恵まれず、寡勢のオーストリア軍はこれを各所で撃破してナポリ軍を南に押し戻した。ミュラーは、兵三万六千を集めて五月三日にアンコナ南五三キロメートルのトレンチノでオーストリア軍一万一千と戦ったが敗れ（損害四、一〇〇、オーストリア側は八〇〇）、これによりナポリ軍は四散した。

ミュラーは国内に逃げ込んで国民の支援を受けて反撃しようとしたが、これも儘ならず、一七日のガエタ北東のミニャーノでの敗戦を最後に二〇日に休戦してプロヴァンスに逃亡した。ナポリでは六月九日にフェルナンテ四世が復帰し、ミュラーは一〇月八日に逮捕されて一三日に銃殺された。

第三節　ウィーン体制の成立

ナポレオンの復活の事態を受けてウィーン会議は急速に収束の方向に向かい、六月九日に条約が締結された。第一次パリ条約の内容のままの部分もあるが、その全てを挙げると次のとおりである。

① オーストリア帝国は旧領を回復するが、フランドルをオランダに譲る。その代償としてヴェネチアとミラノ公領を併せてロンバルド＝ヴェネート王国を形成させ、これをオーストリアに帰属させてその総督統治を受けさせる。

② ジェノヴァはフランスの押さえであるサルジニア王国に併合する。

③ 旧パルマ公領とピアチェンツァ公領を併せてオーストリア皇女で前ナポレオン妃のマリア・ルイザに与える。

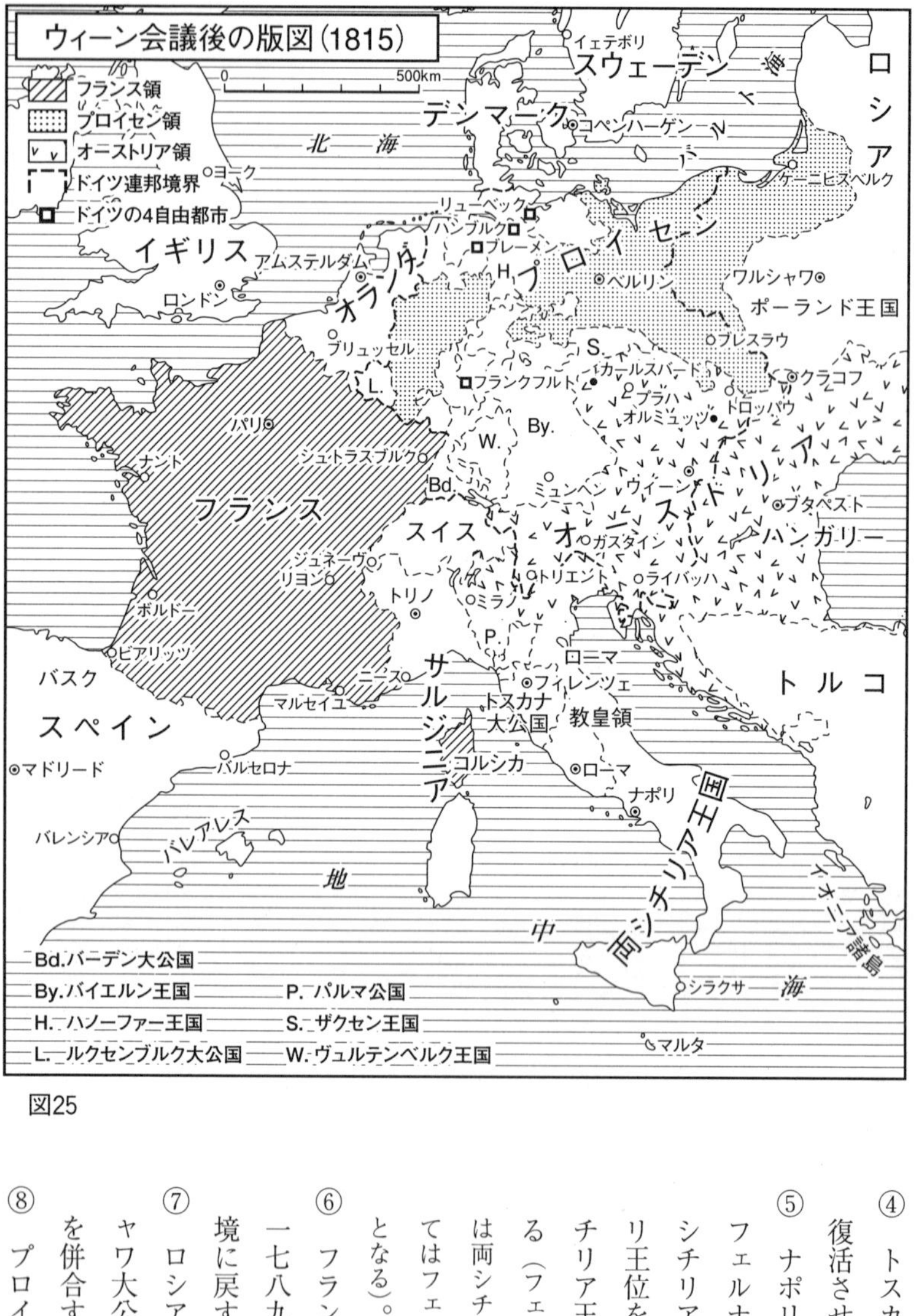

図25

④ トスカナ大公国は復活させる。

⑤ ナポリ王に戻ったフェルナンテ四世はシチリア王位とナポリ王位を併せて両シチリア王国を形成する（フェルナンテ四世は両シチリア国王としてはフェルナンテ一世となる）。

⑥ フランスの領土は、一七八九年以前の国境に戻す。

⑦ ロシアは、ワルシャワ大公国の大部分を併合する。

⑧ プロイセンは、ド

イツなどで旧領を回復すると共に、ワルシャワ大公国に取られた旧ポーランド地域からは西プロイセンの南部とポーゼン及びブロンベルクを併せたポーゼン大公国を回復するほか、ザクセンの北部、旧ウェストファリア王国の内のラインラント及びウェストファリアを併合する。

⑨　イギリスは戦争中に獲得したフランス植民地を返還するが、ジブラルタル、マルタ（ナポレオンが聖ヨハネ騎士団を駆逐して占領していた）、イオニア諸島、ヘリゴランド、ケープ植民地、セイロン、トバゴなどを得、併せてハノーファー王国（一八一四年に王国に昇格）を回復する。

⑩　オランダはオーストリア領フランドルを得、一体の王国となる。

⑪　スイスは永世中立国となる。

⑫　スペイン及びポルトガルでは旧王家を復活させる。

⑬　ポーランドのうちクラコフは自由都市として中立化する。

以上の内容でナポレオン体制崩壊後のヨーロッパの新秩序は定まった。そしてナポレオンが再度追放された後、一一月二日に同盟国はフランスと第二次パリ条約を締結し、第一次条約より縮減したフランス国境（ウィーン条約で定めたものに同じ）と償金七万フラン、同盟四国軍一五万の五年間のフランス駐留が決定した。

以上の条約により、オーストリアはフランドルを手放したものの、イタリアに領地をまとめて確保し、その政策はやり易くなった。これは、ロシアとフランスの間に緩衝地帯としてプロイセンとオーストリアを置くというイギリスの政策に沿った結果でもある。またドイツでは三五の国家と四の自由市からなるドイツ連邦が構成され、オーストリアはその議長国となった。

オーストリアは、プロイセンがナポレオンに付いたザクセンの全土を併合するという主張を退けたが、プロイセンがドイツ内で大幅に領土を拡大したのに対し、イタリア人を支配下に多く持ってその多民族化を進めた。そしてプロイセンがドイツ統一に動き、イタリアが民族自立に出ると、両側から締出される結果を招来することとなった。

第六編　オーストリア帝国

第一章　フランツの内政・外交（一八一五〜一八三五年）

第一節　ウィーン体制直後の対外政策

ナポレオン戦争の終了の後、オーストリア帝国の指導は外相メッテルニヒに委ねられた。メッテルニヒは一八二一年に正式に帝国の宰相となるが、外相時代から既に事実上は国政の決定の最重要な位置に就いており、実質的にはウィーン条約以降のオーストリアは「メッテルニヒ体制」と言ってよい。そしてフランツ一世期の内政・外交は専らメッテルニヒの主導で行なわれていた。

ウィーン会議時のメッテルニヒの外交の目的は、ロシアの西方への拡大に備え、中欧の大勢力としてオーストリアを位置付けることにあり、これには勢力均衡の立場からイギリスも賛成したし、フランスも自国の立場を有利にするためには戦勝四ケ国の分裂による圧力の緩和を望んだから、オーストリアは有利に外交を進めることができた。すなわち、ウィーン会議でプロイセンのザクセン併合問題が紛糾すると、オーストリアはこれに反対して一八一五年一月三日にイギリス及びフランスと秘密防衛条約を締結し、プロイセンとそれを支持するロシアに対抗した。この結果、プロイセンはザクセンの北半しか併合できず、ロシアもポーランドの三分の二しか併合できなくなってその西進を阻まれ、メッテルニヒ外交は成功をおさめた。

神聖ローマ帝国解体後のドイツでは、その領域を受け継いだドイツ連邦が結成され、三五の君主国と四つの自由都市がこれに加わり、オーストリアは議長国となった。ただ、この連邦は極めて緩やかな結合に止まり、フランクフルトにある連邦議会で加盟国の大使が連絡会議を行なうに過ぎず、各国は内政・外交について主権を保持した。連邦ではドイツ外からの攻撃に対する相互援助義務、総会の三分の二の賛成による戦争の開始、各国からの応分の派遣による連邦陸軍の編成などが定められ、オーストリアは議長国として影響力を行使し、対外的には連邦を背景にして勢威を示すことができた。

イタリアでは、オーストリアはヴェネチアとミラノ公領を併せたロンバルド＝ヴェネート王国を保持したほか、旧パルマ公領とピアチェンツァ公領はオーストリア皇女マリア・ルイザ（前ナポレオン妃）が所有し、ハプスブルク家次子領であったトスカナ大公国にもフランツの弟のフェルディナントが復活したから、北イタリアはハプスブルク家が押さえることとなった。また、教皇領については、ラヴェンナ、ボローニャ、フェラーラなどにオーストリア軍が配備されてその保全に当たった。そして、両シチリア王国では、オーストリアの同意なしにはいかなる改革も行なわないことになり、サルジニア王国以外のイタリアはおおむねハプスブルク家の影響下に入った。

オーストリアは対ロシア防波堤として期待されたことから、ドイツとイタリアである程度の勢力を形成するのに成功した。また、一八一五年に締結された四国同盟（オーストリア、イギリス、プロイセン、ロシア）と神聖同盟により、ヨーロッパの安定のために自由主義勢力による革命を抑える役割を果たすことができるようになった。

第二節　メッテルニヒの内政政策

フランス革命の影響を受けた民族主義の動きはオーストリアに広まった。メッテルニヒは、現実的政治家として革命を嫌悪し、オーストリアの中央集権を推進したかったが、当時のオーストリア政府はフランツ一世に統治権が集中した雑然たる構成で、この機構自体の改革も必要であった。メッテルニヒは一八一一年に行政機構の改革案をフランツ一世に提出したのに続き、一八一七年一〇月に意見具申を行なった。ここでは、中央官制の改革・中央集権化を述べる一方、民族主義者へのカモフラージュとして、オーストリア、ハンガリー、イタリア、イリリア、ボヘミア・モラヴィア・ガリチア及びトランシルヴァニアの六州からなる連邦国家化（各州が独自の議会・制度・行政権を持つ）の案を出し、中央集権に反発するハンガリーなどの牽制を試みた。ただ、この意見具申をフランツ一世は取り上げず、中央官制の改革は手つかずで終わり、連邦国家化についてもロンバルディア・ヴェネチアとイリリア・ダルマチアをそれぞれ王国にする案は、イリリア王国の成立のみで終わった。

イタリアでは、オーストリア及びその衛星国、とりわけトスカナ大公国ではサルジニアや両シチリア王国、教皇領に比べて自由主義的な穏健な政策がとられていたが、民族主義の高まりはこうした政策にも拘わらず、反オーストリア運動を引き起こすことになる。

第三節　反革命としてのオーストリアの対外政策

メッテルニヒは、ウィーン体制を守るために各地の自由主義運動を抑圧した。ドイツにおいては、一八一九年四月にボヘミアのカールスバードでのドイツ連邦諸国の代表者会議で革命運動を統制するための諸々の措置がとられた。また、一八二〇年七月の両シチリア王国ナポリでの叛乱については、一〇月のトロッパウ会議でプロイセンとロシアの同意を得、更に一八二一年一月のライバッハ会議で両シチリア王とロシア王と協議の上で、二月にフリモント将軍率いるオーストリア軍を派遣した。オーストリア軍四万三千は三月二一日にはカプアを攻略し、二三日からナポリを包囲して叛徒を鎮圧し、フェルナンテ一世は五月九日にフィレンツェからナポリに帰還した。また三月一〇日にサルジニア王国の首都ピエモンテで同様の叛乱が起こると、オーストリア軍一万二千はサルジニア軍と共同してこれを鎮圧している。そして、この一連の経緯を受けて、一八二〇年から起こっていたスペインでの叛乱も一八二二年末の列国参加のヴェローナ会議を受けて、フランス軍が一八二三年に鎮圧している。

一八三〇年の七月革命においては、ベルギーの独立戦争については北フランドルにフランスが進出しない限り問題なしとする立場から結局その独立を認め、プロイセンが要求したドイツ連邦軍のラインラント進出には反対した。またフランスの七月革命についても不干渉政策をとった（軍の士気が低く、また、実人員が定数を大きく割り込んでいてとても戦争できないという内部事情もあった）。同年のポーランドの独立叛乱については、当時のオーストリア宮廷にはポーランド貴族も多くいたことと強国ロシアが弱まるのは望ましかったことからオーストリアとしては好意的だったが、ロシアに敢えて反抗するのも得策ではなかったので、ポーランド国境地帯に軍を派遣して厳正中立の姿勢をとり、ポーランド王にカール大公を戴くというポーランド叛徒の構想にも耳を貸さなかった。

しかし、イタリアのパルマ、モデナ及び教皇領で起きた叛乱についてはフランスの動向に拘わらず断固派兵・鎮圧を行ない、イタリアでの自国の立場を守った。またドイツでの革命運動も弾圧し、一八三四年一月に諸邦の代表をウィーンに集めて自由主義への統制を強化することとした。

一八三三年九月にオーストリアはロシアとミュンヘングレーツ協定を締結して神聖同盟の再確認を行ない、相互の領土保証と革命への干渉の原則を確認し、適用範囲を東方とポーランドとした。この協定の一部には後にプロイセンも加わり、一八五三年のクリミア戦争までこの体制は続く。しかし七月革命時の対応からも分かるように、メッテルニヒの革命への態度は、自国の利権に絡む地域では厳しいものであるのに対し、自国と無関係または自国に有利に働くものについては不干渉の立場をとるという極めて功利的なもので、ロシアのそれとは自ら立場に違いがあった。

東方では一九世紀初頭のナポレオン戦争の間にトルコを巡る情勢は大きく変化していた。すなわち、一八一五年にセルビアは自治国となり、ロシアは一八一二年のブカレスト条約でドナウ河口に当たるベッサラビア地方を獲得した。このため、ドナウ河貿易に利権を有するオーストリアは、ウィーン体制成立後は再び東方に目を向ける必要が生じた。これについてメッテルニヒは、オーストリアの東方の安定にはトルコの存在が必要と考え、トルコの保全と中立を策した。これにはロシア皇帝アレクサンドル一世も同意見だったが、バルカンのスラヴ諸民族はいずれも自立を目指して活動を始め、弱体化したトルコにこれを抑えることは最早不可能であった。

こうしたなか一八二一年に起こったギリシャ独立革命については、ロシアが強い関心を示したのに対して、軍事力の弱いオーストリアは為す術なく見守り、結局ロシアがトルコに宣戦してトルコ軍を撃破し、一八二九年のアドリアノープルの和約とそれを受けた一八三〇年のロンドン条約でギリシャは独立を認められた。しかし、この結果は予想外に小さく、トルコの弱体化は進まずロシアの影響も伸びなかったので、メッテルニヒはこの結果を甘受した。後にメッテルニヒは、もしトルコが崩壊した場合はロシアへの対抗勢力として大ギリシャを援助すべきであると語っており、メッテルニヒのスタンスが東方においても現状維持に傾いていたことは間違いない。

また、一八三三年のエジプト・トルコ戦争でも、オーストリアはロシアとの九月のミュンヘングレーツ協定においてトルコの現状保全を求めている。これは、ロシアのトルコ支援により達成されたが、ロシアは既に七月にはトルコと援助の引替えとしてウンキャル・スケレッシ条約を結んで近東での地歩を固めており、後に国際問題となる。

第二章　フェルディナントの内政・外交（一八三五〜一八四八年）

第一節　内政の停滞

一八三五年三月にフランツ一世は崩御し、長子のフェルディナント（一八三〇年よりハンガリー王）が皇帝になった。フェルディナントは知恵遅れのてんかん持ちで、次子のカールの方が帝位にふさわしいと見られていたが、メッテルニヒらはハプスブルク家の原則通りにこの人物を帝位に就けた。この後、フェルディナントは一八三六年にボヘミア王に、一八三八年にはロンバルディア王になっている。

フェルディナントは先帝のようにはメッテルニヒを信任せず、先帝の弟のルートヴィヒ大公及び内務大臣コロヴラートはメッテルニヒを排斥する方向に向かった。メッテルニヒは一八二一年以来宰相だったが内政については専らコロヴラートが取り扱い、メッテルニヒは外交問題を主に取り扱った。しかし、国内での布告はメッテルニヒの名義で出されたため、国民の不満はメッテルニヒに向かうこととなる。また摂政のヨハン大公らの皇族もおおむねメッテルニヒの反対に回り、メッテルニヒの意図する中央集権化は進まなかった。この問題は一八四〇年代前半までは顕在化せず、一八四八年の革命・叛乱で一気に噴出する。

第二節　東方問題

ギリシャの独立、エジプト戦争とトルコの弱体化は進み、ヨーロッパ列強、とりわけロシアがトルコ領の分割あるいは自己の影響下に置くことを画策した。この動きにはインドへの通路としてのトルコ・エジプトに利権を有するイギリスが対抗し、しばしば国際問題が生じたが、一連の事件を東方問題と称する。バルカン半島に隣接するオーストリアは、ロシアのこの地域への浸透を望まず、専らイギリスと協調してロシアを牽制する側に回ることになる。

フェルディナントの治世下での東方問題としては、一八三九年のエジプト問題がまずある。これは先のエジプト・トルコ戦争で敗れたトルコが、エジプトに復讐戦を試みて敗れたのに際し、フランスがエジプトを支援してその北上を助けようとしたものである。オーストリアはイギリス、ロシア及びプロイセンと組んでこれを阻止しようとし、一時ライン河畔で戦争が勃発する危機もあったが、結局フランスが折れ、一八四一年にエジプトは占領したシリアをトルコに返還して一件落着した。

また、ロシアがボスポラス・ダーダネルス海峡の排他的利用を画策したことについても、同年の海峡条約で両海峡は国際管理下に置かれることとなり、東方でのトルコの崩壊とロシアの伸長を防ぐというメッテルニヒの政策はひとまず成功した。

この後、東方では小康状態がもたらされ、オーストリアは、一八四六年にはポーランド民族運動の巣窟となっていたクラコフ自由市を、蜂起を機にロシア、プロイセンの同意を得てクラコフ公領として併合した。

第三節　三月革命

民族主義の動きが激しくなったのはまずイタリアであった。一八四六年六月一七日に選出された教皇ピウス九世は、教皇領で開明的な政策を実施し、これはトスカナ大公国においても導入された。オーストリア領イタリアやトスカナ大公国での統治は他の諸邦よりは遥かにましだったが、これらの地域では民族主義から来る独立要求が根強く、そこに教皇領などでの出版の自由化により民族主義的・反オーストリア的な文書が出されて、これがロンバルディア、ヴェネチア地区にも流入したため、これらの地域での反オーストリア感情は高まった。これに対してオーストリアは七月にフェラーラ要塞に軍を派遣してこうした動きを封じようとしたが、却ってイタリア人の反発を高めた。そして教皇はオーストリア軍のフェラーラからの撤退を要求し、サルジニアなどの北イタリア諸邦やイギリスもこの動きを支持したため、オーストリア軍は結局フェラーラから撤退した。

一八四八年二月、フランスで二月革命が勃発して七月王政が倒れると、その影響はオーストリア全土に及び、ウィーンをはじめボヘミア、クラコフ、ロンバルディア、トランシルヴァニア及びハンガリーで叛乱が勃発した（三月革命）。革命の背景には不景気・不作・インフレといった社会情勢もあった。

ウィーンの議会ではメッテルニヒの辞職が要求され、宮廷の反メッテルニヒ派もこれに同調し、三月一三日にメッテルニヒは辞任した。三月一七日にはこれを受けてミラノで叛乱が起きるのだが、イタリアの情勢については第三章第一節で詳説する。また、叛乱の起きていたハンガリーは四月一一日に「三月法」がフェルディナントによって承認されたため、合法的にオーストリアと分離した。

ウィーンでは四月二五日に憲法が公布され、国内を一四州に分け、帝国議会と内閣が行政・立法を行なう体制が取り入れられたが、叛乱は依然燻っていたためこの憲法は引っ込められて、五月一五日に普通選挙による議会が約束された。五月一七日には宮廷はインスブルックに逃亡したが八月にはウィーンに戻り、議会はその正統性を保証されて九月七日に農民解放令を成立させるなどの改革を行なった。またスラヴ人勢力は六月二日に「汎スラヴ人会議」を開いてスラヴ民族の連帯を図ろうとしたが、これは不調に終わった。

しかしハンガリーの分離の動きは「三月革命」を推進した自由主義諸派の同情を受けるものとならず、クロアチアはハンガリーによる支配を望まなかったため宮廷に与し、クロアチア総督イェラチッチ率いる軍は九月一一日にハンガリーに入り、帝国軍もこれを支援した。これに対して、コッシュートが主導するハンガリー叛乱軍（ハンガリー議会は七月に二〇万人からなる軍の創設を認めた）はウィーンに向けて進軍しようとしたが間もなく退却し、ウィーンで一〇月六日に起きたハンガリー支援の暴動も鎮圧して、帝国の支配の主導権は再び宮廷側に戻ってきた。

こうしたなか、無能なフェルディナントは一二月二日に退位し、その弟フランツ・カールは襲位を辞退したため、帝冠はその子の弱冠一八歳のフランツ・ヨゼフの手に渡った。

第三章　フランツ・ヨゼフのキャンペーン（一八四八〜一八六七年）

第一節　三月革命の処理

即位したフランツ・ヨゼフは、ハンガリーとイタリアでの叛乱を鎮圧するために軍を動かそうとしたが、サルジニア軍のイタリアでの叛徒援助は、オーストリア軍の活動を困難にした。また、ハンガリー内でのマジャール人の他民族に対する攻撃は、帝国の他の民族の批判と怒りを招き、南ハンガリーのセルビア人などは叛乱鎮圧側に回った。こうした状況を受けて、ヴィンディッシュグレーツ将軍率いるオーストリア軍は一八四九年一月五日にブダペストを奪還した。しかし、ハンガリー叛乱軍が巻き返してヴィンディッシュグレーツ将軍率いる部隊及びイェラチッチ率いるクロアチア人部隊（その装備は極めて貧弱だった）が撃破され、ブダペストは四月二三日に再び叛乱軍の手に渡った。そしてハンガリー国会は、四月一四日にハプスブルク家の廃位と共和制を宣言するに至ったのである。

こうした状態を受けてフランツ・ヨゼフはロシアに援助を要請し、ロシア軍二〇万は六月半ばよりハンガリーに入った。ロシア軍とオーストリア軍は連合してテメシュヴァール近郊で八月九日にゲルゲイ率いる叛乱軍を撃破し、一三日にゲルゲイがヴィラコースで捕らえられてハンガリー叛乱軍主力は壊滅した。この後、ハンガリー叛乱軍の一部は一一月まで抵抗したものの、遂に叛乱は鎮圧された。

第二節　対サルジニア戦争（一八四八〜一八四九年）

ウィーンでの叛乱を受けて、三月一七日、ロンバルディアの首都ミラノでもイタリア人が蜂起し、近隣都市からも応援の叛徒が詰めかけたため、ラデツキー率いるオーストリア軍（以下この節で「ラデツキー軍」という）は五万を下回っていた。一八三一年の在イタリアのオーストリア軍は一〇万四千だったが、一八四六年までには野戦軍は三万四千にまで落ち込み、要塞守備隊を含めても総兵力は七万二千で、しかも、うち二万人はイタリア人だった。ラデツキーは不穏に際して総兵力を一五万にするように要求していたが間に合わなかったのである。

ラデツキーは二二日にミラノを放棄して南下し、ペスキエーラ、マントヴァ、ヴェローナ及びレニャーゴからなる「四角要塞地帯」に退いた（ラデツキー率いる野戦軍の主力はヴェローナに入る）。ミラノの叛徒はサルジニアに援助を求め、続いてヴェネチアでも叛乱が起きて三月二三日に共和国の成立が宣言されたため、オーストリアのイタリア支配は危機に瀕した。

こうしたなか北イタリアの帰趨を握るサルジニア王カルロ・アルベルトは、国際的非難の可能性は承知していたが、叛徒からの支援要請とロンバルディア派兵を求める国内輿論に押され、三月二五日に遂に自ら兵四万五千を率いてロンバルディアへの進撃を開始し、ミンチオ川の両岸に布陣した。

パルマ、モデナのハプスブルク系君主は国外に亡命し、トスカナ大公レオポルト二世はフィレンツェ市民がロンバ

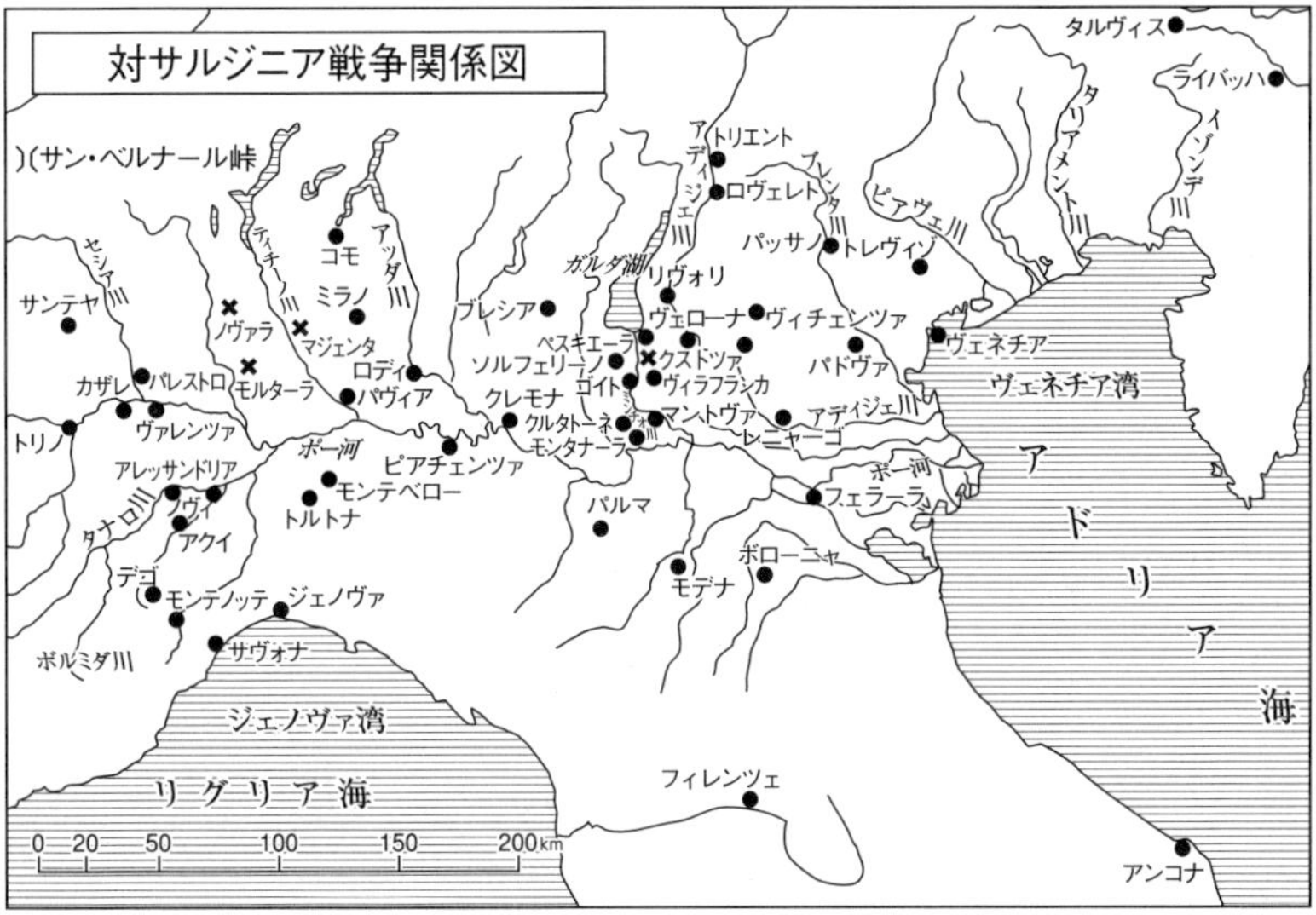

図26

ルディアに義勇軍七千が行くことを許す有様だった。また、両シチリア王国軍一万六千もロンバルディアに派遣し、教皇正規軍七千と義勇軍一万の出動を認めた。こうしてサルジニアを中心とするイタリア連合軍（以下この節で「連合軍」という）はヴェローナを目指してミンチオ川の両岸に布陣した。その右翼のマントヴァ正面にはトスカナの義勇軍、教皇軍、両シチリア軍及びモデナ公国などの軍一万二千が並び、ティロルには義勇兵四万が入った。またヴェネチアには義勇兵ら三万が救援に入り、サルジニア軍が断固前進すれば、オーストリアのイタリア支配は累卵の危うきにあった。

しかしカルロ・アルベルトは先行していた義勇兵を呼び戻して、慎重な姿勢を示した。小規模な戦闘で一、二勝利していたのと、四要塞の一つのペスキエーラを包囲していたため、ヴェローナ・ペスキエーラ間を遮断しておく必要性が消極的な態度の背景と考えられるが、これは後で高くつくことになる。

この間、国内各地での叛乱に忙殺されていたウィーン政府は、四月に入りサルジニアに対してロンバルディアを割譲することとヴェネチアに自治を認めることで妥協を図ろうとしたが、カルロ・アルベルトは北イタリア全体の問題の解決にはならぬとしてこれを拒否した。

オーストリアはイタリア民族の協調を崩すため、教皇ピウス九世に対し、サルジニアに荷担すればオーストリア教会は分離するという脅しをかけた。これについてピウス九世は、四月二九日に回状を発し、解放運動からの離脱を宣言した。これは、ローマ教会の世界主義の観点からは当然の帰結だが、イタリア民族運動にとっては大きな打撃だった。サルジニア軍は翌三〇日にパストレンコでラデツキー軍を撃破して依然優位を保っていたが、続くヴェローナへの攻撃はラデツキー軍が五月五〜六日のサンタ・ルチアの戦いでこれを撃退した。このため、ヴェローナの西のヴィチェンツァまで進んでいた教皇軍とローマ義勇軍は孤立し、ローマ義勇軍については五月八日にラデツキー軍が撃破した。

こうしたなか両シチリア王国では五月一五日の政変で革新政府が一掃され、両シチリア軍には撤退が命じられた。また、ロシアとプロイセンがサルジニアに抗議して既にトリノから公使を退去させたほか、フランスは、サルジニアが北イタリアで得た利益についての応分の分け前としてサヴォアを求めるべく国境に軍を集結させた。こうして、情勢は次第にオーストリア有利になってきた。

在イタリアのオーストリア主力であるラデツキー軍は依然、四角要塞地帯に在った。そのうち、新たに本土からヌゲント率いる三万の援軍が到着したため、ラデツキーは情勢が自軍に有利になったと判断し、ヌゲントの軍にヴィチェンツァを攻撃させ、自らは連合軍右翼を撃破しようと五月二七日にヴェローナから三万五千の兵力で出撃した。ラデツキー軍は、サルジニア軍右翼に回り込むためミンチオ川を渡って五月二九日にモンタナーラで連合軍の一部を撃破した。この後、ラデツキーは北上して連合軍の背後に回り込むために再度ミンチオ川東岸に渡ろうとしたが、これは北上して来たトスカナ大公国軍にクルタトーネとモンタナーラで待ち伏せされて三〇日に撃退され、ラデツキー軍は再び迂回してミンチオ川東岸に戻った。この後、ラデツキー軍はヴィチェンツァを六月一〇日に攻略し、更に本土からも援軍が来たので軍事的な優位を増した。

ラデツキー軍がミンチオ川東岸に戻ったことで連合軍は有利と見られたため、パルマ、モデナなどの人民は、住民投票でサルジニアへの併合を決議し、サルジニアによる北イタリア統一は達成されるかに見えた。しかしサルジニアの膨張はトスカナ大公国、スイス、フランスの警戒を高め、サルジニアの孤立は深まった。サルジニア軍は、ラデツキー軍が去ったあとマントヴァを攻略しようとしたが、ラデツキー軍がヴィチェンツァまで下がったと知ると寧ろその空白を突いてヴェローナを攻略しようとした。しかし、ラデツキー軍が早くもヴィチェンツァを攻略して戻って来たため、カルロ・アルベルトは軍を西に下げ、リヴォリからマントヴァまでの七二キロメートルの線に連合軍七万五千を配置してオーストリアの反撃に備えることとした。

この連合軍の配置が長過ぎて中央部が薄弱なことを看破したラデツキー将軍は、戦線の中央突破を図り、七月二三日にソンマカンパニアでまず連合軍を撃破した。カルロ・アルベルト率いるサルジニア軍三万五千はこれに対応するべく動き、両軍はクストッツァで激突する。

七月二四日に両軍が接触した当初は、サルジニア軍が優勢で、ラデツキー軍の一部は撃破された。しかし、二五日になるとラデツキーは二万でサルジニア軍中央を突破させたため、サルジニア軍は退却してゴイト・ボルタの線に踏み止まろうとしたが、ラデツキー軍はこれも突破した。このため、サルジニア軍はミラノに逃げ込んだが、ラデツキー軍が追撃して来たためここも放棄し、ラデツキー軍は一部市民に秩序の回復を依頼されつつ八月六日にミラノに入城した。サルジニア軍は八月九日にオーストリアと六週間の休戦を約してロンバルディアから撤退し、かくてオーストリアはロンバルディアを回復した。

連合軍が兵力を分散したのに対し、ラデツキーが軍を集中して突破戦術を用いたことがこの勝利に繋がった。また、在イタリア軍はオーストリア軍中最も良く訓練されていたことも勝因であった。この後ラデツキー軍は残余の連合軍を各地で撃破している。

戦勝の後、オーストリアは当然にサルジニアの全占領地の放棄を求めたため、サルジニア国民は継戦を望んだ。サルジニア政府は、フランスの支援がなければ勝利の目はないとしてフランスと交渉に当たったが、不調に終わったため戦争継続の断念に傾いた。しかしイタリア人民の輿論に押されたことと、オーストリアがハンガリー叛乱に苦しんでいたことから、サルジニアは全占領地の返還というオーストリアの条件を呑まず、交渉は決裂した。

サルジニア軍は一八四九年三月二〇日に再戦を開始し、軍一二万はティチーノ川の線に布陣した。しかし、カルロ・アルベルトは当時樹立されていたローマ共和国などの共和派諸勢力との共闘を拒んだため、前年のような義勇軍の来援はなかった。

サルジニア軍はティチーノ川を渡ってミラノを目指し、在ミラノのラデツキー軍一〇万は、ティチーノ川下流のパヴィアで渡河して西進してトリノを狙った。本来、これに対してはサルジニアの友軍が当たる筈だったが、サルジニアの友軍は勝手にポー河を渡って東進したため、ラデツキー軍はノーマークで南から三手に分かれてまずモルターラを目指した。サルジニア軍も急遽ティチーノ川を渡って南下し、二一日には先頭部隊がモルターラに入ったが後続がなく、ラデツキー軍の右翼支隊は同日中にこれを撃破した。結局、サルジニア軍全軍は元いたノヴァラ方面に撤退した。これに対して、ラデツキーは翌二二日には先行する右翼支隊を更に進めてヴェスポレトに入れ、中軍・左翼はモルターラに入れるという迅速さを見せた。

ラデッキーは、サルジニア軍の撤退先を掴んでいなかったため、取り敢えず軍をそのまま北上させてノヴァラを目指した。こうして三月二三日に、ラデッキー軍先鋒はノヴァラのサルジニア軍五万と激突する。

この戦いでは当初サルジニア軍が兵力的に優位だったが、ラデッキー軍主力が順次追いつき、ラデッキーが予備隊をサルジニア軍左翼に投入したことで勝負がついた。このため、カルロ・アルベルトはオーストリアに休戦を乞うてポルトガルに亡命し（間も無く脳溢血で死亡）、王位は王太子のサヴォア公ヴィットリオ・エマヌエル二世に譲った。ヴィットリオ・エマヌエル二世は二四日にラデッキーと休戦協定を結ぶ。

こうしてロンバルディアなどの叛乱も支援を失って鎮圧され、ダスプレ将軍率いるオーストリア軍は四月二五日にトスカナ大公国の首都フィレンツェに入城して中部イタリアでの勢力圏も回復した。そしてヴェネチアもオーストリア軍が五月から包囲を行なって八月二二日に開城させ、オーストリア領イタリアの全土が回復された。また、オーストリアはサルジニアから賠償金も得（最終的には二億五千万リラから七、五〇〇万リラに削減されたが）、二、三の要塞をその担保として占領したが、こうしたことはサルジニアの復讐心を煽り、一〇年後には仇をとられることとなる。

なお、オーストリア軍は一連の戦争に対応して一八四九年一〇月末までに総兵力六四万八千人、大砲一、二〇〇門に肥大化した。

第三節　クリミア戦争とバルカン問題

イタリアでの勝利を受けて、一八五〇年に宰相シュヴァルツェンベルク侯（ナポレオン戦争時の司令官の甥）は、「七千万人の帝国」を目指すことを表明して国家の膨張を志向した。また、軍においてもフランツ・ヨゼフがラデッキーと共にその再編に取り掛り（ウィーン、ヴェローナ、ブダ、レンベルクの四ケ所の軍と軍事境界の部隊に編成をまとめる）、一八五三年五月以降はフランツ・ヨゼフがヨゼフ二世以来初めて軍を実質的に指揮するなど、「強いオーストリア」への構想が頭をもたげてきた。そして三月革命を受けてのプロイセンのドイツ連邦内での影響力の拡大はロシアの助けを借りて食い止め、オーストリアの威信は蘇りつつあった。

ただ、オーストリアとロシアの関係はロシアの西方進出の強化により悪化していった。すなわち、一八五三年にオーストリアがトルコ領モンテネグロでの叛乱を契機に同地域をトルコから割譲させようとすると、ロシアもこれを支持する旨の発表を行ない、ドナウ方面に一四万の兵を集めた。しかしロシアの真の狙いはロシア自身によるトルコの分割・併合にほかならず、オーストリアにとってロシアは次第に脅威になっていった。ロシアの西方進出姿勢に対し、当初、オーストリア・イギリス及びプロイセンは好意的だったが、ロシアに対抗するフランスの強硬な態度（ベルギー侵略を辞さないとした）からイギリスがフランス支持に回った。

これに対してロシアは、モルダヴィア公国とワラキア公国に兵を入れる動きを示したが、これではロシアの南スラヴでの影響力が大きくなり過ぎるためオーストリアも態度を硬化させ、七月にロシアが実際に軍を両公国に入れるとオーストリアは直ちに反応して動員準備を整えた。この後一〇月にクリミア戦争が始まるが、一八五四年四月オーストリアはプロイセンと共同でロシアに対して両公国からの撤退を要求し、トランシルヴァニアを中心に軍を集結させた。そしてロシアがこれを聞き入れぬと見ると、オーストリアは六月にトルコと仮軍事条約を結んでロシアと戦う姿勢を示した。これ以上敵を増やしたくなかったロシアは、八月に両公国から兵を引き、その後にはオーストリア軍がトルコ軍と共に九月に入って自国の行政組織を設けた。こうした動きは、一八四九年のハンガリー叛乱の鎮圧へのロシアの援助についての忘恩行為と見做された。

一二月にオーストリアはイギリス・フランス・トルコの同盟に加わったが参戦はせず、モルダヴィアとワラキアを保持し続けようとした。しかし、これは一八五六年のクリミア戦争の後始末であるパリ会議で否定され、両公国はオーストリアの手から離れた。クリミア戦争での局外中立はオーストリアには対ロシア関係の冷却以外何ももたらさなかった。

これに対し、クリミア戦争で英仏側に立って参戦したサルジニアは、英仏両国の好意、とりわけフランスの好意を得ることに成功した。パリ会議でサルジニアの宰相カヴール伯爵は、イギリスの外相クレランドが両シチリア王国の圧制を非難したのに続いて、オーストリアによる教皇領北部の占領問題を取り上げ、サルジニアがイタリア問題において最も重要な地位を占めていることを示すのに成功した。こうしてオーストリアは、来るイタリア独立戦争ではロシアの支援を得られず、ドイツでオーストリアと主導権争いをしていたプロイセンも与せず、フランスはサルジニアに加担するという結末を迎えることとなる。

第四節　イタリア統一戦争（一八五九～一八六〇年）

オーストリアがバルカン問題で成果を挙げなかったのに対し、サルジニアはクリミア戦争への参戦で英仏の好意を取り付けた。また、フランス皇帝ナポレオン三世は、オーストリアを弱体化させて一八一五年以来のウィーン体制を修正し、イタリア、フランドル、スイスといった自国の周辺部への影響力を増大しようとしており、イタリア半島からのオーストリア勢力の排除という点でサルジニアを後押しした。こうした状況から、サルジニア王国宰相カヴール伯はナポレオン三世と一八五八年七月二一日にプロンビエールで会談して密約を結び（プロンビエールの密約）、近い将来、ヴェネチアとロンバルディアからオーストリアの勢力を排除することにつき口頭で合意した。この合意内容は翌一八五九年一月のトリノでの秘密同盟により文書化され、二六日に成立した。その内容は次のとおりである。

① サルジニアがオーストリアと戦う場合にはフランスは二〇万の兵力でこれを支援するが、開戦は飽くまでオーストリアの攻撃に対するサルジニアの防御という形で始める。

② サルジニアが対オーストリア戦に勝利すればヴェネト州（ヴェネチア）、ロンバルディア、モデナ及びパルマを入手して一王国とする。

③ 中部イタリアはトスカナ大公国と教皇領の一部を加えて一王国とする（処刑された元ナポリ王ジョアシャン・ミュラーの息子でナポレオン三世の従兄弟に当たるリュシアン＝シャルル・ミュラーを王にすることが考えられていた）。

④ 以上の成果が挙がった場合には、サルジニアはフランスにサヴォアとニースを割譲する。

また、前ウェストファリア国王ジェロームの息子でナポレオン三世の従兄弟に当たるナポレオン公ジェロームとヴィットリオ・エマヌエル二世の娘のクロティルデが結婚し両国は緊密な関係となる。

フランスの支援を得たサルジニアは、一月中に国内各地の部隊を抽出してティチーノ川沿いに配備して戦争準備を開始した。またクリミア戦争以来、オーストリアに恨みを抱くロシアは、農奴解放を控えていたため積極的に参戦しないものの国境地帯に軍を配備してオーストリアを牽制する旨をサルジニアに約した。

オーストリアのイタリア統治は、一八五七年に総督であったラデツキー元帥が死亡すると、軍事と民生を分離して総督には皇弟マクシミリアン大公が就任した。マクシミリアン大公はヴェネチア・ロンバルディア地域の自由主義派の融和のために各種の自由主義的な施策を行なおうとしたが、ウィーン政府の制肘にあって思うに任せず、結局一八五九年四月一九日、イタリア情勢が風雲急を告げたため解任され、軍司令官のジュライ元帥が総督を兼任した。

マクシミリアン大公の自由主義的統治が成功すればサルジニアが付け入る隙はなかったかもしれないとも評されるが、中央集権に走るウィーン政府としては分権的な自由主義政策をイタリアでとることはできなかった。

フランス・サルジニア間の合意内容が判明し、サルジニアが国境に軍事動員を開始したのに対抗してオーストリアも軍をサルジニア国境に配備する一方、サルジニアに動員解除を要求した。列国は戦争の回避に向けて動き、三月一八日にロシアがイギリス、フランス、プロイセン及びオーストリアの五ケ国によるイタリア問題討議のための会議開催を提唱したが、この会議にサルジニアを入れるか否かで対立があったため不調に終わった。オーストリアに対してサルジニアは戦備の同時撤廃を主張したが、フランツ・ヨゼフはこれを受け入れず、四月二三日に最後通牒として三日以内に撤兵しなければ攻撃を開始する旨を通告し、サルジニアは二六日にオーストリアの要求を拒絶して宣戦布告したため、二七日にオーストリアは宣戦布告し、二九日にオーストリア軍はトリノに向けて進撃を開始した。フランスも二九日にオーストリアに宣戦布告した。

既に引退していたメッテルニヒは、この問題について訪ねて来たフランツ・ヨゼフに最後通牒を発するのはやめるよう進言したが、最後通牒はその前日に発せられていた。またトスカナ大公国はサルジニアからの同盟要求を蹴って中立を志向したため、二七日にクーデターが起こって大公はトスカナを去り、同国でのヴィットリオ・エマヌエル二世の親政が宣言される。

ジュライ元帥率いるオーストリア軍一七万（一説には一五万。以下この節で「ジュライ軍」という）は、四月二九日にティチーノ川を越えてトリノを目指した。オーストリアとしては、フランス軍が合流する前にサルジニア軍を撃破して勝利を得たかったのだが、サルジニアが宣戦布告してから三日後に漸く作戦を発起し、この遅延は後で大きく響いた。ジュライ元帥は、一八五七年に死亡したラデツキー元帥の後任だったが、宮廷での陰謀によって地位を手に入れたとされ、その手腕故に起用されたものではなかった。

ジュライ軍はパヴィア方面から南下して五月二日にヴァレンツァ付近でポー河に達し、ここを渡河すればサルジニア軍の主力のいるアレッサンドリアを突ける状況にあった。しかしフランス軍主力がトリノからアレッサンドリア方面に進撃するとの情報が入ったため、ジュライ軍はサルジニア軍を攻撃せずに西に向きを変えたが、この進路変更のためにジュライ軍は先鋒部隊の引き戻しに三日を費やし、開戦後の遅延と合わせて都合九日が無駄に失われた。

西進を決めたジュライ軍は、七日にセシア川に沿って北進し、八日にはセシア川を渡河してサンティアに入り、トリノを窺う形をとった。ところがフランス・サルジニア連合軍（以下この節で「連合軍」という）は、アレッサンドリアに向かって集結しつつあり、トリノ方面には連合軍はいないという情報が入ったため、ジュライ元帥は背後から攻撃されることを恐れて再び軍を東に戻しセシア川を渡った後、五月一一日にポー河北岸のルメリアに陣取った。こうしてジュライ軍は開戦後約二週間にわたり無意味な動きを繰り返し、連合軍を各個撃破する機会を逃したのだから、これは稚拙というほかはない。

この間にアレッサンドリア付近に集結した連合軍は、五月一四日にナポレオン三世がアレッサンドリアに入って統一して指揮をとることとなり、ナポレオン三世は、連合軍をポー河南岸に布陣させ、一七日までに最左翼のカザレにサルジニア軍を置き以下右翼方向にはフランス軍を配置した。兵力はフランス軍が一一万、サルジニア軍が五万四千である。

この連合軍の動きに対してジュライ元帥は、自軍左翼（西側）にいた第五軍団（兵二万二千、砲六八門）を迂回させてポー河を渡河させ、連合軍右翼に威力偵察をさせようとした。第五軍団はポー河を渡河し、五月二〇日にモンテベローでフランス軍右翼と遭遇戦を行なった。この戦いではフランス軍に損害七二〇人を出させたが、第五軍団も約一、五〇〇人の損害を出して撤退した（以上「モンテベローの戦い」）。

この戦いの後、連合軍はジュライ軍が右翼を狙って攻撃してくると判断したため、この方面の防御を強化し、他方、ジュライ元帥も連合軍右翼が強力と見て自軍左翼の防御を強化して両軍は暫時対時した。

ジュライ軍が動かなかったため、ナポレオン三世は連合軍が寧ろ攻勢に出るべきと判断し、ポー河の上流で渡河してジュライ軍右側面を回ってミラノを目指すこととし、五月二六日に軍を動かした。連合軍は二手に分かれ、主力のフランス軍はヴェルチェリからノヴァラに回るに大回りの道をとり、サルジニア軍はこれを援護するためにジュライ軍右翼の後方にあるパレストロ（ジュライ軍一ケ旅団が守備）を三〇日に占領した。また、イタリアの民族運動の巨頭ガリバルディ率いる義勇軍（アルプス狙撃隊）はロンバルディアで動き回って二七日にコモを攻略している。

この連合軍の動きに対して、ジュライ元帥は、サルジニア軍・義勇軍の動きをいずれも陽動と考えていた。しかし、三一日にパレストロ奪還に二ケ師団を投入したのを撃退されて初めてフランス軍主力も迂回して北上していることが判明し、ジュライ元帥はフランス軍が分散していた好機を生かさずに慌てて軍を北上させて六月三日にティチーノ川を渡ってミラノの西二二キロメートルのマジェンタに退き、マジェンタから南のアッビアテグラッソにかけて兵一一万五千で布陣した。

連合軍はティチーノ川の両岸に取り敢えず軍を分散してジュライ軍の動きを見ていたが、ジュライ軍の布陣が固ったため、四日一〇時より兵力五万四千で攻撃を開始した。最初に動いたのはフランス軍左翼で、これに対してジュライ軍右翼は頑強に防御したが、フランス軍左翼の兵力が増加したため、ジュライ軍右翼はマジェンタ方面に退いた。これを見たナポレオン三世は、フランス軍主力をティチーノ川を渡って前進させ、マジェンタの西正面から攻撃を掛けた。これに対してジュライ軍の前衛は反撃し、フランス軍をティチーノ川東岸の線まで引かせた。またジュライは南方から三ケ軍団を北上させてフランス軍の右翼を攻撃させようとした。しかしフランス軍の後方部隊が午後三時までにはマジェンタ西正面に到着して攻撃を開始し、更に四時にはマジェンタの北からフランス軍とサルジニア軍が攻撃を加えたため、遂にマジェンタは北方からの攻撃に敗れて八時には突破され、ジュライ元帥は軍を後方のコルヘッタ及びロベッコに退却させた。

フランス軍が軍を一点集中させたのに対し、ジュライ軍は南北に長く布陣していたため、南方にあった三ケ軍団は決戦場には到着できないまま戦闘は終わった。フランス軍は、オーストリア軍が使用していた先込式銃（ローレンツ銃）の射程が自軍より優れていたため、射撃戦を諦めて銃剣突撃に戦法を変更し、これが却ってオーストリア軍に打撃を与えた。

ジュライ元帥は一夜明けた五日に逆襲を試みようとしたが、幕僚の反対にあって結局ミンチオ川の線に退却した。この戦いでのジュライ軍の損害は戦闘に参加した五万八千中一万二〇〇〇人、フランス軍の損害は四、五〇〇人である（以上「マジェンタの戦い」）

連合軍は、ジュライ軍の動きを見極めた上で追撃に転じて七日にミラノを占領した。また、この戦いの結果を見て取ってモデナ、パルマでは叛乱が起こり、パルマでは九日に、モデナでは一一日に君主がそれぞれ亡命して革命政府が樹立され、いずれもサルジニアへの併合を求めるに至ったから、ジュライ元帥の消極的な用兵は随分高くついた。また、アルプス狙撃隊もベルガモに向かうなど、オーストリアは各地で劣勢に立った。

ジュライ元帥は敗北の後、軍をキエゼ川東岸に沿って配備しようとしたが、フランスの第五軍団がトスカナに上陸して北進して来たため、背後を突かれることを恐れてミンチオ川東岸に下がり、六月一六日までにマントヴァ、ヴェローナ、ペスキエーラ及びレニャーゴの「四角要塞地帯」に撤退した。こうしたなかフランツ・ヨゼフが着陣してジュライ元帥に替わって自ら指揮をとることとした（皇帝の親征はヨゼフ二世以来である）。

フランツ・ヨゼフは軍を再び西に向けて六月二一日までにミンチオ川東岸の線に布陣した。これに対して連合軍はマラリアの蔓延から進撃速度が鈍り、二二日に漸くキエゼ川東岸に到着した。

フランツ・ヨゼフはミンチオ川に沿っている軍を二つに分けた。すなわち、南（左翼）に位置する兵六万五千（砲二三二門）は第一軍としてフランツ・ヨゼフが自ら率い（以下この節で「皇帝軍」という）、北（右翼）に位置する兵八万五千（砲三九二門）は、第二軍としてシリック大将が率いることとした（以下この節で「シリック軍」という）。

フランツ・ヨゼフは、トスカナから北上中のフランス第五軍団が合流する前に連合軍主力を撃破することとし、サルジニア軍がガルダ湖南の丘陵地帯に、フランス軍主力はキエゼ川畔にいることが判明したので、二三日にミンチオ川を渡河し、二四日に攻撃を掛けることとした。連合軍の兵力はフランス軍一一万（砲二八〇門）、サルジニア軍が四万五千（砲一三二門）で、兵力はほぼ互角で大砲の数はオーストリア軍の方が一〇〇門上回るという状況だった。ただし大砲の質を見ると、フランス軍はスイスの砲兵学校出身のナポレオン三世の主導により最大射程距離が三、二〇〇メートルと長く命中精度の高い青銅製の前装式四ポンド施条砲を導入していたのに対し、オーストリア軍は依然滑腔式の大砲で旧式の反跳弾射法を用いても射程は最大二、三〇〇メートル、通常はフランス砲の半分だったから、戦いで不覚をとることとなる。なお、サルジニア軍にも前装式施条砲を導入しようという動きはあったが、陸軍省の不手際で入手が遅れ、サルジニア軍は旧式砲で戦場に臨んだ。

二三日夜までにオーストリア軍は連合軍の手前八キロメートルにまで達していたが、連合軍は偵察が杜撰だったためオーストリア軍を覚知せず、二四日には予定通りミンチオ川まで進む予定であった。フランツ・ヨゼフは、二四日昼前に攻撃を開始することに決め、午前九時から一〇時の間に将兵に食事をとらせようとした。ところがナポレオン

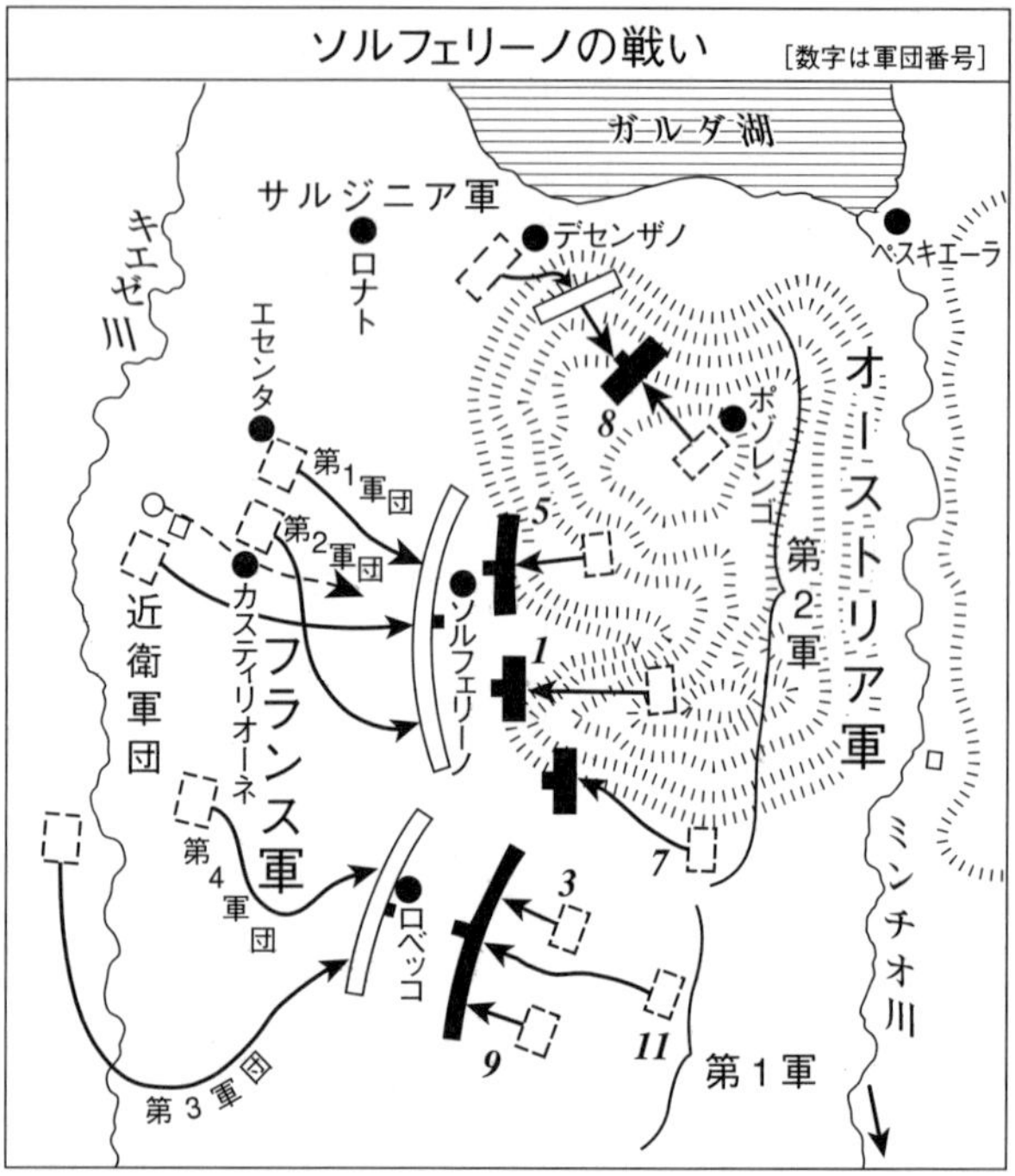

図27

三世は、暑気を避けるために夜間行軍することとして二四日午前二時に行軍を開始し、これにオーストリア軍が気付かなかったため、午前五時に両軍は激突した。

両軍が最初に激突したのはメドレ西方二・四キロメートルにある皇帝軍前哨で、フランス軍は忽ちこれを撃破してロベッコまで前進してきた。またサルジニア軍もシリック軍の最右翼にいたベネデック率いる第八軍団（兵二万一千）を攻撃したが、丘の上にいた第八軍団は逆落としにサルジニア軍を撃退した。サルジニア軍の南にいたフランス第一軍団はソルフェリーノの攻略に向かい、フランス第二軍団が更にその南に続いた。これに対してソルフェリーノ東方の高地にいたシリック軍中堅の第五軍団がこれと戦った。また、皇帝軍は麾下の第三軍団が午前八時頃ロベッコでフランス第四軍団を攻撃して優位に戦いを進め、これに対してフランス軍、皇帝軍共に後方から援軍が来るという状態で、戦局はオーストリア優位に進んでいた。

こうしたなかナポレオン三世はソルフェリーノ後方の高地の攻略を最優先として近衛軍団を第一軍団と第二軍団の

間に投入した。これに対して、フランツ・ヨゼフは、午前一一時頃、シリック軍に現状維持を命じる一方、皇帝軍を北に旋回させてフランス軍の後衛であるカスティリオーネを目指させてフランス軍を挟撃する作戦に出た。

しかしソルフェリーノではフランス軍の砲撃のため通路が妨害されて第五軍団への援軍が投入できず、高地で地の利を得ていた第五軍団も損害が甚大となって、遂に午後二時までに退却した。続いてフランス第二軍団もオーストリア第一軍団を押し戻したため、皇帝軍によるフランス軍右翼への攻撃は進展していたものの、オーストリア軍後方はフランス軍の遠距離砲撃によって攪乱され、フランツ・ヨゼフは午後四時に全軍にミンチオ川後方への撤退を命じた。

なお、第八軍団はサルジニア軍と戦って大損害を与えていたが、命令により午後八時に撤退を開始した。これを受けてフランス軍は追撃に出ようとしたが、折からの豪雨と、午前二時以来将兵が食事をしておらず体力の限界にあったため追撃を断念した。このため、オーストリア軍はミンチオ川後方までスムーズに撤退できた。この戦いでオーストリア軍は戦死一万三千、行方不明九千の計二万二千の損害を出した。対する連合軍の損害はフランス軍が一万一、五〇〇、サルジニア軍が五、五〇〇で計一万七千、うち行方不明が二、八〇〇である（以上「ソルフェリーノの戦い」）。

このように連合軍は有利に戦いを進めたが、オーストリアはハンガリーの叛乱にも拘わらずイタリア方面に軍を集結しつつあり、連合軍が四角要塞を攻略するには多くの時間と兵力が必要であった。またプロイセン軍を中心とするドイツ連邦軍六ケ師団の動員が六月一一日に決定され、これらはライン河畔に進出してフランスを脅かしだし、イギリスはともかくロシアは停戦に積極的であった。このためナポレオン三世は軍事的進展には期待が持てず、サルジニア軍の戦いぶりにも不満であったところ、列国の圧力を受け、また統一イタリア形成は教皇を脅かすとする国内のカトリック勢力の反発も考慮しなければならなかった。

かくてナポレオン三世はトリノ条約の内容に拘わらず、七月九日にヴィットリオ・エマヌエル二世に相談することなくフランツ・ヨゼフに休戦を申し入れた。フランツ・ヨゼフも、ハンガリーの状況が不安だったことと（一八四九年以来亡命していたコッシュートがハンガリー人軍団を編成するためにナポレオン三世を訪れている）、ドイツ連邦軍の助けを借りればプロイセンに恩を受けたこととなりドイツ連邦内での権威の低下を齎すこと、そしてフランツ・ヨゼフ自身の厭戦感（ソルフェリーノの戦いの後で死傷者が膨大だったことを見てフランツ・ヨゼフは「こんなことを又やるなら一州失った方がましだ」と述べたという）からこれを受け入れ（ロンバルディアはいずれ取り返せると考えていた）、七月一一日に両者はヴィラフランカで会談し、次のように決定した。

① 教皇総裁下にイタリア連邦を組織する。

② オーストリアはマントヴァ及びペスキエーラ要塞を除く全ロンバルディアをフランスに割譲し、フランスはこれをサルジニアに与える。

③ ヴェネト州はオーストリアの主権下に残るが、イタリア連邦には参加させる。

④ トスカナ大公国、モデナ公国などにおいては亡命君主を復辟させる。

⑤ 教皇領政府に対しては、行政上の改革を勧告する。

⑥ 今回の戦争に関係したイタリア諸邦人に大赦を与える。

以上の内容をサルジニア王ヴィットリオ・エマヌエル二世も受け入れたため、宰相カヴール伯は抗議して辞職した。以上の内容は、一一月一〇日に調印されたチューリッヒ条約により確定したが、ヴィットリオ・エマヌエル二世はこの条約を「自分限り」でしか承認しなかったので、トスカナ大公国、モデナ公国などでは復辟はならず、依然仮政府が存続してサルジニアとの合邦を画策した。

こうした情勢について、フランスは孤立しているオーストリアの力不足を察知して積極的に否定する動きを示さず、イギリスは寧ろフランス、オーストリアへの牽制として強いイタリアを求め、案の定オーストリアは単独で動けなかった。

こうして情勢はオーストリアのイタリアからの排除という方向で既定化され、一八六〇年一月に三度目の宰相の座に返り咲いたカヴール伯は、ナポレオン三世と取引を行ない、住民投票の形をとって同年三月にトスカナ、エミーリア、ロマーニャの三州がサルジニアに、サヴォアとニースがフランスにそれぞれ帰属することとなった。こうしてイタリア中部のオーストリアの衛星国家は全て消滅し、イタリアでのハプスブルク家の支配はヴェネト州を除いては悉く覆された。

イタリアでは一八六〇年末までにサルジニアが両シチリア王国と教皇領のうちマルケ、ウンブリアなどを併合し、一八六一年三月一四日にイタリア王国が成立し（首都はトリノ）、ヴィットリオ・エマヌエル二世が初代イタリア国王となった。オーストリアはハンガリー叛乱のためにイタリアへの介入の時期を失い、フランツ・ヨゼフの考えとは裏腹にロンバルディアを取り返す機会は遂に訪れなかった。

第五節　デンマーク戦争（一八六四年）

一五六三年秋、ユトラント半島の南にありデンマークとドイツ連邦の中間に挟まれたシュレスヴィヒ、ホルシュタイン両公国の帰属問題を巡ってデンマークとドイツ連邦の間で紛争が発生した。当時、両公国はデンマークと同君連合の関係にあったが、共にドイツ人が住民の大部分を占め、ホルシュタイン公国はドイツ連邦にも加盟していたことから、両公国の住民の多くはデンマークの支配から離れてドイツ連邦へ帰属することを望んだ。一八四八年の二月革

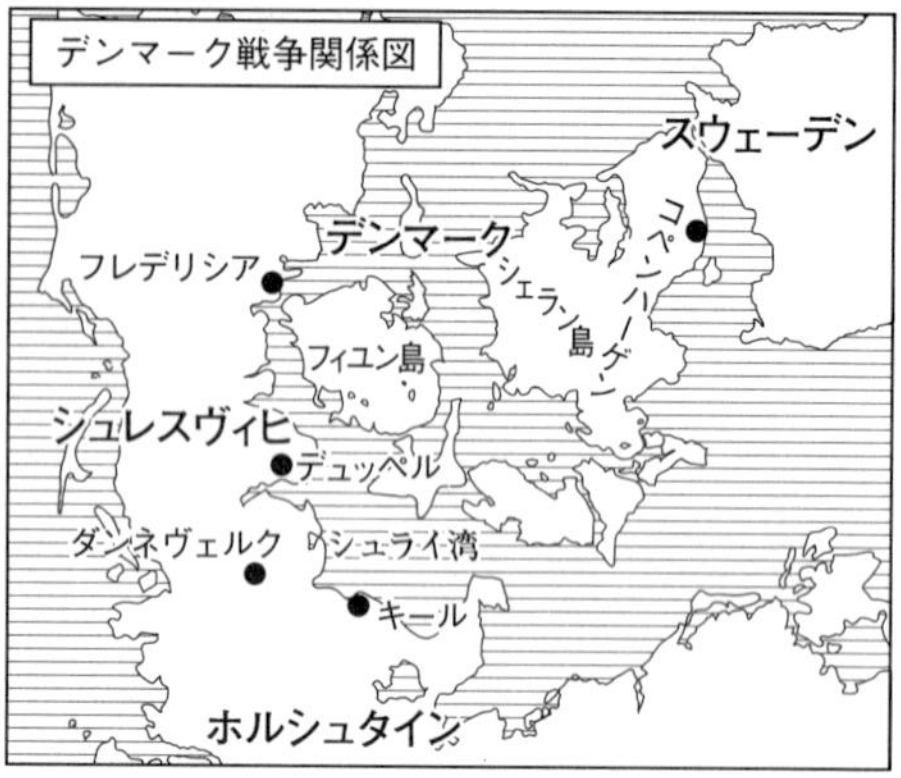

図28

命時には独立を巡って紛争が起き、独立派に対してドイツからも支援の軍が出てデンマーク軍と戦うという事態にまで発展したのだが、列国の干渉により混乱は鎮圧され、一八五二年のロンドン議定書によって両公国はデンマークと同君連合を持続し、かつ両公国は分離しないということが定められた。

ところが、一八六三年にデンマーク王フレデリック七世はシュレスヴィヒを分離してデンマークに併合することとしたため、ドイツ連邦はこれを議定書違反として抗議したところ、一一月五日に肝心のフレデリック七世が崩御し、王には子がなかったことから相続問題が一気に噴出することとなった。デンマーク本土については既にロンドン議定書によって定められたクリスティアン九世が相続・即位したが、シュレスヴィヒ、ホルシュタイン両公国についてはかねてより継承権を主張していたアウグステンブルク公フリードリヒが相続の名乗りをあげ、プロイセン王太子らドイツ人の多くがこれを支持したからである。

この問題について、デンマークとドイツ連邦、オーストリア、プロイセンが交渉を行なったが決裂し、一八六三年一二月にハノーファー王国及びザクセン王国の軍が連邦議会の決定に基づいてホルシュタインに入った。続いて一八六四年一月一六日にオーストリアはプロイセンと共同してデンマークと戦う旨の同盟を結び、翌一七日にオーストリア軍はプロイセン軍と共にシュレスヴィヒに進撃することとし、ここにデンマーク戦争は始まった。

デンマーク戦争に派遣されたオーストリア軍及びプロイセンの部隊は、オーストリア軍がガブレンツ率いる第六軍団二万三千（騎兵一ケ旅団、歩兵四ケ旅団）、プロイセン軍がヴランゲル率いる三万七千であった（以下この節で「連合軍」という）。

デンマークはイギリスなどの介入を望んで長期戦に持ち込もうとしたのに対し、連合軍は速戦即決を策した。連合軍は、二月一日にシュレスヴィヒに入り、オーストリア第六軍団は、二月三日にシュライ湾に沿って東西に走る堡塁線の中央にあるダンネヴェルク陣地を攻撃した。デンマーク軍は地形を利用して巧みに戦ったが、プロイセン軍が海側に迂回してシュライ湾を渡って包囲戦を仕掛けようとしたため、二月五日に北方に退却した。しかし迂回していたプロイセン軍の進撃の遅延により、デンマーク軍は捕捉されることを免れて二手に分かれ、ヘッケルマン将軍率いる二ケ師団（以下この節で「ヘッケルマン軍」という）は更にユトラント半島を北に逃れ、残る二ケ師団はデュッペル要塞に集結した。

これに対してガブレンツは、オーストリア軍とプロイセン近衛師団を率いて（以下この節で「ガブレンツ軍」という）ヘッケルマン軍を追撃し、ヴランゲルはプロイセン軍主力を率いて（以下この節で「ヴランゲル軍」という）三月一日よりデュッペル要塞の包囲にかかった。

ガブレンツ軍はヘッケルマン軍を追撃していたが、フランス・イギリスなどの干渉を恐れてデンマーク領ユトラント州には当初兵を入れない方針であった。しかしプロイセン近衛師団が二月一七日にユトラント州に侵入したため、ガブレンツも列国の干渉を排して北進する決意を固めて三月八日より前進を開始し、オーストリア部隊はヴェイル付近にいたヘッケルマン軍主力を攻撃して八日間の戦いの後これを撃退し、プロイセン近衛師団はコペンハーゲンの背後にあるフィユン島への入口であるフレデリシア要塞の攻略に回った。そしてデュッペル要塞攻略支援のためにプロイセン近衛師団が南下した後は（同要塞は四月一八日に陥落）、オーストリア第六軍団がフレデリシア要塞を包囲し、形勢不利を悟ったデンマーク軍が撤退するに及んで四月二八日に同要塞を占領した。

この後、ガブレンツ軍は北進してユトラント州を制圧し、更にオーストリア海軍のテゲトフ提督率いるオーストリア・プロイセン連合艦隊三隻（砲四〇門）は、五月九日にヘリゴラント島沖でデンマーク艦隊（砲一二〇門）を撃破したことで戦局は連合軍有利となり、イギリスの斡旋で五月一二日より休戦に入った。

休戦中、オーストリア、プロイセン及びデンマークの三国は和平交渉を行なったが、デンマークはシュレスヴィヒ、ホルシュタイン両公国の割譲に同意しなかったので、六月二六日に戦争は再開された。そしてヴランゲル軍がデュッペル要塞の対岸のアルセン島にあるジンデルブルク砦を六月二九日に攻略して七月一日までにアルセン島を制圧するに及び、遂にクリスティアン九世以下デンマーク政府は連合軍に屈した。

デンマークはオーストリア及びプロイセンと一〇月三〇日にウィーン条約を締結してシュレスヴィヒ、ホルシュタイン両公国に加えラウエンブルク公国を割譲し、オーストリア及びプロイセンが三国を共同統治するに至った。

このようにしてデンマークは領土を吐出したが、三公国の最終的な処理についてオーストリアはプロイセンと対立した。プロイセンとしてはシュレスヴィヒ、ホルシュタイン両公国をアウグステンブルク公フリードリヒにすんなりと与えてドイツ連邦に加入させることは、高まるドイツの自由主義運動を更に活性化させかねないという点でプロイセン宰相ビスマルクにとっては好ましいものではなく、ビスマルクの狙いは飽くまでラウエンブルク公国を含む三公国の併合にあったから、そこへの過程としてオーストリアとの共同統治を持ち出したのであり、二月になると三公国のプロイセンへの併合を画策し始めたのである。一方オーストリアとしては三公国を共同統治しても何の意味もないことから、これらの地域をプロイセンに譲ってその分をプロイセン領から若干割譲させて埋め合わせをしようという方針だった。しかし、代替地についてオーストリア国内で調整がつかなかったことから結局オーストリアはプロイセンの三公国併合に反対する立場に転化した。

こうした情勢下、ビスマルクは内外の反応も考慮して、一転して三公国をオーストリアとの間で分割する方針に変わり、オーストリアにはこれに対する代案がなかったことから結局これに押し切られ、一八六五年八月一四日のガシュタイン条約で次のように取り決めた。

① オーストリアはホルシュタイン公国を、プロイセンはシュレスヴィヒ公国をそれぞれ統治する。

② プロイセンはオーストリアに償金を支払ってラウエンブルク公国を併合する。

③ キール港はドイツ連邦のものとし、プロイセンがその軍政及び警察事務を管理する。

④ ホルシュタイン公国にあるレンツブルク城はドイツ連邦のものとし、オーストリア軍とプロイセン軍が共同で管理する。

こうしてデンマーク戦争の戦後処理は決着したが、ドイツの大義のための戦争が結果としてはプロイセンとオーストリアの私欲を満たす戦争に転化してしまった上、オーストリアは確たる外交方針を持たなかったため遠隔地に自領を増やすという不本意な結末になってしまい、骨折り損ということになってしまった。この後、オーストリアはホルシュタイン公国の総督に戦勝将軍のガブレンツをそのまま置いたが、この将軍は自由主義者であり、プロイセンがシュレスヴィヒ公国に送り込んだ保守主義のマントイフェルとは統治方針を異にし、この地域でのオーストリアとプロイセンの対立を招来することとなる。

また、オーストリア軍はこの戦争では規律正しく勇敢に戦ったとして好評だった。それはイタリア独立戦争でのフランス軍が銃剣突撃を用いてオーストリア軍を破ったことの教訓として、オーストリア軍の一八六二年の歩兵教範で銃剣突撃を重視したからである。ただ、これはフランス軍が自軍の銃の射程の短さを補うために行なったもので本来参考とすべきものではなく、デンマーク戦争でも歩兵の損害は多く出たが、軍首脳は勝因は飽くまでも銃剣突撃によるものと考え、この錯覚が普墺戦争での悲劇につながる。

第六節　普墺戦争［七週間戦争］（一八六六年）

第一款　普墺戦争まで

プロイセン主導によるドイツの統一を目論むビスマルクにとって、デンマーク戦争で共同したとは言えオーストリアは撃破すべき相手であった。オーストリアのドイツからの後退がない限りプロイセンの覇権の確立はあり得ないからである。このため、一八六五年一〇月にビスマルクはフランス皇帝ナポレオン三世を南フランスのビアリッツの保養地に訪れ、ライン左岸の割譲を仄めかしてフランスのプロイセン・オーストリア間の戦争での中立を要求して同意を得た。続いてビスマルクはオーストリアにホルシュタイン公国の買い取りを打診するが、オーストリア側はこれを断り、両国の対立は緩和されなかった。

続いて一八六六年一月二三日にホルシュタイン公国のアルトナでシュレスヴィヒ、ホルシュタイン両公国の分割統治に反対しアウグステンブルク公フリードリヒによる両公国の支配を望むグループが集会を開くと、プロイセンはこの集会の開催を許したことは両公国の分割統治を決めたガシュタイン条約に反するものと決め付けた。そしてオーストリアがこの抗議を黙殺したため、かねてオーストリアとの戦争を目論んでいたビスマルクは、二月二八日の御前会議で対オーストリア戦争止むなしの決定を国王ヴィルヘルム一世に下させ、戦争準備に取り掛かった。

プロイセンは、対オーストリア戦争で優位を保つためにイタリアと交渉に入った。イタリアは前年一一月にオーストリアに対してイゾンデ川以西のヴェネチアを四〇〇万グルデンで買う旨を打診したが断られるという経緯があったため交渉に応じ、ヴェネチアの獲得を条件に四月八日にプロイセンと協定を結んだ。この協定では、プロイセンが対墺宣戦布告した場合は直ちにイタリアも対オーストリア宣戦するとしており、有効期限は三ケ月だったからプロイセン・オーストリア間は将に風雲急を告げていた。このためオーストリアは五月二七日よりモラヴィアのオルミュッツ方面への軍の集中を開始し、プロイセン及びイタリアも戦備を整え、ドイツ連邦諸国も武装中立の準備を開始した。

イタリアとの交渉で後手に回ったオーストリアは、プロイセン・イタリア協定の成立の後にイタリアに対してヴェネチアの割譲を条件に中立を贖おうとしたが拒絶された。

フランス皇帝ナポレオン三世はこれに乗じてライン左岸を奪おうとし、プロイセンに対して「ライン左岸を割譲すればプロイセンに三〇万の軍を派遣する」旨申し入れた。しかし、この申入れを受ける気のないビスマルクは曖昧な態度をとって引き延ばしていたところ、五月にナポレオン三世は列国会議をパリで開くことを提案した。ここでナポレオン三世は「ヴェネチアをオーストリアからイタリアに、シュレジエンをプロイセンからオーストリアに、ホルシュタインをオーストリアからプロイセンに、ライン左岸はフランスに」という虫の良い提案をする積もりだった。しかしイタリア及びプロイセンは会議開催に同意したがオーストリアは列国の領土の不変を条件としたため、これでは益がないとしてナポレオン三世は開催を断念した。

オーストリアは既に国内で深刻な民族問題を抱えており、現状維持こその最善手と信じられていた。当時のオーストリアの立場は、プロイセンとの戦争は負けたら困るが勝ってもプロイセンの衰退はドイツの衰退に繋がって好ましくないというもので、何とも煮え切らない態度に終始していた。そしてイタリアとの外交交渉が失敗したため、軍部の強い要請にも拘わらずオーストリアは二正面作戦をせざるを得なくなってしまった。

続いてオーストリアは、ドイツ連邦の会議においてガシュタイン条約の破棄とアウグステンブルク公フリードリヒによる両公国の統治を提案した。この提案は、ドイツ連邦諸国には受け入れられたが、プロイセン側は激怒し、六月七日に在シュレスヴィッヒのマントイフェル率いるプロイセン軍がホルシュタインに進撃して戦争状態となる。

第二款　プロイセンとの戦い

六月七日に在シュレスヴィッヒのプロイセン軍一万二千がホルシュタインに侵入してきたのに対し、ガブレンツ率いるオーストリアの守備隊（歩兵五ケ大隊、騎兵二ケ大隊及び砲兵一ケ大隊）は衆寡敵せずとしてハノーファーを経て本国に逃れ、プロイセン軍はまずホルシュタインを占領した。オーストリアはこれを受けてプロイセンとの外交を断絶した。

こうしたなかフランクフルトで開かれたドイツ連邦議会は一四日、バイエルンの提案した平和維持のための決議を可決した。これに対してプロイセンは連邦からの脱退を宣言し、一五日には決議に賛成した領邦のうちザクセン、ハノーファー及びヘッセン・カッセルの三国に最後通牒を突きつけて同日夜には三国の領土に進撃した。これに対してオーストリアは一七日にプロイセンに宣戦布告し、プロイセンとイタリアもオーストリアに対して一八日に宣戦布告した。ザクセン以下の三国の武力はプロイセンに比べて問題とならず、プロイセン軍は一八日にザクセンの首都ドレスデンを占領してボヘミア国境まで軍を進め、二九日までにハノーファーを降伏させた。もっともザクセン軍三万二千はプロイセンの攻撃を予期し、抵抗せずにそのままのプラハまで退却して以降オーストリア軍と共に戦うこととした。

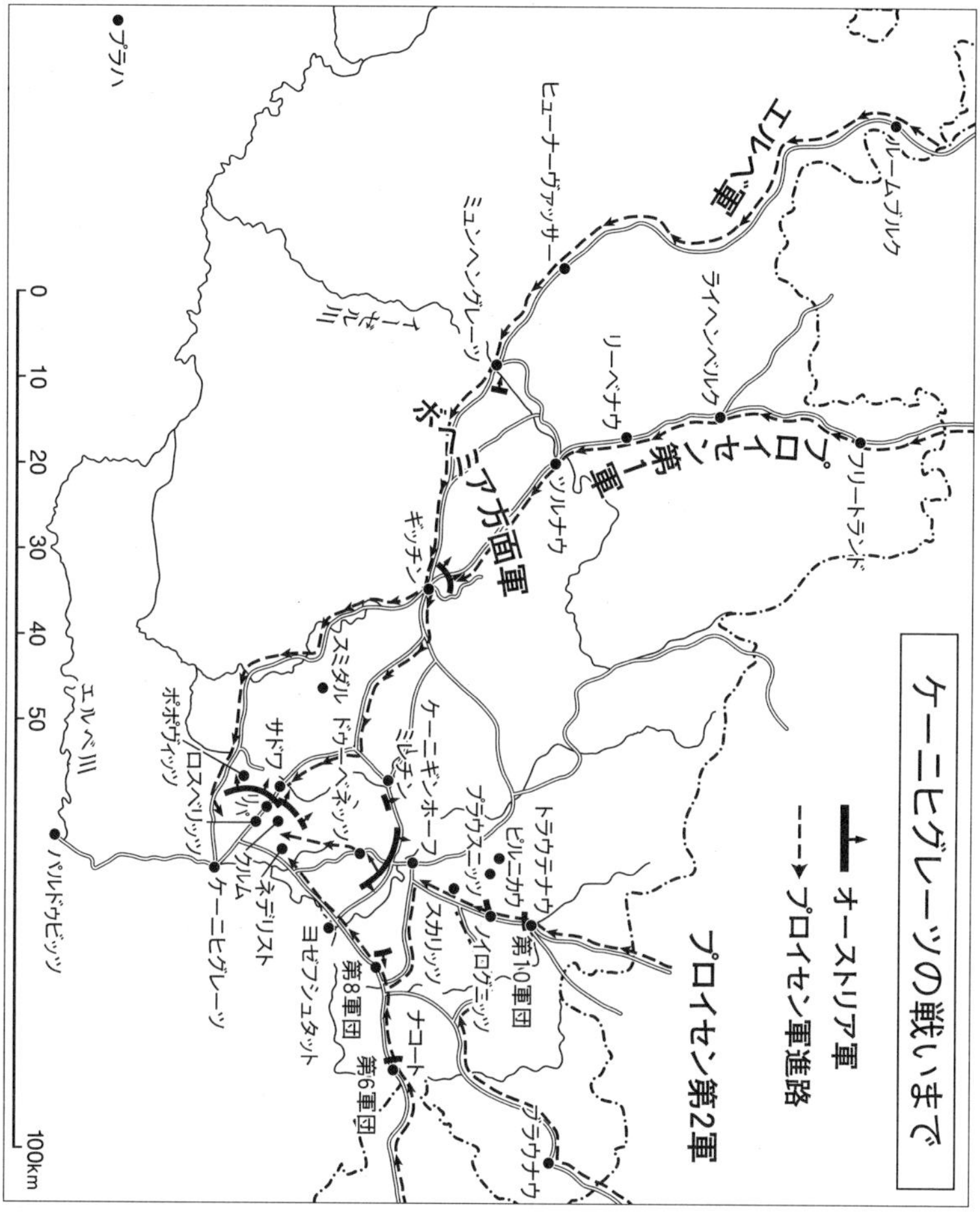

図29

プロイセンが機先を制したのに対し、オーストリアは作戦行動が遅れた。当時のオーストリア軍の作戦区処を見ると、ボヘミアにベネデック（ソルフェリーノの戦いでは第八軍団長としてサルジニア軍を撃破）率いる北軍二八万が、イタリアには元帥アルブレヒト大公（ナポレオン戦争時の名将カール大公の子）率いる南軍約七万五千があり、北軍は更に二手に分かれてプラハ方面（退却してきたザクセン軍を含む）とオルミユッツ方面にあった。このほか、バイエルン親王の指揮するドイツ連邦軍一二万が南ドイツにあり、これを加えればオーストリア側がドイツで展開できる兵力は約四〇万で、プロイセン軍三三万を上回ったが、ベネデックは専らボヘミア・モラヴィアで守勢をとり、ドイツ諸邦の軍と共同して北進することはしなかった。

ベネデックは元々イタリアの司令官で本人はイタリアでの指揮の継続を強く希望していたが、三月八日の会議でこの人事が決まり、しかも、本人の着任は五月二六日だったから、ボヘミア・ドイツの地理に暗いベネデックが積極作戦を立てることは困難であった。北軍参謀長のクリスマニッチ少将も戦争を長期化させればプロイセンには不利であるとの認識からオルミュッツ、ヨゼフシュタット及びケーニヒグレーツの三要塞に依拠して防衛戦をすることを構想しており、北軍はドイツ諸邦の軍を見殺しにする形となった。

一方プロイセン軍は、ザクセンを制圧した後、既にシュレジエンに派遣していた部隊と併せてボヘミア国境に二五万を集結させた。プロイセン軍参謀総長モルトケは、当初、自軍をザクセンとシュレジエンに分割することに反対したが、先攻攻撃して侵略者呼ばわりをされることをヴィルヘルム一世が嫌って進撃が遅れたことと、在オルミュッツのオーストリア北軍の主力（以下この款で「ベネデック軍」という）がシュレジエンに侵攻する虞があるとの王太子の主張を容れ、ナイセ付近に第二軍一一万五千、ゲルリッツ付近に第一軍九万三千と兵力を分散し、ザクセン方面にはドレスデン付近にナイセ軍四万五千を置くのみとした。戦争当初は双方とも防御的な軍の配置をしていたのである。

ベネデックは、プロイセン軍が速やかにザクセンに侵攻したことから、プロイセン軍主力は寧ろザクセンからボヘミアに入ってくると判断し、ベネデック軍一八万（六ケ軍団、四ケ騎兵師団。なお、一ケ軍団は歩兵三ケ旅団二万人と騎兵一五〇及び大砲四八門からなる）は二一日よりボヘミア方向に移動してエルベ川上流のヨゼフシュタット要塞に二六日から二九日にかけて入った。

他方、プロイセン側も簡単にザクセンが平定できたことから、ここから一気にボヘミアに入ってオーストリア軍と戦うこととし、エルベ軍と第一軍はボヘミアに入った。これに対してプラハにいたオーストリア軍と退却して来たザクセン軍（以下この款で「ボヘミア方面軍」という）はイーゼル川に沿って布陣し、二六日にヒューナーヴァッサーでエルベ軍の前衛はオーストリア軍の前哨を攻撃した。

この戦いでは、プロイセン軍の戦死が五〇に止まったのに対し、ボヘミア方面軍は二五〇の戦死者を出すに至った。これはプロイセン側が後装式撃針銃（ドライゼ銃）を採用して発射速度で前装式ライフル銃（ローレンツ銃）を用いたオーストリア側に勝ったためである。オーストリア側が用いたローレンツ銃はプロイセンのドライゼ銃よりも射程は二倍あったが発射速度が遅く（ドライゼ銃は一分に四～七発発射できる）、しかも弾込めの際いちいち立ち上がらねばならないという点で、伏射のまま弾込めできるドライゼ銃よりも遥かに兵員を危険に曝さねばならなかった。プロイセン軍の銃の優越は先のデンマーク戦争でも明らかだったが、ドライゼ銃の操作が難しくて兵士は使いこなせないだろうという判断と、既にローレンツ銃の生産ラインができ上がっていてその変更には莫大な費用がかかることから、後装式銃導入は進まなかった。戦争直前にようやくドライゼ銃五千挺をベルギーに発注したが、当然戦争には間に合わなかった。

この小銃の革新の遅れがオーストリアが苦杯を嘗める大きな要因となった。また大砲についてもプロイセンが後装式施条砲の導入を砲兵連隊の一六中隊中平均一〇中隊で行なっていたのに対し、オーストリアはイタリア独立戦争の反省もなく依然前装式施条砲を用いており（この点については、オーストリアの方が練鉄砲をプロイセンより多数有していたとの指摘がある。ただオーストリア軍の方が大砲の射程は依然短かった）、この面でも火力の劣等が露呈した。なお、ここからの戦闘記述は日毎に行なう。

六月二七日

プロイセンのエルベ軍及び第一軍の南下の間、ベネデック軍はヨゼフシュタット方向に移動していたが行軍速度は遅く、シュレジエンにいたプロイセン第二軍に東北方面から攻撃できる態勢だったため、主力の行軍を援護させるために麾下の第六及び第一〇軍団を派遣してプロイセン第二軍の前進を食い止めさせようとした。命令を受けた第六軍団は、二七日午前よりナコートに進出していたプロイセン第二軍の前衛部隊を攻撃した。ナコートはシュレジエンからボヘミアへの街道の隘路であり、ここで阻止すればプロイセン第二軍は進撃不能となる筈だった。しかし、第六軍団の活動が不活発だったため寡勢のプロイセン軍を駆逐できず、同日午後にプロイセン第二軍主力が到着するに至って戦況は逆転し、遂に第六軍団はスカリッツに退却してここまで救援に出ていた第八軍団と合流したこの戦いでのオーストリアの損害は五、七〇〇人、対するプロイセンの損害は一、二〇〇人である（以上「ナコートの戦い」）。

一方、第一〇軍団はヨゼフシュタット北方のトラウテナウの確保に向かったが、その手前で二七日午前にプロイセン第二軍麾下の第一軍団と遭遇した。この戦いでは第一〇軍団の前衛部隊は退去したものの、第一〇軍団本体は前衛部隊を収容して反撃に転じ、プロイセンの陣地に銃剣突撃を行ない、同日深夜までにプロイセン第一軍団を同軍団の当初の宿営地リバウまで押し戻した。しかし、この戦いでもプロイセン軍の損害が約一、四〇〇人だったのに対しオーストリア軍の損害は約四、八〇〇人に上り、手放しで喜べる勝利ではなかった（以上「トラウテナウの戦い」）。

オーストリア軍がイタリア独立戦争での戦訓として銃剣突撃を重視するに至ったことは前述したが、デンマーク戦争で大きな損害を出したにも拘わらず、その戦術を変えなかった。そして一八六四年に後装式銃の導入を勧めた報告書が出た時も、フランツ・ヨゼフは「銃剣はより名誉ある武器とみなす」とし、皇帝自らが硬直した戦術を軍に植えつけてしまった。このため銃剣突撃重視の戦術はこの戦争でも維持され、オーストリア兵は多くの損害を出すことになる。

プロイセン第一軍及びエルベ軍の南下に対し、ボヘミア方面軍はイーゼル川流域のツルナウとミュンヘングレーツを確保することとした。この方面の司令官になっていたザクセン王太子はミュンヘングレーツ付近にいたボヘミア方面軍主力をツルナウに移動させて二七日にプロイセン軍に決戦を挑む計画を立て、その旨を指揮下のオーストリア第一軍団に命じた。しかし、軍団長クラム・ガラス伯はミュンヘングレーツの確保を主張してこれに反対したため、ザクセン王太子は僅かな部隊を取りあえずツルナウに向けた。しかし、この部隊はツルナウへの道の途中にあるポドールでプロイセン軍に撃破されて一千の死者を出し、ザクセン王太子の作戦は失敗した。ザクセン王太子は、二七日の決戦を断念してミュンヘングレーツ付近のイーゼル川左岸でプロイセン軍を待ち受けようとしたが、ベネデックはボヘミア方面軍に撤退してギッチンに集結するよう命じた。

六月二八日

ベネデックは、オーストリア軍全体が東西からのプロイセン軍の進撃で押されていたことからどちらを叩くべきか思案していたが、前日のトラウテナウの勝利と西方のプロイセン軍が強いとの判断から軍主力は西方に移動させ、東方の敵は一部部隊の派遣で食い止めることとした。この後、ベネデックは自らスカリッツで視察した結果、プロイセン第二軍は北方に迂回してプロイセン第一軍及びエルベ軍との合流を企てていると判断し、軍全体を西に移すこととし、まず前日の戦いで損耗した第六軍団をヨゼフシュタット北西のミレチンに向けて出発させ、続いて第八軍団を同じくサルナイに向けて進発させることとした。

ところがプロイセン第二軍はまともに西進し、進路にあるスカリッツに残っていた第八軍団を攻撃した。第八軍団は元々移動を前提としていたため陣地を死守する気合いも低く浮き足立っていたところ、プロイセン軍に回り込まれ、遂に大損害を出して退却した。しかし、後方のドーラまで第四軍団が進んでいたためプロイセン軍もそれ以上は進めず、第八軍団は追撃を免れた。この戦いでのオーストリアの損害は五、五〇〇人、対するプロイセンの損害は一、四〇〇人である（以上「スカリッツの戦い」）。

一方、前日一応勝利を収めた第一〇軍団に対し、ベネデックは戦線を維持するためにプラウスニッツへの移動を命じた。第一〇軍団は先日撃破したプロイセン第一軍団が動かなかったので安心していたのだが、西方からプロイセン近衛軍団が出てきてノイログニッツで第一〇軍団に攻撃を加えた。第一〇軍団はクネーベル旅団に支えさせて速やかにノイログニッツに入る積もりだったが、ノイログニッツ方向にも既にプロイセン軍が進出していたため向きを変えてピルニカウへと進んだ。ところがクネーベル旅団に対しては軍団の方向転換が伝わっていなかったため、同旅団はノイログニッツ方面にそのまま進んでプロイセン軍に包囲されて壊滅した。第一〇軍団は夜までにエルベ川左岸のノイロッスに退却したが、この戦いでオーストリア軍は三、八〇〇人を失った。対するプロイセン軍の損害は七〇〇人に過ぎず、オーストリア軍は西方からのプロイセン軍の進撃に対して全くの劣勢に立った（以上「ノイログニッツの戦い」）。

ボヘミア方面軍は、朝よりギッチンへの転進を開始した。これに対してプロイセン軍は当然攻撃を掛け、ボヘミア方面軍の殿軍の一ケ旅団を中心に一、八〇〇人の死傷者を出した（プロイセン軍の死傷者は三〇〇。以上「ミュンヘングレーツの戦い」）。

ボヘミア方面軍は兎にも角にもギッチン方向へ退き、同日中にギッチンへの途中のソボトカに到着した。

六月二九日

ボヘミア方面軍は、早朝までにギッチンに入り、その前方のブラク山からロショウにかけて布陣した。ボヘミア方面軍は、三〇日にベネデック軍主力が到着するまでこの地域を確保することとなっていた。これに対してプロイセン第一軍及びエルベ軍は、プロイセン第二軍の作戦を支援するために速やかに前進せよとの指令を受け、午後にギッチン正面に到着して攻撃を開始した。ボヘミア方面軍はベネデック軍が支援に来ると信じて頑強に抵抗していたが、ベネデックは前日の二つの敗戦によりギッチンへの軍の移動が不可能だったため、「抵抗を中止して本軍の方に撤退すべき」旨の命令を発した。ボヘミア方面軍は夜に退却を開始したが、ブラク山にいた一部部隊はギッチン市内まで引き揚げて来たところを突入してきたプロイセン軍に襲われて損害を出した。ボヘミア方面軍のうちオーストリア第一軍団はベネデック軍から分派されていた第三軍団が入っていたミレチンに、ザクセン軍はその南西のスミダルにそれぞれ退いたが、この一連の戦いでのプロイセン軍の損害は約一、二五〇人だったのに対しボヘミア方面軍の損害は約五、六〇〇人で、その士気は著しく低下した（以上「ギッチンの戦い」）。

六月三〇日

ベネデックは、前日までに受けた損害が総計三万人に達しており劣勢は免れなかったため、全軍をケーニヒグレーツ北方のピストリッツ川左岸に移動させることを午後三時に命令した。ベネデックとしてはケーニヒグレーツ北方（エルベ川北岸）に退いた後、七月二日までここで休息し、三日には更にパルドゥビッツ付近でエルベ川南岸に渡って退却する積もりだった。ここまでの戦況に鑑みてオーストリア軍が野戦でプロイセン軍を撃破することは困難であり、ベネデックはウィーンかオルミュッツで要塞戦に持ち込んで敗北を免れようとした。確かにオーストリアが要塞戦に持ち込めばドライゼ銃の脅威からは逃れられて長期戦になり、フランスの介入をおそれるプロイセンを嫌な局面に立たせられるから彼の考えもあながち消極的なものとは非難できない。

この間、プロイセン第一軍及びエルベ軍はギッチンからケーニヒグレーツ方面に進撃し、プロイセン第二軍もベネデック軍の各軍団を撃破した地点からエルベ左岸の方へと進んでいた。

七月一日

午前一時よりベネデック軍及びボヘミア方面軍はそれぞれ移動を開始し、予定していたケーニヒグレーツ北方での配置を完了した。しかし、ベネデックは決戦をなおも逡巡していたため（ケーニヒグレーツ要塞への撤退を考えていた）、断固たる布陣をとらせることはなく中途半端に終始した。午前一一時半、ベネデックはフランツ・ヨゼフに対し、早急に講和をしなければ軍の破滅は不可避である旨を打電した。しかしフランツ・ヨゼフは二時間後に講和を不可とし会戦を促す旨を返電し、ベネデックは要塞戦ではなく決戦をせざるを得なくなった。この間、プロイセン軍もケーニヒグレーツ方面に進んでいたが、依然プロイセン第一軍及びエルベ軍とプロイセン第二軍の間には隙間があり、ベネデックはその気になれば全力で分力を叩くという各個撃破の機会はあったとされる。

しかし、ベネデックはケーニヒグレーツ北方で単に軍の配置をしたのみであった。これは騎兵による索敵を充分には行なっていなかったためだが、この点はプロイセンも同様だった。

七月二日

ベネデックは、正午より軍団長らを招集して会議を行なったが、軍を暫くこの地で休養させることを提案したのみであった。他方、フランツ・ヨゼフはこの日第一軍団長クラム・ガラス伯、北軍参謀長クリスマニッチ及び軍総参謀長ヘニクシュタイン（特にベネデックの補佐のために北軍の総参謀長も兼任）を軍事指揮の宜しからぬことを理由に解任したため北軍内部で混乱が生じた。

この間プロイセン第一軍及びエルベ軍は、ベネデック軍が既にエルベ川南岸に渡ってヨゼフシュタットからケーニヒグレーツまでの間に布陣しているものと考え、決戦は四日になると予想して南下していた。しかし、第一軍の索敵によりベネデック軍の所在が判明し、これが午後一一時にギッチンにあったプロイセン軍大本営（プロイセン王ヴィルヘルム一世、宰相ビスマルク及び参謀総長モルトケらがいた）に伝えられると、大本営は急遽三日に決戦することを決定した。このため、遅れて進んでいたプロイセン第二軍は深夜に命令を受けてケーニヒグレーツに急行することとなった。

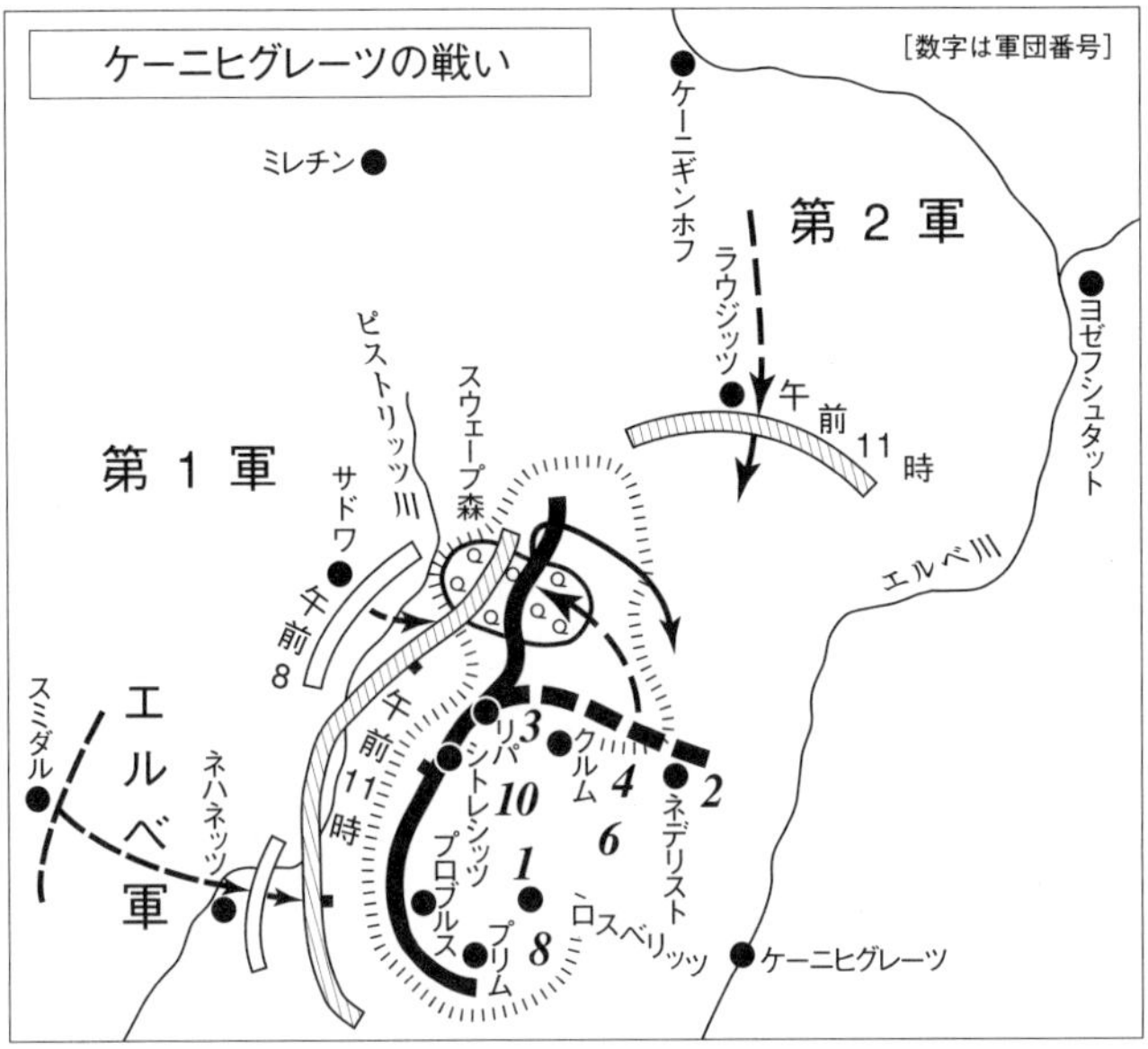

図30

七月三日

ケーニヒグレーツに在ったオーストリア軍司令部は、西方から進んでくるプロイセン第一軍及びエルベ軍に備え、午前二時に指揮下の部隊に次のような命令を発した。

①　敵の襲来が最初に予想されるザクセン軍は左翼（西側）のポポヴィッツ高地に依拠することとして現在陣地よりやや後退させ、その左後ろにザクセン騎兵及び第一軽騎兵師団を配置する。

②　第一〇及び第三軍団は中央（北側）としてザクセン軍の右にあるシトレシッツ、リパ及びクルムの高地に布陣する。

③　第四及び第二軍団は右翼（東側）としてクルムからネデリストに至る線に配置し、その右後方（南東）に第二軽騎兵師団を置く。

④　予備として中央の後方（南）のロスベリッツに第

一及び第六軍団を、左翼の後方（東）に第八軍団を置き、スウェチには第一、第二及び第三予備騎兵師団を置く。

以上の配置による総兵力は約二〇万、砲は七七〇門となりプロイセン軍とほぼ同数、しかも高地の利があるからオーストリア軍はプロイセン軍に対して有利に戦える情勢であった。しかし、この布陣を指示しながらベネデックは各軍団の退却方法についても指示を与えており、フランツ・ヨゼフの決戦の勅命にも拘わらず、依然はっきりしない態度をとっていた。また、命令の伝達に時間がかかり各軍の陣地移動は早朝からなされたため、プロイセン軍の接触前に既定の防御線に各軍は着くことができず、これもオーストリア軍に不利に働いた。

三日中に決戦を挑むこととなったプロイセン第一軍及びエルベ軍が午前二時に行動を開始し、払暁に大本営より命令を受け取った第二軍も午前七時に前進を開始した。しかし、第二軍はオーストリア軍から一八キロメートル離れていたため、決戦に参加するには随分時間がかかることとなった。

オーストリア軍に最初に接触したのはプロイセン第一軍で、午前七時半に中央に配置されていた第一〇及び第三軍団の前哨をサドワ・ベナディック付近から駆逐した。これに対して第三軍団などは移動命令を受けたのが午前六時で、予定の配置に着いていなかったため反撃に移れず、その間プロイセン第一軍は午前八時にはオーストリア軍の前哨が逃げ込んだスウェープの森の一部まで占領した。

プロイセン第一軍に対しては、第三軍団が漸く反撃を開始したほか、右翼の第四及び第二軍団も陣地から下ってスウェープの森へ東方向から回り込んで攻撃を開始した。オーストリア側は、午前一一時までにこの地域に歩兵八〇ケ大隊、砲一五二門を集めたため、この地域にいた一四ケ大隊、砲二四門のプロイセン側は大苦戦となり辛うじて現在位置を保っているに過ぎず、一二時までにはスウェープの森の大部分をオーストリア軍は回復した。また、第一〇軍団と第三軍団の左翼地区にはプロイセン第一軍の主力が攻撃を掛けたが、これに対してもオーストリア側は砲を集中し、プロイセン側はピストリッツ河畔で停滞していた。

一方、プロイセンの最右翼（西側）にいたエルベ軍は、午前八時頃ネハネッツに到着し、ここでもオーストリア側の前哨は駆逐された。ザクセン軍は命令によりポポヴィッツ高地まで下がることとなっていたが、その更に西にあるブロブルス及びプリム高地の方が有利だったので軍命令の変更を受けて布陣を変えていた。しかし早朝の陣地移動のためザクセン軍は地形を把握しておらず、防御施設の工事前にプロイセン軍の攻撃を受けたため地形の有利さを充分には生かすことはできなかった。しかし、ザクセン軍及びプリムにいた第八軍団は勇敢に反撃し、寧ろ反転攻勢を掛ける勢いだったのである。

このようにオーストリア軍はプロイセン軍を食い止め、左翼では寧ろ優勢な位であった。プロイセン側は東方からの第二軍の到着がその成否の鍵を握る状態だったのである。こうしたなか午前一一時にプロイセン第二軍がラウジッツに到着した。この時点ではオーストリア軍の右翼を守るべき第四及び第二軍団は、スウェープの森に入っていたため右翼はガラ開きとなっており、ベネデックは急遽両軍団に当初の位置への撤退を命じ、両軍団は一二時に行動を開始した。しかし、この時点ではプロイセン第二軍は両軍団の撤退路に迫っており、先行する五ケ旅団で両軍団の側面から猛烈に攻撃を加えた。この戦いでは、兵力はオーストリア側の方が数倍上回っていたが、移動中の虚を突かれたため両軍団とも大混乱に陥り大砲五五門を遺棄して潰走した。

両軍団長はロスベリッツに総予備として待機していた第六軍団に救援を依頼したが、第六軍団長はベネデックの命令がないことからこれを拒否し、第四及び第二軍団は踏ん張り切れなかった。こうしてオーストリアの右翼は崩壊し、プロイセン第二軍が午後三時にはオーストリア側の本来の右翼の配置場所であるクルムからネデリストに至る線を占領した。また、午後三時にはプロイセン軍右翼のエルベ軍が左翼のザクセン軍と第八軍団の背後に回り込み攻撃を開始した。このため、左翼の部隊は反転攻勢を諦めて後退を開始し、第八軍団の占位していたプリムも午後三時にプロイセン側に取られてしまった。

包囲の危機に瀕したのでベネデックは、予備の第六軍団にクルム高地の奪還を命じ、同軍団は戦闘未参加で兵に体力があったことから一時はクルム高地を占領した。しかし周囲の友軍が軒並み敗走したため第六軍団はプロイセン軍に包囲される危険が生じ、高地から撤退した。この後、第六軍団は、友軍の撤退を援護するために「捨てがまり」的に再度クルム高地に向けて突進し、また、同じく総予備として控置されており第一〇軍団の守るリパの奪還に乗り出していた第一軍団も第六軍団の応援としてクルムに転進してきた。しかし、既に戦局は決したため両軍団も抵抗を止め、ここにオーストリア軍はケーニヒグレーツに向けてんでに退却した。

午後四時から四時半にかけて、オーストリア軍の最後部にいた砲兵（二〇〇門）及び騎兵二ケ師団は歩兵の退却を支援したため、歩兵部隊は殲滅を免れてエルベ左岸に渡った。しかし、砲兵部隊は退却ができず多くの砲が鹵獲された。また、オーストリア騎兵四〇ケ中隊はロスベリッツ付近でプロイセン騎兵三〇ケ中隊の突撃を阻止していたが、前進してきたプロイセンの歩・砲兵に猛射されてボロボロになって退却した。このようにオーストリア軍は敗色濃厚になってやっと奮闘したものの、既に手遅れだった。

退却したベネデック軍はケーニヒグレーツ要塞に入ろうとしたものの、要塞司令官はプロイセン軍の侵入を恐れて門を開かずに要塞周辺で洪水戦術をとったため同軍の敗兵は拠り所がなくなった。結局ベネデック軍はケーニヒグレーツ要塞側の要請を受けて要塞南のホーヘンブルックからパルドゥビッツの線に翌日朝までに撤退した。この戦いではオーストリア側は戦死、捕虜及び行方不明の合計が約四万四千となり、大砲一八七門が遺棄された。これに対してプロイセン側の人的損害は約九千である（以上「ケーニヒグレーツの戦い」）。

また、ここまでの戦いでのオーストリア側の損害は七万五千に上り、プロイセン側の損害一万六、四〇〇の四・五倍となり、士気の低下も甚だしかった。

この後、ベネデック軍はホーヘンブルックからパルドゥビッツの線に布陣してプロイセン側に休戦を申し入れたが拒絶された。この間、イタリアにおいては南軍が六月二四日にイタリア軍を撃破していたので（後述）、フランツ・ヨゼフは一計を案じフランスにヴェネチアを割譲することとしてフランスにオーストリア・イタリア間の停戦を調停させ、これにより南軍を本国に召還して兵力を増加させてプロイセンとの次の決戦に当たることを考えた。しかしナポレオン三世によるイタリア及びプロイセンへの和平斡旋はいずれも拒絶されたため、オーストリアは北軍の一部（五～六ケ軍団）をオルミュッツ要塞に、イタリアから引き抜いた南軍七万と北軍主力をウィーンに入れて、南下してきたプロイセン軍を挟撃する策を立てた。しかしプロイセン第二軍の南下は早く、新たに全軍を指揮することとなっていた前の南軍司令官アルブレヒト大公が七月一三日にウィーンに着いた時には既にウィーンとオルミュッツの間は遮断されており、結局アルブレヒト大公はウィーンに二三万を集めて防衛戦を行なう方針とした。

プロイセン軍は、七月二一日にルッス河畔まで進撃し、二二日にはイタリアからの南軍の帰還を阻止するため一部部隊はプレスブルクを占領し、第一軍先鋒はブルメナウを攻撃した。しかし、戦争の長期化とフランスの干渉を恐れるビスマルクは、ナポレオン三世がザクセンの併合以外のプロイセンの領土拡張を呑んだことに基づいてヴィルヘルム一世を説得し、二二日にオーストリア・プロイセン間で五日間の休戦協定が成立した。休戦後、二七日にニコルスブルクでの仮平和条約が発効した。

プロイセンとの一連の戦闘は、輸送能力、火器、戦術及び指揮系統のいずれにも劣るオーストリアの当然の敗北であった。プロイセンは初動が遅れたにも拘わらず、ザクセン・ボヘミア方面に五本の鉄道を敷設していたため国境への軍の移動が迅速にできたのに対し、オーストリアはボヘミア方面には一本しか鉄道がなかったため軍の迅速な移動ができず、ケーニヒグレーツの敗戦後の兵力の再配置でももたついてしまった（ただしプロイセンの鉄道網も兵力集中までは役に立ったが補給についてはさっぱりだった）。

武器の劣位については、プロイセンのドライゼ銃でオーストリア軍は多大の損害を被り、緒戦の小競り合いから最終局面まで常にオーストリア側の損害がプロイセンのそれを上回った。オーストリア側がローレンツ銃の長射程を生かして、銃剣突撃戦法よりもアウト・レンジによる射撃戦法を多用すれば、少なくともこれ程の人的損害は出なかったと思われるが、デンマーク戦争の教訓を生かさずに教条的な突撃戦術に拘泥したことは、大きな敗因であった。

なお、オーストリア軍の大砲は依然前装式施条砲が主であったが、射程の短さを補うため大砲をより前線に近く配備し、散兵に対して効果のある砲撃ができたという指摘はある。もっとも、それ故に負け戦では多くの大砲が遺棄されてしまうという結果になりこの点功罪は半ばするが、武器の優劣が直ちに戦いの帰趨を決してはいなかった。

最後に、オーストリア内での民族問題も軍の士気を低下させていた。プロイセンとイタリアは戦争中にハンガリーで叛乱が起きるようにと画策し、そのためオーストリア当局はハンガリー軍に信用が置けず、寧ろその不穏に備えて動員をフルにできなかった。これはオーストリア側の兵力集中にはマイナスであった。また、イタリア人主体の二ケ連隊が南ドイツであっさりと降伏するという事態もあり、民族問題というアキレス腱を抱えるオーストリア軍は民族国家たらんとしていたプロイセンやイタリアに比べて軍の組織そのものが極めて不利なものになっていた。

第三款　イタリアとの戦い

プロイセンとの同盟に基づき、イタリアは六月二〇日に在マントヴァのオーストリア司令官アルブレヒト大公に最後通牒を発し、二三日に戦端を開く旨を通告した。当時イタリアに在った野戦軍である南軍の兵力は三ケ軍団（第五、七及び九軍団）を中心に約七万五千であった。対するイタリア軍の総兵力は歩兵二三万と騎兵一万二千及び大砲五〇〇門であったから南軍の総兵力の三倍、南軍のほかにあった要塞守備隊など五万五千を加えても二倍に当たった。

オーストリア軍は劣勢だったので、アルブレヒト大公は攻勢をとることは考えず基本通りマントヴァ、ヴェローナ、ペスキエーラ及びレニャーゴの「四角要塞地帯」に依拠してイタリア軍の侵攻に備えるものとし、イタリア軍はミンチオ川を渡河するかまたはポー河下流域を通るかしてヴェネチアに侵攻するとの想定の下、南軍主力はアディジェ川に沿ってヴェローナ・レニャーゴ間に置いた。また、南軍とは別にティロルにクーン将軍率いる一万五千の部隊があった。このようにアルブレヒト大公の計画は防戦を第一とするものだった。

これに対してイタリア軍内部では、ヴェネチア侵攻にはヴェローナの攻略が不可欠との観点では一致したものの、ミンチオ川方面から侵攻するかポー河下流域方面から侵攻するかで意見が分かれ、結局、折衷案として両方向から同程度の軍を侵攻させてオーストリア軍を屠ることとした。すなわち、第一兵団一二万はミンチオ川を渡河してヴェローナに向かい、第二兵団八万はポー河下流で渡河してパドヴァ方面に進撃して、ヴェローナ付近に集結していると見られていた南軍の背後を襲うことにした。また、別途ガリバルディ率いるティロル方面軍を編成してオーストリア領ティロルを襲うこととした。以上の計画に基づきイタリア軍は、六月二三日までにポー河からミンチオ川に沿った所定の位置に前進した。

しかし、ポー河下流域はただでさえ行軍が困難な上、降雨・増水のためにイタリア第二兵団の前進は遅れた。この状況を見て取ったアルブレヒト大公は敵が分散しているうちに全力をもって分力を叩くべく攻勢に転じることを二二日に決意した。ただ地形が有利なミンチオ川左岸（東）でイタリア第一兵団を迎え撃つのが上策だったため南軍は暫く現在の線に止めておき、イタリア第一兵団がミンチオ川を渡河したところで自軍は密かに行動を起こすこととした。

　イタリア第一兵団は、依然南軍がアディジェ川左岸にいると考え、二三日にマントヴァ及びペスキェーラの押さえに三ケ師団を残して三つに分かれてミンチオ川を渡り、ヴェローナに向かうとしつつ北に迂回する進路をとり、軍全体を北に向けて二四日早朝までに左翼部隊四ケ師団はカステルヌオヴォからソナの線まで、右翼部隊四ケ師団はソンマカンパニアからヴィラフランカの線までそれぞれ前進することとし、予備の二ケ師団はロベルベラに、騎兵師団は右翼の援護に回った。

　イタリア第一兵団のミンチオ川渡河を知ったアルブレヒト大公は、予定通り攻撃を掛けることとし、ヴェローナへの進路で側面から襲うべく二三日薄暮から行軍を開始し、北に旋回してから予備師団を右翼に置き三ケ軍団を真ん中に騎兵二ケ旅団を左翼にして南下を開始した。アルブレヒト大公の予定では二四日にイタリア第一兵団とぶつかる筈だったのだが、イタリア軍も北に向かっていたため予定よりも早く両軍は遭遇することとなる。

　一番最初に戦端を開いたのは南軍左翼の騎兵二ケ旅団で、午前七時半頃よりヴィラフランカ付近でイタリア第一兵団右翼の二ケ師団の正面と左側から攻撃を加えて撃破した。イタリア軍右翼は前夜の降雨による泥濘のために大砲を後置していたため有効な反撃ができず、後退して止まった。この後、イタリア軍右翼はこの方面が南軍の主攻と見て動かず、騎兵部隊は見事にイタリア軍右翼を牽制した。

　続いて午前八時にイタリア軍最左翼の第一師団がオリオシ北の高地に前進・布陣していた予備師団を攻撃し、一時は予備師団は高地から追い落とされたが、勇敢な槍騎兵三ケ小隊の逆襲でイタリア第一師団を高地から落とし返し、予備師団はオリオシまで進んだ。この後、予備師団に対しては中央から一ケ旅団が、ペスキエーラ要塞からも救援部隊がそれぞれ来たため、イタリア第一師団はペスキエーラの押さえにいた一ケ師団の救援も空しくミンチオ川右岸まで退却した。右翼と時を同じくして、中央部でオーストリア第五軍団がサンタ・ルチア付近に進出していたイタリア第五師団を攻撃し、第五軍団は、午後二時までにイタリア第五師団をヴァレッジオまで押し返した。

最後にオーストリア第九軍団と第七軍団の一部がクストッァの高地にいたイタリア第三師団を攻撃した。これに対しては救援に来たイタリア第八師団が側射を加えたため両軍団は一時撤退したが、イタリア第三師団も損害が大きくイタリア第九師団と交替した。午後三時、オーストリア第九軍団は再度クストッァ高地を攻撃し、予備に回った第七軍団の二ケ旅団、更にサンタ・ルチアにいた第五軍団も加わってイタリア軍を三方から攻撃したため、午後五時にイタリア軍は遂にクストッァ高地から退却してミンチオ川右岸に退いた。

そしてヴィラフランカ付近でイタリア第一兵団右翼の二ケ師団を押していた南軍左翼の騎兵二ケ旅団も、ヴィラフランカ・クストッァ間に突進してイタリア軍の退路を攻撃して多数の捕虜を得、イタリア軍は遂に全面的にミンチオ川右岸に撤退した。この日の戦いでのイタリア軍の損害は八千及び大砲一四門、対するオーストリア軍の損害は五、六〇〇であった（以上総称して「クストッァの戦い」）。

この後イタリア第一兵団はオリオ川の西方まで撤退し、ポー河下流にいたイタリア第二兵団も進撃を中止してモデナまで引き揚げた。これに対して南軍はミンチオ川の左岸の高地まで進んでイタリア軍の西進に備えた。南軍は本来であればイタリア軍を追撃できたのだが、ロンバルディアには軍を入れないというオーストリア・フランス間の密約があったため、アルブレヒト大公は軍を進められなかった。そして七月三日のケーニヒグレーツの敗報とフランツ・ヨゼフからの召還命令が来たため、アルブレヒト大公は第五及び第九軍団を率いてウィーンに転進することとし、ヴェネチアには第七軍団二万八千、海岸守備隊九千及び要塞守備隊四万の計七万七千が残るのみとなった。このためオーストリア側は大幅に戦線を縮小して第七軍団は逐次イゾンデ川まで後退させて防戦に回すこととした。

しかし当然にイタリア軍は東進して来たため、第七軍団はイゾンデ川付近では僅かに一万二千を擁するに過ぎなかった。ここで、休戦が成立したため二六日より両軍は停戦となった。

なお、ティロルにあったクーン軍は山岳の小路に守備隊を置いてイタリアのティロル方面軍の進撃に備え、七月一六日のコンディノの戦いでは却ってイタリア軍に逆襲を加えるなどしたが、ガリバルディ率いるティロル方面軍が優勢であり、更にイタリア軍主力のヴェネチア方面への侵攻によりイタリア軍の一部が東方からもティロルを狙ったため、クーン将軍は軍をトリエントに集結することとして戦線を縮小し、新規の布陣を始めたところで二五日に休戦を迎えた。

イタリアでの陸戦の勝利は、依然、オーストリアが大国であると印象付けるという意味で重要だった。しかし、どのみち保持できないヴェネチア地方の防衛のために無益な血を流したという批判は否定できないものがある。

第四款　リッサ海戦

リッサ海戦は近代海軍史の重要な一頁を飾るものであるが、まず最初にオーストリア海軍の勃興について見ておこう。オーストリアは古くからアドリア海沿岸を保有していたものの海軍の建設は遅れ、フランツ・ヨゼフの弟フェルディナント・マクシミリアン大公（海軍少将）が一八五四年九月一〇日に海軍司令官となって、ポーラ造船廠を設置し装甲艦二隻を建造するなどの本格的な海軍建設を始めた。この後、フェルディナント・マクシミリアン大公は一八五七年にヴェネチア及びロンバルディアの総督として転出したが、彼の残した海軍建設の芽はテゲトフ少将らの主導で着実に育ち、装甲艦七隻、その他二〇隻による艦隊が編成された。こうしてできた艦隊は、先のデンマーク戦争にも派遣され、テゲトフの指揮により勝利を博している。

こうしたオーストリア海軍に対してアドリア海で挑戦してきたのがイタリア海軍である。ヴェネチアの奪取を狙ったイタリアは、陸軍だけでなく海軍も動員することとし、ペルサノ大将率いるイタリア艦隊は装甲艦一二隻、その他二二隻をもってアドリア海のアンコナまで進出してきた。双方の海軍力を比べると、イタリアの方が艦艇数及び砲数でオーストリアを上回っていたのに加え、イタリアの装甲艦は後装施条式のアームストロング砲を装備していたのに対し、オーストリア艦艇は依然前装の無施条砲を用いており、イタリアの方が装備は圧倒的に有利だった。しかしペルサノ大将はグズグズと戦いを渋っているうちにイタリア陸軍は撃破され、イタリア海軍は出動の機会を失った。

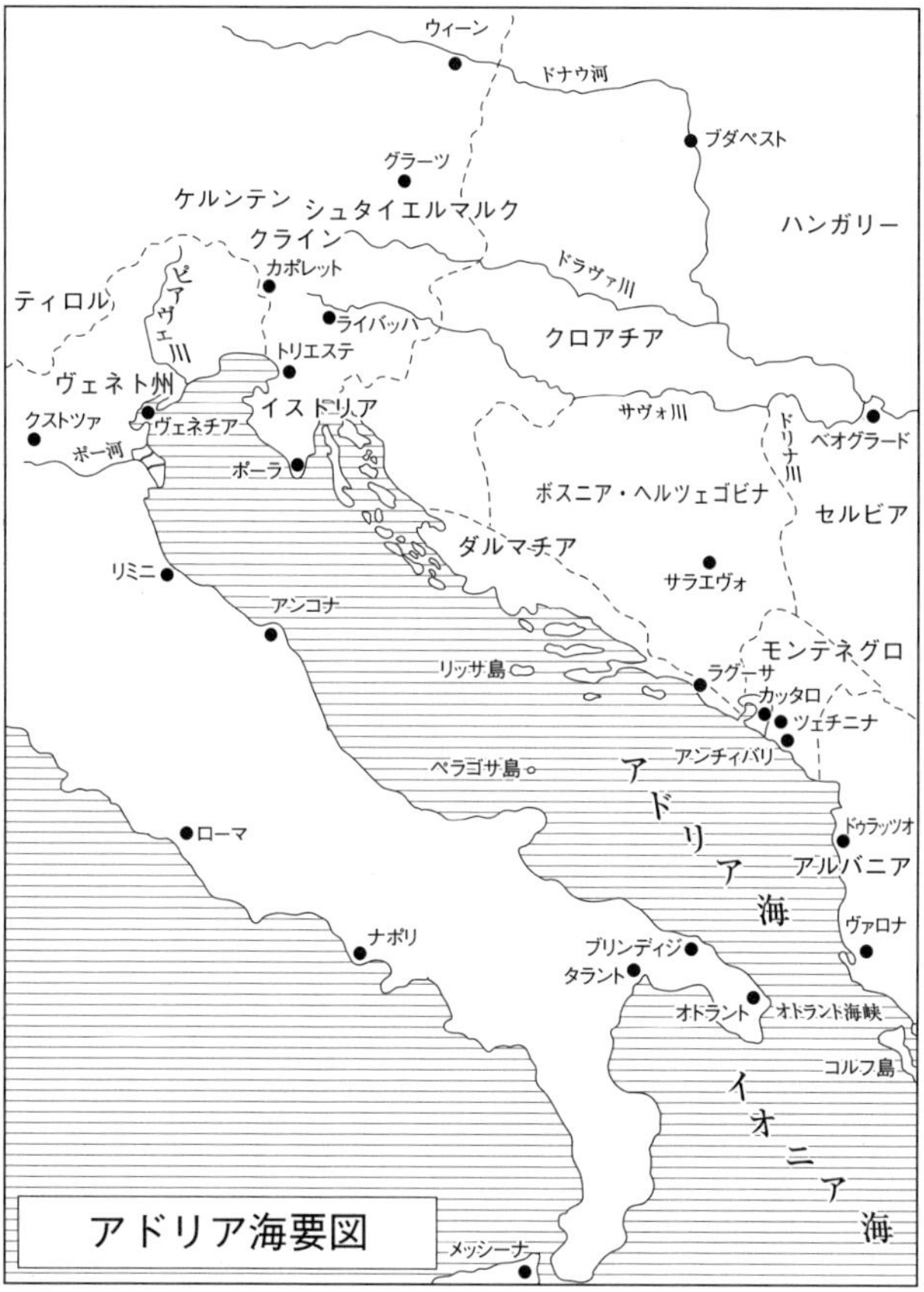

図31

　この後、イタリア政府は、陸戦の敗北を償うためにオーストリア領の島を攻略しようと考え、目的地にリッサ島を選んだ。これにより、ペルサノ大将は装甲艦一一隻、木造艦一二隻を率いて輸送船二隻を護衛してリッサ島に向かい、七月一八日朝に同島沖に到着して陸上砲台と砲戦を行なった。この日はオーストリアの陸上砲台が反撃してイタリア部隊の上陸を阻止した。

一九日にはイタリア海軍の新造装甲艦で砲塔艦である「アフォンダトーレ」がフリゲート（木造）二隻及び輸送船一隻とともに到着したため、イタリア海軍は砲力を増し、陸上部隊も二、六〇〇人で守備隊よりも優勢になり、二〇日より上陸作戦を開始した。この間、テゲトフ少将率いるオーストリア艦隊は、一九日に装甲艦七隻、木造艦一四隻、輸送船四隻の陣容でポーラを出撃し、二〇日午前にリッサ沖に到着した。

午前八時にオーストリア艦隊発見の報告を哨戒船より受けたペルサノ大将は、オーストリア艦隊を迎え撃つために装甲艦九隻（前衛三、中央四、後衛二）を率いて単縦陣で北上した。ただ中央にいたペルサノ大将は、急に座乗していた「レ・ディタリア」を降りて「アフォンダトーレ」に旗艦を変更したが（危険を避けるために最新鋭艦に乗りたかったのだろう）、この情報は前衛二隻には入らず、前衛と本隊との間隙も広がってしまった。

一方、西北から進んできたオーストリア艦隊は前衛に装甲艦（テゲトフ少将直率）、中央に木造艦、後衛に小型木造艦を配し、各隊は衝角戦法を想定して逆V字陣形をとっていた。

オーストリア艦隊前衛は、一〇時五〇分よりイタリア艦隊前衛の三隻と反航戦で砲撃を開始したが、イタリア艦隊前衛をやり過ごしてしまうと右転回・南下してイタリア艦隊中央に向かい、オーストリア艦隊の中央と後衛はイタリア艦隊の後衛に殺到した。こうしてイタリア艦隊前衛は埒外に置かれ、テゲトフ少将は敵の分力を全力で叩く態勢に持ち込んだ。南下したオーストリア艦隊前衛は、イタリア艦隊中央の四隻を激しく砲撃し、一一時二〇分、テゲトフ少将の旗艦「フェルディナント・マックス」は、被弾して停止したイタリア艦「レ・ディタリア」に衝角攻撃を決めて同艦を撃沈した。また、「レ・ディタリア」に後続していた「パレストロ」にも砲弾を集中させて同艦艦尾の非装甲部への命中により艦内火災を発生させ、「パレストロ」も沈没した。

一方、イタリア艦隊後衛を襲っていたオーストリアの木造艦「カイザー」もイタリア装甲艦「レ・ディ・ポルトガロ」に衝角攻撃をしたが、こちらは逆に破損させられた。

両艦隊は一二時二〇分まで戦った後に分かれ、暫く対峙の後、夕刻にイタリア艦隊はアンコナへ、オーストリア艦隊はポーラにそれぞれ引き揚げた。こうしてイタリア軍のリッサ島侵攻作戦は失敗に終わり、その損害は装甲艦二隻沈没、一隻大破で戦死者は六二〇人に上った。対するオーストリア海軍の損害は木造艦「カイザー」が大破したのみで戦死者三八人に止まったから、オーストリア側の完勝と言って良い。臆病故に敗退したペルサノ大将は後に軍法会議に付された。

この海戦では、装甲艦の舷側での貫通弾がなかったことから木造艦に対する装甲艦の優位性が明らかにされ、また、衝角攻撃の有効性も立証された。もっとも走っている敵艦に適切な角度で体当たりすることはなかなか困難で、以降の海戦例での成功例は殆ど皆無だが（日清戦争の黄海海戦では清国艦隊が衝角戦法を採用して横から突進してきたのに対し、日本艦隊は単縦陣による側面射撃でこれを撃破している）、衝角戦法を実施するためには敵艦の側面に突っ込むため、強力な舷側からの射撃への反撃として艦首に強力な砲を設ける必要があり、このために艦型が変化したことはリッサ海戦の海軍史全般に与えた最大の影響である。

第五款　プラハ条約とドイツの統一

七月二二日の停戦を受けて二三日よりオーストリアとプロイセンは講和条件の折衝に入り、①ヴェネチア以外のオーストリア帝国の領土の保全、②オーストリアのドイツ連邦からの脱退、③プロイセンを中心とする北ドイツ連邦の創設、④マイン川以南の領邦による南ドイツ連盟の創設、⑤シュレスヴィヒ及びホルシュタインのプロイセンへの併合については異議なく決定した。そして賠償金については当初プロイセンが五千万ターラーを要求したが、オーストリア側が頑張って二千万ターラーに減額させて決着した。この条件を受けて二七日にニコルスブルクの仮条約が締結され、八月二三日にプラハで本条約が締結された。

この条件については、プロイセンはドイツの枠からのオーストリアの締出しと北ドイツにおけるプロイセンの領土拡張が担保されたので満足したが、イタリアは獲物がヴェネチアだけでは不満で、更にティロルまでも要求しようとした。しかしオーストリアはこの要求を断固拒否し、鉄道輸送によって兵約一三万をイタリアに集結させて断固対抗する準備を始めた。そしてフランス及びプロイセンもイタリアのティロルまでの獲得を認める積もりはなく、プロイセンはイタリアに対して「両国の協定の範囲はイタリアのヴェネチア獲得の保証までである」旨を通知したため、イタリアは一国ではオーストリアに対抗できないことから遂にティロルの獲得を諦め、オーストリアはイタリアと八月一一日に休戦条約を締結した。ウィーンで和平条件を交渉して一〇月三日に講和条約を締結し、ここにヴェネチアをイタリアに割譲した（こうしてティロルは次なるイタリアの獲得目標となり、「未回収のイタリア」として第一次世界大戦での争点になる）。

一方、ライン河左岸での領土取得を要求したフランスに対し、プロイセンはこの要求に対してはオーストリア及び南ドイツ連邦と共に一丸となって対抗する旨を返答したため、ナポレオン三世は腰砕けとなり、領土拡張を挫折した。この後、プロイセンは九月二〇日に今回敵対したハノーファー王国、ヘッセン公国及びフランクフルト自由市などの併合を宣言して人口を五〇〇万人増やし、更に北ドイツ連邦については一八六七年二月に憲法を発布して実質的にこの地域を領土としてしまい、ドイツの統一に王手を掛けた。

そしてドイツ統一の最後の障害となっていたフランスを覆滅するためにプロイセンの宰相ビスマルクは遂に策を講じ、一八七〇年八月からの普仏戦争でフランスを撃破した。この間、南ドイツ連邦は北ドイツ連邦に加入しており、今やドイツ諸領邦もプロイセン主導の統一ドイツ国家の建設に逆らえなくなっていた。

こうして一八七一年一月八日にヴィルヘルム一世はドイツ皇帝に即位し、プロイセン主導によるドイツ統一＝オーストリアを除いたドイツの統一が完成した。

第七節　二重帝国の成立（一八六七年）

プロイセンとの戦いの敗北は、オーストリア指導部の推し進めていた中央集権化への道を挫折させ、反対にかねてより自己主張を強めていたハンガリーの指導部はいよいよその独自性を主張し始めた。こうしてオーストリア指導部はハンガリー貴族を丸めこむために妥協をせざるを得なくなり、一八六七年一二月の帝国議会でアウスグライヒ（対等化）が認められ、オーストリアとハンガリーは二重君主国としてオーストリア・ハンガリー帝国と名乗ることとなった。

第七編　メキシコ・ハプスブルク帝国（一八六四〜一八六七年）

第一章　メキシコ・ハプスブルク帝国の成立まで

一八二三年にスペインから独立したメキシコは、一八四六年から一八四八年にかけての米墨戦争で国土の半分を失い、これを契機にして一八六一年に保守派政権からファアレス大統領率いる自由主義政権へと政権が交代した。しかし、自由主義政権による反教会政策に反対する保守派との間で一八五七年から内戦状態となり国内は混乱した。この混乱はメキシコ財政の破綻を招き、一八六一年六月にファアレス政権は対外債務についての二年間の利子支払停止を行なった。

これに対してフランス、イギリス及びスペインの三国は、四月にアメリカ合衆国で南北戦争が勃発していたことも

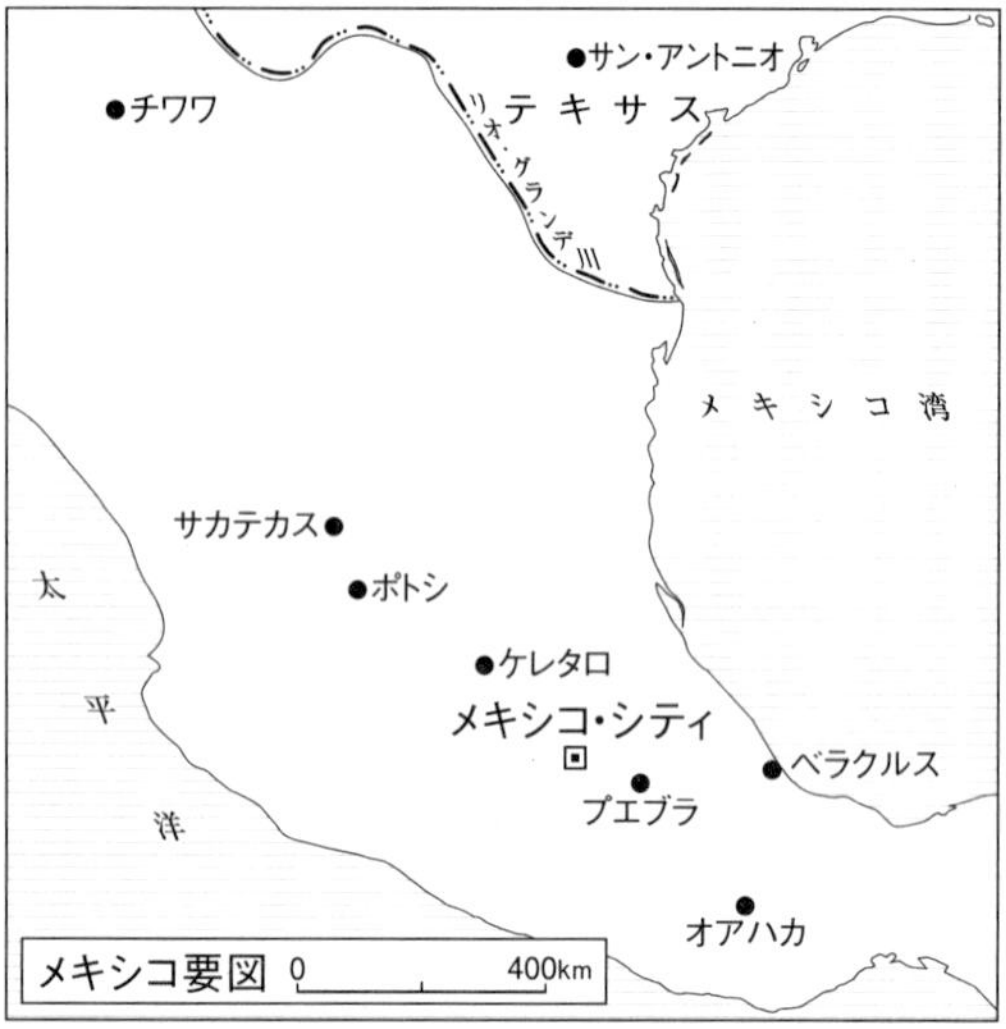

図32

あって干渉に乗り出し、一二月から翌一八六二年初頭にかけて艦隊をメキシコに派遣して軍をベラクルスに上陸させ、武力によって債務支払い問題の解決を迫ろうとした。ファアレス政権は三国との協議を行ない、イギリス及びスペインはメキシコ側の新提案に同意して撤兵したが、メキシコ内の保守派と結んだフランスのみはこれに応じず逆に四、五〇〇〇人の兵を増派してメキシコシティーへと軍を進撃させた。この軍は、メキシコシティー手前のプエブラで五月五日に反撃されて退却したが、ファレス政府もかねてからの内乱に手を焼いてこれ以上の反撃はできず、フランス軍は一息つくことができた。

一年後、フランス軍は本国から四万の増援を得て再度メキシコシティーを目指し、一八六三年六月一〇日に遂にメキシコシティーを占領した。これに伴いファアレス大統領と議会は北部に逃れ、フランス軍がメキシコの中央部を押さえた。

一方、かねてよりメキシコの保守派は君主制を望み、ヨーロッパに（特にフランスのナポレオン三世の許に）密使を派遣して交渉に当たってきたが、六月のフランス軍によるメキシコシティーの占領とそれに伴う保守派の臨時政府の成立はメキシコへの君主制導入を促進した。そして、メキシコ臨時政府は、かねてより評判の高かったフランツ・ヨゼフの弟フェルディナント・マクシミリアン大公を君主として推戴することとし、直ちに大公との交渉に入った。フェルディナント・マクシミリアン大公は、当初即位について渋っていたが夫人のシャルロッテ（ベルギー王女）に説得されて決意に至りメキシコ臨時政府に対して即位の条件として「メキシコ国民の合意」を挙げた。これを受けてメキシコでは国民投票（形式的なものとされる）が実施されるに至る。

こうしてお膳立が整うなか、フェルディナント・マクシミリアン大公は、フランスとの交渉に乗り出し、フランスがメキシコ遠征に要した全経費と在メキシコのフラシス軍二万の給与を一八六七年まで支払うこと（ただしフランス軍の統帥権についてはメキシコ皇帝が有する）、フランスが被った全ての損害についての賠償要求に責任を持つことをナポレオン三世に誓約した（「ミラマル協定」）。この協定によりメキシコの対外債務は実質的に三倍に膨れ上り、フェルディナント・マクシミリアン大公の前途は早くも多難なものとなった。

このようにフェルディナント・マクシミリアン大公の即位は全くフランスの主導で行なわれ、実家のオーストリア・ハプスブルク家は義勇兵の募集の許可とメキシコへの渡航に自国の軍艦を使用することを許した程度で、フランスに比べれば何の支援も行なわないに等しかった。

こうしてフェルディナント・マクシミリアン大公は一八六四年四月一〇日に正式にメキシコ皇帝になることを承諾し、オーストリア・ハプスブルク家の継承権を放棄した上で五月二八日にベラクルスに上陸し、六月一二日にメキシコシティーに入って即位した。この即位をヨーロッパ各国はいずれも承認したが、アメリカ合衆国は依然フアレス政府を正統としており、皇帝マクシミリアンの統治には早くも暗雲が漂っていた。

第二章　メキシコ・ハプスブルク帝国の成立と終焉（一八六四～一八六七年）

皇帝マクシミリアンは、メキシコ統治に当たってはかなり自由主義的な政策を実行し、ファアレス政権が没収した教会財産の持主への返還は拒否する一方、ファアレスにも政府に入ることを呼び掛け（当然拒否されたが）、外務大臣に自由主義派の人物を起用するなど国民融和に努めた。しかしファアレス政府は依然北部地域でゲリラ戦を続け、保守主義派はマクシミリアンのこうした自由主義政策を喜ばずに却って離反し、一方自由主義者達は殆ど懐柔されなかったから、マクシミリアンはバゼーヌ元帥率いるフランス軍三万の武力のみに依拠する基盤の弱い政権となってしまった（一八六五年初頭にオーストリア義勇軍八千とベルギー義勇軍二千が到着）。ところが、このフランス軍は、国費を濫用した上メキシコ人に対する高圧的な態度で不評を買っていたから、マクシミリアンは正に八方塞がりの状況だった。

フランス軍はメキシコ北部にファアレス政府軍を追い詰めていたが、従来からファアレス政府を支持してきたアメリカが一八六四年四月の南北戦争の終了以後ファアレス政府への支援を強めて資金援助と武器弾薬の補給を行なうとともに国境地帯に兵五万を配置して圧力を掛けたため、メキシコ帝国軍とフランス軍はファアレス政権のゲリラを駆逐し切れなかった。同月のタカンバロの戦いは帝国軍にとっては初めての大きな負け戦だったが、ここでベルギー義勇軍は大損害を受けた。こうした状況を打開すべくマクシミリアンが一八六五年一〇月にいやいや出したファアレス派の将校は死刑にする旨の勅令も効果はなく、同年末までにはフランス軍はファアレス政府をアメリカとの国境のリオ・グランデ川まで追いやったもののこの政権を覆滅するには至らず、以降はゲリラ側が攻勢を強めて一八六六年三月までの間にフランス軍はファアレス政府軍に南の方へと押し戻された。

一八六六年七月の普墺戦争の終結はプロイセンの拡張による脅威をフランスに与え、ナポレオン三世は在メキシコのフランス軍二万の撤退を決意した。また前年一二月一〇日のベルギー王レオポルト一世の崩御は、皇后シャルロッテの実家であるベルギーからの支援の先細りを意味した。こうしたなか皇后シャルロッテは支援要請のために欧州各国を歴訪するが、オーストリアがこの年四千人の義勇兵の徴募を許した程度の効果しかなかった。

写真８　メキシコ皇帝旗（海軍）
双頭の鷲がサボテンを掴んでいる図柄である。

一〇月一八日のメキシコ南部ラ・カルボレナでのオーストリア義勇軍の敗北にも拘わらず、一一月よりフランス軍は本国への撤退を開始し、ベルギー義勇軍も同じく一二月に撤退を開始した。これに対してマクシミリアンは一二月三日に三ケ軍団からなるメキシコ帝国軍を創設するが（公称二万一、五〇〇人、実数はその四分の一と言われる）、フランス軍の抜けた穴を埋め切れなかった。フランス側は軍の撤退に当たってマクシミリアンにもヨーロッパに戻ることを勧告したが、マクシミリアンはこれを拒否した。

一八六七年一月末、ミラモン将軍率いる第一軍団はサカテカスを攻略してファアレス以下を捕虜にしかかったが逃げられた。二月一日にはファアレス政府軍が帝国軍をサンバシントで撃破し、二月四日にミラモンの第一軍団がラ・ケマタでファアレス政府軍を破るというように両軍は一進一退を続けたが、二月五日にはバゼーヌ元帥以下フランス軍全てが撤退し、帝国軍の方は兵力的にジリ貧状態になってしまう。帝国軍にはマクシミリアン以下僅かなオーストリア義勇兵の残りも加わって、二月二二日にメヒア率いる第三軍団の守るケレタロに集結した。

ファアレス政府軍は三方向から兵力二万六千（後に三万三千）をもってケレタロを攻撃することとした。これに対するケレタロの帝国軍は歩兵四千、騎兵三千、大砲四四門（一説には兵力九千）である。当然、分進する敵を全力で攻撃するのが寡勢の勝利条件なのだが、メキシコシティーからの軍と呼応して挟撃しようという虫のいいことを考えているうちにファアレス政府軍は三月五日に合流して三月一四日からケレタロ攻撃に掛かった。マクシミリアンは騎兵一千をメキシコ・シティーに派遣して救援を求めさせたが、メキシコ・シティーも四月一四日からファアレス政府軍に包囲されてしまい、ケレタロへの救援の可能性は皆無となった。

こうして孤立無援となったケレタロでは帝国軍は数度にわたってファアレス政府軍に突撃を行なったものの多勢に無勢で効果を挙げられず、帝国軍が総攻撃を予定していた五月一五日の未明にファアレス政府軍が突如ケレタロ市内に突入してきたため、マクシミリアン以下は一旦は逃げたものの午前八時に遂に降伏して捕虜となった。ファアレス政府軍は六月にはメキシコ・シティーも攻略してメキシコの内戦は終結した。

捕虜になったマクシミリアンは、ヨーロッパ各国からの助命も空しくミラモン及びメヒアと共に七月一九日に銃殺された（ウィーンの軍事博物館のパンフは、これを「assassinate〈＝卑劣な殺人〉」としている）。

マクシミリアン帝の遺骸はオーストリア軍艦「ノヴァラ」に乗せられて故郷に戻った。マクシミリアンは即位においても兄の支援はなく、兄の軍隊の敗北によって軍事基盤を掘り崩されて敗死させられた。母国の支援は義勇兵の微募の許可とメキシコまでの往復の航海のみだったのである。ただ、今日マクシミリアンはメキシコでは「良い人」と見做されているのが唯一の救いである。

第八編　オーストリア・ハンガリー二重帝国

第一章　二重帝国の外交政策（一八六七〜一九〇五年）

一八六七年一二月のオーストリア・ハンガリー帝国（以下これまでと同様に「オーストリア」という）の成立後、オーストリアの軍事活動は停止状態となった。一八七〇年七月の普仏戦争の勃発に際しても、オーストリアはフランスと同盟していなかったこともあってプロイセンと戦わなかった。内閣のドイツ人大臣はドイツ国家のフランスに対する勝利を喜び、ハンガリー人はオーストリアがプロイセンに勝てば再びハンガリーの権利が取り上げられると考えて共にオーストリアの参戦には消極的だった。オーストリアの当面の敵は最早プロイセン（一八七一年からはドイツ帝国）でもイタリアでもなくなっていたのである。

帝国外相アンドラーシーは、メッテルニヒの政策（＝フランスとロシアに挟まれた中欧における存在の確保）に立ち返ったため、オーストリアはロシアを意識した外交政策をとった。オーストリアにとって残された唯一の進出可能地域であるバルカン半島は依然トルコの領有下にあったが、なかでもドナウ沿岸から黒海に至るルートはウィーンからの重要な通商路であり、ロシアに進出されたくない地域だったからである。

しかし、トルコ内部での民族主義の高まりによりバルカン半島は不安定化し、オーストリアとロシアの関係も影響を受けた。一八七五年七月、ヘルツェゴヴィナで起きた叛乱はボスニアにも拡大し、一八七六年四月にはブルガリアでも叛乱が起きてトルコのバルカン維持は怪しくなってきた。そして汎スラヴ主義から叛乱を支持するセルビアは七月三〇日に、モンテネグロは翌三一日にそれぞれトルコに宣戦布告した。

当初はこの叛乱・戦争に不介入の意向であったオーストリアとロシアも国民輿論に押されて次第に介入方針に変化した。オーストリアにとっては、南スラヴにおける巨大なスラヴ民族国家の成立とそれによるロシアとの挟撃は避けるべき事柄だったからである。オーストリアはバルカンでの自国の権益を守り、ロシアの進出を一定のものに抑えるために六月にロシアとライヒシュタット協定を締結した。ここではロシアにベッサラビアの保有を認めると共に、セルビア、ブルガリア、アルバニア、ルーマニア（モルダヴィアとワラキアが合邦）の自治国化を認め、ボスニア・ヘルツェゴヴィナはオーストリアが占領するものとしていた。オーストリアの方針は、大規模なトルコの分割を抑えてロシアのドナウ河口の占有を防ぐというもので、トルコを保全してそこから経済的利益を吸い上げるのが狙いだった。

他方、フランスの孤立化を画策するドイツ宰相ビスマルクは、フランスに対する予防戦争がイギリス及びロシアの反対でできなかったことから、ドイツの孤立を避けるために平和主義に走り、フランス以外の大陸諸国との同盟関係の形成に動いていた。その点からはロシアともオーストリアとも事を構えたくなく、ロシアに対してオーストリアの破壊を許さない旨を通告したのみで、ロシアの膨張は嫌ったものの、それ以上の動きは示さなかった。

こうしたなか八月九日、九月一日の二回にわたり行なわれたアレタシナッツの戦いでのセルビア軍が敗北して劣勢となり、ロシアは対トルコ宣戦布告を決意した。そして、オーストリアとの協調を保つため、一八七七年一月にロシアはオーストリアとブダペスト協定を結び、ここでは、ライヒシュタット協定の再確認、オーストリアの中立、大スラヴ国家の建設反対が約された。

これを受けてロシアは四月二四日にトルコに宣戦布告し、ルーマニアもロシアについた。ロシア軍は苦戦の末、プレヴナ要塞を一二月一〇日に攻略してソフィアに進出し、ロシア軍がイスタンブールに迫るに及んで、トルコは遂に一八七八年一月三〇日に休戦を受け入れた（露土戦争）。

この間、ブダペスト協定とロシアのバルカン半島での一方的な勢力拡大を恐れるイギリスやドイツの承認により、オーストリア軍は一八七七年七月三〇日に四手に分かれてボスニア・ヘルツェゴヴィナに入った。オーストリア軍は最終的にはこの作戦に二五万人を動員し、同地におけるトルコ軍とイスラム教徒のゲリラは九万八千程度と見込まれた。オーストリア軍は八月一九日にサラエヴォを攻略したものの、特にボスニアではゲリラなどの抵抗を受け、一八七八年一〇月一九日の作戦終了時までに約五千人の損害を出した。

ロシアとトルコは交渉の末、一八七八年三月三日にサン・ステファノ条約を締結し、ルーマニアとセルビアのトルコからの正式な独立と、ブルガリアが大公国となってロシアの下で自治国化することを決定した。ただ、この時ブルガリアに与えられた領土はブタペスト協定で認めた範囲を上回り、しかもボスニア・ヘルツェゴヴィナについての言及がなかったため、オーストリアをはじめとする列国の態度は硬化した。

ただ、オーストリア軍は当時ボスニア・ヘルツェゴヴィナ平定戦でその三分の一が動員されており、しかもイタリアを警戒しなければならなかったため、ロシアとの戦争は難しかった。

こうしたなかロシアの拡張に不安を持つドイツとイギリスの主導によりベルリン会議が開催された。七月に会議で決まった合意事項では、ブルガリアによる東ルメリアの併合を取り消して同地をトルコの自治州とし、併せてオーストリアによるボスニア・ヘルツェゴヴィナの軍事占領が認められた。これによりバルカンでのロシアの進出が押さえられ、対抗するオーストリアの地位が確保された。ただ南スラヴの異民族を新たに抱え込むことについては、軍部はともかく、オーストリアの自由派とハンガリーにとっては余り本意ではなく、バルカンでの拡張についてはオーストリア内には不協和音もあった。

この後の東欧の同盟関係は、ロシア・フランスの挟撃を恐れるドイツの思惑を中心に展開する。ビスマルクはまず、一八七九年一〇月には墺・独同盟を成立させ、続いて一八八一年六月に墺・独・露の三帝協約を結成した。オーストリアとロシアとはバルカン半島を巡って潜在的には不仲だったが、第一次インターナショナル（一八六四年結成）の脅威やバルカン半島での両国の利害関係が取り敢えず調整されたこと、更にオーストリアにはイタリアへの不信があり、これが隣接する二国の安定を望むビスマルクの意向と合致して、協約締結に至った。

ビスマルクは、更に一八八二年五月に墺・独・伊の三国同盟を結成する。オーストリアは、南ティロルとダルマチアを巡ってイタリアと対立していたが、バルカンを巡るロシアとの対立が潜在的にあったため取り敢えずはイタリアと結んでも良かったし、イタリアもフランスと北アフリカでの植民地獲得問題で対立があり、この三国には当面の利害の一致があった。

なおオーストリアも独自に一八八一年にセルビアと協商条約を結んで、セルビアにオーストリアの外交政策上の支援を受け入れさせるとともに自国内でオーストリアに敵対的な煽動は許さないことを約束させ、一八八三年にはルーマニアと秘密の軍事・友好条約を結んでロシアに備えた。

一八八五年九月、ブルガリアはトルコ自治州となっていた東ルメリアを併合した。これに対しセルビアはブルガリアに対して領土の一部割譲を要求し、これが容れられなかったので一一月一三日に宣戦布告してブルガリア領に侵攻した。しかし、ブルガリア軍は一七日から一九日にかけてのスリブニッツァの戦いでセルビア軍を撃破し、今度は逆にブルガリア軍がセルビア領に入ってベオグラードを脅かすに至った。

オーストリアは当初セルビアに同情的であったが、ロシアがブルガリアの膨張に反対してその背後を脅かす動きに出たため、早期戦争終結の立場から両国の調停に乗り出した。一八八六年四月に両国は国境の現状維持とブルガリアの東ルメリア併合を認める講和をした。しかしロシアはブルガリアの膨張に反発し、ブルガリアの占領などを策するに至ったが、これはオーストリアにとっては脅威で、オーストリアとロシア関係は緊張した。このため同年中に期限が来ていた三帝協約は両国の対立により失効するに至った。

対露関係を重視するビスマルクはオーストリアには内緒でロシアと期間三年の再保障条約を締結し、ロシアのブルガリアでの優越を認めてその融和を図った。ビスマルクはフランスに備えるためにロシアと依然良好な関係を保ちたかったからである。ただドイツは一八七九年以来の墺・独同盟も維持しており、オーストリア・ロシア戦争でロシアが先攻した場合は、ドイツはオーストリアと共に戦うこととなっており、この点は独・露再保障条約によっても変わっていなかった。結局この時のオーストリアとロシアの対立は、一八八八年二月にドイツがオーストリアとの条約内容をロシアに伝えてその姿勢を軟化させたことと、オーストリア国内輿論の鎮静化で決着した。

一八九〇年にビスマルクが退陣するとドイツは反ロシアに傾き、オーストリアはドイツ及びイタリアに加え、ロシアを警戒するイギリスの支持も取り付けることができ、バルカンではロシアに対して優位に立つことができた。もっとも一八九二年にイギリスでグラッドストーン内閣が成立すると、地中海政策が変更されたため、その支持は短期間で終わった。

このように、オーストリアは国内で激化する民族問題を抱えつつも、対外的にはバルカンの大国としての威信を全うすることができた。一八九四年から登場したドイツ宰相ホーエンローエがロシアと接近するというビスマルクの政策に回帰したため孤立化の危険があったが、ロシアが極東に目を向けつつあったためバルカンでのオーストリアとの対立は緩和され、両国は一八九七年五月に「近東協商」を締結してバルカンの現状維持で合意した。

他方、イタリアは一八九六年のエチオピア戦争での敗北の後、三国同盟から事実上離れ、一九〇〇年にはフランスと秘密協定を結ぶに至り、オーストリアにとっての潜在的な敵に変わりつつあった。

第二章　不安定化するバルカン（一九〇五～一九一四年）

こうしてオーストリアはバルカンの勢力均衡に乗っかって何とか旨くやっていたのだが、バルカンでの民族主義運動の激化とそれに伴うトルコの弱体化、一九〇五年の日露戦争でのロシアが敗北して関心を西方に移したことでバルカンは再び不安定になった。そして一九〇七年にロシアとの近東協商は期限切れになったため、先送りしていたバルカン問題が再び鎌首をもたげてきた。また、セルビアは一九〇三年に王朝が交代して、従来の親オーストリア路線を親ロシアに軌道修正しつつあったところ、一九〇六年のオーストリアとセルビアの関税を巡る対立（「豚戦争」と呼ばれる）は、両国の関係を悪化させた。その一方、国内では普墺戦争から三〇年近く経って「戦争を知らない将軍達」が軍の首脳部を占め、勇ましい対外政策が唱導されていた。

一九〇八年にトルコで青年トルコ党による革命が起き、憲法制定への動きが高まると、オーストリアが軍事占領していたボスニア・ヘルツェゴヴィナからもトルコ議会に代表を送るものと見られ、これは同地のオーストリア支配を覆す虞を生じさせた。オーストリアは、ロシアが海峡協定の改定により自国軍艦のボスポラス・ダーダネルス海峡の通行権が認められればオーストリアの両州の併合を認めるとの提案を受けて、かねて領土の併合を準備していた。しかしイギリスとフランスの海峡協定の改定拒否により、ロシアがその野望を達せられなかったにも拘わらず、オーストリアは、一〇月六日にボスニア・ヘルツェゴヴィナの併合を宣言してこの地域を自国に吸収したため、ロシアは約束違反に憤激した。

またオーストリアの衛星国状態から自立を強めていたセルビアもこの動きに反発し、セルビアはオーストリアとの戦争も辞さないとの態度をとった。また、同時期になされたオーストリア及びドイツと呼応してのブルガリアのトルコからの独立宣言は、ロシアに事前の相談がなかったため、これもロシアとオーストリアの対立要因となった。

オーストリアは一九〇九年二月に総動員をかけてセルビアとの戦争に備え、ドイツもこれに同調してロシアを威嚇した。日露戦争と国内混乱の傷が癒えなかったロシアは、オーストリア・ドイツと事を構える気力がなく、セルビアも単独では事を構えられなかったため三月にこの件について黙認することを決め、ボスニア・ヘルツェゴヴィナ問題はオーストリアが併合という果実を得ただけで終わった。しかしオーストリアのバルカンでの動きに対してセルビアが公然と異議を唱えるという事態は、汎スラヴの立場に立つロシアもこの支援に回らざるを得ない状況を作り、オーストリアは結局ロシアとの対立を激化させることとなる。

ロシアは、一九一二年にバルカン諸国の相互の対トルコ同盟を斡旋することで「バルカン同盟」を完成させてこの地域での影響力の回復を図った。これはオーストリア・ドイツのバルカンへの東進を抑制し、自国の権益を保持するためのものであったが、バルカン諸国はマケドニア問題からロシアの思惑を越えて一〇月一七日より対トルコ戦争を開始した（第一次バルカン戦争）。この戦争ではバルカン同盟側が優勢に立ち、モンテネグロは一九一三年五月にアドリア海岸の要衝スクタリを占領した。モンテネグロの背後にはアドリア海進出を狙うセルビアがいた。

これに対してオーストリアは、同様にアドリア海に権益を有するイタリアと共同して抗議し、更に海軍を動員してスクタリを封鎖した。この危機はモンテネグロ軍が撤退して落着したが、国内でもスラヴ人はモンテネグロの勝利を喜んで集会を開く有様だった。モンテネグロの勝利はスラヴ民族全体の勝利という風潮があったから、もしモンテネグロがスクタリからの撤退を拒否すれば、セルビア、ロシアが軍事介入してこの時点で世界大戦が勃発していたかもしれないと指摘されている。

バルカン戦争は五月三〇日のロンドン条約により終結したが、これによりトルコはバルカン半島での領土の大部分を失い、同地ではスラヴ国家が勢力を拡大した。オーストリアは、イタリアと共同してセルビアの抵抗を排してアルバニアの創設を行なうことでセルビアのアドリア海への進出を防いだ。

オーストリアは、マケドニアの帰属問題でブルガリアを唆《そそのか》して、六月にブルガリア軍はセルビア及びギリシャを攻撃した（第二次バルカン戦争）。しかし、ブルガリアは結局セルビア、ギリシャ、ルーマニア、トルコに袋叩きにされてしまった。オーストリアは一時ブルガリアを支援しようとしたがドイツに反対されて介入できずにいるうち、バルカン諸国はオーストリアの介入を防止するために速やかに講和に入り、八月一〇日のブカレスト条約締結で戦争は終わった。これによりブルガリアはその版図を縮小して、参戦した各国はその領土を拡げた。オーストリアにとって二回のバルカン戦争は、結局、自国が全く介入できなかったということでバルカンにおける地位を低下させるとともに、対立するセルビアが伸長したということで大きなマイナスであった。

オーストリアは、メッテルニヒ以来のトルコの温存策の放棄を余儀なくされ、一九一三年八月にバルカン半島政策を転換した。新政策の骨子は、ドイツの支配を取り付けつつ、①ブルガリアを三国同盟に加える、②ルーマニアも同様に同盟に加入させるかまたは中立を維持させる、というものでセルビアとの対決姿勢を強めるものであった。一〇月にアルバニアで叛乱が起こり、これにセルビアが介入しようとした時は、オーストリアは最後通牒を送ってこれを阻止している。

しかし、オーストリアが頼りにするドイツは、オーストリアと異なりブルガリアよりもイタリアとルーマニアを信頼し、この二国を味方にするためにはオーストリアの領土割譲もあり得るとしていた（ルーマニアはルーマニア人の多数居住するトランシルヴァニアの領有を主張）。この差異は、第一次世界大戦突入に際しての両国の認識の食い違いとして現われるが、ルーマニアは一九一四年にロシアと和解してしまい、独・墺陣営に付くことはなくなった。

こうしたなか、一九一四年六月二八日に皇太子フランツ・フェルディナント（一八八九年にフランツ・ヨゼフの息子ルドルフが情死した後に皇太子）が汎スラヴ主義者のセルビア人兇漢にボスニアの主都サラエヴォで暗殺された。帝国外相ベルヒトールトは、この事件の背後にはセルビアが関与していたものとして、ドイツの後押しもあって（七月六日にドイツ宰相ベートマンはオーストリア・セルビア戦争にロシアが介入すればドイツはオーストリアを支持する旨の「白紙委任状」を与えていた）、セルビアに対して強硬な態度で臨んだ。

オーストリアは七月二三日にセルビアに対して国内での反オーストリア運動の取り締り、暗殺関与についての裁判へのオーストリア代表の立会などを求める最後通牒を突き付けた。これに対してセルビアは、二六日に裁判へのオーストリア代表の立会以外の件については受諾した。イギリスは、セルビアに対して開戦を避けるために全条件を呑むように要請し、また、ドイツ、イタリア、フランスの三国と共に事態収拾に乗り出そうとしたが、ドイツが共同行動を拒否したため、イギリス主導の仲裁は不発に終わった。帝国内では、スラヴ系国民を増やしたくないからセルビアに勝っても意味はないという意見も根強かったが、ベルヒトールトは閣議で押し切り二八日にセルビアに宣戦布告した。こうした開戦の背景にはドイツが帝国の後押しを表明していたことがあったほか、国内の諸民族の対立状況を打破する突破口として戦争が望まれたともされる。

オーストリアの宣戦布告を受けて、ロシアは三〇日に動員を開始し、八月一日にドイツがロシアに宣戦布告した。ドイツ軍は二日にフランス国境を越え三日に同国に宣戦布告し、ドイツ軍が四日にベルギーに侵入するとイギリスも同日に対独宣戦布告を行なった。こうして戦争はオーストリアの思惑を越えて、ヨーロッパ全域に広がり、局地戦で終わるとのオーストリア軍部の期待も砕かれた。そしてドイツが西部戦線を重視する戦略をとったことで、オーストリアは苦境に立たされ、遂に破滅に至ることになる。

第三章　第一次世界大戦（一九一四〜一九一八年）

第一節　戦争前のオーストリアの作戦計画

第一次世界大戦前、オーストリアはドイツ、イタリアと三国同盟を結んでいたため、その仮想敵国はロシアであった。ただしロシアと共に、同じスラヴ民族の国家であるセルビアなどにも兵力を割かねばならず、また、トリエステ、イストリア、ティロルといった「未回収のイタリア」の領有を巡って対立するイタリアも警戒せねばならなかったため、対ロシア作戦には兵力が足りず、かなりの部分をドイツとの協力によって埋めていくことが想定され、フランスを先に打倒してそれからロシアに当たろうというシュリーフェンプランに基づき、西側への攻勢を主眼に置くドイツとは戦争認識がそもそも異なっていた。

しかも、オーストリアの軍事予算は列強中最低（ドイツの四分の一、フランスの三分の一でイタリアにも劣る）であった。また人口に比しての兵力も少なく、例えばオーストリアの年間新規徴兵数は約一〇万人で人口比〇・二九パーセントであり、ドイツの二八万人（同〇・四七パーセント）、ロシアの三三万人（同〇・三五パーセント）と比べればその劣勢は明白である。

一八九六年に当時の参謀総長だったベックは兵力増強案を具申したものの、二重帝国軍のうちハンガリー軍の指揮語（「射て」などの簡単な命令用語）をマジャール語にすることを要求するハンガリーとの軋轢で新兵の徴兵が拡大しなかった。オーストリアの兵力増強が実行に移されたのはやっと一九一二年からで、開戦時のオーストリア軍は数量的にも他国に劣っていた。また、オーストリア陸軍の装備は列強中最低といわれ、シュコダ製三〇・五センチ砲といった最新鋭兵器もあったものの、例えば歩兵一ケ師団当たりの野砲数四二門で、ロシアの四八門、ドイツの五四門に比べて少なく、旧式砲も依然残っていた。また、小銃も三分の二近くは二五年前の旧式のもので、予備部隊の装備は更に貧弱で一九一四年九月になっても単発銃が支給されていた。

こうした状況に対して、参謀総長コンラート（・フォン・ヘッツェンドルフ）は熱心に近代化を進めていたが、開戦時までの改善では不十分だった。オーストリア陸軍は当初からドイツの支援なしでは他の列強とまともに戦えない代物だったのである。イタリアやセルビアに対する予防戦争を唱えたこともあるコンラートも、大戦勃発の前には、自国とドイツではロシア・フランス・セルビア・モンテネグロ連合には勝てないと考えていた位であった。

ちなみに、開戦時の各国の総兵力を比較すると、ロシアは総兵力五〇〇万・砲六、八〇〇門、ドイツが総兵力四〇〇万・砲五、七〇〇門、オーストリアは総兵力二五〇万・砲三、七〇〇門、セルビアは総兵力三〇万・砲五〇〇門である。

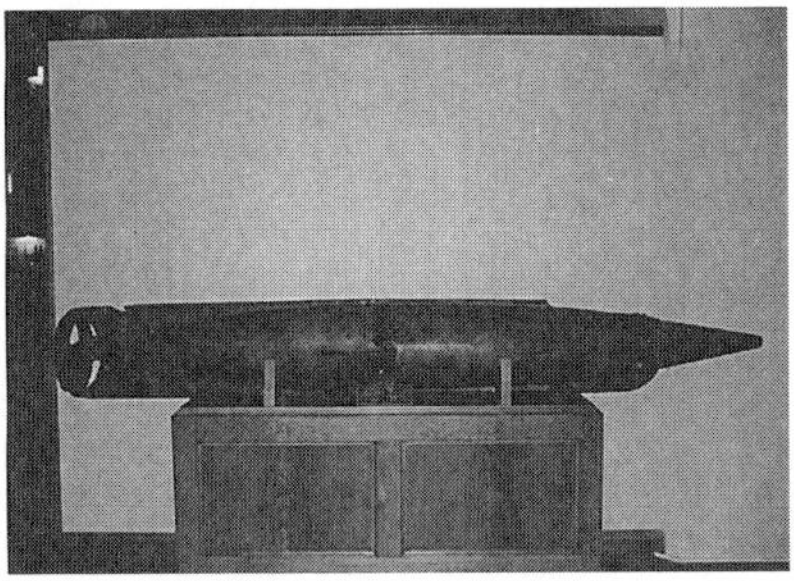

写真９　最古の魚雷
魚雷がオーストリア海軍の発明にかかることは、その歴史の偉大さを物語る。

次に陸軍の具体的作戦計画を述べると、対ロシア作戦としては、ドイツの西方重視を認識しながらもその支援を期待しつつ、二ケ軍団で東方戦区の右翼を守り、別の二ケ軍団が北方でポーランドへの侵攻を敢行する。そして、この二ケ軍団が東方へ旋回して計四ケ軍団二八ケ師団でロシア軍を黒海方向に追い返すというものであった。また、バルカン半島方面には八ケ師団を割き、予備として一八ケ師団が準備された。

最後に海軍の状況を見ると、開戦時の陣容は、弩級戦艦三（ヴィリブス・ウニーティス級、なお大戦中に更に一隻竣工）、旧式戦艦一二、装甲巡洋艦三、軽巡洋艦七、駆逐艦一三、潜水艦六、水雷艇六二であった。当時、オーストリアはまだイタリアとは同盟関係にあり、非常時には墺・伊・独の連合艦隊を形成してフランスなどと当たることを計画していた位で、オーストリア艦隊は少なくともアドリア海は完全制圧できる見込みであった。

なお、後にオーストリア海軍とアドリア海で戦うイタリア海軍は弩級戦艦三、旧式戦艦一一、装甲巡洋艦一〇、軽巡洋艦一三、駆逐艦三六、潜水艦一八、水雷艇九七を有していたので、イタリアの方が合計ではやや優勢だったが、イタリアは海外植民地を有していたのに対してオーストリア海軍はアドリア海に集中できたから、双方の戦力はほぼ互角だった。

第二節　一九一四年の戦況

第一款　ロシア方面

八月六日、オーストリアはロシアに宣戦布告した。コンラートは直前まで対セルビア戦争を行なってもロシアは宣戦してこないと考え、ガリチア方面（一八七〇年代以来対露戦の予定戦場ではあったが）での準備は遅れた。また、第二

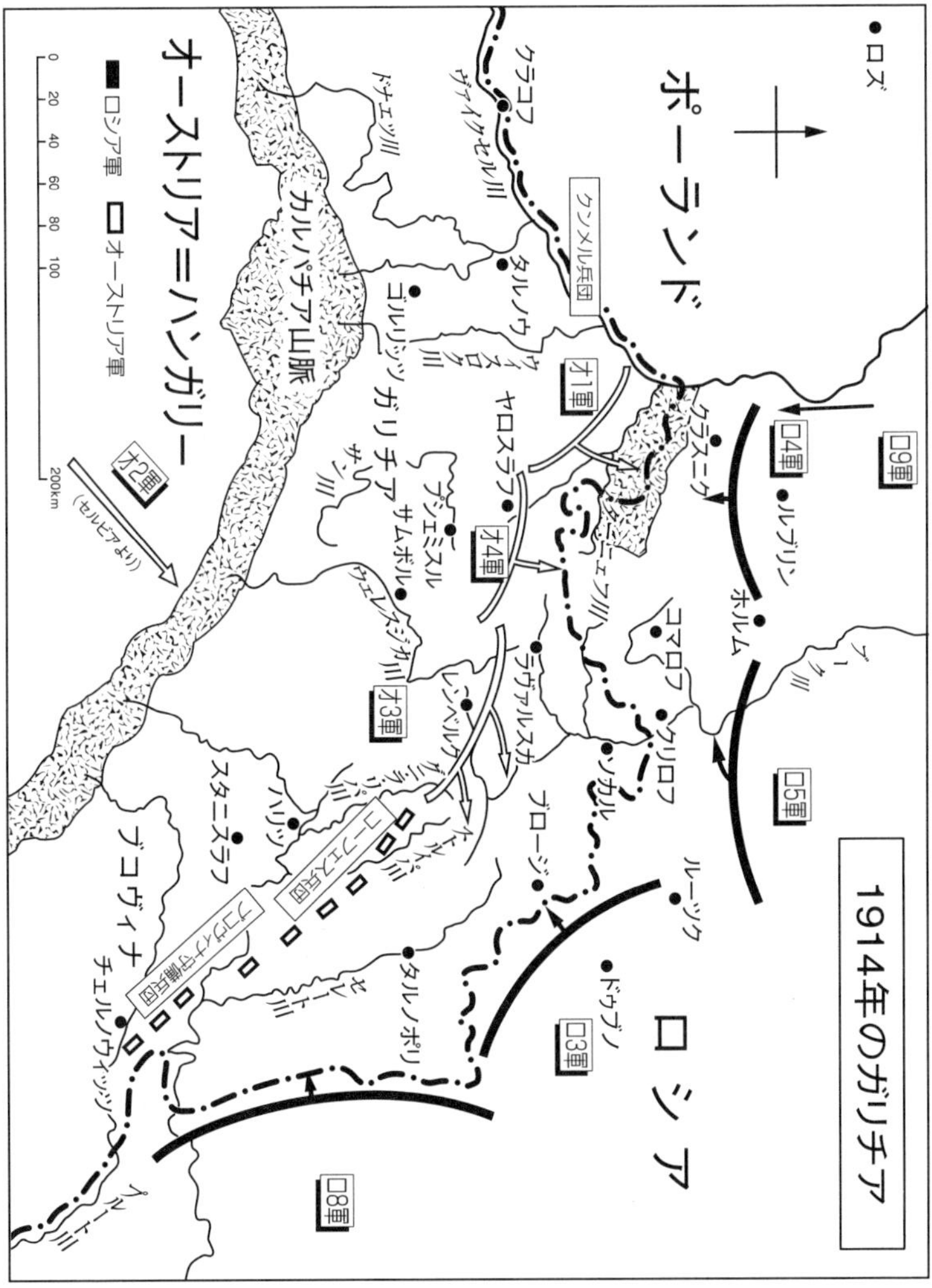
1914年のガリチア
ポーランド
ロシア
オーストリア＝ハンガリー
カルパチア山脈
ガリチア
ロズ
クラコフ
ヴァイクセル川
タルノウ
ゴルリッツ
ヤロスラフ
サン川
プシェミスル
サムボル
レンベルグ
ソカル
クリロフ
コマロフ
ホルム
ルブリン
ルーツク
ドゥブノ
タルノポリ
スタニスラフ
ブコヴィナ
チェルノヴィッツ
ロ9軍
ロ4軍
ロ5軍
ロ3軍
ロ8軍
オ1軍
オ4軍
オ3軍
オ2軍
クンメル兵団
（セルビアより）
ロシア軍
オーストリア軍
0 20 40 60 80 100 200km

図 33

軍をセルビアに向かわせたため、ロシアの侵攻に対してはガリチアでドイツの支援を得つつ守勢をとる方針であった。

八月一五日からオーストリア軍は騎兵を多数斥候に出したが、その多くはガリチアからポーランドにかけての荒地で消耗してしまった。ガリチアのオーストリア軍は、西から順に第一軍、第四軍、第三軍が配備されていた。八月二三日から二六日にかけて、ダンクル将軍率いる第一軍は、ポーランド南部のクラスニクで自軍と向き合っていたロシア第四軍に攻勢を掛け、これを北方に押しやった。続いて、八月二六日から三〇日にかけて、アウフェンベルク将軍（元陸相）の率いる第四軍も同様に北進してコマロフでロシア第五軍を圧倒した（ロシア軍は捕虜二万を出して退却）。

こうした自軍の北進の成功を見て取った参謀総長コンラートは、戦果を拡大してガリチアの東端を窺っているロシア第三軍をも包囲殲滅させようと第三軍から第四軍へ三ケ師団を増派させた。ところが、八月二七日に第三軍は逆にロシア第三軍に攻勢を掛けられてレンベルクまで撤退した。そして北方でロシア第五軍と戦っていた第四軍はロシア第五軍と接触を失ったことを敵軍の敗走と勘違いしてしまい、第三軍救援のために南下したところ、健在だったロシア第五軍は再び戦場に戻り、ロシア第八軍も加えてオーストリア軍を押し捲《まく》った。オーストリア側は、セルビア方面から戻した第二軍も加えて防戦したが、多勢に無勢でズルズルと後退し、当初順調に北上していた第一軍もロシア第四軍とこれを救援に来たロシア第九軍に押し戻され、コンラート参謀総長は九月一一日に全軍にサン川の後方への退却を命じた（八月二三日から九月一一日までの一連の戦闘は「レンベルク会戦」と総称される）。

オーストリア軍は押されて一六日にはドナエツ川の後方へと撤退を重ねた。また、後の第二次包囲戦に際しては「プシェミスル要塞はなお我が手中にあり」という報告中の文言が追いつめられたオーストリア軍を象徴するものとして有名になったプシェミスル要塞は、白兵戦により辛うじて維持されていたが、一六日に陥落した。

オーストリア軍は九月下旬末までにはクラコフ付近まで下がったが、この間オーストリア軍は動員した九〇万の兵力のうち二五万人を死傷させ、一〇万人が捕虜になっており、兵力の三分一以上を失うという崩壊状態にあった。

オーストリアの敗北はドイツ領シュレジエンへの脅威となり、またトルコが同盟側から去る懸念を生じさせた（トルコの参戦は一〇月三〇日）。ドイツ軍は八月末にタンネンベルクの戦いでの大勝により一旦ロシアの脅威を払拭したが、オーストリア軍の崩壊は再び危険を生じさせた。また従来ドイツがとっていた西方重視の戦略は、フランスへの最初の一撃が食い止められて長期戦に入っていたことから見直しを余儀なくされ、東方の脅威にも対応する考えが生じた。こうしたことからドイツは大兵力によるオーストリア支援を決め、タンネンベルクの勝利者であるヒンデンブルク指揮下のドイツ第九軍（四ケ軍団で編成）が九月二八日からオーストリア軍を支援してガリチアに入った。

ドイツ第九軍はオーストリア軍と協力してロシア軍を駆逐し、これにより一〇月一〇日にヴァイクセル・サン川の線が回復され、一一日にはプシェミスルも奪還できた。しかしロシア軍は再度攻勢に出、ロシア第五軍は第一軍と第四軍の間を突破した。また第三軍はカルパチア山脈まで押し込まれ、同軍が作った七〇キロメートルの破孔はハンガリーを危うくした。ドイツ軍はワルシャワ方面で活動していたため十分な支援が得られず、オーストリア軍は東ガリチアから駆逐された。この後、オーストリア軍はドイツ軍の支援を得て一二月三日から一二日のリマノワ付近の会戦で勝利し、ロシア軍をドナエツ川東方に撃退した。

以上のように、オーストリア軍はドイツの助けを借りて辛うじて踏みとどまったのであるが、年末までにガリチアのオーストリアの各師団の兵力は、開戦当初と比較して半分から三分の一までに減少した。この背景には、軍の近代化の遅延（大砲の不足と塹壕作戦への理解不足）、これにより作戦が銃剣突撃を主体とした白兵戦に頼るという昔ながらのものに依然なっていたことがある。

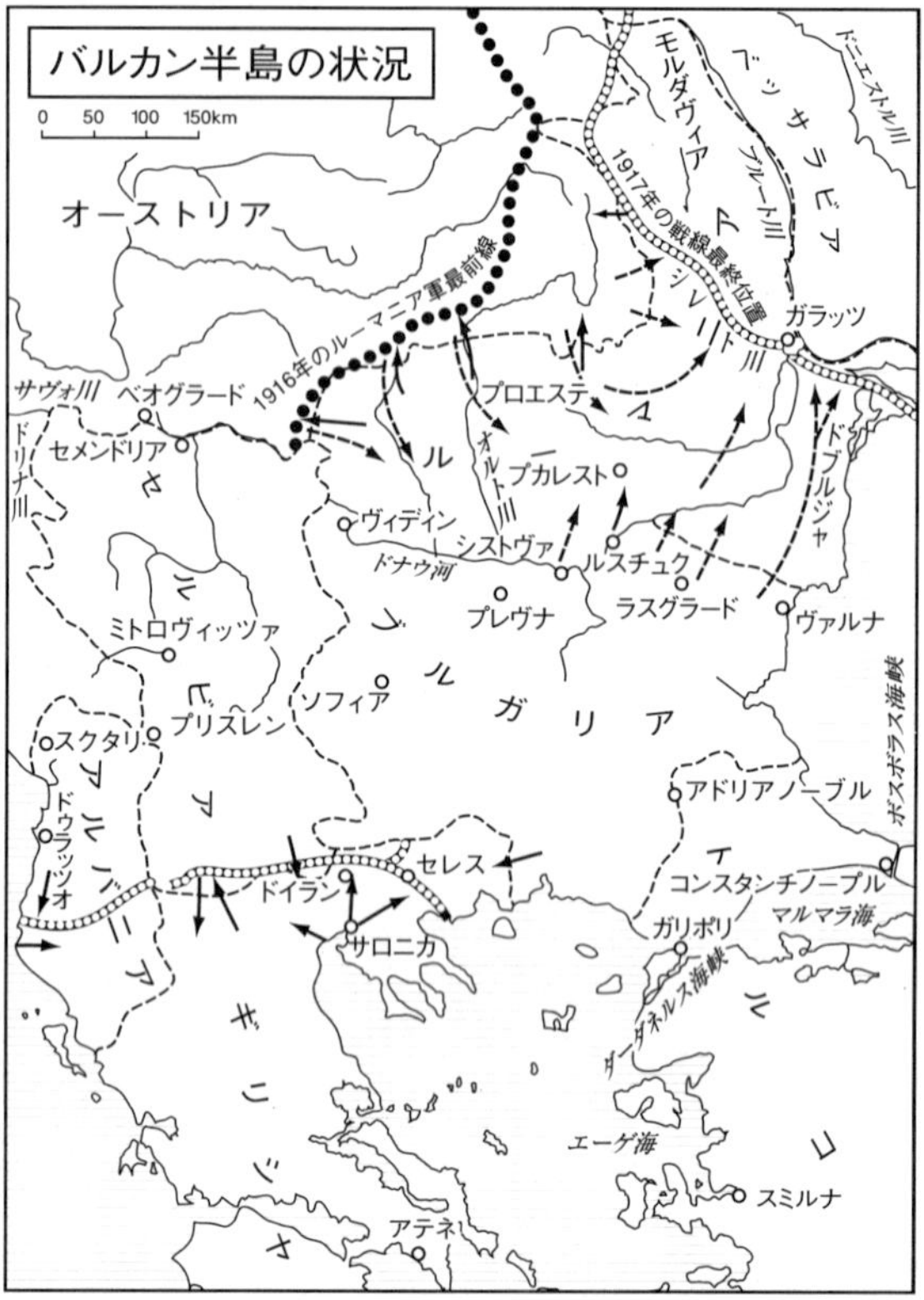

図34

第二款　バルカン半島方面

第一次世界大戦の発端となったサラエヴォ事件は六月二八日に起こり、これを受けて七月二八日にオーストリアは対セルビア宣戦布告して翌二九日にはオーストリア軍はベオグラードを砲撃した。セルビア方面に当てられたオーストリア軍は第五軍が北方のサヴォ川・ドリナ川の線に、第六軍が西方（サラエヴォ）にあり、更に第二軍がウィーンから増派された。この方面の総司令官はポティオレク中将である。

八月一二日、第五軍（一三ケ師団、二〇万人）は、ドリナ川に架橋して一挙にセルビアを屠ろうとしたが、一三日までの戦闘でセルビア軍に撃破されて作戦は失敗した。また第六軍は一六日から一九日にかけての西マケドニアのツェールに侵攻したが、これも撃破された。第五軍は第二軍の協力も得てベオグラードを一時攻略したが、ロシア戦線での圧迫が強くなったため、オーストリア軍は第二軍をそちらに廻さなければならず（四ケ師団は残置）、セルビア侵攻作戦を中止して、二一日までにドリナ河畔に引いた。

九月一日、今度はセルビア軍がサヴォ川を渡って南ハンガリーに侵攻したが、これはオーストリア軍が撃退した。七日にオーストリア軍はドリナを再度渡河し、八日から一七日まで攻撃を掛けたがセルビア軍がボスニア方面の兵を回して守備を固めていたためこの攻勢も不成功に終わった。なお、第六軍はボスニアに侵攻したセルビア軍を撃退している。

一一月五日から三〇日にかけてオーストリア軍は三度目の攻勢を掛けてコルブラ川の線まで進み、セルビア軍は山岳地帯に退いた。一二月二日にはベオグラードも攻略した。しかしセルビア軍は山岳地帯で巧みな防御戦を行ないつつギリシャのサロニカ経由でフランスから弾薬の補給を受けて持ち直し、三日早朝からコルブラ川の線で奇襲的な反撃に出た。補給線の伸び切っていたオーストリア軍は後退を余儀なくされ、一五日にベオグラードは奪還された。

結局、オーストリアはこの地域に四五万人の兵力を投入したが、死者二万八千、負傷者一二万、捕虜七万七千の計二二万五千の人的損害を出した。一方のセルビアは四〇万人を動員して一七万人の損害を出している。二度のバルカン戦争を経験したセルビア軍は総じて精鋭で、オーストリア側がこれを過小評価したことが敗因であった。また、この地域におけるマラリアなどの風土病は、一八世紀末の対トルコ戦争の時と同様に将兵を苦しめた。

セルビアからの退却の後、ガリチアでの攻勢のために第五、第六軍団は転進し、セルビアに対しては国民軍が当てられて防御に回ることとなった。またポティオレク中将は解任され、後任にはオイゲン公が就任した。

第三款　海軍の戦況

ハウス海軍長官率いるオーストリア海軍は、八月八日にモンテネグロが宣戦布告したのでその封鎖を行なうために軽巡二隻を派遣し、続いて第二艦隊を出そうとした。しかし英仏の連合艦隊がこれを妨害にくることが判明したため第二艦隊は出撃を控えた。先行していた巡洋艦「ツェンタ」は、八月一五日に英仏連合艦隊（フランスの戦艦部隊とイギリスの水雷戦隊）と遭遇してアンチィバリ沖で撃沈された。この後、英仏連合艦隊はアドリア海を北上してきたが、オーストリア海軍主力はイタリアの宣戦布告に備えてこれには対応しなかった。ただ、年末には潜水艦部隊をポーラからカッタロに南下させて、モンテネグロ沖で英仏連合艦隊を狙わせ、一二月二五日にU一二はオトラント海峡で船団護衛をしていたフランス戦艦「ジャン・バール」を雷撃して損傷を負わせた。以降フランス戦艦部隊はアドリア海には入らなくなり、アドリア海は安泰になった。

第三節　一九一五年の戦況

第一款　ロシア方面

コンラートは、ハンガリーへの脅威をなくし、また、イタリアの離反を防ぐためにもガリチアで攻勢をとるべきと考えた、オーストリア軍は一月二三日より攻勢に出たが、大砲と冬季装備の不足から殆ど進撃できず、二月八日までに八万人の損害を出して攻勢を中止した。コンラートは二月二七日より第二軍を中心にして再度攻勢を掛けたが、これも失敗し、オーストリアはこの二回の攻勢で最後の予備兵力まで使い果たしてしまった。

これに対してロシア軍は三月二二日にプシェミスル要塞を再度攻略し、同地の将兵一二万人が捕虜となった。ロシア軍は更に進んで四月には一連の戦闘を経て要地ドゥクラの隘路を占領し、ハンガリーの危機が顕在化してきた。また、この戦闘でのチェコ人部隊があっさり降伏したことは、帝国内の戦争に対する民族間の温度差を如実に示すものとなった。

ドイツ参謀総長ファルケンハインはこうしたオーストリアの危機への支援の必要性を認め、ゴルリッツとタルノウ間を突破する作戦のためにマッケンゼン将軍率いる第一一軍（歩兵八ケ師団、オーストリア歩兵二ケ師団・騎兵一ケ師団）を救援に送った。これにオーストリア第四軍（歩兵五ケ師団、騎兵一ケ師団、ドイツ歩兵一ケ師団）が加わって五月一日に作戦を発起してガリチアの奪回作戦を行なった。この作戦は順調に進み、ドイツ第一一軍の突破に応じてオーストリアの各軍も前進し、そこに更にドイツからの支援部隊も加わったため、六月三日プシェミスルを、六月二二日レンベルクをそれぞれ回復した。ロシア側の損害は五〇万人以上である（以上「ガリチア会戦」）。

続いて七月には北方のドイツ軍が攻勢を開始し、これにはオーストリア第一、四軍も協力して八月五日にはワルシャワを陥した。

オーストリアはレンベルクの回復後、第一、二、四軍とドイツから来た南方軍を併せてロシア軍を駆逐することを考え、ブレスト・リトフスクをドイツ軍が八月二五日に攻略すると、こちらから第一、四軍を引き揚げて八月二七日からプリピャチ沼沢地の南方のロシア軍を攻撃した。これは帰趨の怪しいルーマニアに圧力を掛け、ブルガリアを同盟側に引き込むためにも有益と考えられた。

オーストリア軍はストルイパ川までは進んだが、戦線の最南端にいた第七軍が九月上旬にセレート川左岸で反撃を受け、続いて第四軍が九月中旬にスティール川東岸で撃破されて攻勢は止まった。結局、オーストリア軍はロシア軍を駆逐し切れず、一〇月半ばまでに二三万人の犠牲を出すに至った。なお、九月にプラハ出身の第二八歩兵連隊の大脱走事件が起こり、軍当局を困惑させた。結局、全戦線で使えるのはドイツ人、マジャール人、ボスニア人の連隊しかないと言われ、オーストリア軍の用兵は随分制約されることとなった。ロシア軍は南方軍及び第七軍に一二月から翌年一月にかけて攻撃を掛けてきたがこれは撃退し、他の地域では大旨この戦線で冬営に入った。

第二款　バルカン半島方面

オーストリアは、ガリチアへの兵力の摘出・イタリア参戦の懸念の高まりから対セルビア攻撃は控えていた。しかし三月にドイツは、トルコへの連絡線の確保のため早期のセルビアの打倒を求めた。これに対してオーストリア側はセルビアに回す兵力がないことを述べ、ブルガリアが同盟側として参戦すればセルビア攻撃を考慮する旨を伝えた。

この後、イタリアが参戦したものの、ポーランド方面ではロシア軍が駆逐され、ブルガリアも同盟側として参戦する方向となったため、九月六日にオーストリアとドイツは対セルビア作戦遂行で合意した。作戦はマッケンゼン将軍指揮のドイツ第一一軍（一〇ケ師団）、オーストリア第三軍（四ケ師団）及びブルガリア軍によって行なわれることとなった。ドイツは三国の軍がマッケンゼンの統一の指揮下に行なわれることを主張し、当初オーストリアはこれを拒否したが（ブルガリアは同意）、結局、オーストリアもマッケンゼンを指揮官に指名することで合意した。

オーストリア・ドイツ軍は、一〇月六日にドナウ河を渡ってそれぞれセルビア国内に侵入し、一〇月一五日にベオグラードを攻略した。また同日、ブルガリアも同盟国としてセルビアに宣戦布告し、六ケ師団が南セルビアに入ってギリシャからの英仏の支援路を切断した。このためセルビア軍は抵抗力を弱めてセルビア西南部の高原地帯に逃れた。

同盟国側の作戦は順調に進み、南下したオーストリア・ドイツ軍と北上したブルガリア軍は一一月五日合流し、一二月二日をもってセルビア全土を征服した。セルビア軍三三万のうちの敗残部隊はモンテネグロ、アルバニアに逃れ、アドリア海岸から船で逃亡して後にコルフ島に集結した（コルフに渡った兵のうち一三万はこの後ギリシャ・ブルガリア戦線に参加する）。オーストリア軍の一部はこれを追ってモンテネグロに入り、モンテネグロ軍四万と戦った。

英仏軍はこの間、ギリシャのサロニカから北上してセルビアを支援しようとしたが、衆寡敵せずして敗退した。同盟側もサロニカを攻撃しようとしたが、南セルビアからサロニカへの道は険阻なので断念した。オーストリアにとっての「潰瘍」であったセルビアはオーストリアの容態を変える前に除去された。

第三款　イタリア方面

かねて「未回収のイタリア」を巡ってオーストリアと対立していたイタリアは、中立と引き替えに南ティロルの割譲を望んだ。ドイツはイタリアを局外に置くためにオーストリアの譲歩を望んだが、オーストリアは「どのみちイタリアは宣戦する」としてこれを拒否した。五月二三日にイタリアはオーストリアに宣戦布告した（なお、イタリアは一九一六年八月二七日まで対独宣戦を行なわなかった）。

オーストリアとイタリアは百年来敵対関係にあり、両国の作戦計画ではオーストリアが攻撃作戦を、イタリア側が防御作戦を考えるのが伝統であった。しかしオーストリアに兵力の余裕がなく、イタリア側が優位だったため、戦争はイタリア側の攻勢で始まった。

アオスタ公率いるイタリア軍（二四ケ師団、二〇万人）は、イゾンデ川方面からオーストリア領を窺い、イタリア陸軍参謀総長カドルナは、イタリア軍は一ケ月でトリエステに至ると考えた。しかしイタリア軍二四ケ師団中、充分準備できていた師団は七ケ師団に過ぎなかった上、イゾンデ川は氾濫していたため攻撃は難渋を極め、攻撃が遅れた。

オーストリア側は当初クラーゲンフルト、ライバッハ付近の盆地にイタリア軍を誘い込んで殲滅することを想定したが戦力不足から断念し、在来の二ケ師団にセルビアから五ケ、ガリチアから三ケ師団を抽出し、志願兵部隊と併せてイタリア軍を防ぐこととした。イタリアの宣戦布告時にはこの方面には一ケ師団しかなく他は移動中だったが、イ

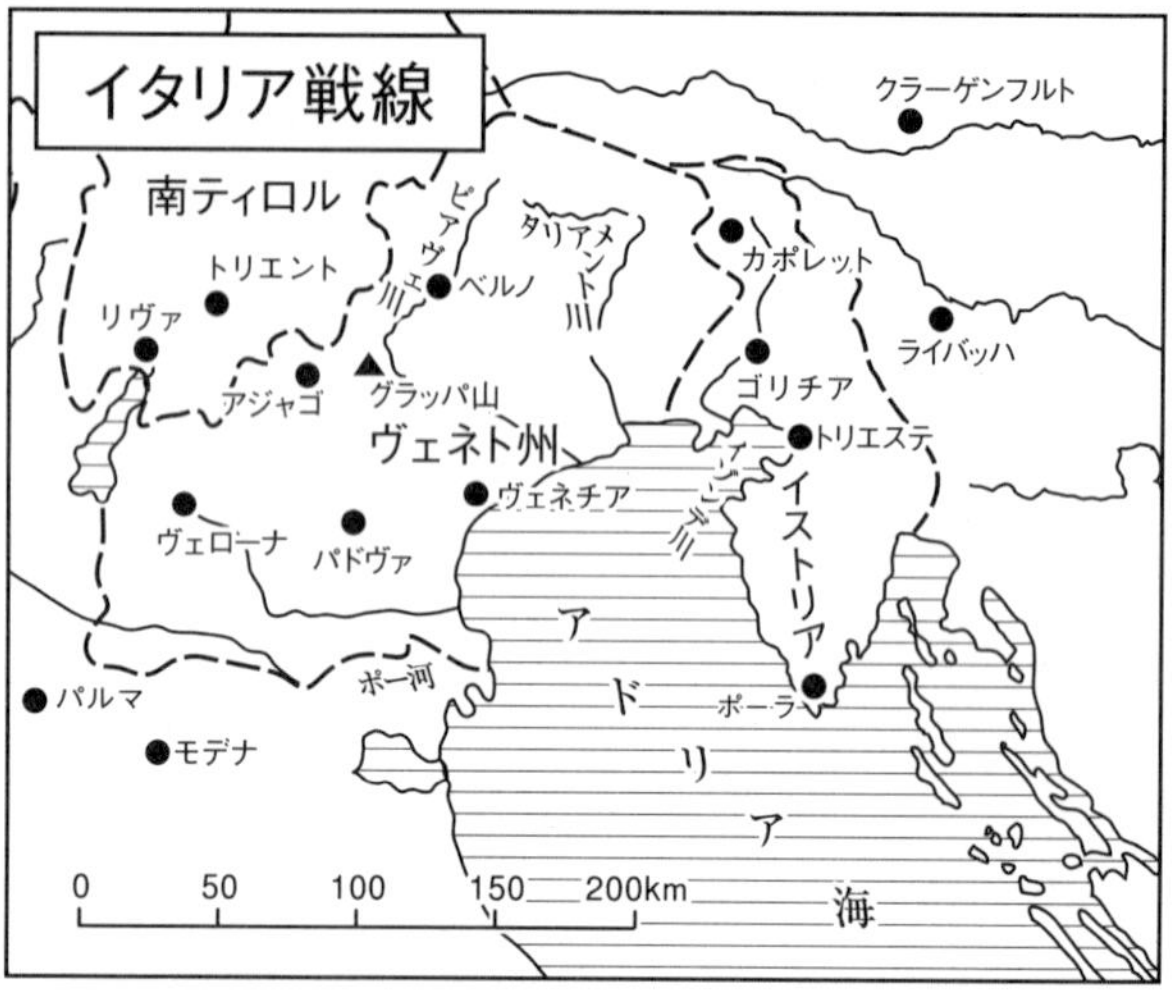

図35

タリア軍の初動の遅れに助けられた。それでも六月中旬までのこの方面の兵力は、イタリア側が四六万人・砲一八一〇門だったのに対し、オーストリア側は二二万八千人・砲六四〇門と半分以下だった（後にドイツからも三ケ師団の増援を得る）。

イタリア軍は七月七日に一回目の大攻勢（第一次イゾンデ攻勢）を掛けたのを皮切りに、一〇月、一一月と計四回攻勢を掛けた。イタリア側はオーストリアより火力面で優位であったがこれを十分に活用できず、結局、両軍とも山の斜面に塹壕を掘り、それに対して火炎放射器で攻撃するという戦法に終始し、オーストリア軍が全ての攻勢を撃退した。イタリア軍は計二八万人の死傷者を出した。これに対するオーストリア、ドイツ軍の損害はイタリアの半分以下だった。

劣勢のオーストリア軍が守り抜けた背景には、オーストリア側は長年イタリアとの戦いを想定してきたため戦場に慣熟していたこと、スラヴ民族も含めて将兵全体がイタリアの背信に怒っており、士気が高かったこと（この戦線での士気は一九一八年まで一貫して高かったとされる）がある。

なお、一九一五年末までのオーストリア陸軍全体の状況は、五〇〇万人を動員して、死者八〇万人、戦傷病者一〇〇万人というものであった。

第四款　海軍の戦況

英仏の主力艦隊はオトラント海峡辺りに防衛線を作ってそれより北には入らず、一方、オーストリア海軍もドイツの要請にも拘わらずトルコに潜水艦や軽巡を派遣して支援することをしなかった。ただ、潜水艦U五は四月二六～二七日にかけて北イオニア海で仏巡「レオン・ガンベッタ」を撃沈している。

五月二三日にイタリアがオーストリアに宣戦すると、オーストリア艦隊はイタリア沿岸に出動し、二四日にアンコナ、リミニと海岸の鉄道を砲撃して打撃を与え、また、イタリア軍のモンテネグロ上陸を警戒してその沖合に潜水艦を派遣した。

他方、英仏はイタリア艦隊の補強のため、フランスから駆逐艦一二隻、イギリスから戦艦四隻、軽巡洋艦四隻を派遣した。連合国側は、イタリア艦隊を中心とする第一連合艦隊をブリンディジを基地としてアドリア海に配置し、第二連合艦隊はタラントを根拠にしてオトラント海峡を封鎖した。イタリア艦隊は六月五日にラグーサ・カッタロ間の鉄道を砲撃し、更に七月一一日にはリッサ島南八〇キロメートルのペラゴサ島を占領し、巡洋艦三隻で再度ラグーサ・カッタロ間の鉄道を砲撃したが、そのうちの一隻である「ガリバルディ」は潜水艦U四が七月一八日に撃沈した。これに対してオーストリア艦隊も六月一八日～七月二三日にかけてアドリア海沿岸のイタリア領を砲撃している。

なお、アドリア海南部では潜水艦U四が英巡「ダブリン」を六月九日に雷撃し、またドイツから送られてきた潜水艦がイタリアの小艦艇を撃沈するなど、潜水艦による戦闘が活発化していた。ドイツは一九一八年一〇月までに五六隻の潜水艦をオーストリアに送ったが、当時まだ独・伊間は戦争状態に入っていなかったため、オーストリアに送られた潜水艦は艦長以下乗務員は全てドイツ人だったが、オーストリア人将校が一人副指揮官として乗り込み、オーストリア国旗を掲げることでオーストリア艦艇としてイタリア艦艇を攻撃していた。

このようにオーストリアの潜水艦が優勢だったため、第一連合艦隊の活動は不活発で、オーストリア艦隊とドイツ潜水艦を封じ込めるべくオトラント海峡の封鎖に重点が置かれた。また、イタリア海軍は艦隊決戦を行なわずに魚雷艇（MAS　モーターボートに魚雷二本程度を搭載するもの。一九一五年三月から一九一八年一一月までに二四四隻が就役した）やフロッグマンによる人間魚雷でオーストリア艦隊を脅かす方針をとり、これに対してオーストリア海軍もトリエステ湾に機雷を敷設してこれに備えたため、主力艦によるアドリア海での決戦は行なわれなかった。

こうしたなか一一月中旬、オーストリアの軽巡・駆逐艦からなる艦隊はアルバニアへの連合国の補給を妨害するために出撃して三週間で一〇隻余りの船を沈めたが、セルビア兵のコルフ島への撤退までは妨害し切れなかった。

一二月二九日、巡洋艦「ヘリゴラント」と駆逐艦五隻がアルバニアのドゥラッツォを襲って多数の商船を沈めたが、機雷原に入って駆逐艦二隻を失い、あまつさえ連合艦隊に追撃されてかろうじて逃れる有様で、小型艦の戦いを主にこの年は終わった。

第四節　一九一六年の戦況

第一款　ロシア方面

一九一六年になると、ロシア軍は東部戦線に一三〇ケ師団を準備した。これに対するドイツは四六ケ師団、オーストリアは四〇ケ師団であった。ロシアはフランスからの要請に応じて三月に北方でドイツ軍に対し攻勢を掛けたが撃退され、ドイツ側はロシア軍の練度の低下からこれ以上の自発的な攻勢はないと判断した。しかしフランスがヴェルダンの戦いでの苦戦から再度ロシアにドイツへの牽制を求めたことと、五月からのオーストリアのイタリアへの攻勢への牽制として、ロシアは再度の攻勢を決意した。

六月四日からの東ガリチア方面での大攻勢は、指揮官名を取ってブルシロフ攻勢と呼ばれる。ブルシロフ大将の軍は三八ケ師団、これに対するドイツ、オーストリア軍の合計は三七ケ師団であった。ブルシロフは当初連合国との協議により七月から本格攻勢を掛けるために六月中は強行偵察のみを行なう積もりだったが、オーストリア軍は九ケ師団と砲兵をイタリアに転用していて抵抗が弱かったため、ブルシロフは攻勢開始を早めた。

ロシア軍は当初優勢で、ルーツク東方のオーストリア第四軍は七月七日までに戦線を五〇キロメートル後退させられ、その一部は全滅した。南方の第七軍も七月一〇日までに壊走してロシア軍はブコヴィナに突入した。オーストリア軍は六月二〇日までに既に捕虜二〇万人を出していたが、この要因のひとつにはスラヴ系の兵士の戦意の不足もあった。

しかし北方のドイツ軍はロシア軍の攻勢にびくともせず、オーストリアの戦線には各所にドイツ師団が巧妙に補充された（ただ、これによりドイツの西部戦線での攻勢は中止となる）。また、オーストリアも五ケ師団をイタリアから戻したためロシア軍の西進は鈍った。そしてロシア軍は合計三五万人の捕虜を得たものの、死傷者一〇〇万人を出して八月末から九月にかけてカルパチア山脈まで進んだところで攻勢は中止となった。ただオーストリア軍も七五万人の死傷者と三一万人の捕虜を出してしまい、ドイツの支援がなければオーストリアはこの年で戦争から離脱していたと評される程の損害を受けた。

この攻勢によってイタリアへの圧力が一時的に除かれたこと、ドイツが西部戦線から七ケ師団移動させたこと、帰趨を決めかねていたルーマニアが連合国側として参戦したことの効果があったが、ロシア軍も一大消耗を来して以降の攻勢は不可能となった。なお、オーストリア軍の弱体化にかんがみ、七月三〇日以降、オーストリア第一、二、四軍はドイツ東方総司令官ヒンデンブルクの指揮下に入れられ、ドイツ・オーストリアの統帥の一元化が進められた。

第二款　バルカン半島方面

年明けにオーストリア軍はモンテネグロを攻めて一月一一日より首都ツェチニナを攻撃し、一七日にモンテネグロは降伏した。オーストリア軍はこの後、北アルバニアに侵攻して同地にいたイタリア軍をヴォユザ川南岸に撃退した。

八月二五日にルーマニア軍はトランシルヴァニアに入り、二七日にオーストリアとドイツに宣戦布告した。ルーマニアは、トランシルヴァニアに対する領土要求を連合国の優位（ブルシロフ攻勢とイタリアの第六次イゾンデ攻勢の緒戦の勝利）に乗じて達成しようとしていた。ルーマニアは開戦時二三ケ師団を有しており、このうち、三縦列各四ケ師団の部隊がトランシルヴァニアに進軍し、三ケ師団をドブルジャ地方の警備とし、三ケ師団をドナウ河の警備に充てていた。

トランシルヴァニアでは、ガリチアから回ってきたオーストリア第一軍（シュトラセンブルク将軍）が巧みな遅延戦術を行ない、味方の支援を待った。この間、同盟側はトランシルヴァニアにドイツ陸軍前参謀総長ファルケンハインの指揮下、ドイツ師団五、オーストリア師団七（以下この款で「ファルケンハイン軍」という）、をドブルジャ地方にはドイツ将軍マッケンゼン指揮下、ブルガリア師団二、オーストリア師団二、ドイツ軍若干（以下この款で「マッケンゼン軍」という）を送り、ルーマニアへの反撃体制を整えた。

同盟軍側の反撃は、九月五日にマッケンゼン軍がドナウ河警備のルーマニア三ケ師団を撃破したのを皮切りに開始され、一八日にはファルケンハイン軍がトランシルヴァニアからルーマニア軍を駆逐した。一〇月九日までにマッケンゼン軍はルーマニア軍による迂回攻撃を撃退した。一一月一一～一九日にかけてファルケンハイン軍はルーマニア軍をオルト川まで押し戻し、一一月二三日にマッケンゼン軍はドナウを渡河してオルト川に面して守っていたルーマニア軍の後方に回り込んで攻撃、撃破した。

以降、作戦は順調に進み、一二月六日には同盟軍はルーマニアの首都ブカレストに入城した。ルーマニア軍は二〇万人以上の死傷者と一五万人の捕虜を出した。

この結果、同盟国はルーマニアの穀物と石油が入手でき、ルーマニアの宣戦は却って同盟国を富ませるという皮肉な結果に終わった。オーストリアでの一九一六年の穀物生産は一九一四年のそれの半分になっており、この勝利には利益があった。しかしルーマニア軍は依然北部モルダヴィア（国土の約三分の一）に依拠し、ロシアの支援を受けて戦闘を続けた。

第三款　イタリア方面

イタリア軍は三月一一～一九日にかけて第五次イゾンデ攻勢を掛けたが、オーストリア軍はこれを撃退した。コンラートは、南ティロルから攻勢を掛けてパドヴァまで浸透し、イゾンデ川方面に集結しているイタリア軍の背後を遮断して包囲殲滅することを企画した。この作戦についてドイツ側は、成功してもイタリアを屈服させるには至らないとして難色を示し、オーストリアがガリチアから抽出する部隊に見合う九ケ師団の支援を拒否した。しかしコンラートはガリチアから自軍九ケ師団と砲兵を引き抜き、自ら指揮をとって南下作戦を五月一五日に発起した。

コンラートの作戦は、第一一軍（ダンクル将軍）をまず南下させ、更に第三軍（ケベス将軍）を後続させるものだった。オーストリア軍の攻撃はイタリア軍の意表を突き、第一一軍はアジャゴとアルジェロまで突出した。しかし狭い戦場に大軍を配したため機動性を欠き、後続部隊も続かず予備兵力が不足し補給も追いつかなかった。このため攻勢は鈍り、二〇日に攻勢を中断して軍を再編成したが、これはイタリア側にも余裕を与えて以降の進撃は頓挫した。

この後六月四日よりブルシロフ攻勢が開始されたためコンラートは五ケ師団を東部戦線に戻し、六月一七日に作戦を中止した。この戦いでイタリア軍は一四万七千の損害（うち捕虜四万）を出し大砲三〇〇門を失った。対するオーストリア軍の損害は八万一千（うち捕虜二万六千）である。

八月六〜一七日にかけてイタリア軍は第六次イゾンデ攻勢を開始し、ゴリチアでオーストリア軍を撃破したが、これも長続きせず結局損害五万一千を出して撤退した（オーストリア側の損害は四万）。更にイタリアは九月に第七次、一〇月に第八次、一一月に第九次のイゾンデ攻勢を行なうがいずれもオーストリア側が撃退し、イタリア軍は捕虜だけで七万五千を出した（オーストリア側の損害は六万三千、うち捕虜は二万）。

第四款　海軍の戦況

陸軍のモンテネグロ攻撃に合わせて海軍も一月八〜一一日にモンテネグロ沿岸を砲撃した。二月になると北アルバニアまで占領地が拡大したことから巡洋艦隊はカッタロまで基地を前進させた。

一方、オーストリアの潜水艦部隊が活動を強化したため、連合国はオトラント海峡に防潜網や機雷を付設し、駆逐艦で見回りをした。五月に潜水艦U六は防潜網に引っ掛かって沈められたが、潜水艦部隊は活発に活動してこの年に連合国の巡洋艦二、駆逐艦五、潜水艦四を沈めた。対するオーストリア側の損害は潜水艦二隻のみで、いかにこの海域で潜水艦が働いたか（裏を返せば水上部隊が不活発だったか）が分かる。潜水艦は機雷敷設にも従事し、潜水艦UC一四がヴァロナ沖に敷設した機雷で一二月一一日にイタリアの旧式戦艦「レジナ・マルゲリータ」が沈没したことは、この年の掉尾を飾るのに相応しい出来事だった。

連合国はアドリア海では戦艦のみならず巡洋艦の使用にも慎重になり、その分、魚雷艇を活用した。イタリアのMAS二隻は六月にドゥラッツォでオーストリア商船を雷撃している。

なお、八月二八日のイタリアの対独宣戦布告により、オーストリア海軍に編入されていたドイツ潜水艦はおおむね自国籍に戻り、マルタ・サロニカ航路などで連合国艦船を狙い、オーストリア海軍はこれらを支援した。

第五節　一九一七年の戦況

第一款　ロシア方面

前年のブルシロフ攻勢以降ロシアでは国内の疲弊が甚だしくなり、軍の作戦活動も著しく鈍った。国内の疲弊と国民の不満は三月一二日についに革命となって噴出し、ニコライ二世は退位した。しかし革命後成立したケレンスキー政権も戦争を継続し、ブルシロフ攻勢で獲得していた突出部から七月一日よりレンベルクを狙って攻勢を開始し、第二、第三軍団は突破された（ケレンスキー攻勢）。しかし八月にはドイツ軍の支援を得てガリチア、ブコヴィナ地方からロシア軍を駆逐することに成功した。

ロシア軍は以降ドイツ軍の反撃によりズルズルと後退し、一〇月革命を経て一二月八日より休戦に入り、翌年三月三日のブレスト・リトフスク条約によりロシアは戦線を離脱した。

第二款　バルカン半島方面

この年の初頭、ルーマニア軍はセレート川の線で同盟軍の進撃を阻止して態勢を持ち直した。この後、同盟軍の攻勢が止んだことに乗じてルーマニア軍は態勢を立て直し、ロシア軍の支援を受けて七月より反撃を開始して八月にはセレート河畔のマラシュシュティ付近で激戦が行なわれた。しかしロシアでボルシェヴィキが権力を握って戦争終結に向かったことからルーマニアも戦争を継続できなくなり、ロシアが休戦に入った翌日の一二月九日に休戦とした。同盟国とルーマニアは翌一九一八年五月七日に講和し（ブカレスト条約）、ルーマニアはドブルジャ南部をブルガリアに、カルパチア山脈の一五〇の村をオーストリアに割譲したほか、小麦と石油を専ら同盟国側に売り渡すことを約束させられ、ワラキアは世界大戦終結の講和まで全面占領されることとなった。

第三款　イタリア方面

イタリア軍はオーストリア軍がドイツ軍の増援を得て攻勢を開始する前に先攻することとし、五二ケ師団、砲五千門で五月一二日から六月八日にかけて第一〇次イゾンデ攻勢を掛けた。オーストリア、ドイツ軍は三八ケ師団で対抗し、イタリア軍は数キロメートル戦線を前進させたのみで、一七万五千の損害を出して撤退した（オーストリア側の損害は七万五千）。

八月一八日から九月一五日までイタリア軍は、第一一次のイゾンデ攻勢をゴリチアで掛け、バインシッツァ高原まで進んだところでオーストリア側の反撃により食い止められた。一一回のイゾンデ攻勢でイタリア軍の人的損害は一一〇万人に上り、オーストリア軍も六五万人の損害を出した。

オーストリア軍は再三のイタリア軍の攻勢を撃退したものの消耗し、国内の疲弊も甚だしかった。オーストリアからの支援要請を受けたドイツ軍参謀次長ルーデンドルフは、これ以上イタリアに攻勢を掛け続けられてはオーストリアが保たなくなると判断し、イタリア軍への攻勢を計画した。

一〇月二四日、ドイツ軍六ケ師団、オーストリア軍九ケ師団は、ドイツのビューロー将軍の指揮下、アルプスを下りイゾンデ戦線のカポレットを急襲した。ドイツ軍の用いた毒ガスはイタリア軍の防毒措置を上回り、またドイツ空軍の支援を得たこともあり、同地でイタリア第二軍団を突破できた。また、これに応じてアドリア海沿岸にいたオーストリア軍二ケ軍団も西進した。

同盟軍の攻勢により、イタリア軍は一〇月三〇～三一日にかけてまずタリアメント川後方に引き、続いて一一月一〇日、ピアヴェ川後方に撤退した。この結果イタリアはヴェネト地方を失い、死傷者四万人、捕虜二七万五千人、砲の遺棄二、五〇〇門という大損害を出した。イタリアの劣勢を見たイギリス・フランス軍は急速増援部隊を出してピアヴェ川の防衛線を固めたため、同盟側もこれ以上の進撃は断念した（オーストリア、ドイツ軍の損害は死傷者二万人）。

他方、遅まきながら、南ティロル（トレンチノ）地方から前参謀総長コンラート率いるオーストリア軍が南下してイタリア軍を背後から包囲しようとしたが、鉄道の不備でティロル方面への軍の移動が遅れた間にイタリア軍が配備を完了したため、食い止められてしまった（以上の戦いを総称して「カポレットの戦い」という）。

この敗戦でイタリアでは参謀総長カドルナが更迭され、後任にはディアッツが就いた。

第四款　海軍の戦況

二月八日に海軍長官ハウスが病死し、海軍は従来より積極的な作戦行動をとるに至った。五月一五日、ホルティ率いる軽巡三隻は南アルバニアに向かい、警戒線を突破してイタリア船団を攻撃して輸送船一四隻を撃沈した。同じく駆逐艦二隻が陽動として北アルバニアのヴァロナ沖に進みイタリア潜水艦一隻と輸送船一隻を沈めている。これに対しては連合国艦艇が追撃に来たが、駆逐艦二隻はドゥラッツォに無事帰港し、ホルティの艦隊も軽巡「ノヴァラ」が損害を受けたもののカッタロからの救援部隊を見て連合国艦艇が引き揚げたため、これ以上損害は出なかった。

地中海ではドイツ、オーストリアの潜水艦が通商破壊を行なっていたが、連合国側は英仏が艦隊を増強したほか、日本が巡洋艦二隻と駆逐艦十数隻を、オーストラリアとアメリカもそれぞれ艦艇を派遣して対抗した。日本駆逐艦「榊」は六月一一日に潜水艦U二七を大破している。更に、一二月になるとアメリカ艦艇はアドリア海の南にまで進出してきたため、オーストリア艦隊はいよいよ北アドリア海に封じ込められることとなった。

一〇月二四日からカポレットの戦いが始まると、オーストリア艦隊も支援に動き、一一月一六日には戦艦「ウィーン」と「ブダペスト」がピアヴェ河口のイタリア軍陣地を砲撃した。イタリア艦隊はヴェネチアが危険と見て南下したためオーストリア艦隊を遮る水上部隊はなかったが、一二月一〇日にイタリアの魚雷艇二隻は深い霧の中トリエステに潜入し、港内にいた戦艦「ウィーン」を撃沈して一矢を報いた。

これに対してオーストリア海軍は、一二月一九日に戦艦「ブダペスト」、軽巡その他二隻、駆逐艦六隻、魚雷艇一六隻、掃海艇五隻を派遣してピアヴェ河口のイタリア軍陣地を再度砲撃している。

なお、この年になると、食糧不足から（陸軍や市民よりはましだったが）海軍でも士気が下がってきたことには留意する必要がある。

第六節　一九一八年の戦況

第一款　イタリア方面

三月三日にロシアと、五月七日にルーマニアとそれぞれ講和条約が成立したことにより、オーストリアはその全力をイタリアに注げば良いこととなった。しかし戦争の長期化による国力の消耗と国民の厭戦気分は甚だしく、一九一七～八年の厳しい冬は食糧不足に悩む国民の不満に拍車を掛け（一月には穀物の備蓄は二ヶ月分しかないと報告されていた）、年明けからストライキが各地で頻発して生産力は低下していた。そして自決を求める各民族の動きも激化してオーストリア帝国は崩壊寸前となっていた。

オーストリアは、残る敵イタリアに一撃を加えて自らの戦争は終わらせようとし、六月一五日に第一一軍はピアヴェ川を渡ってヴェローナを攻略しようとし、同時にコンラートの軍が南ティロルから南下した。しかしコンラートの軍は英仏軍に食い止められ、第一一軍もイタリア軍二ケ軍によって二四日までに食い止められ、その後ピアヴェ川で洪水が起こったため作戦は打ち切られた。

この作戦でイタリア戦線の部隊は攻撃能力を失い、配置された五七ケ師団の兵力は歩兵師団で五～八千、騎兵師団でその半分となり、実質は三七ケ師団規模であった。しかも食糧・装備品・馬匹・石油といずれも底を突き、戦線を維持するのがやっとの状態になった。

こうしたなか、連合国はブルガリアでの攻勢に続いて、イタリアでも反攻を始め、イタリアの五一ケ師団、フランスの三ケ師団、チェコ・スロヴァキア人の一ケ師団が攻撃の口火を切った。オーストリア軍は一〇月二一日のイタリア第四軍の攻撃はグラッパ山で撃退したが、二四日にイギリス第一四軍団がピアヴェ川を渡ってヴェネト方面に進撃すると最早支え切れなかった。戦線は「融解」し、一〇月三〇日までにオーストリア軍はアドリア海沿岸地方と山岳地帯とに分断されて大混乱となった。一一月二日にはタリアメント川を突破され、三日にはトリエントも英仏軍に攻略された。また国内の混乱もこの時は頂点に達していた。

こうして三日にオーストリアはイタリアと休戦に入り、四日に他の連合国とも休戦となった。しかし、イタリア軍は四日の休戦発効前にイギリス軍の背後から現われてヴェネト地方からオーストリア軍を駆逐し、オーストリア軍は散り散りになって母国に逃げ戻ったが、計三〇万人の捕虜を出した。

第二款　海軍の戦況

一九一七年から一九一八年にかけてオーストリア国内では各地でストライキが起きていたが、一月には海軍根拠地ポーラでもストライキが起こり、二月一日にはカッタロでも衣食や劣悪な勤務条件に不満を持つ水兵が社会主義思想にも影響されて叛乱を起こした。これは速やかに鎮圧されたが、海軍人事の刷新が行なわれ、ホルティ少将が新たに艦隊司令長官となった。

ホルティは、逼塞していた艦隊の士気を高めるために（石炭が欠乏していたことにもよるが）、弩級戦艦四隻を含む主力艦隊を率いてオトラント海峡の封鎖線を突破しようとした。しかし、ポーラ軍港からカッタロ軍港に回航中の六月一〇日未明にイタリア魚雷艇二隻の攻撃により弩級戦艦「セント・イシュトヴァーン」に魚雷二本が命中して沈没したため作戦は中止された。そして休戦直前の一一月一日早朝に今度はポーラ軍港で弩級戦艦「ヴィリブス・ウニーティス」がイタリアの人間魚雷によって撃沈された。

イタリア海軍は、陸軍とは対照的な勇敢なる小型艦艇の攻撃によりオーストリア海軍に損害を与えたが、再度軍港に易々と侵入を許したオーストリア側の軍紀の弛緩も問題とせねばなるまい。なお、この年、ウクライナから食糧を入手するためにドナウ艦隊の拡大と黒海艦隊を創設するなど、海軍においても物資の不足への対応を強いられた。

写真10　「ヴィリブス・ウニーティス」級の模型
オーストリアの弩級戦艦は同級 4 隻である。

第四章　戦争の終結・カール皇帝の退位・ハプスブルク帝国の終焉（一九一八年）

一九一六年一一月二一日に崩御したフランツ・ヨゼフの後継として即位したカールは、戦争のなりゆきに任せて統治するしかなかった。国内は戦争による疲弊で一九一六年頃からガタが来ており、外相チェルニンも一九一七年四月の段階で早期の講和をカール皇帝に具申している。こうした動きを受けてカールも戦争の早期終結を望み、二月から五月にかけて皇后チタの兄であるパルマ公シクストスを通じてフランスに単独講和の意向を伝えた。彼の構想はドイツがフランスにエルザスとロートリンゲンを割譲し、その代償としてオーストリアがガリチアをドイツに与えるというものだったが、一九一八年四月にフランス大統領クレマンソーはこの平和工作を暴露し、オーストリアはドイツに疑念を抱かれるという結果に終わった（もっとも戦争に飽きたオーストリア国民には好評だったが）。

また一九一七年の一一月から一二月にかけてイギリスの首相ロイド・ジョージがオーストリアに南ティロルを割譲させることでの単独講和を打診してきた。しかし、オーストリアはイタリアに対しては勝利していたためこの条件は呑めず、講和は進展しなかった。

一九一八年になるとオーストリア軍の自壊が始まり、二月にカッタロで水兵が叛乱を起こし、夏までにハンガリー兵が一〇万以上脱走した。また、ロシアから釈放された捕虜が大量に帰国してこれらもロシアの革命思想を宣伝した。八月に西部戦線でドイツが敗れ、九月二九日にブルガリアが降伏すると、オーストリアも一〇月四日に今度はアメリカと和平交渉に乗り出した。英米は一九一八年初頭においては民族自決によるオーストリアの解体までは考えず、寧ろ中欧の勢力均衡の観点から大きなオーストリアを容認する方針だった。しかし、この時点では各地での民族自決運動が激しく、アメリカのウィルソン大統領も民族自決を支持する方針に転換していたから、アメリカへの打診は帝国の解体をもたらすことは必然であった。

一〇月一六日にオーストリアは連邦制国家となったが、ウィルソン大統領はボヘミア・モラヴィアと南スラヴの自立を望み、これを受けてかねてよりアメリカの支援を受けていたボヘミア人勢力は、一〇月二八日にチェコスロヴァキア共和国を宣言した。続いて二九日にはザグレブでユーゴスラヴィア国家が宣言されるに至りクロアチアとスロヴェニアもこれに加わったから、ハプスブルク帝国は文字通りオーストリア・ハンガリー帝国になった。そしてハンガリーも一一月三日に「分離」を宣言し、それよりも早くハンガリー人連隊はイタリア戦線から引き揚げを開始していた。

一〇月二七日にドイツとの同盟を解消していたオーストリア政府は、トルコが一〇月三〇日に休戦に踏み切ったのに続いて一一月四日に休戦を決定した。この戦争でのオーストリアの戦死者は一二〇万人、戦傷者は三六二万人でその人的損害はドイツ、ロシア、フランスに次いで列国第四位であった。

カール皇帝は、一一月一一日にオーストリアについて、一一月一三日にはハンガリーについてそれぞれ権利を放棄してスイスに亡命し、ハプスブルク王朝はその幕を閉じた。一九二〇年一月、ハンガリー議会は王政を議決し、五月にベラ・クンの共産革命の鎮圧に功績のあった元オーストリア艦隊司令長官のホルティが摂政となった。これを受けてカールは、一九二一年三月にブダペストに入りホルティと復辟の交渉に入ったが、旧連合国の反対を知ったホルティがこれを拒否したため再びスイスに戻り、一九二二年に同地で客死した。

おわりに

ハプスブルク家の軍事史は、キリスト教圏あるいはカトリック圏での覇権争いと、同家がヨーロッパの東方防衛の使命を果たすことの二つの流れから成る。

キリスト教圏の戦いでは、カール五世・フェリペ二世による世界帝国は、新教国イギリス・オランダとの戦いで消耗し、以降の王の無能と国家の疲弊を受けて、スペイン継承戦争により解体した。

そしてオーストリアのハプスブルク家はドイツからはプロイセン以下の新教国の反撃で徐々に締め出され、カトリック圏ではフランスによりスペイン、エルザス・ロートリンゲン、イタリアなどから次第に排除されていった。

ただ東方におけるハプスブルク家は、当初はトルコ、後にはロシアへの防波堤として期待され、実際、長きにわたって使命を果たしたが、その過程で余りに多民族国家となってしまい、ロシアの革命とスラヴ民族の自決という潮流の中で「防波堤」としての存続意義を失うと、もはや御用済ということで帝国は解体された。

ハプスブルク国家は、ヨーロッパの多民族国家の先行例としてよく引き合いに出されるし、振り返ってみれば、各民族を融和させるために当時としてはそれなりの柔軟な統治機構を有していたことは間違いない。しかし近年のソ連邦やユーゴスラヴィアの解体にも見られるように、多民族国家の維持・運営には相当の困難が伴うのであり、ハプスブルク帝国は多民族国家は所詮は続けられないという先行例としての帝国であった。

しかし、兎にも角にも五〇〇年にわたって存続した点にハプスブルク国家の偉大さを認めないわけにはいかない。多民族という問題を有するが故に軍事的には弱体国家であったにせよ、決して侮ってはいけない存在だったのである。

参考文献一覧

全体に関わるもの

Dupuy and Dupuy *"The Encyclopedia of Military History 4th Edition"* (Happer & Row, 1993).

ゲオルク・シュタントミューラー（矢田俊隆解題・丹後杏一訳）『ハプスブルク帝国史』刀水書房、一九八九年。

アーダム・ヴァントルツカ（江村洋訳）『ハプスブルク家』谷沢書店、一九八一年。

下津清太郎『ハプスブルク家』近藤出版社、一九八四年。

パムレーニ・エルヴィン編（田代・鹿島訳）『ハンガリー史』恒文社、一九八〇年。

ピエール・ボヌール（山本俊郎訳）『チェコスロヴァキア史』白水社、一九六九年。

大類伸監修『世界の戦史』五〜九　人物往来社、一九六七年。

伊藤政之助『世界戦争史』五〜九　原書房、一九八五年。

青木栄『シーパワーの世界史』一、二　出版協同社、一九八三年。

外山三郎『兵器と戦術の世界史』原書房、一九七九年。

ミッタイス＝リーベリッヒ（世良晃志郎訳）『ドイツ法制史概説（改訂版）』創文社、一九七六年。

主に第一編に関わるもの

田口正樹「一三世紀後半ドイツの帝国国制」『国家学会雑誌』一〇七―七・八（東京大学出版会、一九九四年）。

シャルル・ジリヤール（江口清訳）『スイス史』白水社、一九五四年。

V・イム・ホーフ（森田安一監訳）『スイスの歴史』刀水書房、一九九七年。

江村洋『中世最後の騎士』中央公論社、一九八七年。

クリスチャン・ベック（仙北谷芽戸訳）『ヴェネチア史』白水社、二〇〇〇年。

主に第二編に関わるもの

アンリ・ラペール（染田秀藤訳）『カール五世』白水社、一九七五年。

三橋冨治男『スレイマン大帝』清水書院、一九七一年。

三橋冨治男『オスマン＝トルコ史論』吉川弘文館、一九六六年。

ロベール・マントラン（小山晧一郎訳）『トルコ史』白水社、一九七五年。

クリスチャン・ベック（西本晃司二訳）『メジチ家の世紀』白水社、一九八〇年。

オルソラ・ネーミ、ヘンリー・ファースト（千種堅訳）『カトリーヌ・ド・メディシス』中央公論社、一九八二年。

スタンリー・レーン・プール（前嶋信次訳）『バルバリア海賊盛衰記』リブロポート、一九八一年。

外山三郎『西欧海戦史』原書房、一九八一年。

石島晴夫『スペイン無敵艦隊』原書房、一九八一年。

マイケル・ルイス（幸田礼雅訳）『アルマダの戦い』新評論、一九九六年。

フェルナン・ブローデル（浜名優美訳）『地中海』藤原書店、一九九四年。

モーリス・ブロール（西村六郎訳）『オランダ史』白水社、一九九四年。

川口博『身分制国家とネーデルランドの反乱』彩流社、一九九五年。

岡崎久彦『繁栄と衰退と』文藝春秋、一九九一年。

J・Hエリオット（藤田一成訳）『スペイン帝国の興亡』岩波書店、一九八二年。

J・Hエリオット（藤田一成訳）『リシュリューとオリバーレス』岩波書店、一九八八年。

色摩力夫『黄昏のスペイン帝国』中央公論社、一九九六年。

立石博高・若松隆編『概説スペイン史』有斐閣、一九八七年。

アラベール＝アラン・ブールドン（福島正徳・広田正敏訳）『ポルトガル史』白水社、一九七七年。

ヴォルテール（丸山熊雄訳）『ルイ十四世の世紀』岩波書店、一九五八年。

ジェフリー・パーカー（大久保桂子訳）『長篠合戦の世界史』同文館、一九九五年。

主に第三編に関わるもの

Evans *"The Making of Habsburg Monarchy"* (Oxford UNIV., 1979).

J. V. Polisensky (Robert Evans 英訳) *"The Thirty Years War"* (University of California Press, 1971).
K. A. Roider *"Austrial's Eastern Question 1700-1790"* (Princeton, 1982).
ジョルジュ・カステラン(萩原直訳)『ルーマニア史』白水社、一九九三年。

尾高音己「シトヴァトロク条約(一六〇六年)について」『愛知学院大学論叢文学部紀要』第一五号（一九八六年）。

コージュ・カーロイ(田代文雄訳)『トランシルヴァニア』恒文社、一九九一年。

リデル・ハート(森沢亀鶴訳)『世界史の名将たち』原書房、一九八〇年。

シルレル(渡辺格司訳)『三十年戦史』岩波書店、一九四四年。

菊池良生『戦うハプスブルク家』講談社、一九九五年。

ハインリッヒ・ブレティヒャ(関楠生訳)『中世への旅　農民戦争と傭兵』白水社、一九八二年。

飯塚信雄『バロックの騎士』平凡社、一九八九年。

ジョン・マクドナルド(松村赳監・訳)『戦場の歴史』河出書房新社、一九八六年。

M・v・クレヴェルト(佐藤佐三郎訳)『補給戦』原書房、一九八〇年。

ジョルジェヴィチ、ガラティ共著(佐原徹哉訳)『バルカン近代史』刀水書房、一九九四年。

ジョゼッペ・クアトリーリオ(真野義人・箕浦万里子訳)『シチリアの千年』新評論、一九九七年。

木崎良平『ピーター大帝』清水書院、一九七一年。

土肥恒之『ピョートル大帝とその時代』中央公論社、一九九二年。

阪口修平『プロイセン絶対王政の研究』中央大学学術図書、一九八八年。

主に第四編に関わるもの

丹後杏一『オーストリア近代国家形成史』山川出版社、一九八六年。

江村洋『マリア・テレジアとその時代』東京書籍、一九九二年。

下津清太郎『ハノーヴァー家』近藤出版社、一九八六年。

下津清太郎『ブルボン家』近藤出版社、一九八四年。

森田鉄郎編『イタリア史』山川出版社、一九七六年。

下津清太郎『ホーヘンツォレルン家』近藤出版社、一九八六年。

村岡晳『フリードリヒ大王』清水書院、一九七一年。

クラウゼヴィッツ（篠田英雄訳）『戦争論』岩波書店、一九六八年。

アンリ・トロワイヤ（工藤庸子訳）『女帝エカテリーナ』中央公論社、一九八〇年。

山本俊朗・井内敏夫『ポーランド民族の歴史』三省堂、一九八〇年。

主に第五編に関わるもの

Digby Smith *"Napoleonic Wars Data Book"* (The Green hill, 1968).

Macartney Carlile A. *"The Habsburg EmPire 1790-1918"* (Weidenfeld & Nicolson, 1968).

アルベール・ソブール（小場瀬卓三、渡辺淳訳）『フランス革命』岩波書店、一九五三年。

ラウクハルト（上西川原章訳）『ドイツ人が見たフランス革命』白水社、一九九二年。

井上幸治『ナポレオン』岩波書店、一九五七年。

本池立『ナポレオン　革命と戦争』世界書院、一九九二年。

アントニーノ・ロンゴ（谷口勇、ジョヴァン・ピアッザ訳）『ナポレオン秘史・マレンゴの戦勝』而立書房、一九九四年。

クラウゼヴィッツ（浅野祐吾解題　外山卯三郎訳）『ナポレオンのモスクワ遠征』原書房、一九八二年。

矢田俊隆『メッテルニヒ』清水書院、一九七三年。

マルセル・ドゥ・ヴォス（山本俊郎訳）『ユーゴスラヴィア史』白水社、一九七三年。

ダフ・クーパー（曽村保信訳）『タレーラン評伝』中央公論社、一九七九年。

リデル・ハート（森沢亀鶴訳）『戦略論』（新装版）原書房、一九八六年。

主に第六編に関わるもの

Gunther E. Rothenberg *"The Army of Francis Joseph"* (Purdue University Press, 1976).

矢田俊隆『ハプスブルク帝国史研究』岩波書店、一九七七年。

森田鉄郎『マッツィーニ』清水書院、一九七二年。

A・J・P・テイラー（倉田稔訳）『ハプスブルク帝国1809-1918』筑摩書房、一九八七年。

ロザリオ・ロメーオ（柴野均訳）『カヴールとその時代』白水社、一九九二年。

望田幸男『ドイツ統一戦争』教育社、一九七九年。

外山三郎『近代西欧海戦史』原書房、一九八二年。

米満賛「普墺戦争におけるオーストリア軍の敗因」『軍事史学』二九巻二号（一九九三年）。

主に第七編に関わるもの

"The CAMBRIDGE HISTORY OF LATIN AMERICA III" (CAMBRIDGE UNIVERSITY Press, 1995).
"Historical Dictionary of MEXICO" (The Carecrow Press, 1981).
国本伊代・畑恵子・細野昭雄『概説メキシコ史』有斐閣、一九八四年。
菊池良生『イカロスの失墜』新人物往来社、一九九四年。
『世界伝記大事典』一〇　ほるぷ社、一九八一年。

主に第八編に関わるもの

Lawrence Sondhaus *"The Naval Policy of Austria-Hungary 1867-1918"* (Purdue University Press, 1994).
F. R. Bridge *"The Habsburg Monarchy among the great powers 1815-1918"* (Berg, 1990).
アラン・スケッド（鈴木淑美、別宮貞徳訳）『ハプスブルク帝国衰亡史』原書房、一九九六年。

大津留厚『ハプスブルクの実験』中央公論社、一九九五年。

セバスティアン・ハフナー（山田義顕訳）『ドイツ帝国の興亡』平凡社、一九八九年。

バーバラ・ジュラヴィッチ（矢田俊隆訳）『近代オーストリアの歴史と文化』山川出版社、一九九四年。

リデル・ハート（上村達雄訳）『第一次世界大戦』フジ出版社、一九七六年。

フォン・ファルケンハイン（外山卯三郎訳）『ドイツ最高統帥論』新正堂、一九四四年。

図 24　ライプチヒの戦い（10月18日）（伊藤政之助『世界戦争史』7、原書房、1985 年、480 頁、「ライプチヒの戦い」より）………350
図 25　ウィーン会議後の版図（1815）（下津清太郎『ブルボン家』近藤出版社、1984 年、107 頁、「ウィーン会議後のヨーロッパ」より）………362
図 26　対サルジニア戦争関係図………377
図 27　ソルフェリーノの戦い（伊藤政之助『世界戦争史』8、原書房、1985 年、1169 頁、「ソルフェリーノの戦い」より）………390
図 28　デンマーク戦争関係図（伊藤政之助『世界戦争史』9、原書房、1985 年、152 頁、「普軍の攻撃前進」より）………394
図 29　ケーニヒグレーツの戦いまで（大類伸監修『世界の戦史』8、人物往来社、1967 年、51 頁、「普墺戦争関係図」より）………401
図 30　ケーニヒグレーツの戦い………409
図 31　アドリア海要図………419
図 32　メキシコ要図………426
図 33　1914 年のガリチア（リデル・ハート／上村達雄訳『第一次世界大戦』フジ出版社、1976 年、地図資料編 7 頁、「レンベルク会戦」より）………447
図 34　バルカン半島の状況（大類伸監修『世界の戦史』9、人物往来社、1967 年、215 頁、「バルカン戦線要図」より）………450
図 35　イタリア戦線………456

写真目録

写真 1　ハルバード………11
写真 2　ティリー将軍像（ミュンヘン王宮広場）………145
写真 3　ハイデルベルク城跡………200
写真 4　ホーンブルク要塞の図………223
写真 5　ベオグラード攻撃に用いられた臼砲と砲弾………228
写真 6　フィンク将軍の降伏（部分）………269
写真 7　ナポレオン戦争時のコサックのカービン銃と槍………354
写真 8　メキシコ皇帝旗（海軍）…………429
写真 9　最古の魚雷………445
写真 10「ヴィリブス・ウニーティス級」の模型………469

家系図

ハプスブルク家系図………2
ハプスブルク家系図 2 ………132

図目録

図1　ハプスブルク家の所領形成………4
図2　スイス要図（シャルル・ジリヤール／江口清訳『スイス史』＜文庫クセジュ＞、白水社、1954年、15頁、「最初の三つのカントン」より）………10
図3　北イタリア関係図………21
図4　カール五世の家領（J・H・エリオット／藤田一成訳『スペイン帝国の興亡』岩波書店、1982年、160頁、「カルロス五世の四つの遺産」より）………36
図5　ネーデルラント関係図（下津清太郎『ハプスブルク家』近藤出版社、1984年、31頁、「オランダの独立」より）………74
図6　アルマダの航路（外山三郎『西欧海戦史』原書房、1981年、189頁より）………84
図7　スペイン家の衰退（J・H・エリオット／藤田一成訳『スペイン帝国の興亡』岩波書店、1982年、404頁、「スペイン勢力圏の崩壊」より）………98
図8　ルイ十四世との戦争関係図（下津清太郎『ブルボン家』近藤出版社、1984年、39頁、「ルイ十四世時代盛期におけるフランスの東部発展」より）………110
図9　三十年戦争（下津清太郎『ハプスブルク家』近藤出版社、1984年、39頁、「三十年戦争」より）………144
図10　ブライテンフェルトの戦い（リデル・ハート／森沢亀鶴訳『世界史の名将たち』原書房、1980年、101頁、「ブライテンフェルト第2局面」より）………157
図11　1632年11月16日リュッツェンの戦い（伊藤政之助『世界戦争史』5、原書房、1985年、277頁、「両軍の配備」より）………166
図12　対トルコ戦争………179
図13　ウィーンの解囲（飯塚信雄『バロックの騎士』平凡社、1989年、50頁、「ウイーン城への皇帝軍の進撃」より）………188
図14　オーストリア継承戦争関係図………238
図15　フリードリヒ二世軍の動き………258
図16　ロイテンの戦い（伊藤政之助『世界戦争史』6、原書房、1985年、845頁、「ロイテンの戦い」より）………264
図17　リークニッツの戦い（伊藤政之助『世界戦争史』6、原書房、1985年、867頁、「リグニッツの戦い」より）………270
図18　ハプスブルク家領（江村洋『マリア・テレジアとその時代』東京書籍、1992年、6頁、「18世紀半ばのヨーロッパ」より）………278
図19　1793～1795年フランス国境………296
図20　北イタリア要図………304
図21　ナポレオン戦争期の中欧（下津清太郎『ホーヘンツォレルン家』近藤出版社、1986年、31頁、「ナポレオン勢力下のプロイセンとライン連邦」より）………326
図22　ワグラムの戦い（伊藤政之助『世界戦争史』7、原書房、1985年、395頁、「ワグラムの戦い」より）………338
図23　1812年シュヴァルツェンベルク軍関係図………343

ホーエンリンデンの戦い（1800） 322
ホッホキルヒの戦い（1758） 266
ボーデン湖畔の戦い（1499） 24
ポートランド沖海戦（1588） 87
ポーランド分割協定（第一次、1772） 280
ポーランド分割協定（第三次、1795） 301
ボロディノの戦い（1812） 344

マ　行

マクデブルクの包囲戦（1631） 155
マジェンタの戦い（1859） 388
マドリード条約（1526） 41
マリニャーノの戦い（1514） 33
マルプラケの戦い（1709） 217
マレンゴの戦い（1800） 321
マントヴァ包囲戦（1629） 111
マントヴァの開城（1797） 312

ミュールドルフの戦い（1322） 10
ミュールベルクの戦い（1547） 59
ミュンスター条約（1648） 175
ミュンヘングレーツの戦い（1866） 406
ミュンヘングレーツ協定（1833） 369
ミラマル協定（1863） 427

メッツ包囲戦（1552） 62

モスクワの占領（1812） 345
モハッチの戦い（1526） 46、134
モルヴィッツの戦い（1741） 240
モルガルテンの戦い（1315） 11
モンテス・クラーロスの戦い（1663） 118
モンテノッテの戦い（1796） 305
モンテベローの戦い（1800） 321
モンテベローの戦い（1859） 386

ヤ　行

ヤンカウの戦い（1645） 174
ヤッシー条約（1791） 286

ユトレヒト同盟（1579） 76
ユトレヒト条約（1713） 130、220、283

ラ　行

ライスワイク講和条約（1697） 202
ライデン包囲戦（1573） 75
ライプチヒの戦い（1813） 351
ライバッハ会議（1821） 368
ライヘンバッハ協定（1790） 286、288
ライヘンバッハ協定（1813） 347
ラシュタット条約（1714） 130、220
ラートケルスブルクの戦い（1418） 14
ラ・ビコッカの戦い（1522） 39

リークニッツの戦い（1760） 271
リッサ海戦（1866） 418
リード条約（1814） 352
リメナンテの戦い（1578） 76
リューイズの戦い（1264） 5
リュッツェンの戦い（1632） 166
リュネヴィル条約（1801） 323
リューベックの和約（1629） 151
リンツの和約（1647） 174

ルカート休戦条約（1537） 51
ルッターの戦い（1626） 150
ルッツェラの戦い（1702） 209
ルッテンベルクの戦い（1762） 275

レオーベン休戦条約（1797） 313
レーゲンスブルクの和約（1684） 195
レパント海戦（1571） 67
レリダの戦い（1642） 116
レンベルク会戦（1914） 448

ロイテンの戦い（1757） 264
ロクロアの戦い（1643） 113、174
ロスバハの戦い（1757） 263
ロディの戦い（1796） 306
ロボジッツの戦い（1756） 259
ロンドン条約（1830） 370
ロンドン条約（1913） 441

ワ　行

ワグラムの戦い（1809） 338
ワーテルローの戦い（1815） 360

トラウテナの戦い（1866） 404
トラファルガー沖海戦（1805） 325
トリノ包囲戦（1705） 210
トルガウの戦い（1760） 272
トレヴィゾ休戦協定（1801） 323
ドレスデンの戦い（1813） 349
ドレスデンの和約（1745） 252
トレンチノ条約（1797） 312、313
トロッパウ会議（1820） 368

ナ 行

ナイメーヘン条約（1678） 123、187
ナコートの戦い（1866） 404
ナジヴァラド市の休戦条約（1538） 57

ニコルスブルクの和（1622） 148
ニコルスブルクの仮平和条約（1866） 413、422
ニース休戦条約（1538） 51、55
ニューポールトの戦い（1600） 78

ネーフェルスの戦い（1388） 14
ネルトリンゲンの戦い（1634） 107、112、170
ネルトリンゲンの戦い（第 2 次、1645） 174

ノイグロニッツの戦い（1866） 406
ノヴァラの戦い（1513） 31
ノヴァラの戦い（1849） 381
ノワイヨン条約（1516） 38

ハ 行

パヴィアの戦い（1524 ～ 25） 40
ハイルブロン同盟（1634） 170
ハーグ条約（同盟、1701） 127、207
ハーグ条約（1720） 230
ハーグ条約（1795） 300
バーゼル条約（1499） 25
バーゼル条約（1795） 300
バッサノの戦い（1796） 309
パッサロヴィッツ条約（1718） 229
パリ条約（1617） 141
パリ条約（第一次、1814） 359
パリ条約（第二次、1815） 363
バルカン戦争（第一次、1912） 440
バルカン戦争（第二次、1913） 441
パレルモ沖海戦（1676） 122

ビーリャ＝ビシオーサの戦い（1665） 118
ピルニッツ宣言（1791） 291
ピレネー条約（1659） 117、118

フォンテンブロー条約（1814） 357
フォントノアの戦い（1745） 253
ブカレスト条約（1812） 343、369
ブカレスト条約（1913） 441
ブダペスト協定（1877） 435
フベルトゥスブルク条約（1762） 275
フュッセン条約（1745） 250
ブライザッハ攻略戦（1638） 108
ブライテンフェルトの戦い（第一次、1631） 156
ブライテンフェルトの戦い（第二次、1642） 173
プラハ条約（1866） 422
プラハ特別条約（1635） 171
ブリュッセル条約（1522） 45、133
フリュリスの戦い（1622） 106
フリュリスの戦い（1794） 299
ブルシロフ攻勢（1916） 459
プレヴェザ海戦（1538） 52
プレスヴィッツ休戦条約（1813） 346
プレスブルク条約（1491） 28
プレスブルク条約（1805） 331
ブレダ包囲戦（1624） 106
ブロンピエールの密約（1858） 383

ベオグラード攻略戦（1688） 197
ベオグラード攻略戦（1717） 227
ベオグラード講和条約（1739） 234
ヘーヒシュテットの戦い（第一次、1703） 212
ヘーヒシュテットの戦い（第二次、1704） 214
ヘヒストの戦い（1622） 147
ヘヒストの戦い（1795） 301
ヘンネガウの戦い（1478） 16

ホーエンフリートベルクの戦い（1745） 250

クネルスドルフの戦い（1759） 268
グーベン協定（1759） 269
クラインシュネレンドルフの密約（1741） 243
グラヴェリネの戦い（1558） 66
クレピーの和約（1544） 56、58
グラヴェリーヌ沖海戦（1588） 89
クルツ叛乱（1671） 183
グロース・イェーゲルンドルフの戦い（1757） 263

ゲタリア沖海戦（1638） 116
ケーニヒグレーツの戦い（1866） 409
ケラスコ条約（1631） 112
ケラスコ休戦条約（1796） 306
ゲルハイムの戦い（1298） 7
ケルンの和（1505） 27
ケレシュ平野の戦い（1596） 139
ケレタロの戦い（1867） 430

コムネロスの叛乱（1520～21） 37
コリンの戦い（1757） 261
コンピエーヌ条約（1635） 171

サ 行

再保障条約（ドイツ・ロシア、1886） 437
サートマール講和（1711） 229
サラゴサの戦い（1710） 128
サン・カンタンの戦い（1557） 65
三国同盟（オーストリア・ドイツ・イタリア、1882） 436
サン・ステファノ条約（1878） 435
三帝協約（オーストリア・ドイツ・ロシア、1881） 436

ジェマップの戦い（1792） 293
シェーンブルン条約（1809） 340
シトヴァ・トロク条約（1606） 140、141
シャンボール協定（1551・1552） 60、61
シュヴァーベン同盟 24、37
シュヴァイトニッツ要塞攻略戦（1762） 275
シュトラルズントの包囲戦（1628） 151
シュピールバッハの戦い（1692） 200
シュマルカルデン同盟 46、48、59
ショーモン会議（1814） 356

スーアーブの戦い（1499） 25
スヴィシトフ条約（1791） 286
スカリッツの戦い（1866） 405
スタッフォルダの戦い（1690） 200

聖ゴットハルト僧院の戦い（1664） 180
セゲド包囲戦（1566） 136
セーヌ河畔の戦い（1814） 355
ゼンパハの戦い（1386） 13

ゾイデル海海戦（1573） 75
ゾールの戦い（1745） 251
ソルフェリーノの戦い（1859） 390
ゾンブールの戦い（1578） 76

タ 行

対トルコ休戦条約（1533） 48
対トルコ休戦条約（1545） 57
対仏大同盟（第一次、1793） 295
対仏大同盟（第二次、1798） 316
対仏大同盟（第三次、1805） 325
対仏大同盟（第四次、1813） 348
ダウンズ海戦（1639） 108
タリアコッツォの戦い（1268） 5
タンネンベルクの戦い（1914） 449

チェレゾーレの戦い（1544） 56
チャスラウの戦い（1742） 245
チュニス遠征（1533） 50
チューリッヒ条約（1859） 392

ツェンタの戦い（1697） 205
ツォルンドルフの戦い（1758） 266
ツスマルズハウゼンの戦い（1648） 174
ツタンルクメンの戦い（1691） 203
ツトリンゲンの戦い（1643） 174

ティルジット条約（1807） 333
テッシェン条約（1779） 281
デッティンゲンの戦い（1743） 247
デュヌの戦い（1658） 115
デュルンクルトの戦い（1278） 5

ドゥナンの戦い（1712） 129、219

地名索引（戦場、条約関係）

ア　行

アイゼルブルクの和（1664）　181
アウグスタ海戦（1676）　122
アウクスブルク同盟（1686）　124
アウクスブルクの和議（1555）　61、176
アウステルリッツの戦い（1805）　331
アスペルンの戦い（1809）　337
アドリアノープルの和約（1829）　370
アニャデッロの戦い（1509）　30
アーヘンの講和（1668）　120、182
アーヘンの和約（1748）　254
アミアンの和約（1802）　324
アラス条約（1579）　76
アルコーレの戦い（1796）　310
アルジェリア遠征（1541）　54
アルトマルク条約（1629）　154
アルトランシュテット条約（1706）　219
アントワープ包囲戦（1584）　77

イゾンデ攻勢（1915～6）　456、461、462、464
イダマラカ沖海戦（1640）　108
イタリア・フランス秘密協定（1900）　438
イェミンゲンの戦い（1568）　74

ヴァイサーベルクの戦い（1620）　146
ヴァルガストの戦い（1628）　151
ヴァルミーの戦い（1792）　293
ヴィラフランカの和（1859）　392
ウィーン条約（1725）　230
ウィーン条約（1738）　236
ウィーン会議（1814～5）　359
ウィーン包囲（第一次、1529）　46
ウィーン包囲（第二次、1683）　190
ヴィンプフェンの戦い（1622）　147
ウェストファリア条約（1648）　25、175、283
ウェストミンスター条約（第二次、1674）　121、184
ウェストミンスター協約（1756）　256
ヴェスロックの戦い（1622）　147
ヴェルヴァンの和約（1598）　96
ヴェルサイユ協定（第一次、1756）　256
ヴェローナ会議（1822）　368
ヴォルセール休戦条約（1556）　63
ヴォルムス条約（1743）　248
ウルムの戦い（1805）　328

エックミュールの戦い（1809）　336
エディ岩礁沖海戦（1588）　86
エーデンブルク条約（1463）　18
エベルスドルフ同盟（1634）　171

オウデナルデの戦い（1708）　217
オステンド包囲戦（1601）　78
オスナブリュック条約（1648）　175

カ　行

海峡条約（1841）　372
カザレ包囲戦（1628、1630）　111、112
ガシュタイン条約（1865）　397
カスティリオーネの戦い（1796）　308
カッツバッハの戦い（1813）　349
カトー・カンブレジの和約（1559）　66
カトリッシュ・ヘンネルスドルフの戦い（1745）　252
カポレットの戦い（1917）　465
カリッシュ条約（1813）　346
ガリチア会戦（1915）　453
カルロヴィッツ条約（1699）　206、225
ガンの和解（1576）　76
カンブレー同盟（1508）　29、30
カンブレーの和（1529）　43、50、51
カンポ＝フォルミオ条約（1797）　314

ギッチンの戦い（1866）　407
ギヌガートの戦い（1479）　16
ギヌガートの戦い（1513）　31
近東協商（オーストリア・ロシア、1897）　438

クストツァの戦い（1848）　379
クストツァの戦い（1866）　417

ミュラー（ジョアシャン、ベルク大公、ナポリ王） 322、333、357、360、361、384
ミラモン 429、430

メイユボア 246、247、252
メッテルニヒ 342、346、347、353、354、365〜373、385、434、441
メディナ・シドニア公 82〜84、86〜91
メヒア 430
メフメット（三世、トルコ皇帝） 138、139
メラス男爵 320〜322

モーリス・ド・サックス（ザクセン公庶子、フランス元帥） 243、250、253、254
モルトケ 402、409
モロー 302、303、322、348
モンテククリ伯 179、180、183、185、186、195

ヤ 行

ヤーノシュ・サポヤイ（ハンガリー王） 27、46、49、57
ヤン・ソビエスキー（ポーランド王） 189、191

ユリウス（二世、教皇） 28〜31

ヨゼフ（一世、皇帝） 127〜129、196、218〜220、236
ヨゼフ（二世、皇帝） 170、275、277、282〜288、382、389

ラ 行

ラウドン 266〜268、270、271、273、276、286
ラーシ 271、286
ラディスラフ（五世、ボヘミア王） 14、15
ラデツキー 376、378〜381、384、385
ラヨシュ（二世、ハンガリー王） 32、45、46、49、134
ランヌ 307、321、337

リシュリュー 111、112、162

ルイ（十一世、フランス王） 16、38
ルイ（十二世、フランス王） 23〜25、27〜29、32
ルイ（十三世、フランス王） 111
ルイ（十四世、フランス王） 118〜121、123、124、126、129、131、181〜184、186、187、198〜200、207、208、212、218、220、221、225、294
ルイ（十五世、フランス王） 231、248、249、256
ルイ（十六世、フランス王） 256、279、288、291、292、295、357
ルイ（十八世、フランス王） 357、359、360
ルーヴォア 131、200
ルドルフ（一世、皇帝） 3〜5、7
ルドルフ（二世、皇帝） 135〜138、140〜142
ルドルフ（四世） 12、13
ルートヴィヒ（バイエルン公、皇帝） 9、10

レオ（十世、教皇） 31、33、36、39
レオポルト（一世、大公、皇帝） 67、119〜121、124、125、127、178〜185、187、189、196、198、199、201〜203、207、209、210、213、219
レオポルト（二世、トスカナ大公、皇帝） 286〜289、291、292
レオポルト（三世） 17
レケセンス（ネーデルラント総督） 75、76

ロドヴィコ・スフォルツァ（ミラノ公） 20、25、39
ロートリンゲン公カール（五世） 186、187、189、191、193、195、196、199、202、203、213

ワ 行

ワラキア公ミハーイ 138、139

236、237
フェルディナント（二世、大公、皇帝） 104、107、111、141、143～147、149、151～154、156、163、164、169、170、172、237
フェルディナント（三世、皇帝） 111、151、163、170、172～175、178
フェルディナント（オーストリア皇帝） 371、373、374
フェルナンド（アラゴン王） 22、26、29～32、36、38
フェルナンド枢機卿 107、108、113、170
フェレンツ・ラーコーツィ（トランシルヴァニア公） 219、229
ブラウン伯 253、257、259、261
ブラウンシュヴァイク公 147、149
ブラウンシュヴァイク公カール二世 292、293、297
フランソワ（一世、フランス王） 32、36～44、51、56、60、61
フランソワ（二世、フランス王） 66
フランチェスコ・スフォルツァ（二世、ミラノ公） 39、51
フランツ（一世、ロートリンゲン公フランツ・シュテファン、皇帝） 231、232、236、242～244、246、250～252、254、260、275、277、288
フランツ（二世、皇帝、オーストリア皇帝フランツ一世） 292、302、318、325、327、329、332、334、342、351、355、365、367、371
フランツ・ヨゼフ（オーストリア皇帝） 374、375、381、382、385、388、389、391～393、404、408、410、413、417、418、426、442、470
フリードリヒ（美公） 9～11
フリードリヒ（四世） 13、14
フリードリヒ（五世、皇帝フリードリヒ三世） 14～17、19、20
フリードリヒ（二世、プロイセン王、大王） 170、237～241、243～245、248～252、255、257、259、261～276、279～281、284、285、298
フリードリヒ・ヴィルヘルム（一世、プロイセン王） 237～239
フリードリヒ・ヴィルヘルム（二世、プロイセン王） 285、289、293
フリードリヒ・ヴィルヘルム（三世、プロイセン王） 329、351
ブリュッヒャー 348～351、354～357
ブログリー 244、245、247

ベネデック 390、401、402、404～408、410～413
ヘンリー（七世、イギリス王） 29
ヘンリー（八世、イギリス王） 31、32、39

ボーアルネ公 336、338、353、354、357
ボーリュー男爵 305～307
ホルティ 465、466、468、471
ホルン伯 160～162、169～171

マ　行

マクシミリアン（一世、皇帝） 6、14、16～20、22～33、35、36、38、43、64、149
マクシミリアン（二世、皇帝） 135～137、141
マクシミリアン（フェルデイナント、大公、メキシコ皇帝） 384、385、418、426～431
マチャーシュ・フニャディ（ハンガリー王） 15～18
マック 300、316、327～329
マッケンゼン 453、454、460、461
マッセナ 313、319、320、322、327、329
マティアス（皇帝） 76、77、137、138、140～143、179
マリー・チューダー（イギリス女王） 65、66、85
マリア・テレジア（ボヘミア女王） 232、235～238、240、242～247、249、251、255、256、266、275、277、279～282
マリー・アントワネット 256、279、289、291
マルサン 211、213～215
マールバラ公 213～219
マンスフェルト伯 106、142、144、147、149、150

タラール　213～215
ダルトン　287
タレイラン　333、357

チャールズ（二世、イギリス王）　121、184、199
チュレンヌ　115、120、174、184～186

ツルン伯　142～144

ティリー伯　145～147、149、150、155、156、158～163
ティロン伯　99、101
テゲトフ　396、418、420
デュムーリエ　292、293、296
デ・ロイテル　122

トラウン　248～252
トルステンソン　172、174
ドレーク　80～82、84～87、91～93
トロンプ　108
ドン・ファン（デ・アウストリア、皇帝カール五世の庶子、ネーデルラント総督）　68～73、76、81
ドン・ファン（デ・アウストリア、フェリペ四世の庶子）　115、118

ナ　行

ナイペルク伯　240、241、243
ナポレオン（一世、ナポレオン・ボナパルト、フランス皇帝）　43、302、305～316、319～322、324、325、327～333、335～361、363
ナポレオン（三世、フランス皇帝）　383、384、386、387、389～393、398、399、413、422、426、427、429

ヌヴェール公　109、111、112

ネー　349、350

ハ　行

バイエルン公マクシミリアン　141、144～148、151、152、162、164、175
バイエルン公マクシミリアン・エマヌエル　189、196、201、212、213、215、220
ハインリヒ（七世、ルクセンブルク家、皇帝）　9
パウルス（三世、教皇）　51、61
パッペンハイム伯　156、158～160、165、166、168
パディラ公　94、95、97、99
バーデン辺境伯ルートヴィヒ・ヴィルヘルム　193、197、203、212～216
ハドリアヌス（六世、教皇）　39、42
バネルス　171、172
バルバロッサ　50、52～55、69
パルマ公（アレッサンドロ・ファルネーゼ、ネーデルラント総督）　76～78、81、82、85、88、91、95
ハワード　85～88、90

ピウス（五世、教皇）　68
ピウス（六世、教皇）　312、313
ピウス（九世、教皇）　373、378
ビスマルク　396～399、409、413、423、434、436～438
ピート・ハイン　107
ピョートル（三世、ロシア皇帝）　263、266、274～276、279

ファルケンハイン　453、460、461
ファルツ伯フリードリヒ五世　104、141、145、146
フアレス　425～430
フィリップ（ブルゴーニュ公）　23、24、28、35、38
フェランテ・ゴンツァーガ（シチリア副王、ミラノ総督）　54、58、61
フェリペ（二世、スペイン王）　55、56、63～66、68、73～83、85、88、90、91、94～97、103、130、134、135
フェリペ（三世、スペイン王）　96、97、103、104、142
フェリペ（四世、スペイン王）　104、105、116、118、119、181、182
フェリペ（五世、アンジュー公、スペイン王）　125～130、207、209、217、229、230、232、253
フェルディナント（一世、大公、ローマ王、皇帝）　32、45～49、56～58、60、61、63、64、66、67、133～135、

カール（オーストリア皇帝） 470、471
カール（五世、皇帝、スペイン王カルロス一世） 28、29、32、33、35～45、47～52、54～56、58～65、68、73、130、133、134
カール（六世、大公、皇帝、スペイン王カルロス三世） 125～129、207、216、218～220、225、230～233、235～237
カール（七世、皇帝、バイエルン公カール・アルブレヒト） 236、241～244、247、250
カール（大公、フランツ一世の弟） 244、246、248～250、252、254、260～262、264、265
カール（大公、フランツ二世の弟） 302、303、305、312、313、317～319、327、329、334～340、369、401
カール（スウェーデン王太子、ベルナドット将軍） 348、351、352
カルノー 297～299
カルロ・アルベルト（サルジニア王） 376～381
カルロス（二世、スペイン王） 119、125、126、181、182、207

グスタフ・アドルフ（スウェーデン王） 113、154～156、158～168、220、221、224
クトゥーゾフ 327～330
クライ男爵 317、318、320、322
クリスティアン（四世、デンマーク王） 148～151、164
クリスティアン（九世、デンマーク王） 394、396
クレメンテ（七世、教皇） 42、43

ケーフェンヒュラー 244、246、247

コッシュート 374、392
コーブルク公 296、297、299、300
コルサコフ 318、319
コンデ公 113～115、120、174、186
コンラート（フォン・ヘッツェンドルフ） 445、446、448、452、461、462、465、467

サ　行

サヴォア公カルロ・エマヌエル 109
ザクセン公モーリッツ 59、60
ザクセン公ヨハン・ゲオルク 145、156
ザクセン・ヴァイマール公ベルンハルト 165、167、173
サンタ・クルーズ侯 70、71、73、80～82

ジェームズ（一世、イギリス王、スコットランド王ジェームズ六世） 102、141
ジェームズ（二世、イギリス王） 124、127、198、253
ジギスムント（一世、ポーランド王） 32、45
ジグモンド・サポヤイ（ハンガリー王） 57、58、134～136
ジグモンド・バートリ（トランシルヴァニア公） 138、139
シャルル（八世、フランス王） 18～23、39
シャルル（九世、フランス王） 75
シュヴァルツェンベルク公 343～346、348～351、354～357、360
ジュライ 384～388
ジュルジュ・ラーコーツィ（トランシルヴァニア公） 153、174、179
ジョアン（四世、ブラガンサ公、ポルトガル王） 117、118
ジョージ（一世、イギリス王） 230
ジョージ（二世、イギリス王） 242、247、248、251、260

スヴォーロフ 318、319
スタニスラフ（一世、ポーランド王） 231、232
スピノーラ公（アンブローシオ、ネーデルラント総督） 102、104、106、107、111、112、145
スレイマン（一世、トルコ皇帝） 42、44、46、48、49、57、67、72、134、136、187

セリム（二世、トルコ皇帝） 67、72、73、136

タ　行

ダヴー 330、331、335、340
ダウン伯 255、261、262、264～272、274～276

人名索引（単に「皇帝」とあるものは神聖ローマ皇帝を指す）

ア　行

アウグスト（三世、ポーランド王、ザクセン公フリードリヒ・アウグスト二世）　231、232、259
アギデイラ　99～101
アドルフ（ナッサウ家、皇帝）　7
アリ・パシャ　69～72
アルヴィンツィ男爵　309～312
アルバ公（ナポリ副王、ネーデルラント総督）　62、65、66、74、75、79、81
アルブレヒト（一世、皇帝）　5、7～9
アルブレヒト（二世）　11、12、14
アルブレヒト（三世）　13、14
アルブレヒト（五世、ボヘミア王、皇帝アルブレヒト二世）　14
アルブレヒト（大公）　401、413～417
アレクサンドル（一世、ロシア皇帝）　329、330、342、345、351、355、369
アレクサンドル（六世、教皇）　22
アントニオ（ポルトガル王位請求者）　79、80、92、93
アントニオ・デ・レイバ　40、51
アンドレア・ドーリア　40、42、48～50、52～54、58、68
アンリ（二世、フランス王）　41、60～62、65、66
アンリ（三世、フランス王）　77、95
アンリ（四世、ナヴァラ王、フランス王）　95、96

イシュトヴァーン・バートリ（ハンガリー副王、トランシルヴァニア公、ポーランド王）　46、136、137
イシュトヴァーン・ボチカイ　139、140

ヴァレンシュタイン　144、146～155、163～170、172、190
ヴァンドーム公（ルイ・ジョセフ）　125、128、209～211、217
ヴィットリオ・エマヌエル（二世、サルジニア王、イタリア王）　381、384、385、391～393
ヴィラール　212～219
ウィリアム（三世、オラニエ公ウィレム三世、イギリス王）　121、122、124、183、198、202
ヴィルヘルム（一世、プロイセン王、ドイツ皇帝）　398、402、409、413、423
ヴィルロア　208、209
ヴォーバン　131、194、210、224
ヴュルムザー伯　307～309、312
ウラディスラフ（ボヘミア王、ハンガリー王）　16、18、27、28、32
ウランゲル　174
ウルチ・アリ（アルジェ総督）　68、69、71～73

エカテリーナ（二世、ロシア女帝）　275、279、283、300
エリザヴェータ（ロシア女帝）　255、274
エリザベス（一世、イギリス女王）　75～77、81、92、102
エルンスト（鉄公）　13、14
エンメリヒ・テケリ　188、189、196、203

オイゲン公　203～206、208～211、213～220、226～229、231
オットカル（二世、プルシェミスル家、ボヘミア王）　4、5
オラニエ公ウィレム　74～76、137
オラニエ公モーリッツ　77、78、107
オラニエ公フレデリック　107
オリバーレス公　104、105、108、109、111、112、116、117

カ　行

カウニッツ　255、292
カヴール　383、392、393
カチナ　201、208、212、213
カプララ　184、197、204
ガブレンツ　394～397、400
ガボール・ベトレン（トランシルヴァニア公）　144～146、148、150、153、179
カラ・ムスタファ　188、189、192～194

あとがき

私がハプスブルク家の軍事史を通史の形で書こうと思ったのは、大学に入ってヴォルテールの『ルイ十四世の世紀』を読んでのことである。同書はルイ十四世期のフランスの戦争を記述しているが、敵役のハプスブルク家の状況が不明確であり、同書に散在している同家側の動静を一つに纏めれば便利かなと思った。

また、クラウゼヴィッツの『戦争論』にも七年戦争、ナポレオン戦争を中心にハプスブルク家の関わった戦闘について多数言及があるが、これまたハプスブルク家サイドから纏めたものではなく、ハプスブルク家を中心とする軍事史の通史の必要性を痛感させられた。

こうして、自分の不便の解消と勉強のために、学部卒業後の平成元年秋から学部時代より所属している東京大学戦史研の会報に「ハプスブルク軍事史」を連載し始めた。当初は数回で終わると高を括っていたが、イベリア半島、バルカン半島、イタリア、メキシコとハプスブルク家の関係する領域が余りに広いため、連載は十回分となり平成七年春までの長きに亘った。私の長文の連載を掲載してくれた歴代の戦史研会長と会報編集長の御苦労をまず謝したい。

この後、平成七年四月から二年間東京大学大学院に籍を置くことになったため、これを期に連載した既存の原稿を見直し、あわよくば出版に漕ぎ着けたいと考えた。私が取り敢えず纏めた連載の原稿を見た畏友の田口正樹君は「これを出版レベルにするにはあと十年かかる」と言っていたが、それはオーバーだったとしても、実際、文献を集めて手を加える作業に丸五年を要した。プロの目は鋭いものである。

平成十一年に入り、作業も先が見えてきたのでボツボツ出版元を探したが、書籍を巡る状況が厳しい現下、引き受け手はなかった。こうしたなか、私が属している軍事史学会の季刊『軍事史学』の出版を手掛けている錦正社に打診したところ、何とか了解していただくことができた。本書は錦正社の中藤政文社長のご決断がなければ日の目を見なかった訳で、社長には感謝の言葉もない。

出版決定後、原稿の校正については田口君の他、戦史研の後輩である古賀信之君、堤一秀君、水木栄一君の手を煩わせた。また、私がドイツで撮ってきた写真を印刷用に整えることについては岡山大学教育学部附属中学の同級生だった伊東和則君に、地図の作成と装丁については義姉の合志明子さんにそれぞれお世話になった。ここに改めて感謝申し上げたい。

また、本書の編集については本間潤一郎氏にお手を煩わせた。

なお、労多くして功少なきことが予想される本書の作成、編集、出版の作業に私が携わることについて理解を示してくれた妻邦子にもここで謝意を表する。

最後に、本書をお買い上げ頂いた読者諸賢に厚く御礼申し上げる。

平成十二年　八月七日

著者

《著者略歴》
久保田《くぼた》　正志《まさし》
昭和三八年　東京都生まれ。
昭和六三年　東京大学法学部卒業　在学中東京大学戦史研究会所属　同会第三代会長。
平成九年　東京大学大学院法学政治学研究科修士課程修了。法学修士。

〈主要論文〉
「戦国期における日本での大砲使用――何故大砲は野戦で用いられなかったか」（『軍事史学』第三〇巻第二号・錦正社、一九九四年）
「兵農分離に関する一考察――織田氏の場合」（『軍事史学』第三四巻第二号・錦正社、一九九八年）
「日米防衛協力のための指針（ガイドライン）の見直し」（『国会月報』第四五巻第五九二号・国会資料協会、一九九八年）
「日本での槍戦術の推移と特徴――欧州の例との比較から」（『軍事史学』第三六巻第一号・錦正社、二〇〇〇年）
「中世から近世への築城の変化についての一考察――『軍事革命』論に基づく西欧との比較」（『城郭史研究』二一号・日本城郭史学会、二〇〇一年）

ハプスブルク家《け》かく戦《たたか》えり
――ヨーロッパ軍事史の一断面――

平成十三年九月十四日　印刷
平成十三年九月二十日　発行
平成十七年三月二十五日　第二刷発行

定価：本体七、〇〇〇円（税別）

著者　久保田《くぼた》　正志《まさし》
装幀者　合志明子
発行者　中藤政文
発行所　錦正社
〒一六二―〇〇四一
東京都新宿区早稲田鶴巻町五四四―六
電話　〇三（五二六一）二八九一
FAX　〇三（五二六一）二八九二
URL　http://www.kinseisha.jp/
印刷所　株式会社文昇堂
製本所　小野寺三幸製本所

ISBN4-7646-0313-6